语言学经典文丛

世界文字发展史

（第三版）

周有光 著

上海教育出版社

作者

苏美尔早期图形文字
录自《中国大百科全书》
语言文字卷

早期丁头字泥版
录自 D.Diringer《字母学》

丁头字太阳神碑　　录自 D.Diringer《字母学》

古埃及记功碑　　录自 P.P.Riesterer《开罗埃及博物馆藏品》

古埃及墓室文字　录自 P.P.Riesterer《开罗埃及博物馆藏品》

古埃及刻字陶俑　　录自 P.P.Riesterer《开罗埃及博物馆藏品》

甲骨文大版　　　录自阿十哲次《图说汉字历史》

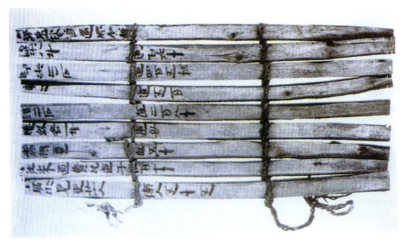

居延汉简
录自阿十哲饮
《图说汉字历史》

大盂鼎铭文　录自阿十哲饮《图说汉字历史》

8

出 版 说 明

上海教育出版社成立六十年来，出版了许多语言学专著，受到学界的欢迎。为满足读者的需要，我们从历年出版的著作中精选了一批，辑为"语言学经典文丛"。此次出版，我们按照学术著作出版规范的国家标准，对编入文丛的著作进行了体例等方面的调整，还对个别差错予以改正。其他均保持原貌。

上海教育出版社

2018 年 8 月

作 者 简 介

周有光，1906－06－13生于江苏常州。1923—1927，就学上海圣约翰大学和光华大学。

1928—1949，任教光华大学、江苏教育学院和浙江教育学院；任职新华银行，由银行派驻美国纽约和英国伦敦。1949年回国，担任复旦大学经济研究所和上海财经学院教授。

1955年参加全国文字改革会议，会后担任中国文字改革委员会和国家语言文字工作委员会研究员和委员。参加制订：汉语拼音方案；汉语拼音正词法基本规则；聋人手指字母方案。出席国际标准化组织会议，该组织经国际投票认定汉语拼音为拼写汉语的国际标准。

担任中国社会科学院研究生院教授。是翻译《不列颠百科全书》的中美联合编审委员会中方三委员之一。提倡"现代汉字学"和"比较文字学"。出版北大讲稿《汉字改革概论》、清华讲稿《中国语文的时代演进》以及《世界文字发展史》《比较文字学初探》《朝闻道集》等专著30余种，发表论文300多篇。

目　　录

第一卷　原　始　文　字

第二卷　古　典　文　字

第三卷　字母文字（上）

第四卷　字　母　文　字（下）

图 表 目 录

序　言

文字学创始于中国。古代称小学,清末改称文字学,50 年代又改称汉字学。名称一再更改,说明认识在逐步发展。汉字学是世界文字学的一个构成部分。

1900 年前,许慎著《说文解字》。这不仅是最早分析汉字形音义的字典,而且是开创汉字学的著作。许慎说:"周礼八岁入小学,保氏教国子,先以六书。"六书的造字用字原理,在许慎以前就形成了,到许慎的著作中得到充分阐述,成立汉字学。

汉字学成立之后,历代加以补充和发展。许慎用隶书说明小篆,附录一部分六国古文。后来,早期的鼎彝、碑碣和其他金石器物陆续出土,学者考证其中的铭文,形成金石学,使汉字学得到补充和发展。

清末发现甲骨文,这是许慎没有见到的最早汉字,使汉字历史上推 1000 年。甲骨文的研究形成甲骨学,使汉字学得到更多的补充和发展。

契丹文、女真文和西夏文的发现和释读,使人们看到变异仿造的汉字型文字。日文和朝鲜文跟中文的比较,改变了汉字的概念。越南喃字的研究,引起对中国少数民族的汉字型文字的重视。50 年代以来,大规模调查少数民族的历史和语言,发现更多的孳乳仿造的汉字型文字。研究这些非汉语的汉字,扩大了汉字学的视野,形成广义汉字学。汉字大家庭是一个汉字系统。

19 世纪,西欧学者发现并释读了 5500 年前的两种古文字,一种是西亚的丁头字,一种是北非的圣书字。把这两种古文字跟汉字比较,发现它们外貌迥然不同,而内在结构如出一辙。原来认为没有文字的美洲也有自己创造的文字:马亚字。分析马亚字,知道它也是一种古典文字,跟西亚、北非和东亚的古典文字有相同的结构。六书不仅能说明汉字,同样能说明类型相同的文字。由此知道,世界各地的文字不是一盘散沙,而是一个有共同规律的人类文字系统。

研究文字,偏重规律是文字学,偏重资料是文字史。世界文字史分为三个时期:原始文字,古典文字和字母文字。

把人类文字作为一个整体来研究,首先要收集和了解世界文字的史料。在文化发达、教育普及的国家和地区,人类早期文字的遗迹破坏无遗。只有在文化初步发展的地区,才能找到早期文字的遗迹。中国的少数民族地区,保留着较多的原始文字,从中可以看到文字的演变过程,而且各种文字类型几乎都有活着的代表。这是一个文字史料的博物馆。引证中国少数民族的传统文字,充实人类文字的史料,能使我们看到世界文字历史的整个骨架。

周有光

1996-05-13　北京

时年90岁4个月

第二版序言

我在 1997 年出版《世界文字发展史》，又在 1998 年出版《比较文字学初探》，前者侧重说明事实，后者侧重说明规律。侧重事实是文字史，侧重规律是文字学。这两本互补的姊妹篇的共同目的是，把人类文字看作一个总的系统，探索这个系统的发展规律。

文字学的研究，起初以一种语言的一种文字为对象，后来扩大为以一种文字系统的多种文字为对象，更后又扩大为以人类全部文字为对象。范围越宽，视野越广，所见越多，理解越深。

西方传统偏重语言。中国传统偏重文字。西方的文字学是由考古学带动起来的。他们一开始就比较地研究人类的古文字。西方的大学早已开设了有关人类文字的课程。中国是文字学的故乡，但是传统的研究方法局限于汉语汉字。中国的文字学今后一定也会从研究汉语汉字扩大到研究人类的全部文字。希望在 21 世纪中国有条件的大学能开设人类文字的新课程。

河北人民出版社在 1981 年出版《中国现代语言学家》（第一分册），"所收范围自 1898 年《马氏文通》始，收录 30 人"，我被列名其中。到 20 世纪末，29 人都作古了，只有我一人走出 20 世纪，进入 21 世纪。我是幸运的"漏网之鱼"。

今天为《世界文字发展史》写这篇"第二版序言"，我意识到在 21 世纪所有学术都将突飞猛进。这不仅将发生在自然科学方面，也将同样发生在社会科学方面。社会科学将排除教条和图腾，成为真正的科学。21 世纪在中国将是一个学术自由和学术平等的学术昌明的新时代。

周有光

2003 - 04 - 26，时年 98 岁

第三版序言

从 1950 年代开始,我研究一个文字学课题:"汉字在人类文字史中的地位"。

经过 40 年的探索,到 1990 年代后期,我把初步成果写成两本书:《世界文字发展史》和《比较文字学初探》。

了解"汉字在人类文字史中的地位",必须解决一系列的基础问题,例如:

全世界的众多文字,是杂乱无章的一盘散沙呢,还是一个有规律的系统? 我得到的理解是"一个有规律的系统",这是所谓系统观的理解。

世界各国的不同文字,是各自变化的呢,还是有发展的共同规律的呢? 我得到的理解是"有发展的共同规律的",这是所谓发展观的理解。

纷繁的文字如何分类? 中外学者众说纷纭。比较多种分类法之后,我提出"三相分类法"(三相:符号形式、语言段落、表达方法),希望众说纷纭,归纳成一种客观的认识。

人类文字史如何分期? 中外学者也是众说纷纭。比较多种分期法之后,我选择了"三期分期法"(三期:原始文字、古典文字、字母文字),希望反映历史事实,争取多数学者的同意。

诸如此类的初步理解,不知是否正确,这里出版《世界文字发展史》修订第三版,抛砖引玉,敬请专家们和读者们指正。

周有光

2010‐06‐18,时年 105 岁

绪论　世界文字的鸟瞰

语言使人类别于禽兽，文字使文明别于野蛮，教育使先进别于落后。

语言可能开始于300万年前的早期"直立人"，成熟于30万年前的早期"智人"。文字萌芽于1万年前"农业化"（畜牧和耕种）开始之后，世界许多地方遗留下来新石器时期的刻符和岩画。文字成熟于5500年前农业和手工业的初步上升时期，最早的文化摇篮（两河流域和埃及）这时候有了能够按照语词次序书写语言的文字。

语言是最基本的信息载体。文字不仅使听觉信号变为视觉信号，它还是语言的延长和扩展，使语言打破空间和时间的限制，传到远处，留给未来。有了文字，人类才有书面的历史记录，称为"有史"时期，在此之前称为"史前"时期。从"农业化"发展到"工业化"，文字教育从少数人的权利变为全体人民的义务。

今天，世界上已经没有无文字的国家，但是还有以万万计的人民不认识文字，或者略识之无，不能阅读和书写。

研究文字，侧重文字的资料是文字史，侧重文字的规律是文字学，二者相互依存，不可偏废。

一　世界的文字分布

不同的文化传统，创造不同的文字形式。在今天的世界上，有的国家用汉字，有的国家用字母。用汉字的国家有中国、日本和韩国，还有新加坡以汉字作为华族的民族文字。字母有多国通用的，有一国独用的。多国通用的字母有拉丁（罗马）字母、阿拉伯字母和斯拉夫字母。

拉丁字母分布最广,占据大半个地球,包括欧洲的大部分,美洲和大洋洲的全部,非洲的大部分,亚洲的小部分。西亚的土耳其,东南亚的新加坡、马来西亚、印度尼西亚、菲律宾、文莱、越南,都用拉丁字母。

欧洲有一条字母分界线,沿着俄罗斯、白俄罗斯和乌克兰的西面边界,到今天塞尔维亚和黑山的西面边界。分界线之西,信奉天主教,用拉丁字母。分界线之东,信奉东正教,用斯拉夫字母。

非洲也有一条字母分界线,在北非阿拉伯国家的南面边境。分界线以南的大半个非洲用拉丁字母。分界线以北的阿拉伯国家用阿拉伯字母。

阿拉伯字母的分布区域仅次于拉丁字母。它是北非和西亚(中东)二十来个阿拉伯国家,以及西亚、中亚和南亚信奉伊斯兰教的国家和地区的文字。中国的新疆维吾尔自治区也使用阿拉伯字母。

第三种多国通用字母是斯拉夫字母。除俄罗斯、白俄罗斯、乌克兰之外,它是保加利亚、塞尔维亚等国的文字。蒙古国也用斯拉夫字母。

印度字母系统包含多种字母,同出一源而形体各异,不能彼此通用。这些字母应用于印度(全国性文字和 11 种邦用文字)以及斯里兰卡、孟加拉、尼泊尔、不丹、缅甸、泰国、柬埔寨等国。中国的西藏文字也属于印度字母系统。

图表　绪-01

世界文字分布示意统计图

a. 按人口数目比较　　　　　　　b. 按土地面积比较

　　一国独用字母有：希腊字母、希伯来字母（以色列）、阿姆哈拉字母（埃塞俄比亚）、谚文字母（朝鲜全用，韩国夹用）、假名字母（日本，跟汉字混合使用）。民族独用字母有中国的蒙文、四川规范彝文等。

　　世界文字的分布现状，是不同文字系统在历史上的传播和变化所形成的。汉字传播到越南、朝鲜和日本，后来越南改用拉丁字母。印度系统字母传播到中亚、南亚和东南亚，后来许多地区被阿拉伯字母所代替。阿拉伯字母从中东传播到北非、中非、南亚、中亚、东南亚，后来大部分地区被拉丁字母所代替。斯拉夫字母从俄罗斯扩大到中亚许多民族，代替了阿拉伯字母。拉丁字母占领了原来没有文字的美洲和大洋洲，又占领许多阿拉伯字母和印度字母系统的地区，以及原来使用汉字的越南。文字的分布区域，因文化的消长而不断伸缩。

二　原　始　文　字

　　世界文字的历史可以分为三个时期：1. 原始文字时期，2. 古典文字时期，3. 字母文字时期。

　　文字起源于图画。原始图画向两方面发展，一方面成为图画艺术，另一方面成为文字技术。原始的文字资料可以分为：刻符、岩画、文字画和图画字。

　　刻符，包括陶文和木石上的刻画符号。岩画，包括岩洞、山崖、石壁和其他处所的事物素描。刻符和岩画都是分散的单个符号，没有上下文可以连续成词，一般不认为是文字。但是，刻符有"指事"性质，岩画有"象形"性质，它们具有文字胚芽的性质。

　　文字画（文字性的图画）使图画开始走向原始文字。图画字（图画性的文字）是最初表达长段信息的符号系列。从单幅的文字画到连环画式的图画字，书面符号和声音语言逐步接近了。

　　世界各地在历史上创造过许多原始文字，大都不能完备地按照语词次序书写语言。有的只有零散的几个符号。有的是一幅无法分成符号单位的图画。有的只画出简单的事物，不能连接成为句子。有的只写出实词，不写出虚词，不写出的部分要由读者自己去补充。

　　原始文字一般兼用表形和表意两种表达方法，称为"形意文字"。

例如：画一只小船，船上画九条短线，表示九个人在划船。小船是表形符号，九条短线是表意符号。又如画一只貂和一头熊，它们的心脏之间画一条线连接着，表示貂氏族和熊氏族有同盟关系。貂和熊是表形符号，心脏之间的线条是表意符号。原始文字大都有表示数目的符号，这是表意符号。

　　在教育发达的地区，今天很难找到原始文字的痕迹，因为原来资料就不多，书写材料很容易湮灭，人们学习了现代文字之后，不再注意保留原始文字。只有在文化尚待发展的地区，有原始文字遗留下来，有的还在使用或者重新创造。非洲和美洲的原住民族有遗留的资料。中国的少数民族遗留了不少资料，这是新发现的原始文字史料的宝库。

　　氏族社会以巫术宗教为决策向导，原始巫术以图画文字为符咒记录。中国尔苏（Ersu）人的沙巴文和水族的水书是巫术文字的典型例子。中国纳西族的东巴文，本身正在从形意文字变为音节文字，同时又有从它本身脱胎出来的哥巴音节字。这些活着的文字化石，使我们能够看到原始文字的演变过程。

　　从公元前 8000 年前出现刻符和岩画，到公元前 3500 年前两河流域的丁头字成熟，这 4500 年时间是人类的"原始文字"时期。

三　古　典　文　字

　　公元前 3500 年以前，西亚的两河流域（在现在的伊拉克）的苏美尔（Sumer）人创造了最早的有重大历史价值的文字。起初主要是象形符号，后来以软泥板为纸、以小枝干为笔，"压刻"成一头粗、一头细的笔画，称为"丁头字"。丁头字传播成为许多民族的文字，曾经在西亚和北非作为国际文字通用 3000 多年。

　　北非尼罗河流域的古代埃及人创造的"圣书字"（hieroglyphics），略晚于苏美尔文字，起初也是象形符号，后来变成草书笔画形式。圣书字也使用了 3000 多年，传播到南面的邻国。它所包含的标声符号成为后来创造字母的主要源泉。

　　这两种代表人类早期文化的重要文字，在公元初期先后消亡了。

两河流域和埃及的现代主人是阿拉伯人，跟古代原住民的宗族和文化完全不同。在漫长的历史沉睡时代，人们把古代的灿烂文化遗忘了1500年。直到19世纪，语文考古学者对这两种古代文字释读成功，使人类的早期文化重放光明。

东亚产生文字比西亚和北非晚2000年。公元前1300年以前，中国黄河流域的殷商帝国创造了"甲骨文"，这是汉字的祖先。后来汉字流传到四周邻国，成为越南、朝鲜和日本的文字。在丁头字和圣书字消亡之后，汉字岿然独存。

甲骨文已经是相当成熟的文字，它一定有更早的祖先。如果把新石器时代陶器上的刻符作为甲骨文的祖先，汉字的历史可能有6000年。丁头字和圣书字也是相当成熟的文字，用同样的追溯方法，它们的历史可能有8000年。

文字学者用比较方法研究上述三种古代文字，发现它们虽然面貌迥然不同，可是内在结构惊人地相像。它们的符号表示语词和音节，都是"语词·音节文字"（logosyllabary），简称"词符文字"（logogram）。它们的表达法是表意兼表音，称为"意音文字"。这三种重要文字被称为"三大古典文字"。

一向认为没有自创文字的美洲，也有它的文化摇篮。在中美洲的尤卡坦半岛（Yucatan，在现在的墨西哥），马亚（Maya）人创造了一种相当成熟的文字，称为"马亚字"。16世纪西班牙人侵入中美洲，把马亚字书籍付之一炬，除石碑无法烧毁外，只留下三个写本。马亚字从此被遗忘350年。直到20世纪50年代，学者们释读成功，揭开了古代美洲文化的面纱。最早的马亚字石碑属于公元后328年。推算创始文字的时期大约在公元前最后几个世纪。这种文字应用了1500年。它的外貌非常古朴，每一个符号像是一幅微型的镜框图画，可是它的内在结构同样是表意兼表音的"语词·音节文字"，而且有比较发达的音节符号。

中国的彝族有古老的彝文，跟汉字的关系是"异源同型"。一般认为创始于唐代而发展于明代，有明代的金石铭文和多种写本遗留下来。各地的彝文很不一致，但是都达到了初步成熟的"意音文字"水平。晚近在云南整理成为规范化的"意音彝文"，有表意字和表音字；

在四川整理成为规范化的"音节彝文",书写彝族最大聚居区(大凉山)的彝语。它是今天唯一有法定地位的中国少数民族"自源"创造的传统文字。

"古典文字"都有基本符号("文")和由基本符号组合的复合符号("字")。用较少的基本符号可以组成大量的复合符号。丁头字的基本符号原来很多,到巴比伦时代只用 640 个,到亚述时代又减少到 570 个。马亚字有基本符号 270 个。汉字的基本符号有多少?《广韵声系》(沈兼士编)中有"第一主谐字"(基本声旁)947 个,《康熙字典》中有部首 214 个,共计 1161 个,这是古代汉字的基本字符。《新华字典》(1971)中有部首 189 个,有基本声旁 545 个,共计 734 个,这是现代汉字的基本符号。基本符号的逐步减少,是意音文字的共同趋向。

从公元前 3500 年前两河流域"意音文字"的成熟,到公元前 11 世纪地中海东岸出现"音节·辅音字母",这 2400 年是人类的"古典文字"时期。

但是,文字系统不同,这个时期的长短也就不同。丁头字从本身成熟,到公元前 6 世纪产生"新埃兰"丁头音节字,是 2900 年。圣书字从本身成熟,到公元前 2 世纪产生"麦罗埃"音节圣书字,是3300年。汉字从公元前 1300 年甲骨文的成熟,到公元后 9 世纪日本假名的形成,是 2200 年。三大古典文字都是传播到别的民族中间去之后,才从表意变为表音,产生音节文字。这好比鱼类有到异地产卵的习性。马亚字本身含有音节字符,没有另外产生音节文字。彝文大致成熟于 7 世纪的唐代,到 1980 年制订规范音节彝文,是 1300 年。彝文从意音文字变为音节文字,是在本地区和本民族中间发展形成,不是异地产卵。这跟三大古典文字大不相同。彝文的变化发生在音节文字早已多处存在的时代,不是自我作古。时期长短和演变方式各有不同,可是从"意音文字"向"音节文字"发展的规律是共同的。

四　字　母　文　字

从公元前 15 世纪开始,地中海东部的岛屿和沿岸地区,商业越来越繁盛。风平浪静的海面,是商船往来的通道,是商品交流的津梁。商人们需要用文字记账。丁头字和圣书字太繁难了,不合他们的需要。他们没有工夫"十年窗下"学习这些高贵的文字。为帝王服务的文字,不怕繁难。为商人服务的文字,力求简便。他们需要的是简便的符号,主要用来记录商品和金钱的出纳。这种记录是给自己查看的,不是给别人阅读的,更没有流传后世的宏愿,所以简陋些没有关系。为了这个目的,他们模仿丁头字和圣书字中的表音符号,任意地创造了好多种后世所谓的"字母"。

近百年来,这个地区发现了许多种不同的古代字母,大都没有释读,它们之间的相互关系还需要研究。

已经释读的岛屿字母有:塞浦路斯岛上发现一种音节字母,还只是初步释读。克里特岛上发现两种字母,其中一种称作"线条 B"文字,有 90 个符号,经过艰难的释读工作,才知道是书写公元前 14 世纪古希腊语的音节字母。在记录商品名称和数量之前,先画这种商品的素描。例如画一个"三脚鼎",然后再写 te-ri-po-de(tripod,鼎)。有耳罐、无耳罐、有盖壶、无盖壶,等等,也是这样。这些是早期的"音节字母"。

最重要的发现是,公元前 11 世纪地中海东岸"比拨罗"(Byblos,在现在的黎巴嫩)的一块墓碑,上面的文字可以分析成为 22 个字母。它是后世大多数字母的老祖宗。

"比拨罗"字母书写的是北方闪米特语言。这种语言的特点是,辅音稳定而元音多变。书写音节的时候,只写明辅音,不写明元音,让读者自己根据上下文去补充元音。因此称为"音节·辅音字母",简称"辅音字母"。

"比拨罗"字母传到同样说闪米特语言的"腓尼基",发挥更大的作用。"腓尼基"是古代东地中海大名鼎鼎的商人民族。"腓尼基"这个词儿的意思就是"商人"。

"腓尼基"字母传到希腊,遇到了使用困难。因为希腊语言富于元音,而"腓尼基"字母缺乏元音字母。聪明的希腊人,在公元前 9 世纪,用改变读音和分化字形的方法,补充了元音字母。

图表　绪-02

人类文字史示意年表

公元前	西　方	南　亚	东　亚	美　洲
－3500	－3500 西亚丁头字 北非圣书字			
－2500				
－1500	－1400 线条 B 字母			
	－1100 比拨罗字母		－1300 甲骨文	
－1000	－900 希腊字母			
	－700 拉丁字母			
		－600 婆罗 米字母		
－500		－500 佉卢	－240 小篆	
公元 0		字母		
公元后				328 马亚字
500	500 阿拉伯字母	600 天城体	650 藏文字母	
	850 斯拉夫字母	字母	900 日本假名	
1000			960 三十六字母	
1250			1200 越南喃字	
1500	1500 拉丁字母传 出欧洲		1310 蒙古字母	1500 美洲拉丁化
			1446 朝鲜谚文	
1750				
1900			1918 注音字母	
			1928 国语罗马字	
1930			1937 日本训令式罗马字	
			1945 越南拉丁化	
			1949 朝鲜全用谚文	
1950				
			1956 汉字简化方案	
			1958 汉语拼音方案	
1970			1981 日本常用字表	
1990			1986 中国台湾新国罗	

这个小小的改变,开创了人类文字历史的新时期。"音节·辅音字母"变成分别表示辅音和元音的"音素字母"。从此,拼音技术就发展成熟了。只有"音素字母"才方便书写人类的任何语言。"音素字母"不胫而走,成为全世界通用的文字符号。

公元前 8 世纪,希腊字母传到意大利,经过改变,成为"埃特鲁斯人"的字母。公元前 7 世纪再传给罗马人,经过改变,成为书写他们的拉丁语的字母,称为"拉丁(罗马)字母"。

拉丁字母跟着罗马帝国和天主教,传播成为西欧和中欧各国的文字。发现美洲(1492)和海上新航路之后,拉丁字母跟着西欧国家的移民传播到美洲、大洋洲和其他地方,成为大半个地球的文字。

从传播路线来看,以地中海东岸(叙利亚·巴勒斯坦)的北方闪米特字母为源头,一路往东,主要成为"阿拉马字母系统"和"印度字母系统";另一路往西,主要成为"迦南字母系统"和"希腊字母系统"。

"字母文字"的历史发展可以分为:1. 公元前 11 世纪开始"音节·辅音字母"时期,2. 公元前 9 世纪开始"音素字母"时期,3. 公元前 7 世纪开始"拉丁字母"时期,4. 公元后 15 世纪开始拉丁字母国际流通时期。

在东亚,从公元后 9 世纪日本假名的形成,到 1446 年朝鲜公布谚文音素字母,大约 500 年,是汉字系统中的音节字母时期。不过,假名和谚文都没有传播到国外,而谚文是结合成音节方块然后使用的。

五 文字的形体

形体是文字的皮肉,结构是文字的骨骼。皮肉容易变化,骨骼很难更改。这里谈几种历史上的形体变化。

笔画化。自源创造的文字在频繁使用以后,屈曲无定的线条,就会变成少数几种定形的笔画,这叫笔画化。例如,篆书分不清有几种笔画,楷书可以分为"七条笔阵"或"永字八法"。20 世纪 50 年代,汉字笔画归纳为五种(横竖撇点弯),称为"札"字法。丁头字以泥板为纸,小枝干为笔,笔画形成丁头格式,可以分为"直横斜"和其他笔画。圣书字以纸草为纸,羽管为笔,笔画屈曲,难于定形,没有笔画化。

笔画有圆化和方化。汉字是方块字;希伯来字母也是方块字。缅甸字母是圈儿字;塔米尔字母也是圈儿字(Vatteluttu)。

简化。书写频繁,要求急就,必然删繁就简,简省笔画。字形简化是一切文字的共同趋向。汉字从甲骨文、金文、大篆、小篆,到隶书、楷书,一路发生简化。行书、草书,更加简化。日本的假名是汉字的简化。5 笔的"龙"和 16 笔的"龍"、3 笔的"万"和 12 笔的"萬",既然作用相同,只有不讲效率的人才会坚持书写繁体。

　　丁头字从早期到亚述时期,简化非常明显。圣书字从僧侣体到人民体,发生大胆的简化。拉丁字母原本简单,又从大写简化为小写(B变b,H变h)。

　　有人说,汉字既有简化,又有繁化,而且繁化为主,跟其他文字不一样。这是把"繁化"和"复合"混为一谈。会意字和形声字是复合符号。符号的复合和符号的繁化,属于两种不同的范畴。其他文字在复合的时候,把符号线性排列,不发生繁化的感觉。汉字把几个符号挤进一个方框,由此产生"繁化"的错觉。其实,复合也促成简化。"部首"在小篆中很少简化,在楷书中大都简化。例如"水"变成"三点",就是复合促成的简化。比较一下《康熙字典》书眉上的小篆和正文中的楷书,就可以明白。朝鲜的谚文,把几个字母组合成一个方块,但是没有人说它是繁化。

　　同化。不同的部件变成相同,这是常见的现象。例如,"又"可以代替许多部件:汉(漢)、劝(勸)、仅(僅)、对(對)、戏(戲)、鸡(鷄)、邓(鄧)、树(樹)。再看:"春、秦、泰、奉",它们的上部,在篆书中不同,在楷书中变成相同。

　　所有的文字都发生同化。阿拉伯字母同化得最厉害,好些字母无法分辨,不能不附加符号来区别。

　　字体。字体有三类:图形体、笔画体和流线体。汉字从甲骨文、金文,到大篆、小篆,属于图形体;隶书和楷书属于笔画体;草书和行书属于流线体。丁头字在古文时代是图形体;后来变成丁头格式是笔画体;丁头字缺少流线体。圣书字的碑铭体是图形体;僧侣体和人民体是流线体;圣书字缺少笔画体。拉丁字母的印刷体是笔画体,手写体是流线体。

　　风格。不同的文字有不同的风格,这是长期书写而形成的。有的像豆芽菜,有的像滚铁环;有的像竹篱笆,有的像窗格子;有的像丁头散地,有的像玩具排行;有的像乌鸦栖树(坐在分界线上),有的像蝙蝠悬梁(挂在分界线下)。形成习惯以后,就不许更改,成为民族图腾。

　　序列。早期文字的序列是不固定的,后来渐渐固定,这也是常见现象。拉丁字母在古代曾经是从右而左,后来改为从左而右,中间有

图表 绪-03

字形同化举例

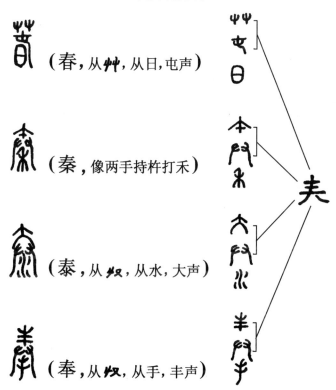

（春，从艸，从日，屯声）

（秦，像两手持杵打禾）

（泰，从廾，从水，大声）

（奉，从廾，从手，丰声）

过一个"一行向右、一行向左"来回更迭的"牛耕式"时期。甲骨文还没有固定的序列，后来的隶书和楷书把序列固定为字序从上而下，行序从右而左。20世纪50年代改为字序从左而右，行序从上而下。

书写工具对字形有极大影响。丁头字的特殊格式是泥板压写形成的。甲骨文主要用直线，因为便于在甲壳上刻字。汉字可以写得像图画，跟使用毛笔有关。缅甸文"一路圈儿圈到底"，跟针笔在树叶上划写有关。"书写"是尖端跟平面的摩擦。平面统称"纸"，有石片、木片、竹片、骨片、泥板、草叶、树叶、羊皮、布帛等。尖端统称"笔"，有树枝、小刀、尖针、毛刷、羽管、粉石条、金属片、塑料管等。丁头字是"压写"，汉字是"刷写"，拉丁字母是"划写"，用打字机是"打写"，用电脑是"触写"，语音输入是"说写"。

六　文字的"三相"

文字有三个侧面，称为"三相"。

1. 符形相。符号形式分为：a. 图符（pictogram，图形符号），b. 字符（character，笔画组合），c. 字母（alphabet）。图符难于分解为符号单位，数不清数目，但是有的可以望文生义。字符有明显的符号单位，并且可以结合成为复合的字符，数目可以数得清，要逐个记忆所代表的意义，不能望文生义。字母数目少而有定数，长于表音，短于表意。有些文字兼用图符和字符（如东巴文），有些文字兼用字符和字母（如日文）。

2. 语段相。符号所代表的语言段落，有长有短。长语段有：篇章、章节、语句。短语段有：a. 语词（意义单位），b. 音节，c. 音素。有的文字兼表语词和音节（如中文），有的文字兼表音节和音素（如印地文）。

3. 表达相。文字的表达法分为：a. 表形（象形，大都能望文生义），b. 表意（代表的意义要逐个学习），c. 表音（要通过读音知道意义）。有的文字兼用表形和表意，称为"形意文字"（原始文字大都如此）；有的文字兼用表意和表音，称为"意音文字"（古典文字大都如此）；有的文字全部或者基本上用表音，称为"表音文字"（全部表音如芬兰文；基本上表音如英文）。

根据文字的"三相"，可以列成下表：

（符形）	（语段）	（表达法）	（简称）
图符	章句	表形	表形文字
图符或字符	章句或语词	表形兼表意	形意文字
字符	语词	表意	表意文字
字符或字母	语词或音节	表意兼表音	意音文字
音节字母	音节	表音	音节文字
辅音字母	音节或音素	表音	辅音文字
音素字母	音素（音位）	表音	音素文字

实际存在的文字大都是"跨位"的，主要有：1. "形意文字"，2. "意音文字"，3. "音节（兼音素）文字"，4. "辅音（兼音素）文字"，5. "音素文

字"。单纯表形或表意的文字很难见到,单纯表音的文字也只有新创造的字母文字,老的字母文字常常夹杂非表音成分。

按照"三相",东亚古今文字可以作如下的定位。古代小篆中文是:图符·语词加音节(较少)·表意(为主)兼表音＝意音文字。现代楷书中文是:字符·语词加音节(较多)·表意兼表音＝意音文字。旧式日文(汉字夹假名)是:字符(为主)和音节字母·语词加音节·表意兼表音＝意音文字。新式日文(假名夹汉字)是:字符和音节字母(为主)·语词加音节·表意兼表音＝意音文字。南方朝鲜文(韩国,谚文夹汉字)是:字符和音节字母(音素字母组合)·语词加音节(为主)·表意兼表音＝意音文字。北方朝鲜文(朝鲜,不用汉字)是:音节字母(音素字母组合)·音节·表音＝音节表音文字。云南规范彝文是:字符·语词加音节·表意兼表音＝意音文字。四川规范彝文是:字符·音节·表音＝音节表音文字。

七　"六书"和"三书"

中国有"六书"说,西洋有"三书"说。"六书"着眼于文字的来源,"三书"着眼于文字的功能。

《说文解字叙》(公元后 100 年):"周礼八岁入小学,保氏教国子,先以六书。"六书是:指事、象形、形声、会意、转注、假借。"指事"和"象形"是原始的造字方法,造出来的是基本符号(一般是单体符号)。"形声"和"会意"是复合原有符号成为新的阅读单位,不造新的基本符号而形成新的复合符号。"转注"可以解释为"异化",略改原有的字形和读音,代表意义和读音相近而不同的语词。"假借"是借用原有的符号,表示同音而异义的语词,不造新字而表达新意,这是文字的表音化。不用说,不是先有"六书"然后造汉字,而是先有汉字然后归纳成为"六书"。"六书"并不能解释全部汉字。《说文》中间不少解释是错误的。例如,"哭"和"笑"这两个字的来源,古人就弄不清楚了,真是"哭笑不得"!

"三书"是:意符、音符、定符(determinative)。"指事"的功能是表意,属于"意符"。"象形"不论能否望文生义,功能都是表意,也属于

"意符"。画一个圆圈,中间加一点,很像太阳;但是"碟子"也可以画一个圆圈,中间加一点;只有特别规定,才能使它专门代表"太阳"。特别规定就是表意。隶书把"日"字写成长方,像是书架,但是仍旧要代表太阳,这更是表意了。所以"象形"属于"意符"。"形声"一半(部首)表意,一半(声旁)表音,是"意符"和"音符"的复合。现代"形声字"能表音的不到三分之一,此外三分之二属于"意符"。"会意"是复合的表意符号,当然属于"意符"。"转注"不能表音,只能表意,属于"意符"。"假借"失去表意功能,只有表音功能,属于"音符"。"三书"中的"定符"近似汉字的部首,有的不是部首而是帮助记忆和区别意义的记号。

"六书"和"三书"用来帮助学习文字是无用的,用来说明文字的结构,虽然并不完备,还是很有用处。"六书"和"三书"都能说明许多种文字的结构,不是只能说明汉字的结构。认为"六书"是汉字所特有,是错误的。"六书"和"三书"都有普遍适用性。

八　变化和进化

生物与生物之间的关系,有三种学说:不变论、轮回论和进化论。

"不变论"认为生物都是上帝所创造,代代相传,一成不变;虽有生死,没有变化;彼此之间,毫无关系。"轮回论"认为,众生依所作善恶业因,在"六道"(天、人、阿修罗、地狱、饿鬼、畜生)之中生死相续,升沉不定。人做坏事来生变狗;狗做好事来生变人。有生死,有变化,但是变化如车轮回旋,无所谓退化或进化。"进化论"把所有生物看作一个总的系统,彼此有共同的发展关系;通过变异、遗传和自然选择,从低级到高级,从猿到人,有一个进化的规律,不是平面回旋,而是逐步进化。理解进化,要高瞻远瞩,对古今生物作系统的比较研究;如果只从一时一地看一种生物,是看不出进化来的。

文字与文字之间的关系,也有三种学说:不变论、自变论和进化论。

"不变论"认为,文字是神造的,一点一画,地义天经,一成不变。文明古国都有文字之神。丁头字是命运之神那勃(Nebo)所创造。圣书字是知识之神托特(Thoth)所创造。希腊文是赫耳墨斯(Hermes)所创造。印度的婆罗米文(Brahmi)是梵摩天帝(Brahma)所创造。汉字是"黄帝之史仓颉"所创造；"仓颉四目"，"生而知书"，"仓颉作书而天雨粟，鬼夜哭"。

"自变论"认为，只有一国文字的自身变化，没有人类文字的共同演进；只有文字是否适合本国语言的问题，没有从低级到高级的文字进化规律。汉字对日语不尽适合，所以日文补充了假名音节字母。朝鲜语的音节复杂，不适合采用音节字母，所以创造谚文音素字母。这都是使文字适应本国的需要，无所谓世界性的共同规律。

"进化论"认为，研究文字在国际间的传播，比较古今文字的结构变化，可以得到综合的理解：人类文字是一个总的系统，有共同的发展规律；各国文字有自身的演变，人类文字有共同的进化；自身的演变包孕于共同的进化之中。这就是人类文字的"进化论"。

从文字的"三相"来看，符形从图符到字符到字母，语段从语词到音节到音素，表达法从表形到表意到表音，这是"进化运动"。历史上没有出现过逆向的运动。但是，文字的进化非常缓慢，百年、千年，才看到一次飞跃，而重要的飞跃往往发生在文字从一国到另一国的传播之中和传播之后。正像"从猿到人"不能在一时一地看到一样，文字的进化也不能从一时一地来理解。

在生物界，不仅有不同的生物品种，还有不同的生物系统，不同的生物系统从属于生物的总系统。如果只看到不同的生物品种而看不到不同的生物系统，或者只看到不同的生物系统而看不到生物的总系统，那么，生物学将是支离破碎的。

丁头字、圣书字、汉字等等，各自都是一个含有不止一种文字的系统，不是只有本身一种文字。这些不同的文字系统从属于人类文字的总系统。如果只看到不同的文字，或者只看到不同的文字系统，而看不到人类文字的总系统，那也是只见树木，不见森林。研究人类文字史当然要了解不同文字的事实，但是不同文字的事实是相互联系的，不是各自孤立的。

九　演变性和稳定性

从长期来看，文字是不断演变的。从一时来看，文字是非常稳定的。

文字从原始到成熟是"成长时期"。它生长、发育、定型，达到能够完备地书写语言，成为"约定俗成"的符号体系。这时候演变性强而稳定性弱。

成熟以后，文字进入"传播时期"，发挥积累文化和发扬文化的作用，把文化从文化源头带到文化的新兴地区，形成一个文字流通圈。这时候稳定性强而演变性弱。

传播达到饱和以后，文字进入"再生时期"。文字的再生有两种情况。一种是新兴地区的文化上升，要求改变外来文字，创造本族文字。另一种是两种文化接触，一种文字融入或取代另一种文字。这时候不仅可能发生符号形体的变化，还可能发生文字体制的更改。在再生时期，文字又变成演变性强而稳定性弱。

古埃及的文化圈比较小，包括上埃及、下埃及和努比亚地区的麦洛埃王国；圣书字的传播导致产生以圣书字作为字母的麦洛埃文。苏美尔文化圈影响很大，传播到阿卡德、巴比伦、亚述和许多其他民族和国家，演变出丁头字形式的各种词符文字、音节文字和音素文字。这两种古典文字的终于消灭，是受了希腊文化和伊斯兰文化冲击的结果。

在汉字文化圈中，日本创造假名，朝鲜创造谚文，不仅解决文字和语言之间的矛盾，也符合文字发展的一般规律。越南放弃汉字而采用拉丁字母，是汉字文化跟西洋文化接触的结果。土耳其从阿拉伯字母改为拉丁字母是伊斯兰文化和西洋文化接触的结果。印度尼西亚在历史上从印度字母改为阿拉伯字母，又改为拉丁字母，是三种文化先后接触的结果。

第二次世界大战以后，新兴国家要求创制文字，多民族国家要求调整文字，文字不适用的国家要求改革文字，国际团体和国际会议要求规定公用文字。在这个新形势下，研究人类文字有了更大的实用意义。探索文字的发展规律，提高文字的应用效率，是信息化的时代需要。

第一卷　原始文字

引　子

　　什么是"原始文字"？"原始文字"包括文字的胚芽和发展程度不同的一切没有成熟的文字。什么叫"成熟"？"成熟"是能够完备地按照语词次序记录语言。

　　文字萌芽于1万年前农业化（畜牧和耕种）开始时期出现的刻符和岩画，它们是文字的胚胎。最早的文字成熟于5500年前农业和手工业的初步上升时期，这时候两河流域和埃及的文字首先达到能够完备地按照语词次序记录语言。从1万年前的文字胚胎，到5500年前最早文字的成熟，这4500年是原始文字时期。

　　刻符和岩画大都是个别符号，不能连续成词。进一步出现文字性的图画（文字画），有初步表情达意的作用。再进一步是图画性的文字（图画字）。从单幅的图画字到连环画式的图画字，图画跟语言渐渐接近了。

　　连环画式的图画字，很像幼儿园的看图讲故事。中国尔苏（Ersu）人的沙巴文，是珍贵的资料。比沙巴文再进一步有中国纳西族的东巴文，它已经接近于成熟的文字，并在体内孕育着音节符号。东巴文使我们看到从原始文字到古典文字的演变过程。

　　原始文字都跟原始巫术紧密结合。甲骨文虽然达到成熟水平，可是还跟原始占卜紧密结合。中国水族的水书是现在还偶尔使用的活着的巫术文字，它使我们可以想象比甲骨文更早一步的文字情况。

　　由于文字教育的发达，世界各地很少遗留下图画性的文字。中国少数民族地区是原始文字遗迹较多的稀有宝库。

第一章　文字的襁褓时期

原始的文字性资料可以区分为"刻符""岩画""文字画""图画字"等类。

"刻符"，包括陶文和木石上的刻画符号，有指事性质。"岩画"，包括岩洞、山崖、石壁和其他处所的素描，有象形性质。刻符和岩画都是分散的单个符号，没有上下文可以连读成词，很难知道原来的作用和意义，更难知道所代表的语言是什么，因此一般不被认为是文字，但是它们有文字胚芽的作用。

"文字画"是文字性的图画。从岩画到文字画，图画开始走向原始文字。文字画是最初的通信符号，往往是甲方写给乙方阅看的，不是自我欣赏的。文字画一般都是单幅的，它们的特点是：符号是图符，语段是篇章，表达法是表形为主、表意为副。文字画是超语言的，可以用任何语言去解说。但是事先要有默契，否则无法理解。所画图形不能分析开来成为符号单位。单幅的文字画后来发展成为连环画式的图画字。

"图画字"是图画性的文字。这种初始的文字往往采取连环画形式。它们的水平明显高出于单幅的文字画。有的是图画和文字合一，图画就是文字；有的是图画和文字并立，图画上面再加图形文字，相互说明。图画字大都是原始宗教的教义记录。

图画字向前发展，达到能够把实词都写出来，只有虚词写不出，或者渐渐产生一些音节符号，帮助表达语言，这样，虽然仍旧不能完备地按照语词的次序书写语言，可是基本上能够表达需要记录的意思了。这样的文字就脱离了襁褓时期，成为文字的幼儿。

一 刻符和岩画

1. 刻符

20 世纪 50 年代西安半坡村遗址出土 5000 年前的彩陶,上面有分散的刻画符号 22 种,称为"半坡陶文"(参看西安半坡博物馆《中国原始社会》)。70 年代又在临潼姜寨遗址发掘出 6000 年前的彩陶,上面有分散的刻画符号 102 个,称为"姜寨陶文"(参看楼宇栋《六千年前的原始村落》,载《中国文化》1990 年创刊号)。有人认为半坡陶文就是甲骨文的祖先。陶文不是连贯的符号,而是分开的个别符号,无法知道它们的读音和意义,无法肯定它们跟后来甲骨文的亲缘关系。

图表 1-01

半坡陶文和姜寨陶文

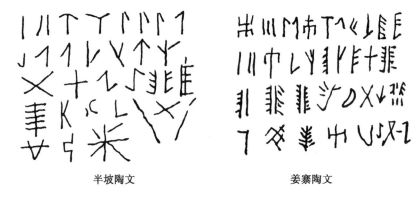

半坡陶文 　　　　　　　　　　　姜寨陶文

贵州威宁彝族回族苗族自治县中水区中河乡 1978 年出土一组陶文,有 50 来个刻画符号,称为"中河陶文"(参看何凤桐《威宁中水西南夷公共墓地的调查和发掘》,载《贵州社会科学》1983 年第 1 期)。有人认为这就是彝文的祖先(参看丁椿寿《彝文论》1993,"彝文的起源")。中河陶文也不是连贯的刻符。相同和相近的符号如果不能证明读音或意义也是相同或相近,就无法肯定它们之间的亲缘关系。

图表 1-02

威宁中河陶文

根据《彝文论》

图表 1-03

马家窑文化的刻符

说明：马家窑文化的刻符,在青海乐都柳湾墓地发现最多,标本有好几百件,共有100多个不同的符号(根据张岂之编《中国传统文化》)。

外国也发现了许多刻画符号。例如：葡萄牙发现一组刻画符号，很像半坡符号。克里特岛发现一组刻画符号，比半坡符号复杂。法国南部发现一组卵石上的刻画符号，由各种曲线构成。巴勒斯坦发现一组刻画符号，类似几何图形。

从仰韶文化到史前末期，都发现有刻符的陶器和陶片。主要出土地点：1. 陕西西安半坡。2. 陕西西安姜寨。3. 陕西宝鸡北首岭。4. 陕西合阳莘野。5. 陕西长安五楼（以上属仰韶文化）。6. 青海乐都柳湾（属马家窑文化）。7. 山东莒县陵阳河大朱村。8. 山东诸城县前寨（以上属大汶口文化）。9. 山东济南城子崖。10. 河南阳城（以上属龙山文化）。11. 上海崧泽。12. 上海马桥。13. 浙江杭州良渚（以上属良渚文化）。14. 台湾高雄凤鼻头。15. 广东海丰。16. 香港南丫岛大湾。17. 香港大屿岛石崖（以上属华南新石器时代文化）。（根据同上）

中国的"八卦"是刻符性质，它有提示作用，但是不能书写语言。能书写语言的刻符，有古代欧洲的"奥格姆"（ogham）字母，它用一至五条直线和斜线，写在分隔线的上下和中间，代表 20 个字母，可以记录语言，近似现代商品的"线条编码"（条码）。奥格姆字母是受了早期字母的影响然后产生的刻符字母。

上例说明：奥格姆线条刻符字母，主要是爱尔兰人早期用的原始文字，直至中世纪之后他们才改用拉丁字母作为文字。现存奥格姆刻碑大约有 370 多件。

2. 岩画

岩画，包括岩洞、山崖和其他处所含有表意作用的石壁素描，可以认为是文字的萌芽。从岩画可以看到图画和文字即将分化的初始状况。

中国是岩画众多的国家，据说发现的岩画超过了 2 万幅。例如：

宁夏河套的贺兰山上，在 30 多处沟口，有 3000 多幅岩画，图形有连臂组舞图、交媾图、孕羊图、类人兽图等，年代在 2 万年以上（《经济生活报》）。宁夏中卫的岩画，已由宁夏博物馆出版《中卫岩画》（1991）。

图表 1−04

奥格姆刻符字母

a. 奥格姆字母表

b l f s n h d t c q m g ng z r a o u e i
v

b. 拉丁文和奥格姆文双文铭文

c. 皮克梯希（Pictish）奥格姆铭文残片

（从下而上阅读）

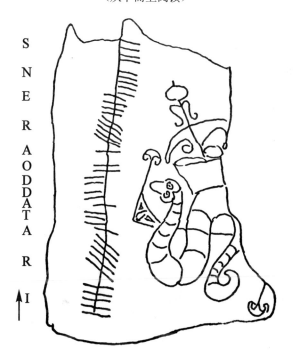

青海的卢山、野牛沟、青海湖等地发现 15 处 2000 多幅岩画。卢山岩画中有一大型画面，画出 158 个形象。联合国教科文组织把它列入世界著名遗迹目录(《今晚报》)。

内蒙古赤峰地区悬崖有 100 多幅岩画，跟大兴安岭东麓乌苏里江畔的岩画相似，都是"人面岩画"，表现"射日神话"(《文汇报》)。

西藏的日土、山南、八宿、那木错湖、嘉林山等地，发现 10 处 1500 多幅岩画，年代从公元前 1000 年到中国晚唐时期。内容有狩猎、放牧、战争、交媾、祭祀，以及大量动物形象，制作者为古代羌族和以后的吐蕃人(《今晚报》)。西藏阿里地区发现许多岩画。传说，公元前 1000 年，阿里曾建立"象雄王国"，信奉苯教，有文字称玛尔文。阿里岩画可能是玛尔文的雏形(新华社1994 - 01 - 20)。

安徽淮北北山乡山顶发现岩画 5 处 12 幅，图为恐龙、巨鸟、月亮、鸟叼蛇、人体以及文字性符号(《新民晚报》)。

福建漳浦佛昙镇大坑村的大荟山，发现岩画 6 组，图形有圆弧、窝穴、北斗星座、蚊状曲线等，年代在商周时期(《人民日报》海外版1993 - 09 - 06)。

广西麻栗坡县城东南羊角老山南端的大王岩上有一巨幅岩画，其中有人物 16 个、牛 3 头、动物 2 头、图案 4 幅、符号 5 个，是 4000 年前新石器时代的遗迹(《光明日报》1993 - 08 - 29)。

长江第一大湾上游的虎跳峡到下游洪门口的丽江市，在金沙江边发现 11 个崖画点，形成一个规模宏大的崖画画廊。又发现丽江市宝山和鸣音等乡的 9 个崖画点，内容有野牛、鹿、獐、盘羊、岩羊、野猪、猴子等，以及古人的狩猎场面。图像跟纳西族的东巴文有相同和相似之处(《光明日报》)。

这些岩画图形，以圆圈代表太阳，以月牙代表月亮；"弓"像弓，"田"像田；动物有全身、半身、直立、蹲坐、侧面；四足兽只画两足、马有长脸和长鬃、虎有大嘴和利齿，跟甲骨文和其他原始文字非常相像。

外国的岩画也很多，有彩绘、线刻、浮雕，以法国南部岩画和西班牙北部岩画最为有名。此外有北非的岩画、美国加利福尼亚州和亚利桑那州的岩画、巴哈马的岩画、巴西的岩画、澳大利亚的岩画等。

图表　1－05

岩画举例

a. 美国亚利桑那岩画

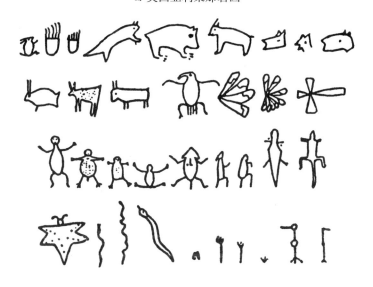

b. 拉美巴哈马岩画

c. 北非岩画

二　文字性的图画

1. 文字画举例一

图表　1‑06

欧吉蓓少女幽会信

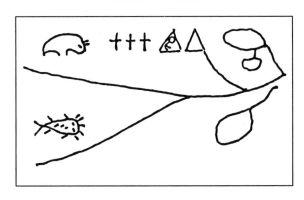

意译：

　　熊妹问狗哥，狗哥几时闲？我家三姊妹，妹屋在西边。

　　推窗见大湖，招手唤孤帆。小径可通幽，勿误两相欢。

图解：

　　加拿大印第安人欧吉蓓（Ojibwa）部落一位少女给男友的情书。左上角的"熊"是发信人（女方）的图腾。左下角的"泥狗"是收信人（男方）的图腾。上方三个"十字架"表示信基督教的三个女人。十字架的右边有两间小屋。左边小屋里画一只"招呼的手"，表示这是发信人的住处，欢迎来临。右边有三个湖泊，北面一个是大湖。有三条道路，一条通到发信人的小屋，一条通到收信人的住处。

文说：

　　这是一幅文字性质的图画：文字画。"熊、泥狗、小屋、湖泊、道路"，都是表形符号。"熊"和"泥狗"代表不同图腾的人，有表意性质。"道路"表示方向，也有表意性质。"十字架"代表挂十字架的教徒，是象征性的表意符号。"招呼的手"表示欢迎，不是一般的手，是表意符号。全文表形为主，表意为副，表形带表意，表意带表形。代表一段语言,一个"篇章",不能分成句子或语词。可以用任何语言来说明,不代表一定的语言,有"超语言性"(Ojibwa love letter,根据德范克《视觉语言》)。

2. 文字画举例二

图表　1－07

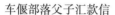

车偃部落父子汇款信

意译:

往日送儿去,今日望儿还。知儿衣食艰,捎银五十三。

密密打圈儿,需念得之难。公务摒挡毕,早早回故园。

图解:

北美印第安人车偃(Cheyenne)部落一位父亲(名"鳖随妻")托人带信给儿子(名"小子")并捎去银元53元。父亲(大人,穿裙子)和儿子(小孩,不穿裙子)都画两次,一次是送儿子出门,一次是叫儿子回家。信中说明捎去银元53元,用53个小圈儿代表。两个"鳖"表示他们都以"鳖"为图腾。父亲口中的线条表示说话;线条有回曲,表示叫儿子"回转"。儿子接信,看懂意思,向带信人索取银元53元。

文说:

大人和小孩都用图形表示,人的面孔一向左、一向右,表示"去"和"来",带有表意性质。代表银元的圈儿数目有表意性质。两个"鳖"是图腾的表形符号,有表意性质。全文是文字性质的图画,表形为主,表

意为副。语言是囫囵的"篇章",不分句子或语词。可以用任何语言来
说明,有"超语言性"(Letter from a Cheyenne Father,根据同上)。

3. 文字画举例三

图表　1-08

赤培瓦部落的请愿书

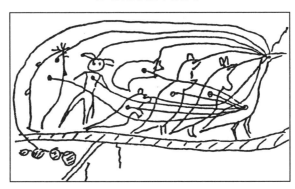

意译:

我辈七兄弟,鹤哥带头行。同心又一意,向您说苦情。

天旱河水浅,鱼儿不见形。湖泊区域大,鱼多水充盈。

今欲迁移去,打渔乐生平。恳请顺民意,同情此苦情。

图解:

北美印第安人赤培瓦(Chipewa)的七个部落,用七种动物作为图
腾,结成同盟,以"鹤"部落为首。他们提出这封"请愿书",要求美国国
会同意他们离开原来的沿河区,迁移到湖泊区去居住和捕鱼。

文说:

七种图腾动物,包括神话中的"有尾人",是表形符号,带有表意性
质。河流和湖泊都是表形符号。六个心脏都有线条通到"鹤"的心脏,
表示"同心";六只眼睛都有线条通到"鹤"的眼睛,表示"一意"。"鹤"
的眼睛里伸出一条线,通到左下角的湖泊区,表示要求迁移到那里去。
"鹤"的眼睛里又有一条线,向右上角伸出去,表示向国会请愿。线条
都是表意符号。全文是囫囵的"篇章",不能分析成为句子或语词,所
代表的意思可以用任何语言来说明,有"超语言性"。这种"提示性"的
文字画,要依靠口语来补充,单靠书面文字是说不清楚事情的

（Chippewa Petition,根据同上）。

4. 文字画举例四

图表　1-09

峪家集孤女失恋记

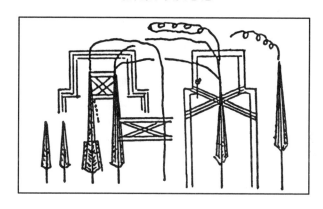

意译：

　　妾独居兮君离去,君离去兮恋彼女。

　　恋彼女兮终不欢,终不欢兮偏多儿。

　　偏多儿兮我惨然,我惨然兮心不移。

图解：

　　西伯利亚的峪家集（Yukaghir）部落,有一位孤女（右边凸字形屋内单独大伞,有辫子）。她爱恋（伞顶线条）的男友,跟另一女人结婚（左边凸字形屋内二大伞,女有辫子,男无辫子）,生了小孩二人（二小伞）,但是婚后不睦（二伞间有网形）。孤女爱心不移,拒绝邻居男人（屋外一伞）的求爱（伞顶蜷曲线）。写下这个“失恋记”表示自己的心意。“伞形”表示“人”,有辫子的是“女”,无辫子的是“男”。大伞是“大人”,小伞是“小孩”。凸字形表示“屋子”。网形表示“不睦”。交叉线表示“悲哀”。伞顶蜷曲线表示“相思”。线条不能通至对方表示“失爱”。两条线被另一条长线隔开表示“心事不成”。

文说：

　　“失恋记”的特点是全部符号都是“表意符号”,只有“凸字形”符号略带表形性质。文字学者一向认为,没有发现过“纯表意文字”。这个

"失恋记"可以说是独一无二的"纯表意文字"(Yukaghir Love Letter, 根据同上)。

三　图画性的文字

1. 图画字举例一

图表　1－10

沙巴巫师占卜吉凶的经文

意译：

　　正月初九,生肖属狗,五行为火。

　　早晨有雾,上午天晴,午后变阴。

　　下有太岁,恐生事端,不宜动土。

图解：

　　这是中国四川凉山尔苏(Ersu)人沙巴(Saba)巫师的"占卜书"中的一节。图中央的"狗"表示这一天属狗,狗身上涂红色表示是"火"日。"雾"在左下角表示早晨有雾,如果在右下角就表示晚上有雾。左中是"盛酒器",表示这一天是好日子。左上角"三颗星",两颗黑色表示死了,只有一颗白色的在发光。右上角的"太阳"有╳线,这是太阳戴上了"枷",表示天气不好。右中有"法器",右下有"宝刀",表示整天不会出现意外事件。

文说：

这幅文字跟前面几幅不同：

a. 这是连环画式的长篇文字，不是孤立的一幅。沙巴巫师有许多部预言吉凶的经书，这是其中的一部，名为《虐曼史塔》。经书分为许多节，这是其中的一节。"预言书"像旧时代的"皇历"，说明每天是凶是吉，什么事可做，什么事不可做。占卜每天吉凶的巫师称为"看太阳的"（"日者"）。经书由师徒传授，具有初步的社会流通性。

b. 产生了可以反复使用的"单体符号"。共有二百多个图形符号，大部分代表事物（象形），极少数代表概念（表意）。这幅文字里有七个符号，要代表一长段的说话（章节文字），有的事物没有画出来（例如"太岁"），要师徒传授，口头补充（根据：孙宏开《尔苏沙巴图画文字》，《民族语文》1982 年第 6 期）。

2. 图画字举例二

图表　1－11

东巴巫师的创世经文

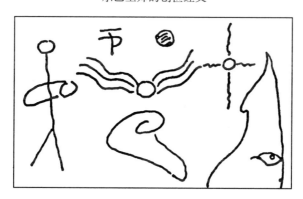

意译：

抛卵在湖中，卷起黑白风。

狂浪冲圣卵，卵击高山峰。

一道金光发，天路自此通。

图解：

左边一个"人"，手里拿一个"蛋"。最中间的圆圈也是"蛋"。蛋左三条斜曲线是"风"，"帀"字形符号表示"白"（音符），连起来是"白风"。蛋右三条斜曲线也是"风"，黑圆圈表示"黑"，连起来是"黑风"。下面是"湖"。右边是"山峰"，山峰的右下方有一个"鸡头"（音符）表示"撞"

（谐音）。山峰和黑风之间有一个"蛋"，四面在发光，表示金光灿烂。

文说：

这是云南纳西族东巴教巫师的"创世记"经文，也是连环画中的一节。它的特点是有了两个"音符"（"白"和"撞"），这是表音符号的萌芽，偶然夹用于表形和表意符号中间。但是不能认为已经改变了文字的基本性质，它还没有成为"意音文字"。因为"意音文字"中的"音符"是经常地应用的。这个经文不能按照语词完备地表达语言，要由传授来做口头补充。东巴文比上面的沙巴文进了一步，有很多基本定型的语词符号，在"形意文字"中属于较高水平，另详后面"东巴文"章（根据：傅懋勣《古事记研究》）。

文字画和图画字的特点：

1. 文字画和图画字，表形为主，表意为副，偶尔表音是例外，完全表意也是例外，所以统称为"形意文字"。

2. 文字画是文字性的图画，它的文字作用是微弱的。图画字是图画性的文字，它的文字作用大为提高。原始宗教都依靠图画字来记录教义，沙巴文、东巴文、水书、甲骨文等，都是如此，马亚字也一样。宗教的创始和文字的创始几乎难于分开。

3. "形意文字"的书写单位，或表篇章，或表章节，不能分成句子或语词，不能完备地按照语词次序书写语言，需要用口头传授来补充，可以用任何语言来说明，有"超语言性"。

4. "形意文字"的发展水平，各有不同。有的是单独的文字画，有的发展成为连环画，分为许多段落。有的是囫囵的文字画，有的可以分析出若干能够反复使用的"单体符号"。有的口头传授要补充大部分意思，有的只要补充少数语句或语词。它们都能表达一段或长或短的语言，并非只表示不相连续的单个语词。

第二章 文字幼儿之一：水族的水书

一 水族和水语

中国的水族,源出古代"百越",唐宋时代跟壮族和侗族等统称为"僚",明清称"水"。主要居住在贵州南部,以三都水族自治县为中心,少数居住在广西。"三都县"古称"抚水州"。

水语属于汉藏语系、壮侗语族、侗水语支。水语内部差别很小,各地水语可以相互通话,没有明显的方言区别,只分为三个土语:三洞、阳安和潘洞。1994年根据三都三洞水语拟订拉丁化"水族拼音文字方案",并编订《汉水词典》。学校一向用汉语汉字,今后可能试行"汉水双语言"教育。

二 传统水书

水族有古老的传统文字,称为"水书"或"水字"。水族传说,正神"六一公""六甲公"是水书的创造者。不知创始于何时,一说创始于唐代。

水书模仿汉字,但是不采取楷书体,而采取篆书体或图形体,不少字形跟甲金文字相同或相似。水族的居住中心"三都县",西面有布依族,东面有侗族,南面有壮族。这些邻居民族都采取楷书体,唯独水族与众不同。邻居民族借用汉字,照样不改,而水族借用汉字,必须加以改变,反过来,倒过去,写成似是而非的样子,因而有"反书"的外号。水书是一种"变异仿造"的汉字型文字,但是有一部分是自源创造。

水书的字数，少算有一百多个，多算有四百多个。除去各地不同的异体字，大致在二百左右。一字多形、多音、多义。从"六书"看水书，大都是象形字，很少会意字和指事字，很多假借字（借意和借音）。基本上都是单体符号，很少复合符号。各地可以按照土音来读，有"超方言性"。写本只写实词，不写虚词，不写出的部分要由讲解者口头补充。

水书是"卜筮之书"，有"古体字""今体字"和"秘写字"的分别。"古体字"多见于年代较久的抄本，用竹尖蘸墨水或用木炭书写，笔画似刀刻，被称为"竹书"。"今体字"是近时抄本的通用文字，用毛笔书写，笔画圆曲，粗细不匀。"秘写字"是巫师的秘密文字，外界了解最少。水书没有笔画化。

水书按用途分为"普通水书"（白书）和"秘传水书"（黑书）。前者用于预卜吉凶，包括出行、择日、婚嫁、丧葬、动土、看风水等；后者用于放鬼、拒鬼、收鬼，以至治病、消灾等巫术。水书由巫师掌握，一般人民不学不用。

三　水　书　举　例

水书中的历算用字，干支、五行、时日、四季、数字、八卦、方位等，都来自汉字，约有 60 余字，一般都是单体符号，也有几个复合符号，例如"阴阳"两字。

图表　2-01

水书中的历算用字

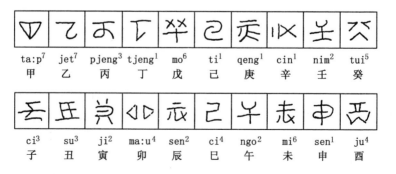

$ta{:}p^7$	jet^7	$pjeng^3$	$tjeng^1$	mo^6	ti^1	$qeng^1$	cin^1	nim^2	tui^5
甲	乙	丙	丁	戊	己	庚	辛	壬	癸

ci^3	su^3	ji^2	$ma{:}u^4$	sen^2	ci^4	ngo^2	mi^6	sen^1	ju^4
子	丑	寅	卯	辰	巳	午	未	申	酉

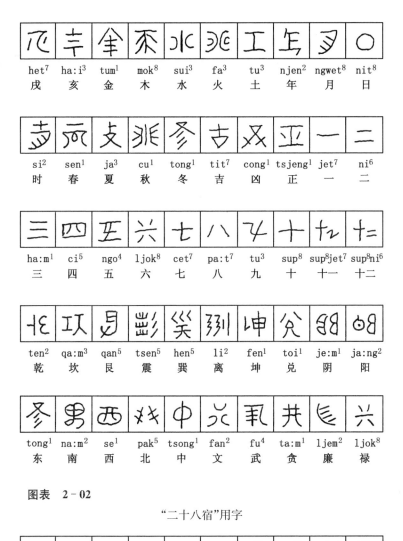

het[7]	ha:i[3]	tum[1]	mok[8]	sui[3]	fa[3]	tu[3]	njen[2]	ngwet[8]	nit[8]
戌	亥	金	木	水	火	土	年	月	日

si[2]	sen[1]	ja[3]	cu[1]	tong[1]	tit[7]	cong[1]	tsjeng[1]	jet[7]	ni[6]
时	春	夏	秋	冬	吉	凶	正	一	二

ha:m[1]	ci[5]	ngo[4]	ljok[8]	cet[7]	pa:t[7]	tu[3]	sup[8]	sup[8]jet[7]	sup[8]ni[6]
三	四	五	六	七	八	九	十	十一	十二

ten[2]	qa:m[3]	qan[5]	tsen[5]	hen[5]	li[2]	fen[1]	toi[1]	je:m[1]	ja:ng[2]
乾	坎	艮	震	巽	离	坤	兑	阴	阳

tong[1]	na:m[2]	se[1]	pak[5]	tsong[1]	fan[2]	fu[4]	ta:m[1]	ljem[2]	ljok[8]
东	南	西	北	中	文	武	贪	廉	禄

图表 2－02

"二十八宿"用字

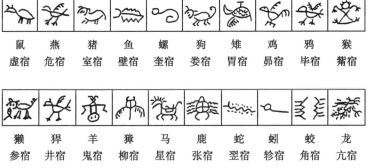

鼠	燕	猪	鱼	螺	狗	雉	鸡	鸦	猴
虚宿	危宿	室宿	壁宿	奎宿	娄宿	胃宿	昴宿	毕宿	觜宿

獭	猂	羊	獐	马	鹿	蛇	蚓	蛟	龙
参宿	井宿	鬼宿	柳宿	星宿	张宿	翌宿	轸宿	角宿	亢宿

貉	兔	狐	虎	豹	蟹	牛	蝠
氐宿	房宿	心宿	尾宿	箕宿	斗宿	牛宿	女宿

（根据王品魁）

上例说明：星宿用动物代表。张宿为鹿，画蜘蛛，蜘蛛与鹿水语音近；心宿为狐，画太阳，太阳与狐音近（同音代替）。这些"图形字"使我们看到从图画到文字的演变。

图表　2－03

吉凶兆象用字

最凶	梭项鬼	腊血鬼	堂扶鬼	引贯鬼	五锤鬼	姑又鬼	勾采鬼
五虎鬼	勾采鬼	占鬼	沙朋鬼	寨门	两边倒	空房兆	死人兆
供桌	衙官桌	传细话	树枝	死人兆	死人兆	翻梯	天地转
一群人	烧尸兆	山坳	磁碗	水槽	殴打象	天菁鸡	酒壶

图表　2－04

星　象　用　字

鬼金羊	娄金狗	牛金牛	亢金龙	毕月乌	昴日鸡	胃土雉	室火猪
女土蝠	张月鹿	氐土貉	壁水鱼	虚日鼠	斗木蟹	觜火猴	亢金龙

图表 2-05

贵州榕江水书墓碑铭文

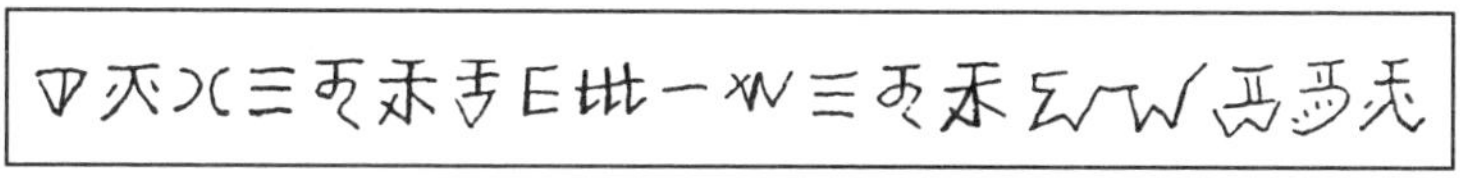

甲 戌 八 三 丙 辰 吉 日 第 一 殁 三 丙 辰 亢 金 龙 酉 时 葬

（生于甲戌年，享年83岁，丙辰吉日第一殁，三月丙辰日酉时，葬于亢金龙方向）

（根据王国宇）

四 水书中的六书

图表 2-06

水书中的六书举例

象形：

鸟 燕 虫 牛 虎 鱼 螺 花 穗 果 瓜 风 雨 云 泉

火 刀 箭 帚 笔 仓 伞 棺 梯 桌 耙 脸 口 耳 目

指事：

会意：

上　下　左　右　　　　星　井　坑　屋

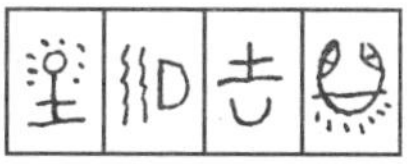

假借：

fan²	fu⁴	pu²	pjet²	po⁵	ta:m¹	lje:m²	tu²	ljok²
文曲	武曲	辅星	弼星	破军	贪狼	廉贞	巨门	禄存

上例说明：上面"九星"用字，一个字代表一个星名，例如"文曲星"借"文"字、"武曲星"借"武"字，原文中没有"星"字。实际是一种略称。

五 水书跟甲金文字的比较

水书中有许多字与甲骨文、金文相同或近似。

图表 2-07

近似甲金文字的水书

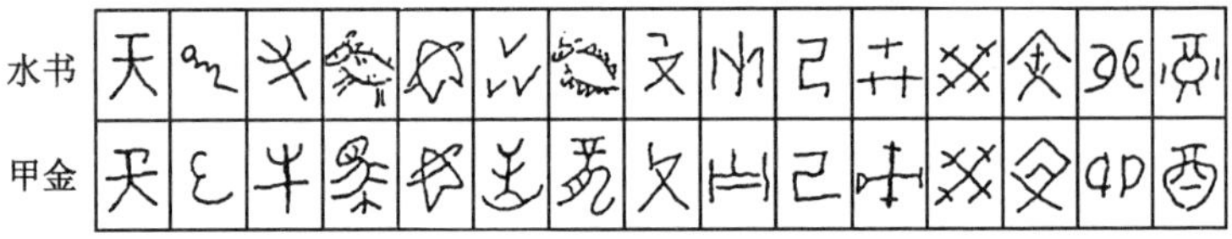

水书	甲金	

天 虫 牛 马 鱼 说 龙 文 子 巳 戊 癸 寅 卯 酉

戊 亥 吉 年 月 日 禄 金 木 水 斗 云 雨 斧 河

鸡 门 仓 帚 田 果 出 方 一 二 五 六 八 九 百

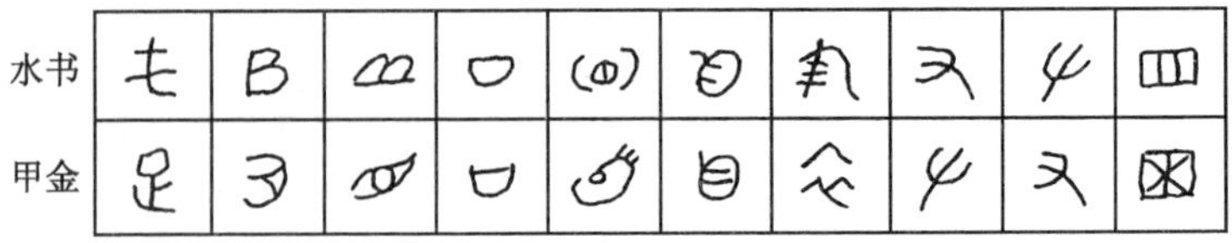

足 耳 目 口 首 鼻 衣 左 右 窗

(55字,根据雷广正)

图表　2-08

近似甲金文字的干支用字

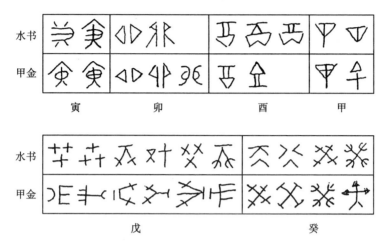

六　水书的特点

1. 水书的符号是"图符"（图形字和篆书字），没有笔画化。水书的语段是"词组和语词"。水书的表达法主要是"表形和表意"。写出实词而不写出虚词，不能按照语词次序无遗漏地书写语言。水书的类型是："图符·词组和语词·表形和表意"→形意文字。

2. 水书是"汉字大家庭"的成员之一，是汉字型文字，是"变异仿造"而不是"孳乳仿造"，采用篆书体而不采用楷书体。从地区来看，它跟中国西南少数民族的汉字型文字为邻居。不同的是，水书是"形意文字"，其他汉字型民族文字是"意音文字"。

3. 水书复合符号很不发达，"六书"中没有"形声字"。水书的发展水平低于甲骨文。

4. 水书是一种"卜筮文字"，现在还有少数巫师能够认识，没有成为日常生活的文字。水书是"文字活化石"，有文字学和民俗学的研究价值。水书使我们具体地了解早期文字跟巫术的关系。

本节承曾晓渝教授、王品魁专家和姚福祥专家通信指正并提供资料，特此鸣谢！

参考：张均如《水语简志》1980。曾晓渝教授通信资料，1994。王国宇《水书样品释读》，载《民族语文》1987第6期。王均《水语》，李淇《水族》，载《中国大百科全书·民族》1986。雷广正、韦快《水书古文字探析》，载《贵州民族研究》季刊，1990第3期。王品魁《水书源流新探》，载《黔南民族》1990第1期；《水书七元宿的天象历法》1994，油印本；水族王品魁专家通信资料。水族姚福祥专家通信资料。西田龙雄《水文字历的释译》(王云祥译)，日本《言语》月刊1980第8期。

第三章　文字幼儿之二：
纳西族的东巴文

一　纳西族的语言和文字

中国的纳西族主要居住在滇西北和川西南的金沙江、无量河和雅砻江流域，西藏芒康县等地也有少量分布，以云南丽江玉龙纳西族自治县为聚居中心。晋代以来，史书常称"摩沙、磨些、麽些"。各地有不同的自称，50 年代规定统一称谓"纳西"。

纳西语属于汉藏语系、藏缅语族、彝语支，分为西部和东部两个方言。长期跟汉、藏、彝、白、傈僳等民族交往，部分纳西人会讲汉语和邻居民族的语言。学校原来用汉语汉字，1957 年制订拉丁化的"纳西拼音文字方案"，1983 年加以修订，以西部方言为基础方言、以大研镇土语为标准音，实行汉语和纳西语的双语言教育。

纳西族原来有民族特色显著的文字，主要用于书写民族宗教"东巴教"的经书，经师称"东巴"，文字称"东巴文"。纳西语"东巴"的意思是"木石痕迹"，可见早期是刻写在木石上面的。石刻纳西族《木氏历代宗谱》有 16 世祖牟保阿宗"且制本方文字"的记载。据此推算，东巴文的创制年代大约在 12 世纪到 13 世纪，大体相当于南宋时代。东巴文经书内容丰富，包含宗教祭祀、历史传说、诗歌格言、风俗习惯等许多方面。中国和外国现存东巴文的写本约 2 万册。

二 东巴文的形制 *

"东巴文"像是连环图画,阅读东巴文像是幼儿园讲解"看图识字"的故事书。一个符号单位表示一段语言,符号是轮廓画形式,表达方法以表形为主、表意为副,间或有些表音记号。从文字类型的角度来看,它是"图符·章节·形意文字"。它还不能按照语词次序无遗漏地书写语言,阅读时候必须口头补充说明。在"形意文字"中,它发展水平是很高的。

东巴教的一个支派后来另外创造一种文字,叫做"哥巴文",也是主要用于书写东巴教的经文。"哥巴"是"徒弟"的意思,"哥巴文"是从东巴文衍生出来的"徒弟文字"。《哥巴文字典》说:哥巴文是大东巴何文裕创制的,距今不过一百多年。另一说:11 世纪创造东巴文,13 世纪创造哥巴文。哥巴文的符号,有的来自东巴字的简化,有的来自汉字的简化,多半是从头新创。它是一种音节文字,但是还没有规范化。

东巴文受了哥巴文的影响,在原有的章节图符中,也产生了一部分音节字符,跟原来的章节图符并立使用。东巴文内部于是在大量的原有的章节图符之外,产生少量的新生的音节字符。这个现象,如果不仔细分析是看不出来的。

更后,哥巴文又分化出一种简化的音节文字,叫做"玛丽玛萨文",在云南维西傈僳族自治县一千多人中应用。"玛丽玛萨"的意思是"从木里(玛丽)地方迁来的摩梭人(玛萨人、纳西人)"。"木里"或"木里拉塔"现属四川盐源县。

从纳西族来看,一共有了四种文字:1. 东巴文,2. 音节东巴文,3. 哥巴文,4. 玛丽玛萨文。东巴文的文献数量巨大。哥巴文的文献数量少得多。音节东巴文的文献非常稀少。玛丽玛萨文的文献微不足道。从文献数量可以看出它们之间的先后关系。

---

* 西南师范大学教授喻遂生先生指出:周有光著《比较文字学初探》中"东巴文的符号统计"有误,不应以"字"为单位,应以"词"为单位,请读者参考该书时注意。

（参看第七章东巴文中的六书）。

三　东巴文在人类文字史上的地位

东巴文是自源的民族文字，不是汉字的衍生文字，但是受了汉字的影响，部分字符类似汉字，后期更为明显。它跟汉字是"异源"而"同型"。

《纳西象形文字谱》收录"东巴文"的独体字和合体字共计 2274 个，其中有 1340 个（59％）是"基本字"，685 个（30％）是"异体字"，250 个（11％）是"派生字"。统计说明"东巴文"是发达的"形意文字"。"形意文字"一般都是字无定量，一字多形，同音多字，字形可大可小，形款不求整齐，不能完备地按照语词次序书写语言。东巴文并非例外。

从六书来看，"东巴文"有象形字 1076 个（47％），会意字（包括指事字）761 个（33％），形声字（包括假借字）437 个（19％）。象形为主是"形意文字"的共同特点。会意发达说明它使用频繁。东巴文中的形声字已经占 19％，这跟汉字的甲骨文（公元前 1300 年）有形声字大约20％十分接近。汉字中的形声字后来不断增加，到公元后 100 年，以小篆为标准的《说文》收录 9 353 字，其中形声字 7697 个（82％），会意字 1653 个（18％），象形字 264 个（0.3％），指事字 129 个（0.1％），假借字和转注字更少（《文字蒙求》）。"东巴文"接近"甲骨文"，跟"小篆"距离较远。

人类文字史的研究重视找寻从"形意文字"到"意音文字"的发展过程。东巴文正好就是这一发展过程的稀有例证。

本节是学习傅懋勣先生遗著而写成，特此敬表纪念和感谢！

参考：傅懋勣《纳西麽些语研究》1940；《丽江麽些象形文字古事记研究》1948；《纳西族图画文字白蝙蝠取经记研究》1981；《纳西族祭风经迎请洛神研究》1993。还有多篇论文，收入编印中的遗著《纳西文字和文化研究汇编》。方国瑜《纳西象形文字谱》1981。和即仁、姜竹仪编《纳西语简志》1985。郭大烈、杨世光编《东巴文化论集》1985。和志武《纳西族古文字概况》，《中国民族古文字研究》1984。姜竹仪《纳西族的象形文字》，载同上。

第二卷　古典文字

引　子

公元前 3500 年前,西亚两河流域出现压写在泥板上的丁头字。它在全盛时期是从东地中海一直到波斯湾都通用的国际文字。

略晚,北非尼罗河出现划写在纸草上的圣书字。它含有音节性的辅音符号,是后世发明字母的胚芽。

公元前 1300 年前,东亚黄河流域出现刻写在龟甲和兽骨上的甲骨文,它是汉字的祖先。在丁头字和圣书字退出历史舞台以后,汉字岿然独存。

这三种以符号或符号组合书写语词和音节的早期文字,在 3000 年的长时期中代表了三种高度发达的文化,被称为“三大古典文字”。它们都传播到别的民族和国家,繁衍成为书写多种语言的文字系统。

一向认为原来没有文字的美洲也有自创的文字,叫做马亚字。这种像是小镜框图画的文字,实际是书写语词和音节的成熟文字。它创始于公元前后,在前哥伦布时期曾使用 1500 年以上,并且发明了用头发制的毛笔和树皮制的纸张。

中国彝族的彝文也是一种书写语词和音节的成熟文字,长期默默无闻地应用于崇山峻岭之中。最近,在云南整理成为规范化的表意和表音的文字,在四川整理成为规范化的音节文字。它跟汉字的关系是异源而同型。彝文创始于唐代,发达于明代,它是今天除汉字以外另一种正在发挥作用的古典文字。

这些古典文字,都可以用六书来说明造字和用字的方法。六书不是汉字所独有,六书有普遍适用性。

第四章　丁头字和丁头字系统

一　古怪样儿的丁头字

丁头字，又名楔形字，它的笔画都是由一头粗、一头细的直线构成，像是钉子或楔子。阿拉伯人很早就发现这种古文字，给它起名为丁头字(mismari)。阿拉伯人给它起名以后大约 500 年，英国人重新发现这种古文字，不知道已经有过名称，又重新给它起名为楔形字(cuneiform)。这里采用比较早的名称，也是比较形象化而且说出来容易听得懂的名称：丁头字。

丁头字最早不是丁头形状，而是象形图画形状。象形图画经过简化以后，由于用一种特殊的书写工具，文字的笔画变成丁头形状。特殊的书写工具是，以有点像竹筷的小棍儿为"笔"，以软的泥板为"纸"，小棍儿在软泥板上一压就成一个丁头笔画，不需要墨水。右手执"笔"，斜着压下去，离开手的一端压痕粗，接近手的一端压痕细，粗的一端在左，细的一端在右。换言之，丁脑在左，丁尾在右。也可以丁脑在上，丁尾在下。

小棍儿的"笔"可以用各种材料制成：树枝、草茎、骨头、木头、金属等。泥板的"纸"很像砖头，晒干或烧硬以后可以把文字长久保存，类似陶器。需要保密的文件，另用一块泥板盖上，保护下面有文字的泥板；还可以在两块泥板的四边接合处用软泥封住（封泥），加盖印章，成为一个泥板信封。这种书写方法可以名之为"压写"。

在泥板上压写容易，在石头上刻字困难。可是，泥板容易打碎，石碑可传永久。所以一般文书用泥板，特殊纪念用石碑。压写形成的丁头笔画成为传统以后，在石碑上刻字也必须刻成丁头笔画。

今天看来，泥板丁头字十分古怪。可是，这种古怪的文字在西亚应用了 3500 年，还是当时的国际通用文字呢。

丁头字是最早达到成熟水平，并且长期广泛应用的古文字。它比埃及圣书字还要早。

二　两河流域：西亚的文化摇篮

丁头字的故乡在美索不达米亚（Mesopotamia），原义"河间"，意译"两河流域"，在现在的伊拉克（Iraq）。这里是亚洲"西方"的文化摇篮。

为什么叫"两河流域"呢？因为这里有两条由北而南的并行河流。一条在西的叫幼发拉底河（Euphrates），一条在东的叫底格里斯河（Tigris）。两条河流都注入波斯湾，远古时代各有出海口，后来合成一个出海口。5000 年前这里有郁郁葱葱的森林，今天是一片沙漠景象了。文化摇篮都以河流为生命源泉，这里有两条并行的河流，最适于文化的发展。

这里在古代居住着好几种民族。最早创造丁头字的民族叫苏美尔（Sumer）人，他们住在两河流域的南部。继承丁头字的民族叫阿卡德（Akkad）人，他们住在两河流域的中部和南部。巴比伦（Babylon）人住在南部靠东。亚述（Assyria）人住在北部靠东。在两河流域的外面，东南有埃兰（Elam）人；再往东南去，就是波斯。东北方向住着乌拉尔图（Urartu）人。两河流域的西南是阿拉伯大沙漠。不往西南而往西，是地中海东面的古代腓尼基（Phoenicians）人活动地区，这里是一条狭长的文化走廊，通向西南方面的北非文化摇篮埃及。

古代的两河流域，经济富庶，文化发达，为外地民族所垂涎。他们一再入侵，建立政权。其中重要的有喀西特人（Kassites），米坦尼人（Mitanni）和胡里人（Hurrians）。这些原来没有文字的民族，也采用了丁头字。他们大都来自东方的扎格罗斯山区（Zagros）。

另一支来自北方的民族叫赫梯人（Hittites），他们也一度入主两河流域。他们的语言是一种印欧语言，也采用了丁头字。

图表 4-01

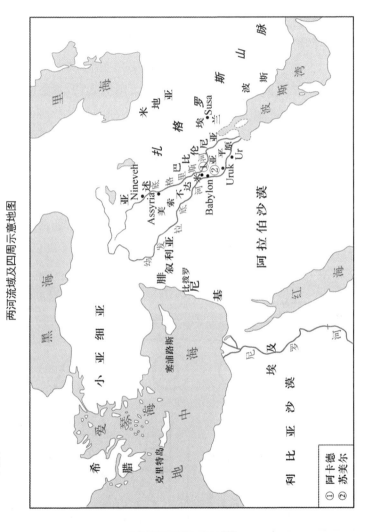

两河流域及四周示意地图

三　苏美尔人：丁头字的首创者

苏美尔人是丁头字的首创者。他们创造文字的早期情况，现在难于知道。在公元前第四个"千年纪"（距今 5500 多年前），他们的文字就以成熟的形态存在了。这比中国甲骨文还早 2000 年。

一切古文字都是以图形开始的。苏美尔文也不例外。例如，表示太阳就画一个太阳，可是苏美尔人强调太阳的光芒，不强调太阳的圆形。跟其他文字一样，太阳的图形起初表示太阳，后来表示一天或者时间，又发展为表示天或者神。为了避免意义相混，另画一个初出山凹的旭日表示太阳或者一天。

图形文字书写起来很不方便，尤其在泥板（两河流域南部有一种很好的黏土，适合于制成泥板）上压写很不方便。于是一部分笔画改成丁头形式。从纯图形到纯丁头的变化，大约经过了 500 年以上。中国汉字从甲骨文到隶书的变化也经过极长时期。

苏美尔人遗留下来的泥板和其他铭文是非常丰富的。已发现的

图表　4－02

早期苏美尔图形字样品

泥板当中,有近 3000 片是公元前约 2000 年(距今 4000 多年)时候的宗教文学作品。另外有数以万计的泥板,记录法规、讼事、遗嘱、账目、契约、收据、书信等。

丁头字里面,"同字异音"和"同音异字"很多。为了分辨起见,有一些字专作类别符号而没有发音。表示类别的字,有的写在本字之前,有的写在本字之后。类别甚多,例如"神""国""山""鸟""鱼""数目""多数""性别""专名"等等。这些表示类别的字,跟汉字中的"部首"(如:示、山、鸟、鱼等)在作用上极为相似。

为了压写的方便,曲线变成直线,长画改用几笔连接的短画。字形逐渐成为长方。字序最初是从上而下直写的,后来改为从左向右横写。这一改,使每一个字符从直立的姿势变为横卧的姿势,转了90 度。

苏美尔语是一种黏结语,有很多单音节的词儿,在语言分类学上还难于确定地位。它跟后来继承丁头字的阿卡德人的闪米特语言,很不相同。

苏美尔人大约在公元前第四个"千年纪"的中叶来到两河流域的南部,统治这个地区 1500 年。他们建立许多城市国家,开始了人类最早的有城墙的城市生活。这些城市国家不断地相互征战。战胜的城邦成为城邦联盟的首脑。最早的首脑城市是基什(Kish),可是第二个首脑城市乌鲁克(Uruk,《圣经》中称为 Erech)最为重要,在这里发掘出大量的早期泥板文献。

公元前第三个"千年纪"的中叶,闪米特族的阿卡德人联合外来势力,反抗苏美尔人的统治,经过长期斗争,终于完全打败苏美尔人。苏美尔人失去政权以后,苏美尔语渐渐被阿卡德语所替代,但是苏美尔的丁头字还在长期应用。

四 阿卡德人:丁头字的继承者

阿卡德(Akkadians)人在古代侵入两河流域以后,居住在流域中部两条河流最接近的地区。他们统一两河流域的中南部,约在公元前2350 年由国王萨尔贡(Sargon)建立第一个统一王朝,北方扩大领土,南方扩大贸易,跟波斯湾各地和地中海东岸通商。该王朝延续约一个半世纪。

阿卡德时代,一方面发展阿卡德语的丁头字,另一方面并用苏美尔语的丁头字。许多泥板是双语文的。阿卡德语及其丁头字成为从地中海到波斯湾的国际通用语文,在公元前第三个到第一个"千年纪",长期应用。大约在公元前 2000 年,阿卡德语代替苏美尔语成为南部两河流域的通用语,苏美尔丁头字缩小应用,成为宗教文字。

现存最早的阿卡德丁头字资料属于早期阿卡德时代(公元前 2450～前 2200)。继承阿卡德丁头字的是巴比伦人和亚述人,他们的语言是阿卡德闪米特语的两种方言。

五　巴比伦朝代：丁头字从衍形到衍声

在巴比伦朝代(公元前 19～前 18 世纪),丁头字的应用大为扩大。这个朝代是由阿莫里特(Amorites)人建立的。他们的伟大国王汉穆拉比(Hammurabi)在执政期间(公元前 1792～前 1750)把当时的法律,包括刑法和民法,写成条文,凿刻在石碑上,其中有 282 条判例,具有相当高的文明水平,比远在其后的摩西法典完备而先进。它的背景是苏美尔法律。文字是阿卡德语的丁头字。这块汉穆拉比法典石碑是 1901 年在苏萨(Susa,在埃兰境内)发现的,现藏法国的卢浮宫博物馆,代表着西亚丁头字文化的高峰。

巴比伦(Babylon)本来是首都名称,原义"上帝之门"(Babilu),后来希腊人把两河流域的中部和南部总称为巴比伦尼亚(Babylonia)。

巴比伦的丁头字是从"衍形"到"衍声"的演进中的过渡形态。丁头字从表示实物的象形,进而为表示联系实物的会意;又从表示实物或概念的"形符",进而为脱离原有意义的表示语音的"声符"。巴比伦人把苏美尔人的丁头字简化和整理成为 640 多个基本字,组成一切语词。丁头字符号系统,从书写一种语言(苏美尔语)转移到书写另一种语言(巴比伦闪米特语)的时候,发展了假借和表音的功能。文字的扩大应用,又促成丁头字的简化。

继早期巴比伦朝代的第二巴比伦朝代,又称中期巴比伦朝代,是喀西特(Kassites)人建立的。他们在公元前第二个"千年纪"侵入两河流域,在公元前 17 世纪建立政权,统治巴比伦地区达 500 多年之久。但他们的具体史实流传甚少。在公元前 12 世纪,喀西特人的政权被埃兰人消灭。失败了的喀西特人逃往扎格罗斯(Zagros)山区,后臣服于波斯。

巴比伦原来没有马。喀西特人把他们的神圣动物"马"引进巴比伦。这或许是喀西特人的主要贡献。喀西特人以人数很少的军事集团能统治巴比伦如此长久,马的应用可能是一个关键。可是,喀西特人的第二巴比伦朝代是一个文化停滞的时期。

六　亚述帝国:丁头字成为国际文字

亚述(Assyria)原来是两河流域北方的一个小王国,臣服于巴比伦。公元前 14 世纪成为独立国家,后来逐步扩张,建立了一个包括两河流域、亚美尼亚和北部叙利亚的亚述帝国(Assyria,老帝国)。丁头字成为帝国和中东的国际文字。中间由于处于半游牧生活的阿拉马(Aramaeans)人的扰乱,趋于衰弱。公元前 9 世纪起,亚述出了一系列的英明国王,重振旗鼓,扩大版图,成为西至埃及、东至波斯湾的大帝国(新帝国)。丁头字成为范围更广的国际文字。

亚述帝国最后一个著名的国王亚述巴尼拔(Ashurbanipal,公元前668～前 627 在位)重视文化。他在尼尼微(Nineveh,帝国后期首都)建立历史上第一个有计划的图书馆,储藏大量的泥板图书和艺术珍品,其中的 2 万件泥板文献现在藏于英国不列颠博物馆。

亚述人的丁头字词汇,比巴比伦时代更为丰富。他们的丁头字书法也更精致和优美。这时期的泥板内容几乎无所不包,分为宗教、神话、魔术、科学、教学、巫医、天文、法律、历史等门类。亚述诸王重视历史,把详细的历史记录写刻在六角形、七角形、八角形或十角形的碑柱上。

亚述人把丁头字有系统地简化。他们用大约 570 个基本丁头字,组成一切语词,其中 300 个是常用的。后期的亚述丁头字,事实上逐渐成为音节文字。

图表　4 - 03

丁头字的演变

早期图形字	后期图形字	早期丁头字	古典亚述丁头字	
				天地男女山婢头口饭吃水饮行鸟鱼牡牝麦日耕

亚述帝国在公元前 612～前 609 年中被迦勒底人和米底人(Chaldean-Medians)的联军所覆灭。

在这以后，丁头字在公元前 6 世纪的新巴比伦朝代重又振兴。后来在公元前 3～公元后 1 世纪，丁头字最后一次复兴。此后不久，就退出历史舞台了。

七 丁头字向音节字母发展

西亚国际通用的泥板丁头字，从两河流域扩大开来，成为各种血统不同和语言各异的民族的文字。其中有埃兰(Elamites)人、喀西特人、赫梯(Hittites)人、米坦尼(Mitanni)人、胡里(Hurrians)人、乌拉尔图（Urartu）人、波斯人、卡帕多西亚（Cappadocians）人、迦南(Canaanites)人，甚至埃及语也留下了丁头字的碑铭。以苏美尔、巴比伦和亚述为中心，形成一个历时 3000 年的丁头字国际文化圈。

这里要特别谈一下埃兰人的丁头字，因为它把"语词·音节"结构的丁头字发展成为初始阶段的音节文字。

埃兰人原来住在底格里斯河下游的东南，相当于今天伊朗西北的胡齐斯坦(Khuzistan)。他们在公元前 13 世纪一度侵入两河流域，后来退到扎格罗斯山区，成为波斯的藩属。

埃兰人起初用自己创造的原始文字。在公元前 16～前 8 世纪，他们采用丁头字书写自己的语言。在公元前 6～前 4 世纪又发展为新埃兰丁头字。

埃兰丁头字的特点是，大胆简化丁头字，使它成为一种大部分用音节符号、只留少数一些词符和定符的半音节文字。根据分析，新埃兰丁头字一共只有 113 个丁头符号，其中的音节符号有 80 多个。这是丁头字传到异民族以后发生的文字制度的演变。

八 丁头字向音素字母发展

两河流域东面的波斯，也是一个文明古国，但是比起两河流域来，进入文明晚了 3000 年。在波斯的阿开民尼(Achaemenid)王朝，丁头字文化终于进入波斯，成为波斯的早期文字。阿开民尼王朝创建于公元前 6 世纪中叶,最后在公元前 331 年被亚历山大大帝所灭亡。

早期波斯丁头字一共用 41 个丁头符号,其中 4 个是表示"王" "州""国""神"(Awra-Mazda)的表意字,另有一个分隔词儿的分词符号。其余的都是表音符号,分为五组:(1) 3 个元音符号(a,i,u);(2) 13 个辅音符号(kh,ch,th,p,b,f,y,l,s,z,sh,thr,h);(3) 10 个辅音符号代表 5 个辅音(k 或 q,g,t,n,r),一式代表纯辅音或后随短 a音,另一式代表辅音后随 u 音;(4) 4 个辅音符号代表 2 个辅音(dj,v或 w),一式代表纯辅音或后随短 a 音,另一式代表辅音后随 i 音;(5) 6个辅音符号代表 2 个辅音(d,m),一式代表纯辅音或后随短 a音,另一式代表辅音后随 u 音,第三式代表辅音后随 i 音。书写顺序是从左而右。这些字母实际保留着音节符号的性质。

图表　4－04

早期波斯丁头字母

	分词符		dj(a)		f(a)		r(u)
	a		dj(i)		n(a)		l(a)
	i		t(a)		n(u)		s(a)
	u		t(u)		m(a)		z(a)
	k(a)		d(a)		m(i)		sh(a)
	k(u)		d(i)		m(u)		thr(a)
	g(a)		d(u)		y(a)		h(a)
	g(u)		th(a)		v(a)		王
	kh(a)		p(a)		v(i)		州
	ch(a)		b(a)		r(a)		国
							神

考古学家认为,早期波斯丁头字可能创制于居鲁士第二大帝(CyrusⅡ,公元前580～前529)时期。他是阿开民尼王朝的创始人。这时候,阿拉马(Aramaic)字母已经流传甚广。波斯人取阿拉马字母的原理,用丁头字的形式,创制了这种波斯丁头字母。

所有的波斯丁头字母碑铭几乎都是在首都波斯波利斯(Persepolis)发现的,时期是公元前6世纪末到前4世纪中。除石碑之外,还有金的和银的铭刻。

后来,波斯的书写工具渐由泥板改为纸草或羊皮。在这些东西上面,书写丁头字是不方便的。于是,波斯文字也改用阿拉马字母。

1929年发现另一种丁头字母,使丁头字的故事又添了新的一回。

地中海东岸,叙利亚的北方,有一个古代城市叫做乌加里特(Ugarit,现为Ras Shamrah),发掘出许多丁头字泥板。这上面的文字是用一种前所未见的丁头字母书写的。虽然是丁头笔画,但是跟苏美尔、巴比伦和亚述的丁头字没有关联之处。

这些泥板,最早属于公元前15世纪,最晚属于公元前14世纪。这种丁头字母的应用时期,可能是公元前16～前13世纪。

图表　4-05

乌加里特丁头字母

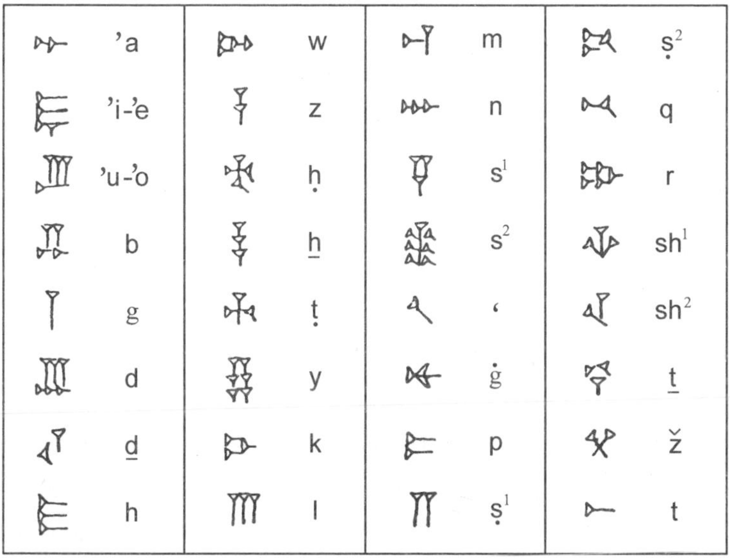

符号	音	符号	音	符号	音	符号	音
	'a		w		m		ṣ²
	'i-'e		z		n		q
	'u-'o		ḥ		s¹		r
	b		ḫ		s²		sh¹
	g		ṭ		'		sh²
	d		y		ġ		t
	ḏ		k		p		ž
	h		l		ṣ¹		t

它有 32 个字母,除了 3 个表元音以外,其余都表辅音。古代北方闪米特字母只有 22 个。乌加里特丁头字母是自左而右书写的,跟北方闪米特字母自右而左的顺序不一样。大致它的字母原理得之于北方闪米特,泥板压写的方法继承两河流域,而具体的符号设计是自己制定的。

图表　4-06

波斯丁头文字解读举例

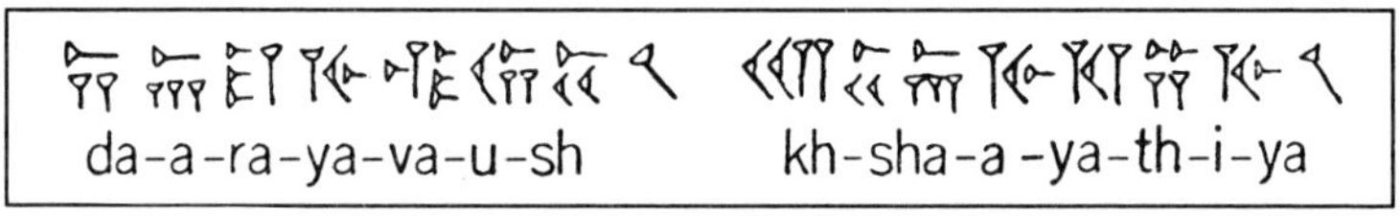

da-a-ra-ya-va-u-sh　　　kh-sha-a-ya-th-i-ya

大流士,　　　　　　　　　王

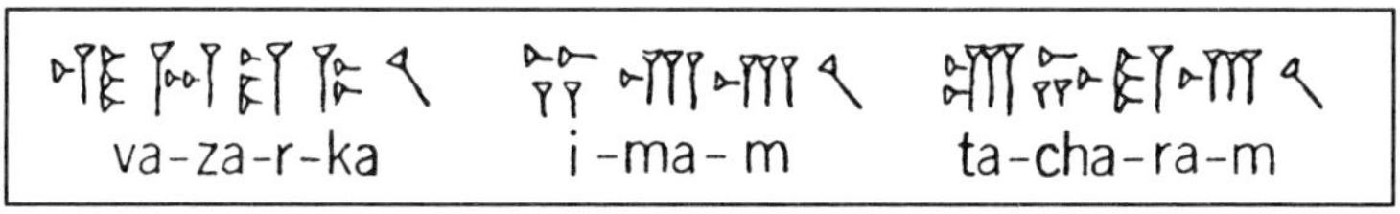

va-za-r-ka　　　i-ma-m　　　ta-cha-ra-m

大,　　　　　此　　　　　宫

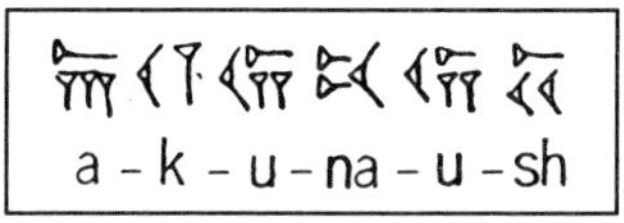

a-k-u-na-u-sh

造。

"大流士大王造此宫"(词间符号是分词符号)

九　遗忘 1500 年

曾经辉煌地在 3500 年中记录"西方"世界文化的丁头文字,最后被历史的波涛湮没了。守旧的僧侣、法官和星象家,曾把丁头文字一直运用到耶稣纪元,但是他们的保守力量不足挽回历史的洪流。首先抛弃了丁头字的是私人书信和商业书信。公元前 15 世纪,巴比伦语成为文言古语,丁头字开始在书信中不用了。后来,法律契约等文件也不用丁头字书写了。公元前 3~公元后 1 世纪,丁头字虽然一度复活,但是,泥板压写的词符丁头字,怎能敌得过纸草划写的字母线条文字呢? 最后一片保存至今的泥板是公元 75 年的遗物。从此以后,这种在历史上悠久而广泛地流行过的丁头文字,以及它所代表的丁头字文化圈的历史,竟默然埋藏地下,不为世人所知,历时 1500 年之久!

考古发掘,使人类历史上最古的丁头字文献一种接着一种重新陈列在我们的眼前。起初,人们发现了它,而并不认识它。直到 18 世纪末年,还没有一个人能认识丁头字。到 19 世纪,丁头字逐一被释读出来。丁头字的释读是由近而远逆溯上去的。学者们穷年累月地钻研,最先释读了波斯丁头字母,其次认识了新埃兰丁头音节字,再次是亚述和巴比伦的丁头字,最后,那属于黏结型的苏美尔语的词符丁头字也基本上释读出来了。对释读丁头字贡献最大的是英国军人罗林森(Henry C. Rawlinson,1810~1895)。5000 年前的旧事重又成为我们历史书上的一章。丁头文字的结构演变和符号演变丰富了我们对人类文字演变规律的知识。

第五章　埃及字和标声字母

一　埃及文化和尼罗河

全世界最长的一条河流是非洲的尼罗河(Nile)。它自南而北,下游经过埃及,流入地中海东部。每年洪水季节,下游泛滥,把肥沃的泥浆,灌注到两岸的田地里去。这是天然的施肥,使庄稼茁壮繁茂。尼罗河又有舟楫之利,使在沙漠中的绿洲地带的货物能够畅通运输。在尼罗河的哺育下,埃及成为北非的文化摇篮。

尼罗河口是一个广阔的三角洲。希腊人把它称为 delta,因为它的三角形很像希腊字母 delta(∆)。以尼罗河三角洲为中心,这片富庶地区称为下埃及。在这南面的部分,称为上埃及。埃及的南面边境,虽然各时代不同,大致都在第一瀑布,即今天阿斯旺(Aswan)水坝附近。

古代埃及人的语言是一种哈·闪语言(哈米特·闪米特,Hamito-Semitic),跟今天埃及阿拉伯语言没有关系。埃及语分为五个时期:1. 上古埃及语(公元前 3000~前 2200);2. 中古埃及语(公元前 2200~前 1600);3. 近古埃及语 (公元前 1550~前 700);4. 人民语(Demotic,公元前 700~公元后 400),这是波斯、希腊和罗马统治时期的通用语言;5. 柯普特语 (Coptic,公元后2~17世纪),这是埃及人的柯普特基督教会用的语言。在上古埃及语中,首都孟斐斯(Memphis)称作 Het-ka-ptah("ptah 神庙",全词读作 Eikuptah),由此演变出"埃及"这个国名,希腊文 Aiguptos,拉丁文 Aegyptus,英文 Egypt。

古代埃及历史分为五个时代:1. 王朝前(公元前 3100 之前)和早

期王朝(公元前 3100～前 2686,第 1～2 朝代)。埃及国王美尼斯
(Menes)在公元前 3100 年统一上埃及和下埃及,正式开始了埃及的历
史。这时候,国家机构开始有了规模,埃及文字达到成熟。2. 古王国
(公元前 2686～前 2160,第 3～6 朝代)和第一过渡期(公元前 2160～
前 2040,第 7～11 朝代)。这时候建造金字塔,崇拜太阳神,发展用纸
草写字。3. 中王国(公元前 2040～前 1786,第 12 朝代)和第二过渡期
(公元前 1786～前 1567,第 13～17 朝代)。这时候开垦荒地,发展农
业;喜克索(Hyksos)人入侵。4. 新王国(公元前 1570～前 1085,第
18～20 朝代)和亚历山大入侵以前(公元前 1085～前 332,第 21～31
朝代)。这时候逐出喜克索人,重新统一。但是不久外族又入侵,后来
成为亚述帝国和波斯帝国的一部分。以上共 31 个朝代,历时 3000 多
年。5. 希腊和罗马统治时期(公元前 332～公元后 639)。亚历山大
(Alexander)在公元前 332 年率领马其顿人(Macedonians)和希腊人
组成的大军征服埃及,建亚历山大城。亚历山大死后,马其顿人托勒
密(Ptolemy)建立王朝(公元前 332～前 30)。接着是罗马帝国统治埃
及(公元前 30～公元后 639)。最后,在公元后 639 年,阿拉伯人征服
埃及,把它变成"阿拉伯埃及"。

二 优美的碑铭字体

埃及字的创始可能略晚于丁头字。从现存的文献来看,在第一王
朝时期,即公元前第 31 世纪,它已经以发达的形式而存在了。

埃及字有三种字体:1. 碑铭体(hieroglyphika),2. 僧侣体
(hieratika),3. 人民体(demotika)。这些字体的名称都是希腊人起的,
不是埃及人自己的说法。

在三种字体中,碑铭体的出现最早。碑铭体起初是"僧俗"共用的,
后来主要成为雕刻在神庙墙壁和坟墓石碑上,以及绘写在祭礼器物上的
文字。古代埃及人把文字看作是神圣的,称为"圣书"(mdw-ntr,上帝的
文字)。希腊人把碑铭体称为"神圣铭刻文字"(hieroglyphika),又译"圣
书字"。这个名称,狭义指碑铭字体,广义包括三种字体,是埃及字的总
称,还可以引申用来指一切不是字母拼音的文字。以前把它译为"象

形文字"，这有点似是而非，因为碑铭体的图形符号大都不是象形字，而是会意字和形声字。

古代埃及人讲究书法艺术。碑铭体的图形写得特别优美。如果到图书馆去看看埃及文物的图册，如果亲自到埃及去瞻仰一下金字塔和神庙的遗迹，如果到英国不列颠博物馆的埃及馆去看一下那走马看花也看不完的埃及精品，一定会对古代埃及的工艺美术和书法艺术情不自禁地喊出："观止矣！"许多小学生起初误认金字塔是一种游乐建筑，后来知道它原来是死人的坟墓，大为吃惊！埃及的奴隶知识分子被迫用如此大量的精力为少数死人工作，叫人深深感到历史的悲哀！

埃及字的书写顺序可以自左而右，可以自右而左，可以自上而下，还可以左右开弓，从两边写向中央，使文字有对称之美。碑铭体的图形符号中，有各种人物和动物，他们的面孔向着哪一边，文字就是从哪一边开始书写和阅读。所以字序的方向是不难辨别的。

三　胚胎中的标声字母

埃及字是由三类符号组成的：1. 意符，2. 声符（音符），3. 定符。

碑铭体的"意符"，有的代表事物，如圆圈中加一点表示"太阳"；画一个雀表示"雀"；画一个虫表示"虫"；持弓的人表示"兵"或"军队"；画一个弓表示"尺"（长度），等等。有的表示行动，如手持木棒表示"打"；手近嘴巴表示"吃"；鸟展双翅表示"飞"；眼下三条线表示"哭"；头戴笠帽、两手握桨表示"摇船"，等等。有的表示抽象概念，如一个权杖表示"统治"；手持拐棒表示"老"；水瓶中流出清水表示"新鲜"等。其中，有的近于象形字，有的近于会意字。

意符有的可以单独成词，那就是"词符"。可是词符甚少。多数意符不能单独成词，要跟别的符号结合成词，那就是"词素符"。

"声符"是从原来的意符转化而成。有的声符可以独立成词，可是多数情况要结合成词。埃及字中的声符只表辅音，可以称为"标声字母"。但是都附带不定的元音，实际上是音节符号。这一点跟后来北方闪米特人创造的字母相同。例如上面谈到的 mdw-ntr（圣书），这是一个词儿，由几个辅音符号组成，其中的元音如何读法，就难于肯定了。

　　声符主要分"双辅音"和"单辅音"两种。双辅音符有 75 个,其中常用的 50 个。单辅音符 24 个,后来增加到 30 个,其中有异符同音。这些"标声字母"是人类创造的最早的字母萌芽。

图表　5‑01

埃及碑铭体词符举例

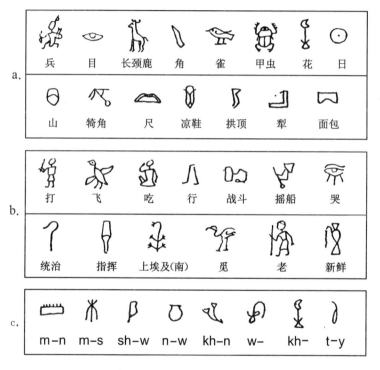

a. 象形字　b. 会意字　c. 双辅音字

　　可是,古代埃及人虽然有了一套标声字母,但不知道如何合理地运用它来书写语言。他们不知道把这些标声字母按照语音连接起来,就是完备的书面语言。他们用标声字母写出语词的声音以后,还要加上不读音的"定符"来指示意义,在没有同音异义需要区别的时候也是如此。更多的场合,把意符和声符夹杂书写,成为半表音文字。这样的文字是意音制度走向拼音制度之间的过渡形态。标声字母实际还在胚胎之中。字母文字的真正诞生还要等待 2000 年。

图表　5－02

早期碑铭体标声字母

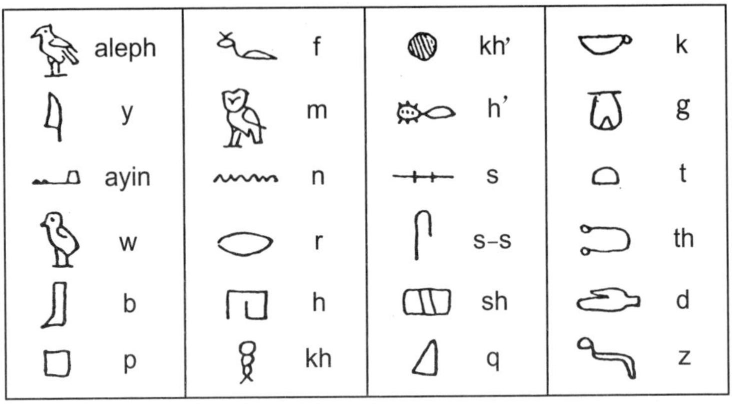

第三类符号是"定符"。定符不读音，也不独立表示意义，而是跟声符或意符结合，表示指定的意义类别，所以又称"类符"（意类符号），近似汉字的"部首"。例如，长方形表示"天"，以及有关"天"一类的意义，包括"天花板"以及在头顶上面的东西。太阳形的圆圈表示"太阳"一类的意义，包括"太阳神""一天""时间"等。三张叶子表示"植物"一类的意义，包括"蔬菜""药草""干草"等。"男"同时表示第一人称；"女"同时表示第二人称。两手向前举起，不仅表示"祷告"，还表示"爱慕""恳求"等。两手向左右举起，不仅表示"喜欢"，还表示"寻乐""崇高"等。定符大都是从意符转化而成的。有些意符同时担任声符或定符。这叫做符号的多功能性。这是埃及圣书字的特点之一，也是其他同类型古典文字的共有特点。

有一个定符需要特别谈一谈，就是"王名"定符。在这个定符中间写着的都是帝王名字，而且主要都是用声符书写的。这里举两个例子：一个是鼎鼎大名的风流女王"克娄巴特拉"（Cleopatra），一个是托勒密王朝开拓者"托勒密"（Ptolemy）。古埃及字失传以后而能重新释读出来，是以"王名"中的声符为突破口而获得成功的。帝王名字不一定横着写，更多例子是竖着写的。竖着写的时候，作为底座的一条直线托在椭圆形（cartouche）的下面。这样，"王名"定符极像中国的"神主"牌位。

图表　5-03

埃及碑铭体定符(部首)举例

天,顶	夜,黑	暴雨	雨,雾	日,一天	光,亮	月,一月	星,小时
开花,年	外国	山	岛	城,镇	省,区	水	皮,革
虫	植物	田,园	谷物	男	女	神	祷
欢	看	哭	毛发	阳性	阴性	甜,乐	纸卷
书	王名	筹码	面包	复数	否定	角	

图表　5-04

埃及帝王名字解读举例

(例一)

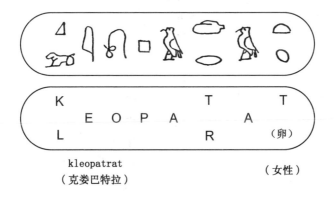

K						T	T
	E	O	P	A		A	
L					R		(卵)

kleopatrat

(克娄巴特拉) 　　　　　　　　　　　　(女性)

（例二）

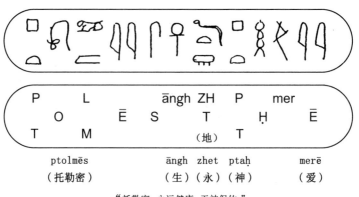

ptolmēs　　　　　　　āngh zhet ptaḥ　　　merē
（托勒密）　　　　　　（生）（永）（神）　　　（爱）

"托勒密，永远健康，天神保佑。"

（卵）和（地）是定符，不读音。angh 和 mer 是意符。ptah 是神名。

　　最晚的碑铭体见于公元后第 6 世纪的遗物。碑铭体的运用，上下达 3000 多年。在这漫长的 3000 多年之中，它保持着复杂累赘的结构而没有多少改变。

四　草书的僧侣字体

　　上面举的例子都是碑铭体，因为碑铭体容易辨认。如果用僧侣体或人民体，那就不容易辨认了。

　　有关王室、宗教、葬仪等的记载，需用精雕细绘的文字，要求美观，要求藏之久远，适用碑铭体。商业文件、私人书信、文学写稿等所用的文字，要求书写迅速，碑铭体就不适用了。在纸草上写的实用文字，很早就从"正体"（碑铭体）变化成为"草体"（僧侣体）。僧侣体起初也是"僧俗"共用的，后来主要应用在宗教读物上，都是僧侣在书写，所以称为"僧侣体"。

　　汉字从篆书变为隶书称为"隶变"。埃及字从图形的碑铭体变为草书的僧侣体可以称为"草变"。埃及字没有相当于隶书或楷书这样的端正字体。僧侣体和碑铭体相比，面貌迥不相同，几乎像"狂草"跟篆书那样的关系。但是，不论外表如何不同，内部结构仍旧是相同的。僧侣体没有改变碑铭体的复杂累赘的结构。

从埃及第一王朝起,正体之外就已经有了草体。两种字体同时并用 3000 年。僧侣们经常应用僧侣体,一直继续到公元后第 3 世纪。

僧侣体最初是自上而下书写的,后来改为以自右而左作为标准顺序。僧侣体的草书化使埃及字的象形性质完全消失。

五　简化的人民字体

简化是一切文字共有的外形变化。文字应用越广,符号简化越甚。埃及字的应用扩大,尤其是在人口众多的尼罗河三角洲的推广,使繁复的僧侣体发生大胆的简化,成为"人民体"。从人民体这个名称也可以知道,它是更多人民应用的文字。

人民体又称"书信体"(epistographika)或者"土俗体"(enchorios)。它是僧侣体经过简化的草体字。最早的人民体文献见于公元前 7 世纪的遗物。这就是说,在碑铭体和僧侣体已经存在了 2000 年以后,人民体才产生。人民体一出现,僧侣体就成为僧侣阶级所专用的文字,除了宗教经典的译写以外,没有再用僧侣体的了。

图表　5 - 05

埃及字体演变举例

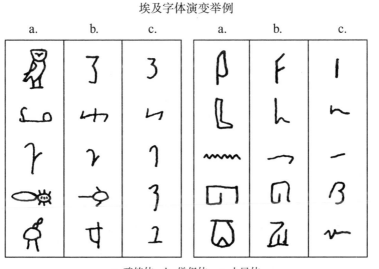

a. 碑铭体　b. 僧侣体　c. 人民体

人民体发源于下埃及，后来为全部埃及所通用。它从右到左书写，跟僧侣体的标准字序相同。它起初被认为是只能书写日常书信的"土俗"字体，不登大雅之堂，后来慢慢成为应用于长篇文学作品和古代经典译写的文字。在它出现后最初 400 年间，它的形体不断变化。到公元前第 4 世纪，它的形体才稳定下来。它只是僧侣字体的笔画简化，没有改变埃及字的结构制度，依然是三种符号结合而成的复杂结构，所以它比僧侣体易写，但是不易学认和阅读。

图表　5‑06

埃及词符及其体式变化举例

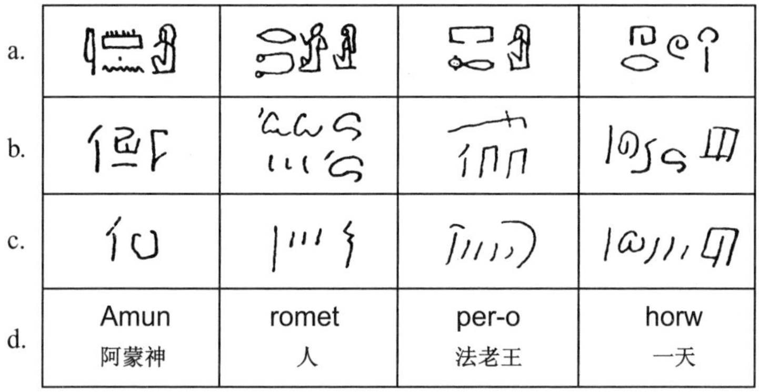

a.				
b.				
c.				
d.	Amun 阿蒙神	romet 人	per-o 法老王	horw 一天

a. 碑铭体　b. 僧侣体　c. 人民体　d. 读音和意义

到托勒密王朝时期（公元前 323～前 30），人民体成为最重要的字体。王室和僧侣的文告往往用人民体、碑铭体和希腊文三种文字并列书写，而人民体占据中央地位。人民体的应用一直延续到公元后第 5 世纪（中国南北朝）。在这以后，埃及文字的最后形式"人民体"也衰亡了。

六　古埃及字的遗裔：麦罗埃文和柯普特文

古埃及文化水平极高，流传久远，影响甚广。但是，文化不等于文字。埃及圣书字接近于"一国独用"文字，没有广泛传播开来，没有形成一个圣书字文化圈。这跟丁头字文化圈包括许多民族的文字，大不相同。这是什么道理呢？可能的原因是：1. 埃及的政治和军事力量不及两河流域。2. 埃及圣书字，不论哪一种字体，笔画单元都很复杂，而丁头字的笔画单元是一压而就的一条直线。纸草（又名纸莎草）产于尼罗河三角洲，别的地方很少；泥板虽然笨重，可是到处都有。

埃及字的传播，只在麦罗埃文和柯普特文中间留下些许痕迹。

A. 麦罗埃文——麦罗埃(Meroë)是埃及以南古代库施(Kush)或努比亚王国的首都，因此也称麦罗埃王国。这里曾由埃及统治，借用埃及语言和文字。独立以后，文化逐渐抬头，在公元前第2世纪自造文字。

图表 5‐07

麦罗埃字母

a. 图形体　b. 草书体

　　麦罗埃文是字母文字,有两种字体。一种是图形体,采自埃及碑铭体;一种是草书体,采自埃及人民体。这种字母文字的拼音原理来自希腊,而字母形体取之于埃及。它一共只有 23 个字母,其中两个是音节字母;不仅有辅音字母,而且有元音字母,这是它受希腊影响的证据。麦罗埃字母并不一笔连写;词儿和词儿之间用两点或三点分隔开来。公元后第 4 世纪,麦罗埃王国灭亡,麦罗埃文也就不再有人应用。麦罗埃语的归属不明,它不同于埃及语,它的文献至今大部分未能解读。

　　B. 柯普特文——埃及被阿拉伯征服以后,埃及的阿拉伯化进行迅速。原来的埃及民族和埃及语言已经消失。柯普特文是记录最后阶段古埃及语的字母文字。柯普特(Copt)这个名字是 Aiguptos 去掉头尾简化而成的阿拉伯语(qopt)的英文写法。

图表　5‑08

柯普特字母及其来源

1.	2.		1.	2.		1.	2.		1.	3.	4.	
ⳑ	ⳑ	a	I	I	i	ⲥ	⳽	s	ⳡ	ⳝ	𐦷	š
Β	Β	b	Κ	Κ	k	Τ	Τ	t	ϥ	ⳙ	Ⳡⲁ	f
Γ	Γ	g	ⲗ	λ	l	ⲧ	Υ	ü	ⳅ	ⳛ	ⳡ	ẖ
Δ	Δ	d	ⲙ	Μ	m	ⲫ	φ	ph	ⳋ	ⳏ	ⳡ	h
Ε	Ε	e	Ν	Ν	n	ⲭ	x	kh	ⳉ	ⳡ	ⳡ	ž
ⳋ	⳹	ḡ	ⳃ	ⳃ	x	Ψ	Υ	ps	ⳅ	ⳡ	ⳡ	č
ⳡ	Ζ	z	ⲟ	ⲟ	ŏ	ⲱ	ⲱ	ū	ⲧ	ⳡ	ⳡ	ti
Η	Η	ī	Π	Π	p							
ⲑ	ⲑ	th	Ρ	Ρ	r							

1. 柯普特字母　2. 希腊字母
3. 埃及人民体　4. 埃及碑铭体

　　柯普特字母有 32 个,其中 25 个采自希腊,另 7 个来自埃及字的人民体,用以表示希腊字母所不能表示的语音。这 7 个埃及人民体字母是古埃及字的最后孑遗。

柯普特文献，几乎全是宗教性质的，最早遗物属于公元后第 3 世纪，到 7 世纪开始衰落，14 世纪消亡。在这以后，只有在柯普特基督教会里还用于宗教仪式。柯普特口语，后来称为 Zeniyah，在上埃及极少数穷乡僻壤农村的基督教徒中遗留着。有人调查过，在 1936 年还有活的口语遗留在所谓野老遗民口中。

七　打开古埃及的文化宝库

埃及文字记载着古代埃及伟大帝国 4000 年间有声有色的故事。这些记载静悄悄地深眠在沙丘下面，一千年一千年地过去，没有人理会。

后来，许多古物和遗迹被发现出来了，但是上面写着的文字没有人能够认识。从 16 世纪到 18 世纪 300 年间，许多学者苦心钻研，都没有打破这个哑谜。有的学者虽然知道了椭圆形中间写着的是君王的名字，而仍旧无人能够认识这些名字。

在 1799 年，一个法国军官在埃及的罗塞塔（Rosetta）地方发现了一块石碑。经过专家研究，知道这块石碑是公元前197～前 196年间所刻制，是埃及僧侣们颂扬埃及君王的一篇颂词，上面并列着三种文字：埃及碑铭体、埃及人民体和希腊文。人民体居中间。这块"罗塞塔石碑"（现藏英国不列颠博物馆）成了打开古代埃及文化宝库的钥匙。学者们从椭圆形定符中间的君王名字开始，逐步认识了全部文字。通过希腊文推认埃及字的人民体，又通过人民体推认碑铭体。最后，僧侣体也认识了。作为埃及语文最后遗裔的柯普特语文，在解读古埃及语文中，起了引线作用。对释读作出最大贡献的是法国学者商博良（Jean François Champollion，1790～1832）。19 世纪是古文字释读史上的伟大时期。丁头字和埃及圣书字这两种重要的古文字的释读得到了双丰收。19 世纪 20 年代以后，古埃及语文的释读大功告成。古埃及的 3500 年历史又从深眠中苏醒了过来！

第六章　汉字和汉字系统

一　汉字和汉字的传播

1. 汉字的来历

清末光绪二十五年(1899)，北京有一位一向对古文字有研究的老先生，名叫王懿荣*，生病服中药，看到药包里一味中药叫"龙骨"，像是一包破碎的小石片，上面有刻纹，有的刻纹里还涂着朱色。他想，这会不会是一种古文字呢？买到更多的有刻纹的龙骨以后，他肯定这是一种古文字。

原来，在发现龙骨文字以前二三十年，河南省安阳县小屯村的农民，在犁田时候掘出许多龙骨。药店收买，一斤只值几分钱。药店不喜欢有刻纹的，有刻纹的不像真的龙骨。农民把刻纹削去再卖，但是难于削得干净。这种中药，碾成粉末可以治刀伤，加水煎汤可以治惊悸、盗汗、疟疾。不知道有多少人把古文字吞进肚子里去了。

考古证明，小屯村是古代商朝的首都。商朝第 20 代国王盘庚，大约在公元前 1300 年，把首都迁到殷地，史称"盘庚迁殷"。从此商朝也叫殷朝。这个地方后来成为废墟，称为"殷墟"。

古代殷王，遇有重要事情，都要占卜，请求鬼神指示。占卜的方法是，在龟甲或兽骨上，钻凿许多凹槽，像指甲那么大，用火烧灼，使凹槽裂开成纹路。纹路有直的、横的、粗的、细的等不同。巫师(贞人)把不同的纹路解释成"吉兆"或"凶兆"，据以决定国家大事如何办理。占卜和办理的结果，用文字刻记在甲骨上，称为"卜辞"。盘庚以后十代殷

王,在270多年间,积累了大量甲骨记录,成为一个图书馆,埋藏地下,被遗忘3000年。

图表　6-01

龟甲占卜文字样品

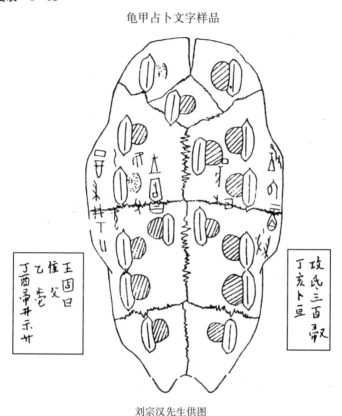

刘宗汉先生供图

晚近多次发掘,一共得到有字甲骨十几万片,整理出4000多字,已经释读了1000多字。这就是汉字的老祖宗,称为"甲骨文"。

甲骨文是相当成熟的文字。老祖宗一定还有老祖宗。陕西省西安市半坡出土的比甲骨文早2000年的陶器上,有各种线条符号。一个陶器上只有一个符号,恐怕是陶工们的花押。山东省莒县陵阳河出土的陶器,晚于半坡,有四个符号,好像是象形字。山东省诸城市前寨出土的陶器上有一个残缺的符号,跟陵阳河符号的一部分相同,更像是最早的汉字。可惜符号太少,又不是连起来的,难于释读。

图表 6-02

早期文字性符号残存资料

a. 陵阳河象形符号

b. 前寨残缺符号

近年发现,不但殷商有甲骨文,周朝也有甲骨文。商周古文字后来变成"篆书"。篆书分大篆和小篆。春秋战国时期的秦王国流行大篆;并吞六国(齐楚燕赵韩魏)以后的秦帝国流行小篆。六国文字原来很不一致,秦朝实行"书同文"政策,以秦国的小篆为标准。东汉许慎著《说文解字》(公元100年),收录小篆9353字。

从甲骨文到小篆,汉字有明显的图形性。为了书写方便,文书人员(隶人)把图形性的线条改成"笔画",就成了"隶书"。从篆书到隶书的变化叫做"隶变"。隶变使汉字的图形性完全消失。

隶书是汉朝的通用字体。隶书写得平整就成"楷书"。楷书盛行于东汉,一直传到今天,是正式的字体。《康熙字典》(公元1716年)收楷书汉字47035个。

2. 汉字的结构

比甲骨文更早的时候,汉字可能主要是象形字和指事字。"象形字"是实物的简单图画。太阳画一个圆圈,中间加一点。月亮画一个弯弯的新月。一看就知道什么意思。隶变以后,太阳变成窗子(日),月亮变成书架(月),鸟儿生出四条腿(鳥),老牛只剩一个角(牛)。象形字不象形了。从来源来说,它们是象形字。从功能来说,已经变成某种表示意义的符号。失去表形功能,只有表意功能的符号,是"意符"。

"指事字"用简单的线条表示抽象的概念。例如画一条线表示"一",两条线表示"二",三条线表示"三"。又如,"木"字原来像一棵树,在木字上边加一个短横指示树的末梢,成为"末"字。在木字下边加一个短横指示树的根本,成为"本"字。指事也是一种表意方法,指事字也是"意符"。

给每个概念创造一个符号,太麻烦了。许多抽象概念也难于画出图形来。于是,结合两个符号表示一个概念,成为"会意字"。例如,二人为"从",三人为"众",双木为"林",三木为"森"。这是同符重叠。日月为"明",小土为"尘",天虫为"蚕",大力为"夯"。这是异符配合。少造单符的"文",多造复符的"字",这是造字法的进步。会意字当然是"意符"。

据说从前有一个学童对老师说,射箭的"射"字错了,应当改写"矮",委(放)矢(箭)才是"射"。矮子的"矮"字也错了,应当改写"射",身寸(身长一寸)才是"矮"。这个故事说明,汉字不可能看了其中的单个符号就知道意义。

有了象形、指事和会意三种造字方法,仍旧不能表达复杂的语言。语言是声音构成的,只有利用表音方法,才能完备地写下语言。怎样表音呢? 容易得很。写别字!

利用"别的"一个字,借它的声音,不借它的意义,这就成了表音的"假借字"。例如,"其"原来是簸箕的象形字,借它的音,改作代词。"来(來)"原来是麦子(麰)的象形字,借它的音,改作动词。甲骨文中早已这样写别字了。可是,写别字有规矩,不能随便乱写。这种"本无其字,依声托事"的假借字,叫做"音符"。

既用意符,又用音符,结合二者,又产生"意音"符号。意符来自象形,又称"形旁"。音符又称"声旁"。意音符号又称"形声字"。例如"鲤、鲥"都是鱼类,读如"里、时"。"江、河"都是水系,读如"工、可"(古音)。《说文解字》收汉字 9353 个,其中形声字有 7697 个,占 82%;现代汉字中形声字占 90%以上。由于形声字占压倒多数,整个汉字体系可以称为"意音文字"。

汉字中间还有一种符号,既不表意,又不表音,只是一种记号。例如:"又"在"汉、仅、权、戏、鸡、对、邓、树"中间分别代替繁体偏旁"莫、堇、雚、虐、奚、鳖、登、壴"。这种记号"又"是一个"定符"(determinative),是代数式的"百搭"。

从甲骨文算起,汉字已经经历了 3300 多年。在缓慢的演变中保

持着相对稳定。外形上，主要变化是"笔画化"。结构上，主要变化是
"意音化"（形声化）。基本体制，古今一贯。

古汉语中，单音节词占多数。汉语因此被称为单音节语。基本上
一个音节符号代表一个单音节词。汉字体系是"词符文字"。

古汉语中的许多单音节词，到现代汉语中变成多音节词，这叫"多
音节化"。其中双音节词特别多。多音节词占多数的现代汉语，不再
是单音节语。

这一变化使原来代表词的某些汉字，现在只代表词的一部分。例
如："学"和"习"在古代都是独立的词（"学而时习之"）。在现代，"学"
仍旧是独立的词；"习"不能独立成词了，成为"练习、复习、学习、习惯、
习气、习题"等复合词的一部分。能代表一个词的汉字叫"词字"。只
能代表词的一部分的汉字叫"词素字"。包括词字和词素字的汉字体
系是词符和音节符的混合文字。

在 7000 来个现代汉语用字中，大约 1/3 是词字，2/3 是词素字。
单音节词只能由词字构成。单音节词的数量受词字数量的限制，不能
大量增加。多音节词可以全由词素字构成（如"民意"），可以全由词字
构成（如"人家"），也可以由词字和词素字配搭构成（如"人民"。"人"
和"家"是词字，"民"和"意"是词素字）。多音节词的数量不受汉字数
量的限制，可以无限增加。

3. 汉字的传播

文化像水一样不断从高处流向低处。文字是文化传播的主要承载
体。两千年来，汉字文化流布四方，在东亚形成一个广大的汉字文化圈。

汉字在向少数民族和外国的传播中，不断发生演变。从宏观来
看，演变经历了四个阶段。

1. 学习阶段（汉语汉字）。最初，汉语方言地区、中国的少数民
族、四周邻国，大家都同样学习"汉字文言"。《三字经》《千字文》、四
书、五经是东亚的统一教科书。学习阶段有的开始于秦汉时代，有的
开始于三国、两晋或更晚；学习时期长的千年以上，短的 500 年上下，
这是东亚的"同文"时期。

2. 借用阶段（非汉语汉字）。熟悉汉字文言以后，各方言区、各民
族和各邻国，在民间开始借用汉字书写自己的口语，成为各种汉语的

方言文字和各种非汉语的汉字式文字。借用的方法，除兼借音意的
"借词"以外，有借用字音、改变字意的"音读"，有借用字意、改变字音
的"训读"。"音读"和"训读"的方法不仅日本应用，其他民族和国家同
样应用。多数地方的借用阶段开始于晋朝或唐朝。

　　3. 仿造阶段(汉字式词符文字)。借用汉字书写自己的语言，必
然会感觉到不方便和不合用，于是进一步仿照汉字制造自己的"新汉
字"。仿造有两种：一种是"孳乳"仿造，利用原有汉字及其偏旁作为
材料，构成新汉字，以新汉字补充旧汉字。另一种是"变异"仿造，不用
现成的汉字和偏旁，全部新造，但是造字的原则和格式跟汉字一样。
多数地方的仿造阶段开始于唐宋时代。

　　4. 创造阶段(汉字式字母文字)。受了印度文字和其他表音文字的
影响，有些民族和邻国，利用简化的汉字或者汉字的笔画，创造汉字式的
字母。有的是音节字母，有的是音素字母；有的把字母叠成方块，有的
把字母线形排列；有的跟汉字混合使用，有的全用字母。汉字式字母
的创造是汉字历史的飞跃。创造早的开始于唐宋，晚的开始于元明。

　　汉字的传播路线有三条。一条向南和西南，传播到广西壮族和越
南京族，较晚又传播到四川、贵州、云南、湖南等省的少数民族(苗、瑶、
布依、侗、白、哈尼、水、傈僳)。一条向东，传播到朝鲜和日本。一条向
北和西北，传播到宋代的契丹、女真和西夏。

　　汉字向少数民族和外国传播，第一步演变成为各种"汉字式词符
文字"，第二步演变成为各种"汉字式字母文字"，这都是广义汉字。让
我们把视野扩大一下，走出汉语汉字，看看非汉语的广义汉字。

二　汉字式词符文字

1. 南方的词符文字(壮字和喃字) ＊

(1) 壮字

① 壮族和壮语

壮族，中国人口最多的少数民族，1982 年统计，有 1300 多万人。

＊ 本节承张元生先生、程方先生和李乐毅先生指正，特此致谢！

各地自称不同,有布爽、布侬、布越、侬安、土佬、高拦等 20 多种自称。"壮"是"布爽"的转译。20 世纪 50 年代规定统一称"僮族";"僮"字难写难读,1965 年改为"壮"字。"壮族"是汉语的称谓。

壮族居住集中,主要在广西壮族自治区、云南文山壮族苗族自治州,少数分布于广东、湖南、贵州、四川等省。

壮族是由古代越人的一支发展而来,跟周秦的西瓯、骆越,汉唐的僚、俚、乌浒,宋以后的僮人、俍人、土人等有密切渊源。

公元前 221 年,秦始皇统一六国之后,派大军 50 万进驻岭南;公元前 214 年,秦军战胜西瓯,统一岭南,设置桂林、南海、象 3 郡。中原迁来大批汉人"与越杂处"。公元前 207 年,秦将赵佗(河北正定人)建南越国,自称南越武王。公元前 111 年,汉武帝平定南越,在岭南设置南海、苍梧、郁林、合浦、儋耳、珠崖(前 2 郡在今海南省)、交趾、九真、日南(3 郡在今越南)等 9 郡。公元前 106 年,岭南归交趾管辖,后改隶南海(今广州)。所谓岭南,现在分属广西、广东、海南和越南。

壮族先民在今广西宁明、龙州、凭祥、崇左、扶绥等地的断崖陡壁上,绘制许多崖画,仅在明江、左江沿岸就有 60 多处。画面有人形、兽形、圆圈等图形。

壮语属汉藏语系、壮侗语族、壮傣语支。分南部和北部两个方言。北部方言分 7 个土语,南部方言分 5 个土语。

壮族有古老的传统"方块壮字",不便现代使用。1957 年制定拉丁化壮文方案,1982 年略作修订。以北部方言为基础方言,以武鸣语音为标准音。拼音壮文已经印上人民币。

② 方块壮字

秦汉统治壮族地区,壮族开始学习汉语汉字,后来参加科举考试,跟汉族相同。壮族使用汉语汉字 1000 年以后,采用汉字书写壮语,成为"方块壮字",简称"壮字",又称"生字、土俗字"。广西上林的唐碑上,汉字中间夹有壮字。壮字读音很多跟隋唐相同,或许创始于唐代。

南宋范成大(1126～1193)在桂林做官时候写的《桂海虞衡志》中说:"边远俗陋,牒诉券约,专用土俗字,桂林诸邑皆然。"可见壮字在宋代广泛流通。明代举人韦志道,壮族人,用壮字写壮语诗歌,传诵一时。明末以后应用渐少,只在民间偶尔使用。壮族能歌善唱,有"欢、诗、比"等名称,都是山歌的意思。流传的有名壮歌《刘三姐》就是用壮字写的。此外壮字著作有各种歌谣和故事写本。

　　③ 壮字的形制

　　传统壮文是一种擎乳仿造的汉字型文字。有的全部借用现成汉字,有的夹用部分自造壮字。壮字歌本的写法,大都借用汉字十分之七八,自造壮字十分之二三。晚近收集到的壮字大约有 4000 多字。(下面举例取自张元生《壮族人民的文化遗产:方块壮字》,省略调号。)

　　A. 全部借用现成汉字的传统壮文,主要有两种读法:音读和训读。

　　a. 音读法:取汉语的读音,或近似汉语的读音。

丕	恩	火	腾	暗	周	斗	耐	迪	偷
标音: pai	qan	ho	tang	ngaːm	cau	tau	naːi	tvk	tau
汉译: 去	个	苦	到	刚	就	来	弱	是	门

委使	则介	落耐	马栏	介内
标音: qwi-si	sak-kaːi	tok-naːi	ma-raːn	kaːi-nai
汉译: 穷苦	一样	灰心	回家	这些

　　b. 训读法:借汉字的意义,读壮语的语音。

屋	好	风	虎	说	走	看	哭	我	你
标音: raːn	dai	rum	kuk	nau	plaːi	kau	tai	kau	mvng
汉译: 屋	好	风	虎	说	走	看	哭	我	你

种米	去圩	死饿	去学	吃酒
标音: dam-hau	pai-ham	raːi-qjvːk	pai-haːk	kvn-lau
汉译: 种稻	赶集	饿死	上学	喝酒

还有前一字音读、后一字训读，或前一字训读、后一字音读等等结合方式。

下面是一首壮歌中的一段：

母	寡	带	子	孤	，	当	内	河	朵	漂	；

标音：me　ma:i　ta:i　lvk　kja　　ta:ng　dav　ta　tu　piu
汉译：　寡妇　带　　孤儿，　　好像　河里　朵　浮萍；

两	三	个	多	邀	，	去	圩	桥	贩	米	。

标音：so:ng　sa:m　pau　to　qjiu　　pai　hav　kjiu　pu:n　hau
汉译：两　三个（人）　　相约，　　去　双桥（地名）贩　米。

B. 壮族以汉字或其偏旁为材料，自造壮字，较多用形声法，此外还有各种造字法。

a. 形声法：以整个汉字，或其部首或声旁，作为新造壮字的部首或声旁。

辣	妑	刣	砯	裇	猖	猇	賍	熪	蚙

标音：cuk　pa　pa:k　ping　pu　ba:u　ma　fau　da:t　neng
汉译：捆　伯母　劈　病　衣服　少年　狗　富　热　虫

b. 口旁法：以"口"为部首，另加声旁，造成新的"标音字"。

戻	兄	呲	咘	咯	呚	唎	噏	嗯	嗳

标音：pai　kau　pak　bo　mvng　dai　rai　kop　qan　co:m
汉译：哥　我　累　泉　你　得　畲地　蛙　个　栖

c. 两声法：两个汉字都作声旁（音符），组成一个壮字。

房方	山三	桑上	頼	舍甘	羡先	甏	朵阿	苟九

标音：fa:ng　sa:n　sa:ng　ra:i　kom　sen　teng　qjo　kau
汉译：鬼　白米　高　倒　低头　从前　打中　躲藏　看

d. 两形法：两个汉字都作形旁（意符），组成一个壮字。

關展	头道	艻无	气穷	力勢	水米	上月	手鼻	門外	光亮

标音：　be　　rau　　fv　　ho:i　　jik　　mo:k　　kvn　　sang　　ro:k　　ro:ng

汉译：　展开　　头　　荒凉　　雇工　　懒　　猪食　　上面　　搋　　外面　　光亮

e. 反切法：两个汉字，一取声，一取韵，合成一个壮字，根据壮语读音，不用汉语读音。

陟	轲曾	笑	看斤	星内	水曾	力行	竿	矢卒	刀架

标音：　ba:ng　　jang　　rat　　qjo　　dai　　rang　　reng　　rong　　rvt　　ka

汉译：　部分　　荒草　　蘑菇　　看　　星星　　肚胀　　力量　　鸟笼　　萎缩　　杀

f. 简化法：两个汉字，简化其一，合成一个壮字；这种简化，早于汉字简化方案。

咻	天云	朷哒	身些	沬	手寿	𮥆	𬓪则	饻矣	讠鸟

标音：　tai　　bvm　　ta:t　　da:ng　　mja:i　　cau　　neng　　sak　　nga:i　　kai

汉译：　哭　　天　　削　　身体　　口水　　装　　细菌　　碰撞　　早饭　　鸡

　　不用说，方块壮字是由群众随便写成的，不是先有设计，然后写定的。所以只有一部分壮字可以看出其中无意形成的规律，其他壮字看不出有什么造字的规律。汉语汉字的所谓六书也是如此。壮字有许多"一字多形、一字多音；一音多字，一音多义"的现象，而且重床叠屋，比汉语汉字还要繁复。这也是孳乳仿造的汉字型文字的共同特点。

　　参考：张元生《壮族人民的文化遗产：方块壮字》，载《中国民族古文字研究》，中国社会科学出版社，1984。《古壮字字典》（初稿），编者韦汉华、韦以强、苏永勤、吴壮燕、陆瑛、黄英振、覃承勤、蔡培康、潘其旭，广西民族出版社，1989。

（2）喃字

① 越南的语言和文字

　　越南的主体民族是京族。京语，越南全国的通用语言，又称越南语，属于汉藏语系、壮侗语族，另一说属于澳斯特罗－亚细亚语系、孟－高棉语族、越－芒语支。

　　越南和广西，在历史上从秦始皇时代起，就有汉字文化传入。越南比广西离开中原远一些,可能得到汉字文化晚一些。考古发现,广西多春秋战国遗物,越南多汉墓,这也反映中原文化的传入有先后,但是开始的时间相差不大。在使用汉语汉字大约 1000 年之后,他们都利用汉字书写本民族的语言,在壮族成为壮字(字壮),在越南成为喃字(字喃)。

越南宁平省发现 1343 年刻有 20 个村庄名称的喃字石碑。后来又在永富省安浪县塔庙寺发现 1210 年的"报恩寺碑记",其中有 22 个喃字。可见越南在陈朝(1225～1400)以前已经有喃字。相传陈朝人阮诠创造喃字,仿韩愈作《驱鳄鱼诗》,赐姓韩,改名韩诠。这个传说证明喃字在陈朝已经通行,这时候相当于中国的南宋。喃字近来收集得到 2000 多字。

越南有几个短暂时期,以喃字为正式文字,跟汉语汉字并行,多数时期只用于民间,不作为正式文字。正式文字一般都是汉语汉字。越南称汉语汉字为"儒字"。喃字写本现存 1000 多种,名著有长诗《金云翘传》。

越南原以朝代名为国名,经过前黎朝(980～1009)、李朝(1009～1225)、陈朝(1225～1400)、后黎朝(1428～1787)、阮朝(1802～1945),到 1802 年(清嘉庆七年)定国号为越南。1884 年沦为法国的"保护国"。1885 年法国在越南南方推行拉丁化拼音文字,后来扩大传播到越南全国。这种拼音文字是法国神甫罗德(Alexandre de Rhodes,1591～1660)所设计,1945 年越南独立以后作为法定文字,称"国语字",废除汉字。

越南南方在公元 192 年建国,初称林邑,7 世纪称环王,9 世纪称占婆城(Champa),简称占城。占城语属马来-波利尼西亚语系(Malayo-Polynesian),2～3 世纪采用南印度的格兰他字母,8 世纪形成占城字母。越南南方古代属于印度字母文化圈。

② 喃字的形制

喃字的形制,跟壮字相同,都是利用现成汉字或其部件组成新的本族汉字,作为借用汉语汉字的补充。喃字是一种孳乳仿造的汉字型文字,大致借用汉字十分之七八,补充喃字十分之二三。借用汉字的方法有:(1) 借词,形音义全借;(2) 音读,借音改义;(3) 训读,借义改音;其他。新造喃字的方法有:(1)造会意字;(2)造形声字;(3)其他。

(下面举例,主要取自王力《汉越语研究》,《王力文集》第 18 卷,但是标音用近似的字母,代替打字机缺少的符号,并省略标调。)

A. 借用现成汉字

a. 借词。形音义全借,读音适应越语音节格式。(壮字比较)

文	南	玉	才	史	形

越南读音:　van　nam　ngoc　tai　su　hinh

壮语读音:　vwn　nam　nya　cai　si　hing

b. 音读。借音改义,利用汉字的读音,或近似读音,书写越南的语词。

碎	沛	别	茹	埃	些	朱	浪	英	箕

越音:　toi　phai　biet　nha　ai　ta　cho　rang　anh　kia

越义:　我　是　知　家　谁　咱　给　说　兄　彼

恬	能	悲	空	没	谟	半	件	尼	特

越音:　dien　nang　bey　khong　mot　mua　ban　kien　nay　dyac

越义:　兆　常　今　不　一　买　卖　讼　这　能

c. 训读。借义改音,保留汉字的意义,或接近原义,改读越南的语音。

鲜	乘	驭	捐

越音:　tuoi　thua　ngua　ton

越义:　鲜　剩　马　花费

B. 新造越语喃字

a. 新造会意字

夳	仚	仒	跌	遾	辻

越音:　giai　trum　seo　met　chey　myai

越义:　天　头目　奴仆　丢失　迟　十

b. 新造形声字

① 原有部首,原有义类:

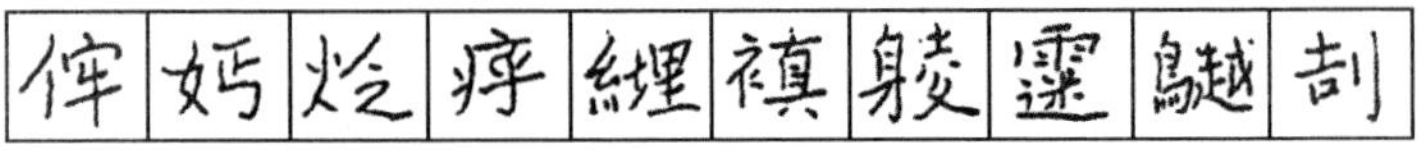

佬	妚	烚	疧	縲	褴	躷	靁	鵡越	剆

越音: lao　gai　bep　ho　may　chan　lyng　mey　vit　cat
越义: 老挝人 女儿 厨 咳 缝 被子 背 云 鸭 割

榑	牊	貼	䁙	貼	飰	孖	犾	粓	�

越音: cau　bo　xem　nghe　cua　no　chau　chuot　cam　tom
越义: 槟榔 黄牛 视 听 财 饱 侄 鼠 饭 虾

② 新立形旁,新定字义:

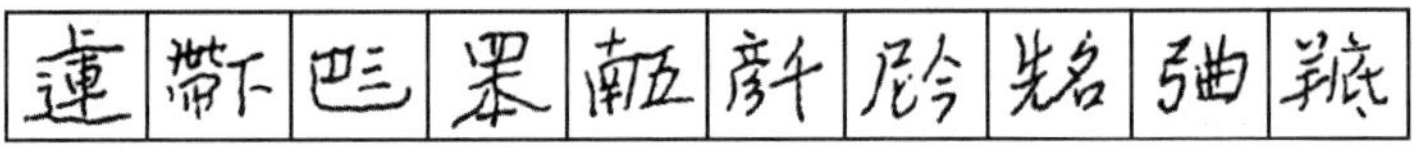

蓮	帶下	巴三	睪	瓶	斩千	㞓	㣧	弜曲	翔

越音: tren　zyai　ba　bon　nam　nghin　nay　ten　cong　ze
越义: 上 下 三 四 五 千 今 名 曲 羊

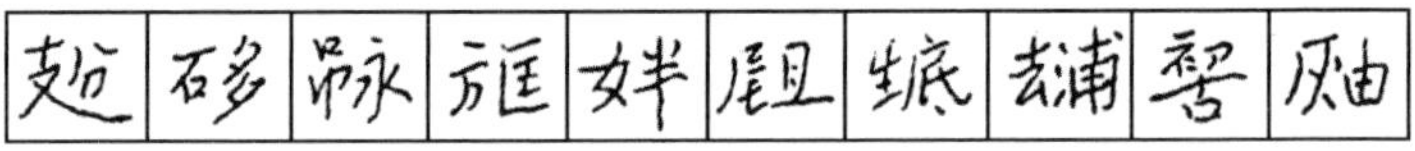

赸	矼多	吊永	方厜	女半	㞐旦	娠	去浦	磬	㷭

越音: chia　da　vieng　vuong　nya　va　de　bo　xya　gio
越义: 分 石 吊 方 半 且 娩 抛 古 灰

③ 声旁简化的"省声"形声字:

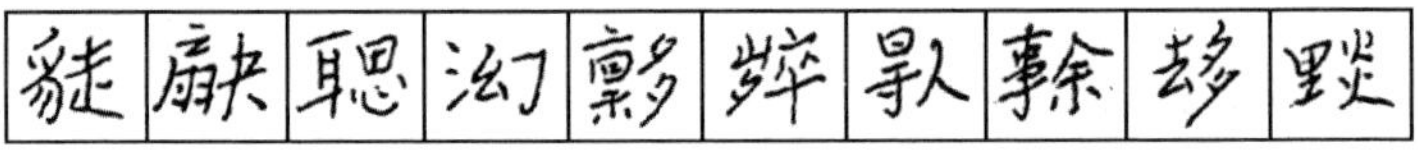

豺走	扅	聰	洵	廫多	焠	㝵人	槜	㚰	里歩

来源:(豺走)(扇决)(耳腮)(水圴)(廪多)(岁碎)(碍人)(事途)(去侈)(里淡)
越音: chay　quat　tai　ao　lam　tuoi　ngyai　tha　di　zam
越义: 走 扇 耳 池 多 岁 人 事奉 去 里

(此外,喃字中还有许多简化字,其中一部分跟今天中国大陆的简化字相同。)

④ 口旁表音字:

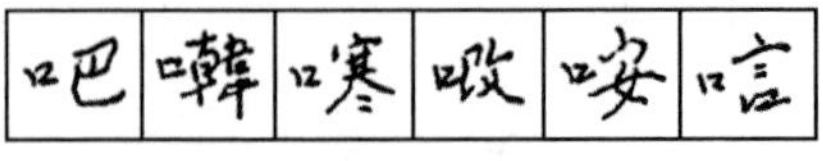

叭	嚤	唉	呶	唉	唁

越音: va　han　hen　gai　an　ngon
越义: 并 仇 劣 寄 食 味美

此外,喃字还有各种不规则的用字和造字方法,从略不述。

喃字和壮字的兴起,标志着越南京族和广西壮族的一个文化上升时期。喃字和壮字树立孳乳仿造汉字型文字的先例,影响后来中国西南许多少数民族也创造孳乳仿造汉字型文字,形成汉字文化圈的重要组成部分。

参考:王力《汉越语研究》"仿照汉字造成的越字",《王力文集》第 18 卷,山东教育出版社,1991。

2. 西南的词符文字

(1) 苗字和瑶字

苗族和瑶族的语言属于苗瑶语族。这两个民族有一个共同的特点,就是居住地区非常分散,因此语言也分散,分成很不相同的方言,甚至分成不同的语言,难于形成民族的统一共同语和统一的民族文字。

苗字。苗族主要居住在湖南、贵州、云南、四川和广西等省区。在清朝晚期,苗族借用和仿造了三种苗字,至今仍在民间流传。它们是:1. 板塘苗字,清末苗族秀才石板塘(1863~1928)所创。他的故居在湘西土家族苗族自治州花垣县板塘村,自号"板塘"。除兼借音意的借词以外,有音读、训读和新造的苗字五六百个。2. 老寨苗字,湘西花垣县麻栗场老寨村的石成鉴等人所创造。20 世纪 50 年代初期,当地成立苗歌剧团,用这种苗字书写苗歌剧本。3. 古丈苗字,见于光绪丁未年(1907)刻板印刷的《古丈坪厅志》,古丈县也在湘西土家族苗族自治州。三种苗字的原始形态在清末以前可能一早就存在。苗字一个字表示一个语词或者语素。板塘苗字中,形声字占四分之三。

瑶字。瑶族以大分散、小聚居的方式,主要分布在广西中北部,以及广东、湖南、贵州和云南,在国外还散居在越南、老挝、缅甸和泰国等地。民间流传汉字式的"瑶字",用于记录歌谣和传说。从现存写本《盘王牒》来看,记录年代最早是唐朝贞观二年(628)。瑶族居住分散,很多人兼通汉语,学校全用汉文。

图表 6 - 03

苗 字 举 例

（A）会意字：

leu 淌   nqi 红   vai 睡   vae 瞌睡   da-zho 六月

（B）形声字：

ny 雨   dae 豆   nyeu 蛋   npu 粑粑   pa 妇女

（C）数字：

板塘

老寨

（D）三种苗字比较：

板塘：   nba 猪   nhang 听   nbe 雪   njie 知   nie 在

老寨：   nba 猪   nhang 听   lhie 饭   nong 吃   bur 咱

古丈：   dang 转   shou 石   bi-ngeu 山   do-biei 头

(E) 苗字、壮字、喃字比较：

苗字：　u 水　　ga 鸡　　yi 飞　　do 抖　　mio 倒

壮字：　ruemx 水　gaeq 鸡　mbin 飞　gyaeuj 头

喃字：　nuoc 水　ga 鸡　　　　　　　　　ma 脸

(F) 苗字唱本举例：

《二十四孝》：夏日里用扇子把枕席扇凉，让娘爷身子凉爽，好睡觉。

《开辟演义》：用泥巴烧制锅子和鼎罐，炒菜煮饭吃熟食。

此节承赵丽明教授提供资料，特此申谢！

参考：王春德《黔东苗文》，载《中国少数民族文字》1992。向日征《湘西苗文》，同上。王德光《川黔滇苗文》；《滇东北苗文》；《滇东北老苗文》，同上。张金文、张宗权《湘西苗文试点概述》，载《少数民族语言文字使用和发展问题》1993。赵丽明、刘自齐《苗族歌圣石板塘》，载《贵州民俗研究》1981 年第 2 期；又，二人合作手稿《湘西民间苗文简析》。赵丽明《板塘苗文字汇》手稿。龙伯亚、李廷贵《苗族简史》1983。王辅世《苗语简志》1985。

图表　6-04

瑶 字 举 例

(A) 假借

眉(mei 你)。　　端(ton 男)。　　哀(oi 爱)。

拨子（bu-sei 菠萝）。　　　沙乐（sa-lo 纱罗）。

（B）仿造（约 50 多字）

a. 新造形声字，例如：

xa 妇女　　　ndyi 母亲　　　iong 熊　　　dao 图

b. 新造会意字，例如：

nun 嫩　　　nyai 羞　　　fa 父　　　ndyi 母　　　sieu 轰

c. 讹变字（书写错误，积非成是）：

maan 晚　　　dyei 是　　　ndang 船　　　gaang 降　　　win 远

本节承毛宗武教授指正并提供资料，特此申谢！

参考：毛宗武教授通信资料。毛宗武、蒙朝吉、郑宗泽《瑶族语言简志》1982。
盘承乾《瑶族：从刻木记事到双语文教学》，《中国教育报》，1995 - 09 - 02。

（2）布依字和侗字

布依族和侗族的语言属于壮侗语族。他们的主要居住地区都在
贵州。

布依字。布依族主要聚居于黔南布依族苗族自治州，以盘江流
域为中心。传说此地就是古代夜郎国。布依族借用和仿造汉字，成
为书写本族语言的汉字式布依字，有民歌、故事、神话、寓言、谚语、
谜语、歇后语等多种文艺形式的写本，流传名作有故事《安王和祖
王》等。

侗字。侗族主要聚居于黔东南苗族侗族自治州，少数住在湖南和
广西。侗族善于诗歌，有"诗的家乡、歌的海洋"的美名。他们借用汉
字书写侗语，并利用反切表示语音。流传比较广的写本有《珠郎娘美》
《莽岁》《三郎五妹》等。

图表　6－05

布依字举例

(A) 借用汉字(布依新文字注音,省略调号):

a. 借词,例如:

三(saam 三)　　四(si 四)　　送(son 送)

马(ma 马)　　要(au 要)　　兒(lek 儿)

b. 音读,例如:

纳(na 田)　　打(da 河)　　蛮(mbaan 村)

卜、甫(bo 父)　　米、乜(me 母)　　更(gen 吃)

(B) 仿造新汉字:

a. 形声字:

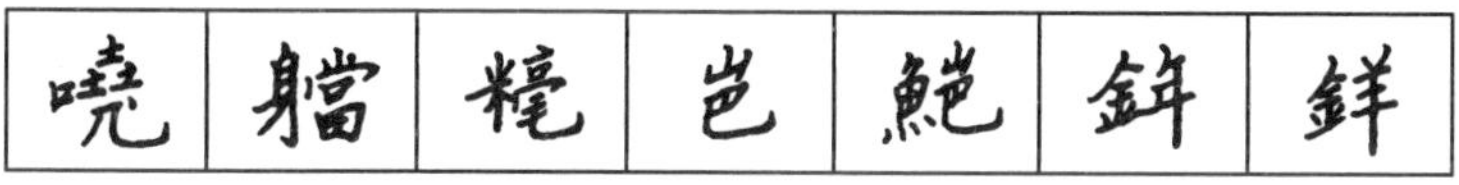

nau 说　ndaang 身　hau 饭　bya 石山　bya 鱼　nyin 铜鼓　yaang 马刀

b. 会意字:

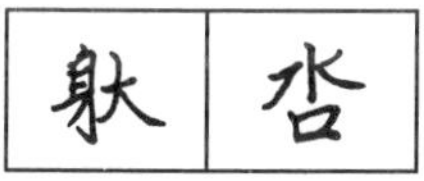

mang 胖　dum 淹*

本节承喻翠容教授提供资料并指正,特此申谢!

参考:喻翠容《布依语简志》1980。喻翠容《布依文》,载《中国少数民族文字》1992。喻世长《布依语》,载《中国大百科全书·民族》1986。张志英、李知仁《布依族》,同上。汛河编著《布依族风俗志》1987。

图表　6－06

侗 字 举 例

(A) 音读,例如:

消(xao“你们”)　　鸟(nao“住”)　　师(sai“给”)

高锦(gao-jeen“山头”)

(B) 训读,例如:

风(leem“风”)　　挑(dab“挑”)　(字下符号省略)

(C) 反切法(拼读法),例如:

尼亚（nya"你"）　　达姆（dam"柄"）　其阿姆（qam"走"）

（D）语句举例（拉丁化新文字对照，末尾字母标调）：

Aol　yanc　saip　daol　nyaoh.

拿　屋　师　道　鸟。

（拿　房　给　咱　住）

Naengc　jaix　qaenp　jeml　geml　Jusdongh.

看　哥　重　其母　克母　九洞。

（看　您　重　金　盖　"九洞"）

Jenc　pangp　eis　dah　saislongc　nyenc　pangp.

山　高　不　过　心肚　人　高。

（山　高比　不　过　人　的　志气　高）

参考：梁敏《侗语简志》1980。王均《侗文》《侗语》，载《中国大百科全书·民族》1986。张民《侗族》，载同上。张均如《侗文》，载《中国少数民族文字》1991。

（3）白文和哈尼字

白族和哈尼族的语言属于藏缅语族、彝语支。

白文（方块白文）。白族主要住在云南大理白族自治州。他们是唐宋时代南诏国和大理国的重要民族。从南诏时代起，白族一方面通用汉语文言，一方面自造汉字式的方块白文。现存唐、宋、元、明各代的白文刻碑，其中以明代杨黻《山花碑》最为著名。

哈尼字。哈尼族主要居住在云南南部的红河哈尼族彝族自治州，这里明朝初年曾设置"和尼府"。哈尼族有汉字型的哈尼字，写本内容包括历史传说、民俗、民歌等，有创世诗史《奥色密色》流传下来。

图表　6－07

方块白文举例

（A）"借词"（拼音白文注音，标调从略），例如：

东（dv）　　　南（na）　　　西（sei）　　　北（bei）

春（cv）　　　夏（hho）　　　秋（qe）　　　冬（dv）

国泰民安（guai-tei-mie-a）　　　风调雨顺（fo-tio-yui-sui）

治理（zi-li）　　　观音（gua-ye）

丽水金（li-xui-qi）　　　昆山玉（kui-sei-yui）

无人看（mu-nii-ha）　　　做知音（zi-zi-yi）

(B) "音读"，例如：

宾（bi"盐"）　　波（bo"祖父"）　　婆（bo，mo"他、它"）　　敝（bi"他"）

娘（nia"咱"）　　梨（li"也"）　　干（ga"教"）　　阿（a"一"）

双（svn"四亩"）　　难（na"则、么"）　　味（me，ngv 助词）　　那（na"你们"）

(C) "训读"，例如：

鸟（zo"鸟"）　　园（sua"园"）　　上（don"上"）　　下（hhai"下"）

老（gu"老"）　　陆（fv"六"）　　甸（dan"平原、坝子"）

凤凰（vu-hho"凤凰"）　　尽日（bei-nii"整日、终日"）

语言（xi-hho"语言"）　　点苍（qe-co"点苍山"）

(D) 自造新字，例如：

贝八　氵雪　扴　劚　躯　偌　能　佉

1　　2　　3　　4　　5　　6　　7　　8

[1]（bia，从贝，八声）"钱"　　　　　　　[2]（sue，从氵，雪声）"雪"

[3]（bai，从扌，片声）"诵读、背诵"　　　[4]（nii，从刂，历声）"进入"

[5]（co，从身，丘声）"保佑、庇护、跟随"　[6]（nga，从亻，昂声）"我们"

[7]（ne，从亻，能声）"你的"　　　　　　[8]（ko，从亻，去声）"沟、系"

(E) "山花碑"摘录：

五华偌你劚宵充，	（五华楼高入晴空）
三塔偌你穿天腹，	（三座塔尖穿天腹）
凤羢山高凤凰栖，	（凤羽山高凤凰栖）
龙关龙王宿。	（龙关龙王宿）
夏云佉玉局山腰，	（夏云绕玉局山腰）
春柳垂锦江道途，	（春柳垂锦江大道）
四季色花阿园园，	（四季山花满园放）
风与阿触触。	（风雨中逞姣）

(F) "白文唱本"举例：

偌滈偌拿施上暨，	（咱俩兄妹多相配）
上暨拿，	（虽相配）
隔渌廿隔潍，	（隔河又隔水）

隔嵋隔峒侣廿诺，　　　　　　　（隔山隔水我要翻）

隔淙隔滩侣䂮千，　　　　　　　（隔河隔水我也涉）

颠愬戛嵋嚜愬淙，　　　　　　　（有情高山无情河）

劈隔侣滈俤。　　　　　　　　　（分离咱兄妹）

本节承徐琳教授提供资料并指正，特此申谢！

参考：徐琳、赵衍荪《白语概况》，载《中国语文》1964 年第 4 期；又《白语简志》1984。赵衍荪《白语的系属问题》，载《民族语文研究文集》青海民族出版社 1982。徐琳《白文》，马曜《白族》载《中国大百科全书·民族》1986。徐琳注释《白文爱情歌》手稿 1981；《方块白文：南诏七个山川田地名量词考释》手稿 1994。石钟健《论白族的白文》，载《中国民族问题研究集刊》第六辑 1957 年第 1 期，中央民族学院研究部编内部刊物。周祜《明清白文碑漫话》，载《南诏史论丛》，大理南诏史研究学会 1986。《白族语言文字问题科学讨论会专题报道》附《白族文字方案》（草案），载《云南民族语文季刊》1993 年第 3 期。

图表　6-08

哈尼字举例

（A）音读，例如（拉丁化哈尼新文字注音）：

莪（oq"天"）　　　妹（meil"地"）　　　靠（kaol"庄稼"）

能（neivq"鬼"）　　撻（dav"上、昇"）　　乎（haoq"地方"）

厄（eel"水"）　　　奴（naol"后面"）　　迖（div,deivq"生、活"）

卧（hhuvq"回去"）　货（haol"山"）　　　打腊（davlal"昇"）

不妈（beelmao"太阳"）　　　　不迖（bulyivq"诞生"）

述么（shuqmul"启明星"）　　　数从，送从（solcoq"三丛"）

（B）自造新字，例如：

⽉	鮂	赱	坐	燊
bao'lhao	ngaoqshaoq	ssiiq	zol	cuvq
月亮	鱼	走	对、双	照耀

（C）文献举例：

竜　落　不　妈　迖。　述　六　不　都　货　不　命　迖。

no　loq　beel　mao　divq.　shuq　loq　beel　duvhol　beel　mil　divq.

白天(助)太阳生。　　　　早晨(助)太阳出山太阳(助)生。

不	卧	送。	不	勿	阿	受。	不	都	恺	都。	不	楚
beel	hhoq	sol.	beel	wuqaol	sheel.		beel	duv	noduv.		beel	cuvq

太阳神灵。　　　太阳颜面金黄。　　　太阳出日子出。　　　太阳照耀

妹	高	烧。	莪	夫	莪	命	六。	妹	夫	妹	落	六。
meil	gao	shao.	oq	fu	oq	mil	luq.	meil	fu	meil	loq	luq.

大地送。　　　天看天(助)明。　　　地看地(助)明。

全段意译：白天太阳诞生，早上太阳出现在东山。太阳的神灵，太阳的颜面是金黄的。太阳升起白天来，金色的阳光照耀大地。天空晴朗，大地明亮。

本节承王尔松教授指正并提供资料，特此申谢！

参考：李永燧、王尔松《哈尼语简志》1986。王尔松《哈尼族文化研究》1994；又，王尔松通信资料，1994。李永燧《哈尼语》《哈尼文》，载《中国大百科全书·民族》1986；《哈尼语概说》，载《民族语文》1997 年第 2 期；《哈尼文》，载《中国少数民族文字》1992。刘尧汉《哈尼族》，载《中国大百科全书·民族》1986。

3. 北方的词符文字

宋朝时候，北方有"契丹、女真、党项"三个民族，建立"辽、金、夏"三个国家，创造"契丹字、女真字、西夏字"三种文字，前后推行达三个世纪之久。这三种文字都是"变异仿造"的汉字式文字。

（1）契丹字

a. 契丹字的背景

唐末，契丹族首领耶律阿保机(辽太祖)以现在内蒙赤峰地区为中心，在公元 907 年建立辽国，又称契丹国。建都于皇都(上京，今内蒙巴林左旗)。疆域向南扩展到今天的天津市和河北省霸州市，跟五代(907～960)和北宋(960～1127)对立，长达两个世纪以上。1125 年灭于女真族。直到今天，俄语中称中国为"契丹"。

契丹语属于阿尔泰语系，尚未确定语族。汉语借词很多。《五代会要》说："契丹本无文纪，唯刻木为信。汉人之陷番者，以隶书之半加减，撰为胡书。"《辽史》说："(辽太祖神册)五年(921)，始创契丹大字，诏颁行之"；又说："回鹘使至，(太祖弟)迭剌相从二旬，习其言与书，因制契丹小字，数少而该贯。"前者称"大字"，后者称"小字"。

契丹文是"双文"制度。

辽国灭亡之后,契丹字还在有限范围内使用近一个世纪。金初借用契丹字。《金史》说:章宗明昌二年(1191)"诏罢契丹字"。从创始到废弃,历时 270 年(921~1191)。明清时期,成为无人认识的古文字,晚近才逐步解读。

b. 契丹字的形制

契丹字的文献几乎全部湮灭。1922 年内蒙巴林右旗辽庆陵发现辽主《兴宗和仁懿皇后哀册》,考证是契丹小字。近年又发现《耶律仁先墓志》《耶律宗教墓志》《阜新海棠山墓志残石》《金代博州防御使墓志》等,从契丹小字中分解出"原字"500 来字,对比契丹文和汉文构拟出"原字"音值 150 来字。1951 年辽宁锦西县西孤山出土《萧孝宗墓志》,考证是契丹大字。近年又发现《耶律习涅墓志》《耶律祺墓志》等,得到大字 2000 来字。此外还发现了其他遗物。

契丹大字是表意的汉字式词符文字。就已经认识的来说,都是单体的表意字,不知是否还有合体的会意字或形声字。大字的读音有待考证。

契丹小字是表音文字,表音受回鹘影响,方法模仿汉字的反切。字母("原字")形式模仿汉字,跟回鹘字母的形式无关。每个"原字"由五笔左右构成,一至七个"原字"组成一个"方块",表示一个语词。"原字"叠合,先左后右,先上后下,多层重叠,两两下移,末一"原字"如为单数,写在中间。这跟后世朝鲜谚文的叠合法相似。"原字"的特点是:1. 笔画不能分析成音素,相同于假名,不同于谚文;2. 不作线性排列,而作方块叠合,相同于谚文,不同于假名;3. 一音多符,尚未形成一音一符的规范化字母表。

图表　6-09

契丹字举例

A. 契丹大字:(大字小字原来都直行书写,这里改为横行)

| 天 | 朝 | 万 | 顺 | 七 | 十 | 九 | 岁 | 鸡 | 年 | 于 | 大 | 安 |

("天朝万顺,七十九岁,于鸡年大安"。"安"由两个契丹大字合成。)

（"于乾统六年甲申正月七日"。"统"由三个契丹大字合成。）

B. 契丹小字：

C. "原字"音值的构拟：

本节承刘凤翥教授指正并提供资料，特此申谢！

参考：陈述《契丹》，陈乃雄《契丹文》，载《中国大百科全书·民族》1986。陈乃雄《契丹文》，载《中国大百科全书·语言文字》1988。刘凤翥等《契丹字研究概况》,载《中国民族古文字研究》1984。刘凤翥《契丹文石刻》,载《中国大百科全书·考古》1986;《辽代语言和文字》,载《博物馆研究》1984 年第 2—3 期。又,刘凤翥的通信资料。于宝林《略论契丹文的解读方法》,载《中国古文字研究》1984。清格尔泰、刘凤翥、陈乃雄、于宝林、邢复礼等《契丹小字研究》1985。

(2) 女真字

a. 女真字的背景

女真族首领阿骨打(金太祖)1115 年建立金国。继承者(金太宗)1125 年灭辽国,1126 年灭北宋,虏徽钦二帝。1153 年建都燕京(今北京),1214 年迁都汴京(今开封),统治淮河以北半壁江山一个世纪,把"宋辽夏"鼎立变成"宋金夏"鼎立。1234 年为蒙古所灭。

女真语属于阿尔泰语系、满·通古斯语族,是满语的祖语。女真原来没有文字,初入中国,借用契丹字。金太祖命完颜希尹和叶鲁创制女真字,天辅三年(1119)颁行。《金史》说:"希尹乃依汉人楷字,因契丹制度合本国语,制女真字";又说:"希尹依仿契丹字,制女真字"。20 年后,熙宗天眷元年(1138)又另创一种女真字,皇统五年(1145)颁行。前者称女真大字,后者称女真小字,仿照契丹的双文制度。现存女真字跟契丹大字形制相同,应当就是女真大字(下文称"女真字")。女真小字尚未发现。

蒙古灭金以后,中原女真人不再用女真字,东北女真人继续使用200 年,后来成为无人认识的文字。从创始到完全遗忘经历三个世纪。晚近解读成功。

女真字资料几乎全部失传。后来发现刻有女真文的碑铭,主要有:《大金得胜陀颂碑》(约 1 500 字,1185 年立,在吉林拉林河石碑崴子)、《女真进士题名碑》(约 1100 字,1224 年立,在河南开封)、《奴儿干永宁寺碑记》(约 700 字,1413 年立,在俄罗斯境内黑龙江口特林地方)、《庆源郡女真国书碑》(约 500 字,原在朝鲜咸镜北道庆源郡,金熙宗皇统以前所刻)。此外还有少量文字见于其他碑铭、印章、铜镜和手写残页。明代永乐年间编辑的《华夷译语》中有《女真馆来文、杂字》(即《女真译语》),是女真字和汉字的双语字汇,给后世解读提供了线索。

b. 女真字的形制

女真字用汉字或契丹字为"基字",增损笔画。起初借用汉字部分保留原形,例如"日、月、一、二"等,后来必须更改字形,不再原样照抄。但是借用契丹字,仍旧少量原样照抄。有"借意"(训读)和"借音"(音读)等借用方法,类似日文。由此增损而成的女真字,分为"意字"(意符)和"音字"(音符)。"意字"又分为"完全意字"(词字)和"不完全意词"(词素字),后者不能独立成为语词。

女真语是多音节语,一个字读一个到四个音节。每字一笔到十笔,近形字多。都是单体的表意字,没有合体的会意字或形声字。女真字数目不多,《女真译语》收 903 字,《女真文辞典》收 1373 字。

图表　6-10

女真字举例

A. 语句:

mi-ni	tshao-xa	tu-gi	ere	ete-eri-in	o!
我的	军	云	这个	如何	呵!

(我军如云!)

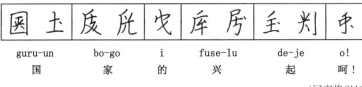

guru-un	bo-go	i	fuse-lu	de-je	o!
国	家	的	兴	起	呵!

(国家将兴!)

B. 以"汉字"为"基字":

a. "训读":

inenggi	bia	emu	dzhuwe	ilan	abuxa	guru	fan	uli
日	月	一	二	三	天	国	南	北

b. "音读",[　]中汉字不表意义:

shang	dai	tai	gin	fu	cci	xe	gung	ci
[上]	[大]	[太]	[京]	[府]	[其]	[何]	[工]	[犀]

C. 以"契丹字"为"基字"：

a. "意字"：

"完全意字"（词字），能独立成词：

xoni	tixe	amin	enin	xexe	xaxa	na	duxa	ere
羊	鸡	父	母	女	男	地	门	这个

"不完全意字"（词素字），不能独立成词：

mede	mederi	xa	xagan	tu	tuti	mer	merge
（海）	海	（帝）	皇帝	（出）	出	（意）	意

b. "音字"（音符）：

ajang	sege	ufa	imara	umiaxa
蜡烛	岁	面条	山羊	虫

本节承金启宗教授指正并提供资料，特此申谢！

参考：金光平、金启宗《女真语言文字研究》1980。金启宗《女真文字研究概述》，载《中国民族古文字研究》1984；《陕西碑林发现的女真字文书》；《女真文》，载《中国大百科全书》民族卷和语言文字卷，1986～1988。蔡美彪《女真字构制初探》，载《内蒙古大学学报·哲学社会科学版》1984年第2期。

（3）西夏字

a. 西夏字的背景

党项羌族拓跋氏，唐朝赐姓李。首领李元昊，1038年（北宋仁宗宝元元年）建立大夏国，以现今宁夏和甘肃一带为基础，建都兴庆（今宁夏银川），跟宋朝和辽金鼎足而立。1227年（南宋理宗宝庆三年），为蒙古所灭，历时190年。宋朝称大夏为"西夏"。

西夏原来没有文字。《宋史》说："元昊自制藩书，命野利仁荣演绎之；字形方整类八分，而画颇重复。"1036年颁行。藩书，西夏人称"国字"，后世称"西夏字"。

西夏语属于汉藏语系、藏缅语族。西夏字在大夏建国前夜

（1036年）开始推行。西夏设藩字院和汉字院，负责撰写西夏与宋朝以及其他邻国往来的表奏。在西夏境内，西夏文和汉文同时流行。

西夏字出版物很丰富，保存到今天的有几百万字的图书，超过同时期汉族以外的其他任何民族。直到元朝中叶，宁夏和甘肃一带的西夏人还使用西夏字。明清时期，西夏人同化于汉族和其他民族，西夏字渐渐废弃不用，成为无人认识的古文字。从创始到完全遗忘，经过三百来年。北京的居庸关有六体文字石刻，其中一种是西夏字。

西夏遗下多种字书。根据韵书《同音》的记载，西夏字有6133字，但是晚近详细计算只得5651字，加上短缺的字共计5800多字。字书中有《番汉合时掌中珠》（1190），是一部"夏汉"双语词汇，成为后世解读的钥匙。

b. 西夏字的形制

西夏字模仿汉字，也有"点、横、竖、撇、捺、拐、提"等笔画，也有"楷、行、篆、草"等字体，但是决不借用一个汉字，全部形体都要从头新造。

西夏字分为"单纯字"和"合体字"两种。"单纯字"有的是"单体符号"（包含一个最小的"笔画结构"），有的是"复体符号"（包含两个或几个"笔画结构"）。"单纯字"不一定是"单体符号"（《〈同音〉研究》索引中列"部首"398种，部首笔画从1画到13画）。

"单纯字"分为：1."表意字"（表示西夏固有词义的"意符"）；2."表音字"（在音意合成字中作"音符"）。"合成字"分为：1."会意"合成字（会意字），这是主要的造字方法；2."音意"合成字（形声字），比会意字少；3."反切"合成字（声韵相拼，注音专用）；4."部件互换"合成字（对转字）；5."部件重叠"合成字。

本节承史金波教授和聂鸿音教授指正并提供资料，特此申谢！

参考：王静如《西夏字》，载《中国大百科全书·民族》1986。史金波《西夏文概述》，载《中国民族古文字研究》1984。李范文《同音研究》，1986。丘邦湖、陈炳应《我国发现的西夏文字典"音同"残篇》，载《中国民族古文字研究》1984。吴蜂云《番汉合时掌中珠校补》，载《中国民族古文字研究》1984。

图表　6-11

西夏字举例

A. 单纯字

a. 表意字：

人　　腰　　虫　　一　　圣　　皮　　手　　脚

b. 表音字，〔　〕中汉字表示读音，不表意义：

〔吃〕　〔折〕　〔鬼〕　〔下〕　〔和〕　〔都〕　〔居〕　〔壬〕

B. 合成字

a. "会意"合成字。

两字会意，合成一字，有省略：

水 + 土 = 泥。　黑 + 白 = 明。　宽 + 阔 = 广。

部首加意符，部首跟汉字部首作用相似：

（亻）　我　　（犭）　猪　　（鸟）　鹊　　（马）　辔

b. "音意"合成字，〔　〕中是"声旁"，另一字是"形旁"，有省略：

〔鬼〕 + 人 = 悟。　〔鬼〕 + 鸟 = 禽。　〔鬼〕 + 火 = 焰。

c. "反切"合成字，用于"借词、人地名、佛经"等：

〔名〕+〔耶〕 = 绵。　〔都〕 +〔南〕 = 灯。　〔斯〕 +〔烟〕 = 先。

d.“部件互换”合成字，左右互换或小部分互换。

指　～　趾。　　煮　～　熬。　　悔　～　改。　　诽　～　谤。

e.“部件重叠”合成字：

聚　　唇　　双　　分　　中　　畦　　边　　立

三　汉字式字母文字

1. 日本的假名字母 *

（1）假名字母的来历

中国晋朝时候，汉字传入日本（公元 3～4 世纪）。《日本书记》中说，归化日本的百济学者阿直崎（285 年赴日），邀请住在百济的中国学者王仁，携带《论语》和《千字文》到日本，后来做皇太子的老师。这大概是汉字正式传入日本的开始。

日语不属于汉藏语系，跟汉语大不相同。汉人学习汉字如果要“十年窗下”，日本人学习汉字当然更加困难。

首先遇到的困难是汉字如何读。日语和汉语的音节结构不同，日本人读汉字要把汉语音节“折合”成日语音节。例如“东京”Dongjing要读成 Tokyo。这叫做“日语化”（日本人说“国语化”）。

汉字在中国的读音因时代和地区而不同。早期传入日本的读音称为“吴音”（大抵是长江下游的读音）。唐朝（西安和华北）传入的读音称为“汉音”，这是主要的读音，但是佛经仍用吴音。宋元以后传入的读音称为“唐音”。吴音、汉音、唐音，都是“音读”（模仿汉语的读音）。

日本人用日语解释汉字意义，由此发展出用日语的字义称读汉

＊ 本节承陈真女士指正，特此致谢！

字,叫做"训读"。打个比方:汉语字典里有个"砼"字,注音"铜"或tóng,可是人们把"一吨砼"读成"一吨水泥","水泥"就是"砼"的训读。一字多读是日文的普遍现象。例如一个"明"字,除有 4 种音读以外,还有 9 种训读。*

汉字知识传开后,日本开始借用汉字作为音符,书写日语,形成全用汉字的日语音节字母。《万叶集》(759 年成书)是最早用汉字作为字母写成的古代"和歌集"。这种借用现成汉字的日语字母,称为"万叶假名"。假,假借。名,名字。假名,借用的汉字。

假名不是有计划地设计的,因此产生了重叠两套。一套叫"片假名",一套叫"平假名"。

佛教在 538 年从百济传到日本。奈良和尚读佛经,在汉字旁边注音、注义,写虚词、词尾,起初用整个汉字,后来简化楷书,取其片段,形成"片假名"。

妇女们识字不多,借用汉字作为音符,写日记、故事、诗歌,给汉字注音、注义,在盛行草书的平安时代(794～1192),简化草书,形成"平假名"。当时把平假名称为"妇女字",不登大雅之堂,男人不用。

片假名从僧到俗,平假名从女到男。文字不怕起步低,只要能简便实用。

起初随便用不同的汉字代表相同的日语音节,后来统一用字,基本上做到一音一字。这是假名的标准化。

假名大胆简化汉字,不仅方便书写,还使假名有独特的面貌,区别于通用汉字。不论并用夹用,彼此不混。这是假名的定形化。

为了便于排列和检索,必须规定假名的次序。假名有两种次序。一种次序是,用 47 个假名,翻译一节佛经唱词(涅槃经第十三圣行品之偈),叫做"伊吕波歌"(初见于 1079 年的"金光明最胜王经义"上)。另一种次序是,按照悉昙(印度梵文音)原理,把假名排成一个表,叫做"五十音图"(开始于 11 世纪,完成于江户时代)。"伊吕波顺"或"五十

＊　参看《广汉和辞典》中,404 页。

音顺”,是假名的序列化。

　　标准化、定形化和序列化,使假名字母达到成熟水平。从片假名、伊吕波歌和五十音图,可以看到佛教和印度文化对假名的影响。从汉字传入日本,到假名成熟,经过了 1000 年。这是汉字到了日本以后发生的飞跃。

　　日本也仿照汉字创造一些新汉字,称为“倭字”,又称“国字”。例如“辻”(十字路口)进入了《现代汉语词典》。由于数量极少,对日本文字没有多大影响。

　　(2)假名字母的发展

　　为了提高记录日语的准确性,假名作了补充和改进。主要是:(甲)增加附加符号,表示浊音和半浊音(室町时代的 1392 年开始分写清浊)。(乙)使用小型字母,表示“促音”(短音)和“拗音”(近似汉语的齐齿呼)。(丙)补充鼻尾字母,表示音节末尾的鼻音,日本称为“拨音”。促音、拗音和拨音的写法开始于平安时代(800 年左右)。(丁)规定长音写法。

　　例如:“立秋”りっしゅう(rissyû),其中“う”表示长音,小字母“っ”表示前面是促音,小字母“ゅ”表示拗音,跟前面辅音拼合成音,不是独立音节;如果不用小字母,“秋”syû 就变成“私有”(しゆうsiyû)。

　　又如:“分布”ぶんぷ(bunpu),其中ぶ加两点表示 hu→bu(浊音),ぷ加小圈表示 hu→pu(半浊音),ん(-n)表示音节末尾的鼻音。鼻尾字母不是音节字母,而是音素字母,这是后来增补的例外。

　　假名的拼写法(“假名遣”)也逐步改进。从(a)“历史假名遣”(以 1695 年契冲《和字正滥抄》为依据),改为(b)“现代假名遣”(依据 1946 年日本内阁训令),还有(c)“表音假名遣”。例如:

“蝴蝶”(tyotyo):(a) テフテフ,(b) チョウチョウ。

“科学”(kagaku):(a) クワガク,(b) カガク。

“水道”(suidô):(a) スヰドウ,(b) スイドウ,(c) スイドー。

“十”(tô):(a) トヲ,(b) トオ,(c) トー。

图表 6-12

假名伊吕波歌

いろはにはへとちりぬるを

色　　匂　　散

わかよたれそつねならむ

我　世　誰　　常

ラゐのおくやまけふこえて

有爲　奥　山　今日　越

あさきゆめみしゑひもせす

浅　　夢　見　酔

现代假名遣是今天一般通用的写法,按照口语语音表记,但是助词はha 读 wa,へhe 读 e,是例外。

日语音节少而简单,适合采用音节字母。但是音节字母拼音不灵活,所以需要上面这些补充和改进。

随着时代的前进,假名字母不断提高它的文字地位。第一步,从站立在文字外面,变为走进了文字中间。第二步,从汉字为主、假名为副,变为假名为主、汉字为副。

假名起初是汉字的"注音符号",只能站立在文字外面,正式文字中间没有它的地位。日语有词尾变化,有助词和其他虚词,用汉字书写极不方便。自然地产生一种混合写法:用汉字书写实词和词根,用假名补充虚词和词尾。于是"丫头"(假名)伴随着"小姐"(汉字)挤进了正式文字的厅堂。这就形成"汉字·假名混合体"。第 10 世纪流行片假名混合体,第 15 世纪流行平假名混合体。同一篇文章中间可以用两种假名,但是同一个语词中间不能混用两种假名。这是日本直到今天的正式文字。

第二次世界大战以后,日本实行语文"平民化",措施之一是限制用字。1946 年公布"当用汉字表"(1850 字),1981 年改为"常用汉字表"(1945 字)。硬性规定,法令和公文用字以此为限,此外用假名。其他出版物逐步向字表范围靠拢。

图表　6-13

假名五十音图

	a	i	u	e	o
	ア 阿 / あ 安	イ 伊 / い 以	ウ 宇 / う 宇	エ 江 / え 衣	オ 於 / お 於
k(g)	カ 加 / か 加	キ 幾 / き 幾	ク 久 / く 久	ケ 介 / け 計	コ 己 / こ 己
s(z)	サ 散 / さ 左	シ 之 / し 之	ス 须 / す 寸	セ 世 / せ 世	ソ 曽 / そ 曽
t(d)	タ 多 / た 太	チ 千 / ち 知	ツ 州 / つ 州	テ 天 / て 天	ト 止 / と 止
n	ナ 奈 / な 奈	ニ 二 / に 仁	ヌ 奴 / ぬ 奴	ネ 祢 / ね 祢	ノ 乃 / の 乃
h(b/p)	ハ 八 / は 波	ヒ 比 / ひ 比	フ 不 / ふ 不	ヘ 阝 / へ 阝	ホ 保 / ほ 保
m	マ 万 / ま 末	ミ 三 / み 美	ム 牟 / む 武	メ 女 / め 女	モ 毛 / も 毛
ẏ	ヤ 也 / や 也		ユ 由 / ゆ 由		ヨ 与 / よ 与
r	ラ 良 / ら 良	リ 利 / り 利	ル 流 / る 留	レ 礼 / れ 礼	ロ 吕 / ろ 吕
w	ワ 和 / わ 和	ヰ 井 / ゐ 为		エ 惠 / ゑ 惠	ヲ 乎 / を 遠

图表　6-14

假名附加符号

	a	i	u	e	o
g(k)	が	ぎ	ぐ	げ	ご
z(s)	ざ	じ	ず	ぜ	ぞ
d(t)	だ	（ぢ）	（づ）	で	ど
b(h)	ば	び	ぶ	べ	ぼ
p(h)	ぱ	ぴ	ぷ	ぺ	ぽ

-nん（ン）

小学生只学 996 个汉字(比《千字文》少 4 个)。中学生只要求掌握常用汉字表 1945 个汉字(比中国 2000 年扫盲用字少 55 个)。除以东方文化为专业的学者以外,日本人一般汉字用量在 2000 上下。日本人的丰富知识主要来自假名字母。

图表　6-15

假名字母缩小用法

	ya	yu	yo
k	きゃ	きゅ	きょ
s	しゃ	しゅ	しょ
t	ちゃ	ちゅ	ちょ
n	にゃ	にゅ	にょ
h	ひゃ	ひゅ	ひょ
m	みゃ	みゅ	みょ
r	りゃ	りゅ	りょ
g	ぎゃ	ぎゅ	ぎょ
z	じゃ	じゅ	じょ
b	びゃ	びゅ	びょ
p	ぴゃ	ぴゅ	ぴょ

汉字为主、假名为副,已经变成假名为主、汉字为副。这是第二次世界大战以后日本文字的重大变化。

2. 朝鲜的谚文字母*

(1)谚文字母的来历

朝鲜是中国的近邻。汉末和三国时期,汉字传入朝鲜(公元 2～3 世纪)。朝鲜人读汉字文言文四书、五经,开科取士,同中国一样。朝鲜的人名地名都是仿照中国用汉字写定的。

朝鲜语属于阿尔泰语系。全国的共同语(国语)以首尔(旧称汉城)语音为标准。由于学习汉字长达一千七八百年,吸收了大量汉语借词(汉字语),占现代词汇的 2/3 以上。中国的儒学以及经过中国加工的佛学,很早就在朝鲜广泛传播,使朝鲜成为东方文明古国之一。但是,汉字文言文难学难用,把多数人民排除在文教外面。

---

* 本节承周四川先生指正,特此致谢!

熟悉了汉字,自然会尝试借用汉字书写自己的语言。这样就产生两种形式的朝鲜民族文字。

一种是全用汉字写朝鲜语的文字。借用汉字作为音符,不考虑汉字的原有意义,按照朝鲜语法,书写朝鲜语词。所写的多为民歌民谣,称为"乡歌"或"乡札"。开始于新罗时代(中国唐朝)。

另一种是全用汉字的"朝汉"混合文字。实词用汉字汉义,虚词用汉字读音记录朝鲜语音,语法按照朝鲜语。这种混合文字称为"吏读"。也开始于新罗时代,使用颇广,从 7 世纪一直用到 19 世纪末,但是正式文字仍旧是汉字文言文。

为了便于书写,朝鲜也创造了一些十分简单的简化字,叫做"口诀字",为数不多,影响不大。

朝鲜李朝(1392~1910)发展民族文化。在世宗李祹的领导下,创制了朝鲜语的表音字母。1446 年(中国明朝正统十一年)刊印于《训民正音》一书中,公布施行,称为"正音字"。在宫中设置"谚文厅",教授新字,因此又称"谚文"。谚文是通俗文字的意思。

《训民正音》一开头就说,"国之语音,异乎中国,与文字不相流通。故愚民有所欲言而终不得伸其情者多矣。新制二十八字,欲使人人易习,便于日用"。

28 个谚文是音素字母,其中辅音 17 个,元音 11 个。字母近似汉字笔画,叠成汉字方块形式,是有内在规律的拼音方块字。

《训民正音》说,"以二十八字而转换无穷,简而要,精而通,故智者不终朝而会,愚者可浃旬而学"。

28 个字母中,有 4 个现代不用。此外有并列两个字母作为一个字母的"并书"(类似拉丁字母的"双字母")。字母表经过调整和增补,现代朝鲜语一共用 40 个字母(19 个辅音,21 个元音)。

谚文的拼音方法,是把音节分为三部分:初声、中声、终声。初声相当于声母。中声相当于介音和主要元音。终声相当于收尾辅音。每个音节拼成一个方块,与汉字相匹配。初声写在上或左,中声写在下或右,终声写在最下。历代相承,谚文的音节方块字积累有一万几千个,现代实际使用的有 2200~2400 个,常用的 1000 个左右。这可以说是音素合成的音节文字。

　　汉字和假名都不是音素符号。谚文采用音素制,这是一大进步。朝鲜语的音节很复杂,不便采用音节字母。谚文设计于 15 世纪,这时候音素知识已经不是什么秘传了。

　　谚文字母不是从汉字直接变来的。汉字笔画的基本元素是"横、竖、撇、捺、弯"。谚文字母在无意之中受了汉字笔画元素的影响。谚文叠成方块,跟汉字匹配,这是明显的汉字影响。

　　(2) 谚文字母的发展

　　朝鲜的文字历史可分为如下几个阶段。(甲)汉字文言文;(乙)汉字文言文是正式文字,7 世纪起"吏读"是民间文字;(丙)汉字文言文是正式文字,1446 年起谚文是民间文字,同时民间流行吏读;(丁) 19 世纪后期,汉字谚文混合体成为正式文字;(戊)二次大战后,北方用全部谚文作为正式文字,南方用汉字谚文混合体,同时也用全部谚文。

图表　6 - 16

谚文字母举例

a. 谚文辅音字母结构

发音部位	基本字母	加划字母		变形字母
牙	ㄱ [k]		ㅋ [kʼ]	
舌	ㄴ [n]	ㄷ [t]	ㅌ [tʼ]	ㄹ [r]
唇	ㅁ [ʼm]	ㅂ [p]	ㅍ [pʼ]	
齿	ㅅ [s]	ㅈ [tʃ]	ㅊ [tʃʼ]	△ *[z]
喉	ㅇ *[零]	ㆆ *[ʔ]	ㅎ [h]	ㆁ [ŋ]

b. 谚文元音字母结构

基本字母(单划)		初生字母(二划)	再生字母(三划)
阳	*[e]	圆唇 ㅗ [o]	ㅛ [jo]
		不圆唇 ㅏ [a]	ㅑ [ja]
阴	—[ɯ]	圆唇 ㅜ [u]	ㅠ [ju]
		不圆唇 ㅓ [ə]	ㅕ [jə]
中	ㅣ [i]		

注: 有 * 号表示现代不用。

c1. 拼写举例之一　　　　c2. 拼写举例之二

국	가
k u k	ka
国家 kukka	

남	편	안	해
na m	p'ja n	—a n	hε
丈夫 namp'jən		妻子 anhε	

　　谚文公布推行的最初几个世纪,成效不大,未能成为正式文字。跟谚文(俗字)相对,汉字被称为"真书"(日本称"真名")。16世纪曾一度禁用谚文,只剩和尚和妇女继续应用,称为"妇女字"。这跟日本假名称为"妇女字",无独有偶。

　　可是,这套字母简单易学,在民间逐步传开。16～17世纪,民间文人用它写出了《沈清传》等小说,翻译了《西游记》等中国名著。妇女们用它书写诗歌,扩大了谚文的传播。

　　后来,谚文终于被知识分子接受,产生了汉字和谚文夹用的混合体。汉字主要写词根,谚文主要写词尾。这种混合体,比全用汉字方便,比全用谚文符合传统。19世纪后期,很快通用开了。

　　1910年日本吞并朝鲜。在反侵略的民族意识下,谚文成为爱国的标志。汉字谚文混合体受到尊重,代替汉字文言文成为唯一的正式文字,一直用到1945年日本战败、朝鲜独立。

　　朝鲜在1948年废除汉字,全用谚文。群众在过去500年间已养成使用谚文的习惯,对这一改革并不感到突然。韩国继续用汉字谚文混合体,可是减少了汉字数目,而文学作品也全用谚文。

　　参考:周四川《朝鲜文字改革的历史发展》,《语文建设》1986年第4期。宣德五《朝鲜语简志》,民族出版社,1985。郑之东《朝鲜的文字改革》,文字改革出版社,1957。

3. 汉语的表音字母

(1) 注音字母

　　汉字有3500年以上的历史,积累起近6万个字形,可是缺少一套表音字母。这不能不说是汉字的一大缺点。1918年公布"注音字母",弥补了这一缺点。比日本假名晚1000年,比朝鲜谚文晚500年。

　　汉字中间有声旁,这是表音符号。汉字跟历史上其他"意音文字"

如埃及圣书字或苏美尔丁头字一样，声旁表音不准确而且不求准确，只求近似。一符多音，一音多符，表音混乱。

在注音字母公布之前，历史上尝试过几种弥补表音不灵的原始方法。主要如下。

（甲）读若法：例如，《说文》"珣读若宣"，"勹读若鸠"。

（乙）直音法：例如，"毕音必"，"畔音叛"。

清人陈澧的《切韵考》中说，这种方法，"无同音之字则其法穷，或有同音之字而隐僻难识，则其法又穷"。还应当加一句：字音各地不同，如何用直音而能统一读音呢？

（丙）反切法：汉末开始的一种注音方法。用两个汉字注一个汉字的音。例如：练，郎甸切。取"郎"láng 的声母 l，去掉它的韵母áng。取"甸"diàn 的韵母 iàn，去掉它的声母 d。把前一字的声母和后一字的韵母拼合起来，成为"练"的读音 liàn。这种分析和拼合都要在心中默默地进行，没有符号可以写出来。

（丁）三十六字母：唐末僧人守温制定三十字母，宋代增加六个，成为三十六字母。这是用现成汉字作为汉语表音字母的最早尝试。这一尝试是在佛教和印度文化影响下提出的。下面是三十六字母同汉语拼音字母的比较，汉语拼音字母以外的音用国际音标表明（根据《辞海》）。

帮 b	滂 p	並[b]	明 m		
非 f	敷[f']	奉[v]	微[ɱ]		
端 d	透 t	定[d]	泥 n		
知[ȶ]	彻[ȶ']	澄[ȡ]	娘[ȵ]		
见 g	溪 k	群[g]	疑 ng		
精 z	清 c	从[dz]	心 s	邪[z]	
照 j	穿 q	床[dʑ]	审 x	禅[ʑ]	
影[∅]	晓 h	匣[ɣ]	喻[j]		
			来 l		日[nʑ]

三十六字母都是辅音（声母）字母，缺少元音字母。韵书中的"韵目"包括声母在内，不是元音（韵母）字母。例如，"一东"的"东"dong，不是韵母字 ong。三十六字母在设计汉语表音字母的道路上只走

了半步。

鸦片战争（1840）以后，中国掀起一个语文现代化运动，要求改革文字，制订注音字母，推广国语，采用白话文。

卢戆章在 1892 年发表《一目了然初阶》(切音新字厦腔)，开始了"切音字"运动。他说，"窃谓国之富强，基于格致(科学)，格致之兴，基于男妇老幼皆好学识理"。他主张制订一套"切音字"(拼音字母)，使"字话一律，读于口遂即达于心"，成为"男女老少雅俗通晓之文"。

在他提倡以后，清末许多人拟订拼音方案。其中以 1900 年王照提出的"官话字母"影响最大，曾经在十几个省份试用，成绩显著。

中华民国成立以后，1913 年召集学者集体研究制订方案。这时候，有几个问题要先解决。

1. 国语以什么语音为标准？决定以多数省份的汉字共同读音为标准，有入声（10 年后，改为以北京语音为标准，无入声）。

2. 字母采取什么形式？决定采取汉字形式。

3. 音节如何拼写？起初尝试"双拼"。但是双拼有两种不同的拼法。一种是"声介结合"，例如"快"ku-ài。另一种是"韵介结合"，例如"快"k-uài。在相持不下之中，决定改为"三拼"，使"声·介·韵"分开。例如"快"k-u-ài。双拼是反切传统；放弃双拼，采用三拼，是汉语拼音思想的解放。

三拼的好处之一是，字母数目可以从 60 个左右减少为 40 个左右。1918 年公布"注音字母"，原有 40 个字母，这是第一套汉语的法定注音方案。后来以北京音为标准，只用 37 个字母。下面是注音字母和汉语拼音字母的对照。

声母：ㄅ ㄆ ㄇ ㄈ　　ㄉ ㄊ ㄋ ㄌ　　ㄍ ㄎ ㄏ
　　　b p m f　　　d t n l　　　g k h
　　　ㄐ ㄑ ㄒ　　ㄓ ㄔ ㄕ ㄖ　　ㄗ ㄘ ㄙ
　　　j q x　　　zh ch sh r　　z c s

介母：丨　　ㄨ　　ㄩ
　　　i(y)　u(w)　yu

韵母：ㄚ ㄛ ㄜ ㄝ ㄦ　ㄞ ㄟ ㄠ ㄡ ㄢ ㄣ ㄤ ㄥ
　　　a o e ê er　ai ei ao ou an en ang eng

注音字母采用简单的古汉字,作微小的修改,与通用汉字有区别,而又不失汉字的民族形式。

"注音字母"的名称表明,它是给汉字注音用的字母,不是文字。但是,有人仍旧对"字母"二字不放心,怕这位文字的"母亲"生出儿子"文字"来。1940年改称"注音符号",使它永远不会成为文字。

汉字形式的注音字母不便国际流通。1928年公布"国语罗马字",1958年公布"汉语拼音方案"。

(2)江永女书

湖南省江永县妇女中间流传一种文字,妇女创造,妇女使用,传女不传男,男人不学不用,被称为"女书"。已经存在几百年,直到20世纪50年代外界才知道。

女书形体略似汉字又并非汉字,外形不是正方,而是斜方,作"多"字形。不识者认为字如蚊形,称为"蚊脚字"。有五种基本笔画:点、斜、竖、弧、圈。笔画组成的结构大约120来种,有的独体,有的合体,结构方式跟意义无关。符号总数大约1200个,一般通用600多个,80%跟汉字有形体关系,少数跟汉字有意义关系,但是用作表音符号,失去了原来的意义。

江永县有三种语言:西南官话、汉语土话和瑶语。汉族住城镇的说西南官话,住乡村的说汉语土话。瑶族住平原的"平地瑶"说汉语土话,住山区的"过山瑶"说瑶语。女书书写当地潇江流域的汉语土话,以江永白水村为例,有声母20个,韵母35个,声调6个,不计声调有400多个音节。一个符号代表一个音节,但是一符多音,一音多符。

女书作品是一种"歌堂文学",内容主要是描写妇女的生活。文体大都是七字韵文。每逢节日,女友相聚,共同"读唱"女书,"读纸、读扇",唱到伤心处,同声痛哭!女书还用来祭神、记事、通信、结拜姊妹、新娘贺三朝、焚化殉葬。

女书流行中心在江永县的上江圩乡。流行地域大致方圆两百多公里,是湘粤桂三省区的接壤之处。长沙马王堆汉墓出土两张军事地图《舆地图》和《军阵图》,描绘的就是江永县和它的四周。这里是汉族和少数民族在历史上长期争夺的边地。从唐宋到元明,瑶族逐渐迁出,汉人逐渐迁入。

江永县是以瑶族为主的瑶汉共居地,瑶人汉化,汉人瑶化。认识和使用女书的妇女大多数是"平地瑶"。女书的应用,例如读纸读扇、焚化殉葬等,都是瑶族妇女的经常行事。女书的创造者可能是说汉语的"平地瑶"妇女。

图表　6‑17

江永女书歌词

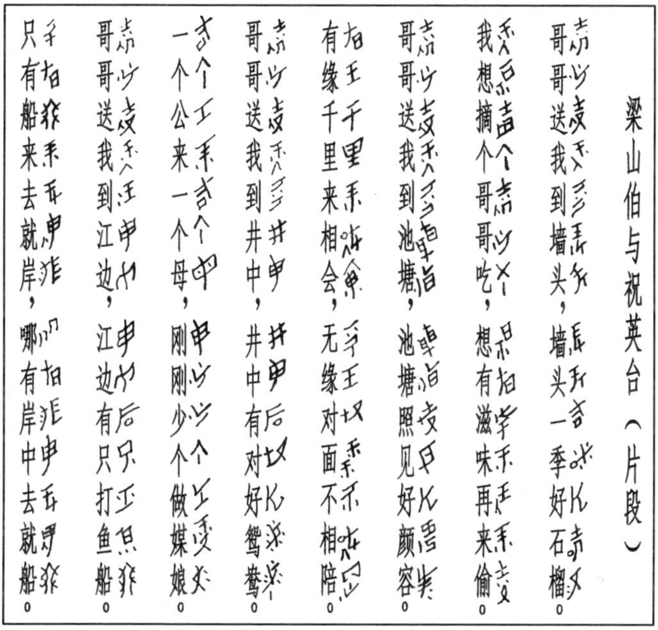

"平地瑶"说的汉语,受了瑶语的影响,跟西南官话有差异,跟湘方言也有差异,但是仍旧是汉语的一个小方言,跟山区"过山瑶"的纯粹瑶语不同。女书从民族来看是瑶族文字,从语言来看是汉语方言文字。

女书创始于何时尚无定论。最早的史志记载是 1931 年的《湖南各县调查笔记》,其中说到"歌扇所书蝇头细字似蒙古文"。女书内容谈到的故事,最早属于道光(《林大人禁烟》)、咸丰(《长毛过永明》)、同治(《珠珠歌》)等时期,各有一篇文章。较多的文章谈到清末民初的故事,这时候女书的文辞也比较成熟了。女书实物例如"读纸""读扇"等,最早可以追溯到咸丰年间。明末清初没有学习女书的记载,到 20 世纪 30 年代女书的传授已经停止。根据以上资料,女书的创始不可能早于明末清初。

女书是汉语方言文字,但是跟其他汉语方言文字不同:1. 其他汉语方言文字都是"孳乳仿造",大都只补充少量新造汉字,而女书是"变异仿造"。2. 其他汉语方言文字都是"意音文字",而女书是"音节文字"。3. 其他汉语方言文字不分男女,而女书为妇女所专用。4. 其他汉语方言文字没有少数民族的影响,女书受到瑶族的影响,不仅在语言上有影响,在使用习惯上也有影响。民族影响是女书跟其他汉语方言文字不同的原因。从文字类型来看,女书是变异仿造的汉字型汉语方言音节文字。

图表　6-18

江永女书举例

a. 按声母排列

 𦫿	bā[pa³³]	悲碑卑粑	亚	bê[pe³⁵]	本
 𣏾	bá[pa³⁵]	比妣彼	证	bê[pe³⁵]	本
 𢦏	bà[pa³¹]	被	 虔	bī[pi³³]	标
 𣏾	bā[pa⁵⁵]	毕笔	 男	bī[pi²²]	别
𡿨	bò[poe⁵¹]	八	 徜	bú[pu³⁵]	补
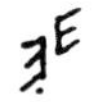 𦫿	bò[poe⁵¹]	排皮牌	 发	bù[pu³¹]	布
 𢪒	bó[poe³⁵]	摆	 肖	bù[pu³¹]	部抱
 沂	bò[poe³¹]	拜被败	 芯	bū[pu²²]	步薄婆波
 𦰏	bò[poe³¹]	腿	𣢞	bū[pu⁵⁵]	腹
𣈪	bè[pɯ³¹]	背	 折	bào[pau³¹]	报
 𠦝	bē[pɯ⁵⁵]	百伯柏	 𣥂	bóu[pou³⁵]	打
𠆢	bê[pe³³]	分	 缃	bēi[pei²²]	别
 㖊	bê[pe³³]	冰崩风	 男	bēi[pei²²]	别
 忍	bè[pe⁵¹]	凭贫频	 必	bēi[pei⁵⁵]	必逼鳖

b. 按笔画排列

一画

$/$ ［i⁵⁵］yī

二画

$少$ ［na²²］nā　　二日

$亻$ ［iɛ⁵¹］yè　　人仁寅

$乂$ ［suə²²］sē　　十实事
　　　　　　　　　　拾侍

$才$ ［theŋ³³］tiēng　天添

$人$ ［phu³⁵］pú　　卜甫普

$ㅄ$ ［pœ⁵¹］bò　　　八

$ㅂ$ ［uə³³］wē　　蛙鸦

$ᵓ$ ［phiou³³］piōu　飘漂

$ᴣ$ ［lioŋ³³］liōng　丁钉

G ［u⁵⁵］wū　　屋握喔

三画

$彡$ ［soŋ³³］sōng　　三

$个$ ［fuə²²］fē　　　下化

$手$ ［li³¹］lì　　了吕旅

$ᵹ$ ［kuɯ⁵⁵］gē　　　割

$ᵡ$ ［ȵi²²］nī　　　义要

$ᴌ$ ［ȵiɛ³¹］niè　　　要

$ᵡᵒ$ ［y⁵¹］yù　　　如

$ᶍ$ ［tɕφhyə³¹］què　寸

$ᵡᵒ$ ［kœ⁵⁵］gō　　　挟

$手$ ［tsheŋ³³］ciēng　千迁

$ᶻ$ ［kɛ³³］gê　　工公跟
　　　　　　　　　　　更

$ᵡ$ ［liaŋ³¹］liàng　两俩

录自《妇女文字和瑶族千家峒》

参考：宫哲兵主编《妇女文字和瑶族千家峒》1986。赵丽明、宫哲兵《女书：一个惊人的发现》1990。谢志民《江永女书之谜》1991。宫哲兵编《女书：世界唯一的女性文字》。赵丽明编《中国女书集成》1992。史金波、白滨、赵丽明编《奇特的女书：全国女书学术考察研讨会文集》1995，其中有宫哲兵《女书时代考》，廖景东、熊定春《试论女书与平地瑶的关系》。

4. 云南傈僳音节字

（1）傈僳族和傈僳语

傈僳族，唐樊绰《蛮书》作"栗粟"，主要居住在云南怒江傈僳族自治州。傈僳语属于汉藏语系、藏缅语族、彝语支，分为怒江、永胜和禄劝三个方言，怒江方言人口最多。这里是中国西部的边陲，崇山峻岭，交通困难。傈僳族受地理和历史条件的限制,在中国许多民族中间,产生文字比较晚。

(2) 基督教会创制的傈僳文

① 框格式傈僳文。1913 年,英国基督教会根据云南楚雄州的傈僳方言,制订一种傈僳文,传播到四川凉山州的会东县。字母分大小,大字母为声母,小字母为韵母;小字母写在大字母的上面、右上角、右下角,表示不同的声调。每个音节组成一个方框格式,所以称为"框格式"。出版物有《路加福音》《使徒传》等。

② 大写字母傈僳文(老傈僳文)。1914 年,缅甸克伦族基督教会制订另一种傈僳文,称为"大写字母傈僳文"。语言根据滇缅边境的傈僳口语,传播到怒江流域的傈僳族教会。有 30 个辅音大写字母(20 个正写,10 个反写或倒写),10 个元音大写字母(5 个正写,5 个反写或倒写),6 个声调符号(用标点符号),4 个特定标点。当地信奉基督教的傈僳族有十分之一学过这种文字。出版物有《圣经》、《教理问答》、幼儿课本等。

(3) 汉字型傈僳音节字

云南维西县傈僳族农民汪忍波(1900~1965),反对外来的教会文字。他想,汉族、藏族、纳西族等都有自己的民族文字,傈僳族也应当有自己的民族文字。于是他创造了一种傈僳字,被称为"傈僳音节字",传播于维西县(以叶枝为中心的康普、巴迪等几个乡)的傈僳族中间,50 年代有 1000 多人认识这种文字。

傈僳字类似汉字,大多数符号是新造的独体字,一小部分(约 50 多个)是汉字的变形。笔画有点、横、竖、撇、捺、折、钩、曲线、弧线、圆圈等。字符本身有读音而无意义,有同字异音、同音异字,没有规范化。汪忍波自己编写的识字课本《傈僳语文》有 1330 字,其中重复的 300 多字,此外在流传写本中还有 21 个有用的字,去除重复,总共是 961 个音节字符。傈僳音节字是一种"变异仿造"的汉字型文字。

汪忍波的"汪"字读音,在傈僳语中是"鱼"的意思,"忍波"的读音是"长命富贵"的意思。他是"鱼"氏族的子孙。"鱼"氏族有"祭天神"的习俗。汪忍波用他创造的文字记录下许多"祭天古歌"和传说。

维西县在汉字文化圈的边缘,再往西面跨出一步就是属于印度文化圈的缅甸了。汪忍波没有仿照藏文或缅甸文创造文字,而无意中采取了汉字的形式。傈僳字是汉字大家庭中最后诞生的一位小弟弟。

图表 6－19

傈僳音节字举例

（用傈僳拼音新文字注音）

1	2	3	4	5	6	7	8	9	10
sa 三	la 来	ggar 赶	gua 叉	seit 行	jjei 走	co 楼	o 头	co 裙	to 书

11	12	13	14	15	16	17	18	19	20
bu 蒸	bia 偏	me 呼	shua 穷	lo 石	li 重	nga 是	ni 助词	ma 竹	mi 热

21	22	23	24	25	26	27	28	29	30
al 词头	ail 助词	co 人	su 别人	si 劈	zi 淬	he 笑	ho 倒	dda 接	yi 水

31	32	33	34	35	36	37	38	39	40
jjai 冷	eil 他	gguax 唱	tut 桶	liq 逃	ba 换	gel 骗	shet 荏	bel 散	ri 脱

41	42	43	44	45	46	47	48	49	50
bal 公	gger 裂	ear 织	kua 声	shair 鹏	mel 尾	wat-lat 蝙蝠		mir-nil 樟木	

图表 6－20

近似汉字的傈僳音节字举例

（用傈僳新文字注音）

汉字:	人	天	天	目	四	田	耳	再	血	来
傈僳音	zy	han	jjor	ddvt	ddo	qair	ssair	mot	svt	sir
傈僳义	剁	送	说	进	出	神	雨	老	血	还

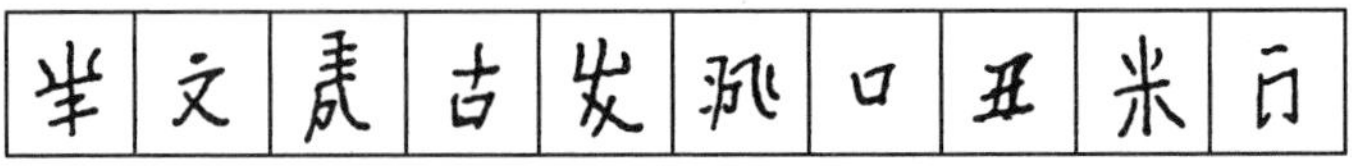

汉字:	半	文	成	古	发	成	口	丑	米	门
傈僳音	si	zzot	cat	caiq	cait	ci	zair	zi	zi	ziq
傈僳义	神	确	盐	尖	减	十	谣	算	唆	嘴

汉字:	今	丢	光	水	尸	凸	叉	七	九	朋
傈僳音	lul	lait	li	an	lait	bia	gua	shil	ma	jjuaq
傈僳义	谷	手	傈	徘	手	扁	岔	草	个	有

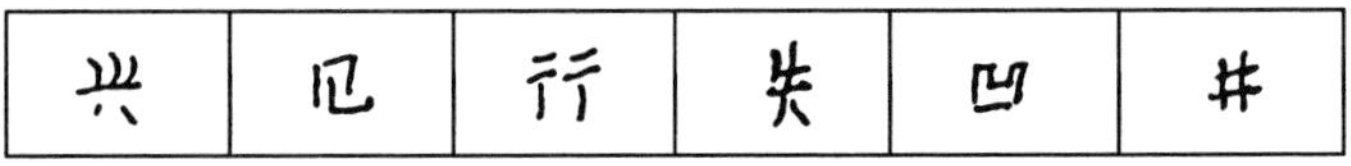

汉字:	兴	甩	行	失	凹	井
傈僳音	kor	bo	pial	han	ngal	ngol
傈僳义	年	宝	片	魂	掀	煎

（4）傈僳拼音新文字（新傈僳文）

1957年，云南省以"怒江傈僳族自治州碧江县的傈僳话为标准音"，制订拉丁化的"新傈僳文方案"。有辅音33个，元音16个，声调6个，采用分词连写的正词法。老傈僳文用于宗教，新傈僳文用于现代教育。

图表　6－21

四种傈僳文的比较

傈僳音节字	哭	今	廷	今	片
格框式傈僳文	Λ꞊	ꓔ	ꓽꞌn	ꓔ	Sᵛ
老傈僳文	ꓬꓦ꞉	ꓡꓳ.	ꓳꓵ꞉	ꓡꓳ.	ꓢꓴ..
新傈僳文	yair	lol	chir	lol	su
	猪	放牧	羊	放牧	者
	（放	猪	放	羊	人）

图表　6－22

汉字流传演变示意年表

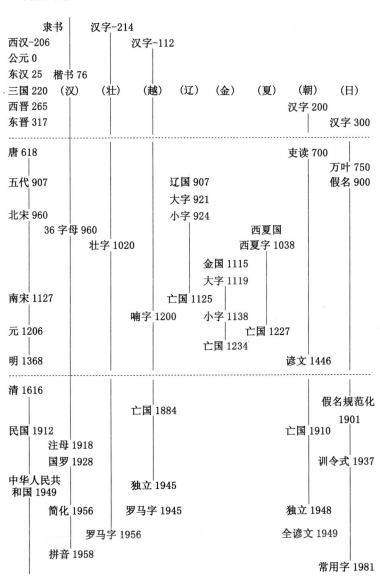

　　推广新傈僳文的地区主要是怒江傈僳族自治州和大理白族自治州。1983年新傈僳文开始进入学校。小学一二年级学新傈僳文为主，适当加授汉语文；三四年级以汉语文为主，适当加授新傈僳文，实行"双语文教学"。

　　本节承傈僳族木玉璋专家指正并提供资料，特此申谢！

　　参考：徐琳、木玉璋、盖兴之《傈僳语简志》1986。徐琳《傈僳语》《傈僳文》，载《中国大百科全书·民族》1986。木玉璋、段伶《傈僳语概况》，载《民族语文》1983年第4期。木玉璋《老傈僳文》，《新傈僳文》，载《中国少数民族文字》1992；《傈僳族音节文字及其文献》，载《中国民族古文字研究》，天津古籍出版社，1991。

小结：汉字文化圈的盛衰

　　汉字文化圈在3000年中经历了扩大和缩小的巨大波动。

　　1. 汉字原来是汉族的文字，经过传播和演变，形成一个汉字大家庭，包含几十种汉字式文字，书写属于不同语系的多种语言。不同的语言可以采用类型相同的文字，语言特点并不决定文字形式。汉语汉字和非汉语汉字组成一个庞大的汉字系统。

　　2. 汉字传到南方和西南的非汉语民族，演变成为许多种"孳乳仿造"的汉字式词符文字。南方的壮族造出了"壮字"，越南的京族造出了"喃字"。西南各省的少数民族仿造更多的词符文字，例如苗字（三种）、瑶字、布依字、侗字、白字、哈尼字等。但是由于文字重床叠屋、使用繁难，或者缺乏民族共同语，文字因人因地而不同，最后都难免逐渐自行消失。

　　3. 在宋代，汉字传到北方的契丹、女真、党项等民族，形成"变异仿造"的汉字式词符文字，法定作为辽金夏三国的朝廷文字，推行300年之久。但是，文字没有文化作为后盾，单靠军事和政治力量，难于长久维持，终于跟随政权灭亡而文字也灭亡了。

　　4. 汉字传到东方的朝鲜和日本，演变出汉字式的字母。日本使用汉语文言500年之后，创造"假名"，再过1000年，"假名"成为跟汉字混合使用中的主要成分。朝鲜使用汉语文言1000年之后，创造"谚文"，再过500年，"谚文"成为跟汉字混合使用中的主要成分。这是汉字历史发展的突变。

5. 汉字从黄河中部的"中原"传到长江流域、珠江流域和全国各地，形成吴语、闽语、粤语和其他方言的汉字式文字，但是都没有成为社会的通用文字。在作为英国殖民地的香港（1997年归还中国），粤语方言的汉字式文字比较发达，但是正式文书也用中国通用的文言和白话文。

6. 在汉语方言的汉字式文字中，音节性的"江永女书"很特殊。它是一种小地区的妇女社会的秘传文字，跟其他汉语方言文字迥然不同。这是受了当地瑶族妇女的习俗影响。它书写汉语方言，但是跟"平地瑶"的文化相融合。在妇女解放和实行全民义务教育之后，妇女专用文字无法再继续存在下去了。

7. 居住在云南西部边陲的傈僳族，长期处于中印两种文化之外的世外桃源，不满意基督教会所创造的不中不西的传教文字，由一位农民开天辟地创造自己的民族文字。这种文字跟江永女书相比，有两点相同。一、同样是"变异仿造"的汉字型音节文字，都还没有规范化。二、同样是封闭小社会要求突破文化束缚的启蒙行动。傈僳音节字是汉字大家庭中最晚诞生的小弟弟。

8. 近一个世纪以来，在西洋文化的影响下，汉字文化圈逐步萎缩。越南改用罗马字，放弃汉字。朝鲜全用谚文，放弃汉字。韩国仍旧使用汉字和谚文的混合体，但是汉字减少到一般使用1800个或者更少。日本的正式文字是汉字和假名的混合体，但是汉字减少到一般只用1 945个常用汉字。日文已经从汉字中间夹用少数假名，变成假名中间夹用少数汉字。

9. 但是，汉字在发源地的中国，地位依然稳定，而且由于不断扫盲而扩大应用。3000岁的老寿星正在学习使用电子计算机。

第七章　古典文字和六书

上　三大古典文字中的六书

两河流域的丁头字、埃及的圣书字和中国的汉字,代表着人类早期的三种伟大文化,被称为"三大古典文字"。这三种文字,外表形体迥然不同,而内在结构如出一辙。它们都属于表意兼表音的"意音文字"类型,因此它们的造字和用字原理都可以用中国传统的"六书"来说明。

汉字有三类字体:1. 图形体(甲骨文、金文、大篆、小篆),2. 笔画体(隶书、楷书),3. 流线体(草书、行书)。圣书字有两类字体:1. 图形体(碑铭体),2. 流线体(僧侣体、人民体),下文举例用碑铭体。丁头字有两类字体:1. 图形体,2. 笔画体(丁头体),下文举例少数用图形体,多数用丁头体,因为图形体遗留文献太少。

一　象形字的比较

图表　7-01　圣书字中的象形字(上行圣书字碑铭体,下行古汉字)

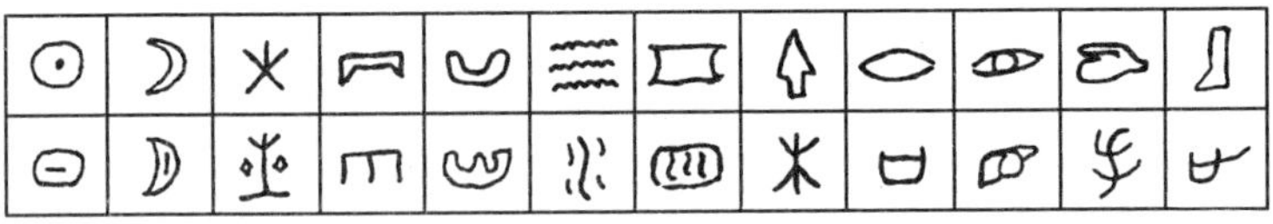

日	月	星	天	山	水	池	树	口	目	手	足

城	房	舟	罐	花	草	鸡	蛇	牛	书	男	女

图表　7 - 02

丁头字中的象形字（上行丁头字两体对照，下行古汉字）

二　指事字的比较

图表　7 - 03

圣书字中的指事字

定符¹　口　　"r"　　多数　定符²　双臂　定符³　破坏：hd 加× 分开：pss 加×

上例说明：指事符号"一竖"（定符¹）表明这个圣书字代表原来的意义，不是引申意义。例如"口"下加"一竖"表示"嘴巴"；如果不加"一竖"就变成音符"r"。三个"一竖"（也可横写或参差写）表示"多数"。"双斜"（定符²）表示"重叠"（汉字有类似的重叠符号）。"臂形"下加"双斜"表示"双臂"。"一叉"（定符³）表示"破坏"或"分开"。圣书字"破坏"是音符"hd"加"一叉"；"分开"是音符"pss"加"一叉"。

圣书字中的"数字"，一部分是独立的指事符号，一部分是假借字，这跟汉字相同。独立的指事符号例如：|（1），||（2），|||（3）。比较：汉字"一、二、三"。假借字例如：借用"荷花"表示"千"（借音"ha"，

千）；借用"手指"表示"万"（借音"dba"，万）。比较：汉字古文"百"（同白）原意"容器""火焰"或"拇指"（借音"bai"，百）；汉字古文"万"原意"蝎子"（借音"wan"，万）。汉字古文举例从略。

图表　7-04

丁头字中的指事字

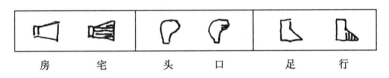

| 房 | 宅 | 头 | 口 | 足 | 行 |

上例说明："房间"不加线条；加上线条成为"住宅"，表示这里有人住。"头"用"头脑"代表，不加线条；加上线条成为"口"，表示嘴巴的地位。"足"不加线条；加上线条成为"行"（或"立"），表示足的动作。比较汉字："木"，加线条成为"本""末"。

丁头字"一二三"用"一竖、两竖、三竖"表示，这是独立的"指事字"，跟汉字相同。

三　会意字的比较

（1）圣书字中的会意字：

单个字符的会意字，例如：

图表　7-05

圣书字中的会意字

| 夜 | 旦 | 育 | 刺 | 哭 | 洗 |

上例说明：圣书字"天星为夜"（古汉字"日月为明"）。"日出高山为旦"（古汉字"日在地平线上为旦"）。"女生子为育"，小圈表示子（古汉字画出婴儿头朝下）。"腿被刀割为刺"（汉字"刓"结构相似）。"目下有泪为哭"（汉字"泪"结构相同）。"洗"为"水出自瓶，清洗泥足"。古汉字从略。

两个字符并立的会意字,例如:

| 书记 | 国王 | 人民 | 军队 | 妇女 | 天子 |

上例说明:"书记"(文具加人),使用文具的人(汉字"仕"结构相似)。"国王"(莎加蜂),莎草代表上埃及,蜜蜂代表下埃及,南北埃及之王。"人民"(男加女),下面三小竖表示多数。"军队"(兵加男),男人当兵。"妇女"(乳加女),乳下馒形是表示阴性的定符。"天子"(鸭加日),鸭表儿子,日表太阳神,太阳神的儿子是天子。

(2)丁头字中的会意字:

图表　7-06

丁头字中的会意字

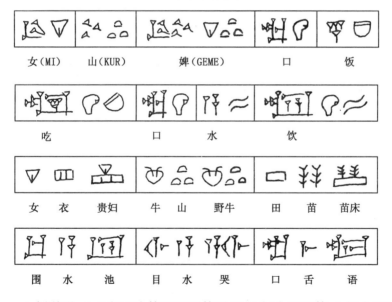

| 女(MI) | 山(KUR) | 婢(GEME) | 口 | 饭 |

| 吃 | | 口　水 | 饮 |

| 女　衣　贵妇 | 牛　山　野牛 | 田　苗　苗床 |

| 围　水　池 | 目　水　哭 | 口　舌　语 |

上例说明:1、2行丁头体和图形体对照;3行全图形体;4行全丁头体。"女"(MI)加"山"(KUR)为"婢"(GEME),婢女是山区来的女孩;"婢"的读音跟"女"和"山"的读音无关(汉字"明"的读音跟"日"和"月"的读音无关)。"口"在"饭碗"边表示"吃"。"口"在"水"旁表示"饮"。"女"人穿华丽的"衣服"为"贵妇"。"山"上的"牛"是"野牛"。"田"上有"苗"

是“苗床”（汉字“苗”相同）。“围”中有“水”是“池”（古汉字“渊”相似）。“目”下有“水”是“哭”（汉字“泪”相同）。“口”中有“舌”能“言语”。

四 假借字的比较

（1）圣书字中的假借字：

圣书字由假借而产生辅音符号，有单辅音、双辅音、三辅音。辅音符号实际读音都附带元音，不过不写出来。单辅音实际是单音节，双辅音实际是双音节，三辅音实际是三音节。元音不写出来，要由读者在阅读时候按照上下文来确定读音。“单辅音”符号被称为圣书字的“字母”，其实基本上不独立成“字”，一般都要跟意符结合然后成“字”。圣书字的“字母”如下（24 个）：

图表 7－07

圣书字中的“字母”

鹫 a 苇 y 臂 A 鸡 w 足 b 凳 p 虺 f 枭 m 水 n 口 r 屋 h 麻 H

盘 x 腹 X 闩 s 布 z 池 S 坡 q 篮 k 罐 g 馒 t 索 T 手 d 蛇 D

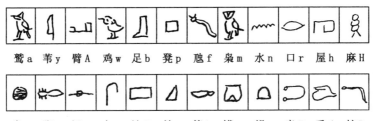

上例说明：图形古老，原意难明。表示原意的汉字都是假定。这里把 aleph 和 ayin 用 a 和 A 代表，是为了打字方便，实际都是辅音。字母有“异读”（一母多读）、有“异体”（一音多写），从略。

“双辅音”符号和“三辅音”符号，举例如下：

图表 7－08

圣书字中的“双辅音”和“三辅音”

双辅音

mn 棋盘 pr 房屋 mr 耕犁 bt 蜜蜂

三辅音

mfr 琵琶 htp 台基 sdm 耳朵 kpr 甲虫

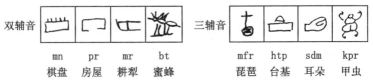

上例说明：这些符号都是"音符"，完全失去了原来意义。圣书字的"假借"（表音化）已经接近于"字母"了，因此人们认为后来的"字母"源出于圣书字。

（2）丁头字中的假借字：

图表 7-09

丁头字中的假借字

妻(DAM)   锁(GAR)   商人(DAM-GAR)

上例说明："妻"（DAM）和"锁"（GAR）的原来意义没有了，只是借用它们的读音，组成新的名词"商人"（DAM-GAR）。比较：汉字中借"雷"（1ei）和"达"（da）的音构成名词"雷达"（leida；RADAR），跟原来"雷"（打雷）和"达"（达到）的意义没有关系。

丁头字传到"亚述时代"，形成一套跟"意符"结合应用的"音节符号"，其中有"元音符号"。这接近于日本的"万叶假名"。举例如下：

图表 7-10

丁头字音节符号举例

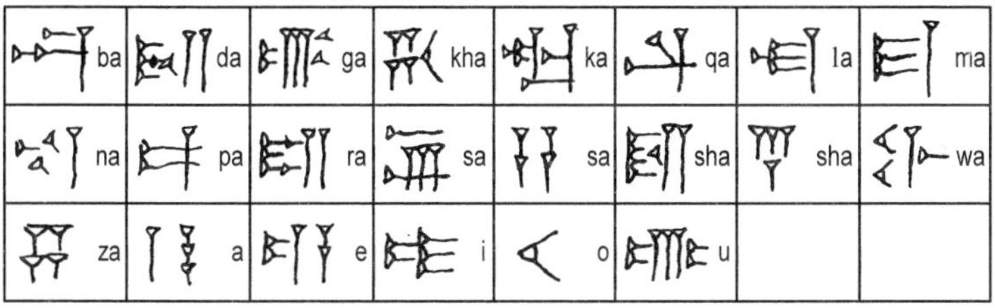

ba	da	ga	kha	ka	qa	la	ma
na	pa	ra	sa	sa	sha	sha	wa
za	a	ra	i	o	u		

五　形声字的比较

（1）圣书字中的形声字：

圣书字中的"形声字"占总字数的极大多数（汉字相同）。"部首"称为"定符"，由象形字（意符）转变而成。有"常用部首"92 个（根据 Gardiner。汉字部首数：《说文》540 个，《现代汉语词典》201 个）。"声

旁"是单音节的"字母"和"多音节符号"(汉字"声旁"都是"单音节符号")。圣书字中的形声字举例如下:

图表 7-11

圣书字中的形声字

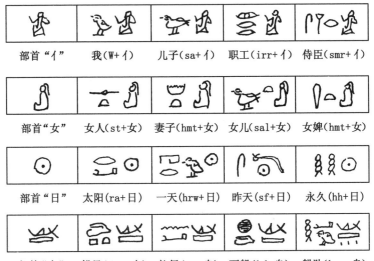

部首"亻"　　我(W+亻)　　儿子(sa+亻)　　职工(irr+亻)　　侍臣(smr+亻)

部首"女"　　女人(st+女)　　妻子(hmt+女)　　女儿(sal+女)　　女婢(hmt+女)

部首"日"　　太阳(ra+日)　　一天(hrw+日)　　昨天(sf+日)　　永久(hh+日)

部首"舟"　　船只(dpt+舟)　　航行(na+舟)　　下船(hd+舟)　　船队(haw+舟)

上例说明:圣书字的形声字中,除部首(定符)以外,都是音符,有单辅音,有多辅音,下加"三小竖"是多数。此外,圣书字有"多部首"的形声字,举例从略。汉字中也有"多部首字",例如:声旁"甫"加一个部首"捕"(扌),两个部首"傅"(亻寸),三个部首"簿"(竹氵寸),四个部首"礴"(石氵艹寸)。

(2)丁头字中的形声字:

形声字是"定符"(部首)和"音符"(声旁)的复合(跟汉字相同)。丁头字的"部首"举例如下:

图表 7-12

丁头字中的部首

衤　　星　　山　　月　　氵　　石　　风　　木　　艹　　鸟

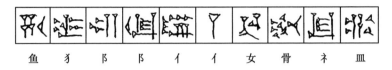

| 鱼 | 犭 | 阝 | 阝 | 亻 | 亻 | 女 | 骨 | 衤 | 皿 |

上例说明：这些"定符"用作"部首"就放弃了原来的意义和读音，只表某种词义类别，或者仅仅有区分同音词的作用（跟汉字中的部首相似）。

部首（定符）和声旁（音符）结合成为"形声字"的方式举例如下：

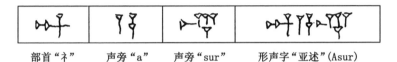

| 部首"衤" | 声旁"a" | 声旁"sur" | 形声字"亚述"（Asur） |

上例说明：定符"上帝"（相当于汉字部首"衤"），加声符"a"，再加声符"sur"，成为"Asur"（"亚述"，神名）；其中"上帝"（"神""日""天"）原来读音为"ilu"，用作定符（部首）不读音。比较：汉字"神"，其中部首"示"原来读音 shi，作为"部首"不读音，表音的只有一个声旁"申"shen；汉字中没有两个声旁的形声字。

六 转注字的比较

（1）圣书字中的转注字：

"转注"如果解释为"字形略变、字义略异"，那么，圣书字中也有"转注字"，例如：

图表 7－13

圣书字中的转注字

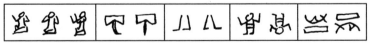

| 人 | 饥饿 祈求 | 皮革 杂色 | 行进 后退 | 喜悦 倒下 | 船舶 翻船 |

上例说明："人"，坐着，一手向前，为定符"人"；一手指口，为定符"饥饿、饮食、思考"；双手举向前，为定符"祈求"。"牛皮"，带弯尾，为定符"皮革"；带直尾，为意符"杂色、斑驳"。"双腿"，脚趾向前，为意符

"行进";脚趾向后,为定符"后退、向后"。"人",直立,举双手,为定符"高、喜悦";头向下,倒置,为定符"倒下、颠倒"。"舟",在水上,为定符"船舶";倒置,为定符"颠倒、翻船"。(比较古汉字:左右、司后、子巳、孑孓)

(2)丁头字中的转注字:

丁头笔画掩盖了字形变化,难于看出"转注"的痕迹。下例以读音和意义的转变作为"转注"(大写字母为"苏美尔语",小写字母为"阿卡德语";符号相同,读音不同):

"足"(符号见前文),意义转变为"行"(GIN,alaku)和"立"(GUB,nazazu)。

"山"(符号见前文),意义转变为"国"(KUR,matu)和"显"(KUR,napahu)。

圣书字、丁头字和汉字,外表形体迥然各异,可是内在结构如出一辙。上文不仅说明"六书"有普遍适用性,同时还说明了汉字内在结构的一般性。*

下 马亚文、彝文、东巴文中的六书

一 马亚文中的六书

为了加深对马亚文的了解,下面再用"六书"进一步说明马亚文的来源和用法。

象形

马亚文中有许多象形字,从功能来看,它们是意符。有的可以望

---

* 圣书字参考:Gardiner:《埃及文法》,第一版,牛津大学出版社,1950。Budge:《埃及文初步》,第二版,Trubner 出版社,1923。Bakir:《埃及语导论》,埃及通用出版社,1987。

丁头字参考:R. J. Lau:Old Babylonian Temple Records,AMS 出版社,纽约,1966。杉勇:《楔形文字入门》,日本中央公论社,1976。Diringer:《字母》,Hutchinson 出版社,伦敦,1949。Moorhouse:《字母的凯旋》,Henry Schuman 出版社,纽约,1953。大英博物馆:《巴比伦和亚述古物指南》,第二版,伦敦,1908。

文生义,有的不能。符号经过历史变化,无法一一知道原来画意。

图表　7-14

马亚文的象形

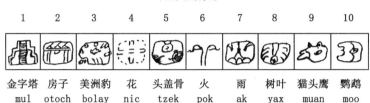

1	2	3	4	5	6	7	8	9	10
金字塔	房子	美洲豹	花	头盖骨	火	雨	树叶	猫头鹰	鹦鹉
mul	otoch	bolay	nic	tzek	pok	ak	yax	muan	moo

上例说明:1像金字塔,中间是梯道,这种金字塔今天在马亚地区(墨西哥)还可以看到。2像房子,树叶盖顶,横梁和支柱。3像食肉兽的嘴脸,露出牙齿。4像四瓣的十字花,用虚线方框围住。5像头盖骨,表形模糊。6像火舌,表形模糊。7像水流下降,地面水淹。8像树叶,有叶茎叶脉。9像猫头鹰的头。10像鹦鹉的头,表形模糊。

象形变为假借

象形变为假借,就是意符变为音符,只留表音功能,失去表意功能。马亚符号有相互同化现象,这是文字成熟的一种标志。

图表　7-15

马亚文的假借

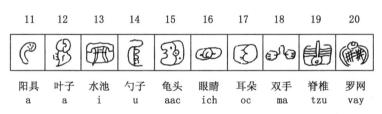

11	12	13	14	15	16	17	18	19	20
阳具	叶子	水池	勺子	龟头	眼睛	耳朵	双手	脊椎	罗网
a	a	i	u	aac	ich	oc	ma	tzu	vay

上例说明:11像男性生殖器。12像叶子,附加装饰符号。13像水池。14像勺子。15像乌龟的头,跟上例10(鹦鹉)近似。16像眼睛。17像野兽的耳朵。18像伸开双手表示否定的手势。19像脊椎骨。20像罗网。以上象形字(意符)都已经变成假借字(音符)。

会意

会意字大都表示抽象意义,属于意符,又往往假借作为音符。

图表 7－16

马亚文的会意

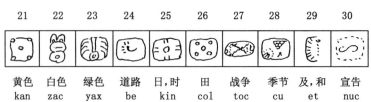

21	22	23	24	25	26	27	28	29	30
黄色	白色	绿色	道路	日,时	田	战争	季节	及,和	宣告
kan	zac	yax	be	kin	col	toc	cu	et	nuc

上例说明：21 像四角用石堆定界的小块土地,土地黄色,表示
"黄色"。22 像玉米的秆茎,秆茎白色,表示"白色"。23 同上例 8(树
叶),树叶绿色,表示"绿色",用作意符读 yax,用作音符读 hal。24 像
脚印,表示道路;四周加方框。25 像四瓣的花朵,花开有时,花开向
日,表示"时、日";用实线方框,跟上例 4(花)虚线方框有别;又用作
音符读 kin。26 像播种了的田地,中间有下玉米种子的小坑,用作音
符读 col。27 像矛头,附加装饰符号,表示"战争"等意义;用作音符
读 toc。28 像天上有云雨,附加装饰符号,作为音符读 cu。29 像水
滴,写在半个方框中,有附加符号,表示"及、和"等虚词;又用作音符
读 et。30 横 S 形,像虫,加虚线方框,表示"宣告"等意义;又用作音
符读 nuc。

形声

马亚文有许多形声字,功能属于意符,但是又可以假借作为音符。
形声字把两三个符号(文)组合成一个复合体(字)。声旁表音不一定
准确,或近似、或不全、或不能表音,表音只有近似性。马亚文有复合
声旁,声旁可以在上、在下、在左上、在右上,位置无定。

图表 7－17

马亚文的形声

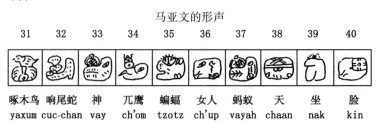

31	32	33	34	35	36	37	38	39	40
啄木鸟	响尾蛇	神	兀鹰	蝙蝠	女人	蚂蚁	天	坐	脸
yaxum	cuc-chan	vay	ch'om	tzotz	ch'up	vayah	chaan	nak	kin

上例说明：31 上为鸟形，表示鸟类（形旁），下为读音 yax（声旁），读音不全，从 yax 引出啄木鸟 yaxum。32 下为蛇形（形旁），上为读音 cuc（声旁），读音不全，从 cuc 引出响尾蛇 cuc-chan。33 下为兽类的嘴脸，表示"神"的图腾（形旁），左上为读音 vay（声旁）。34 下为鸟头（形旁），左上为音符（声旁），音符读音 ti 跟"兀鹰"ch'om 不符。35 下为蝙蝠的头形（形旁），表形模糊，上为读音 itz（声旁），只能提示蝙蝠 tzotz 的部分读音。36 像女人的面形（形旁），中右有音符 chup（声旁），跟女人 ch'up 读音相近。37 下为嘴脸形（形旁），原意不明，左上为音符 vay，中右还有一个音符 ah，两个音符组合成为蚂蚁 vayah（复合声旁）。38 上面图形表示"天"（形旁），下面是音符 cha（声旁），引申出"天"chaan。39 下面是坐着的人（形旁），上面是音符 mo（声旁），音符读音跟"坐"nak 不符。40 图为脸形（形旁），右上角是音符 kin（声旁，同上例 25）。

指事

指事字大都符形简单，由意符或音符变成定符时候，失去原有的意义和读音。

图表　7－18

马亚文的指事

41	42	43	44	45	46	47	48	49	50
三	二	点子	三圈	虫	火焰	繁育	符号	神	狩猎
ox	ca	mo	bil	nuc	无音	n-,he	无音	无音	toc

上例说明：41 三个点子表示"三"。42 两个小圈表示"二"，中间有附加符号；用作音符读 ca。43 一个点子，外加虚线方框，意义不明；用作音符读 mo。44 三个小圈，方框围住；用作音符读 bil。45 横 S 形，像虫，不加方框，上例 30（宣告）加了虚线方框；用作音符读 nuc。46 定符，像火焰，无读音。47 定符，有"繁育、牺牲"等意义，又可作音符。48 定符，无意义，无读音，用于区别字形。49 定符，像脸形，中有

"龙目"符号,表示"神"的图腾,无读音。50 像矛头,定符,表示"狩猎"
等意义;同上例 27(战争)。

转注

把符号反过来、倒过去,或者略作变更,成为另一个字,这是转注
的一种方法。

图表　**7－19**

马亚文的转注

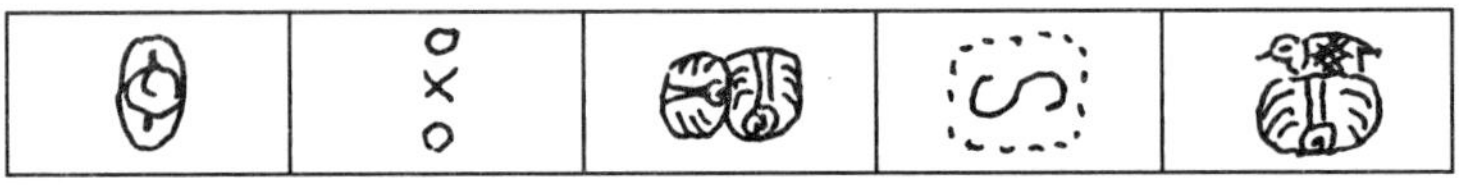

51	52	53	54	55
在内 ich	然后 ca	更新 yaxhal	符号 nuc	青鸟 quetzal

上例说明:51 符号原来横写,表示眼睛(上例 16);改为竖写变成
"在内、内边"等意义。52 符号原来横写,表示"二"(上例 42);改为竖
写变成"然后"的意义。53 这是复合符号,左边横写,右边竖写(上例
23),两符结合表示"更新"等意义。54 虫形加虚线方框,定符,表示"符
号"等意义;同上例 30(宣告)。55 跟上例 31(啄木鸟)图形近似,二者
分别在鸟形略异,表示"青鸟"。

马亚人以"黑吼猴"为文字之神,因为以"黑吼猴"为图腾的部落最
先创造了文字。

参考:Iu. V. Knorozov《马亚文》,苏联科学院出版社 1963。Iu. V. Knorozov
《古马亚文研究简述》,周有光译;《马亚文的释读》,丁西诚等译,文字改革出版社
1964。A. M. Tozzer《兰大的尤加坦纪事》,美国麻省剑桥博物馆 1941。National
Geographic,vol. 176,no.4,1989,p.435。

二　彝文中的六书

彝文符号由"笔画"构成,笔画可以归纳为 10 类(根据武
自立)。

另一说法,笔画 10 类是:"点、横、竖、反、侧折、正折、倒、一再折、

方、圆";还有 20 类的笔画分类法。

　　彝文符号的主要笔画(主干)称为"部首"(不代表"意类",跟形声字的"部首"性质不同)。部首数目各地不一。"四川规范彝文"有 26 部首,它们的符号和名称如下:

图表　7-20

彝文的笔画

	点	横	竖	撇	横折	竖折	撇折	弧	圆	曲
笔画	ヽ	一	ノ	ノ	7	L	⟨	⌒	◯	∽
例字										

图表　7-21

彝文的部首

变部 去部 二部 一部 用部 空部 加部 八部 动部 母部 滑部 摇部 出部

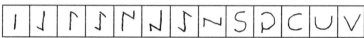

业部 读部 个部 腰部 匹部 蛇部 转部 熊部 他部 齐部 捆部 椒部 犬部

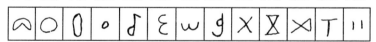

　　传统彝文是独立发展的"自源"文字,有独特的形体和结构。彝字和汉字都是"意音文字",又同样处于"汉字文化圈"之中。(比较:藏文和傣文属于印度文化圈)。彝字和汉字都是一个符号代表一个语词或者一个音节,凉山彝字笔画跟汉字篆书特别相像。彝字跟汉字是"异源同型"。

　　彝字有一小部分可能来源于汉字,大部分不是从汉字演变而成。长期处于汉字的大环境中,少数民族文字多少受些汉字的影响,不会使民族文字失去自己的特性。

　　彝文经过历史变化,多数字符难于找寻来源,已经变成假定的抽象符号。但是有一部分可以用"六书"说明来源。举例如下:

图表　7-22

彝文中的象形字

头[1]	头[2]	头[3]	脸	梳	饭	蛋	鸭	鸟[1]	鸟[2]	鸟[3]	胃	手	叶

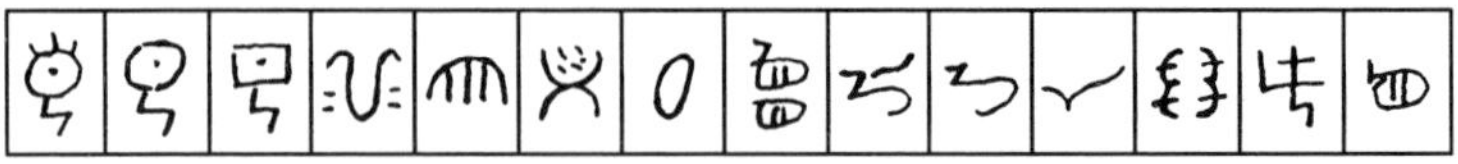

上例说明："头"像人头(1有发、2无发、3变方)。"脸"像人脸(突出鼻子)。"梳"像木梳。"饭"像一碗饭。"蛋"像鸡蛋。以上象形明显。"鸭"(鸭浮水上)。"鸟"(像飞鸟,123逐步简化)。"胃""手""树叶",近似实物。有的象形不明显。

图表　7-23

彝文中的会意字

湖	雨	漏	浸	滴	浮	凫	孵[1]	孵[2]	孵[3]	洒	献	走	傻

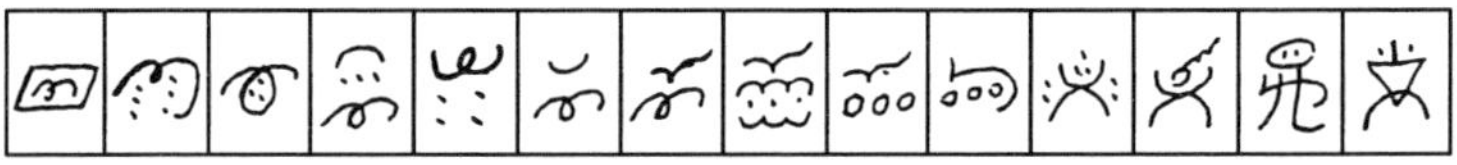

上例说明："湖"(海),四周有岸,水在中央。"雨",水从天降。"漏",水在渗漏。"浸",物在水中,上加盖子。"滴",水字倒置,水滴流下。"浮",水上有漂浮物。"凫",野鸭浮水。"孵",鸟在蛋上(123逐步简化)。"洒",饭粒洒出碗外。"献",贡品味散碗外。"走",两脚迈开,表示前走。"傻",心不灵则傻。会意字大都是合体字。

"会意"和"表意"略有区别。"会意"可以"体会意义","表意"只能"死记意义",二者都是"意符"。下面是云南规范彝文《字汇本》(1991)中开头三个部首的"表意字":

图表　7-24

彝文中的表意字

口	糠	北	箍	过	屑	九	集	矮	少
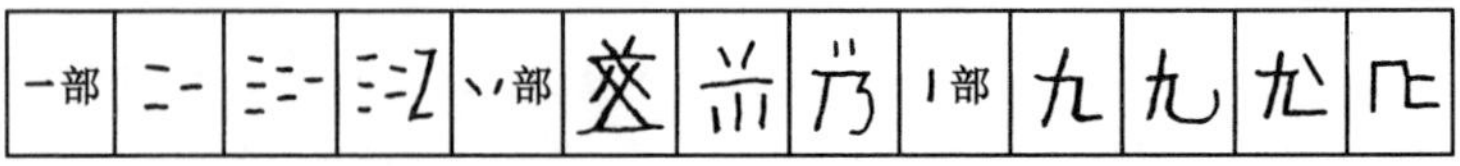 一部			八部			丨部			

爬	颈	中	挨	嫁	贴	削	商	能	椒	傻	缠

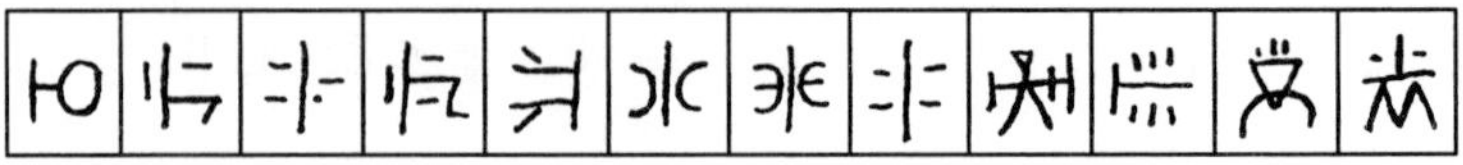

图表　7－25

彝文中的指事字

地	符	上	下	位	符	左	右

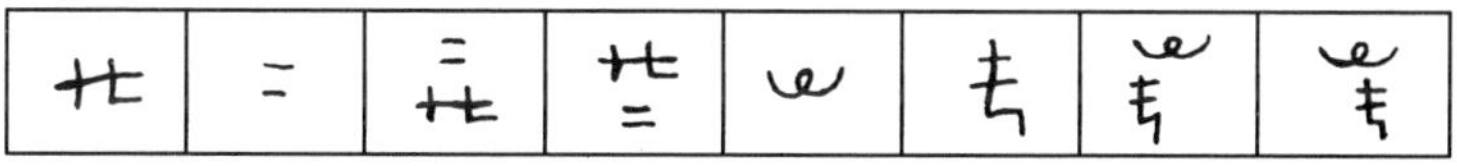

上例说明："地",上加两横为"上"字,下加两横为"下"字。"位",左下加符号为"左"字,右下加符号为"右"字。"指事符号"依附于另一符号而表示意义。

假借,有的借彝字,有的借汉字(注音根据"四川规范彝文"的拼音符号)。

(甲)借彝字("同音假借"或"近音假借",借音改意)。

图表　7－26

借彝字的读音

丘¹	丘²	丘³	木¹	木²	木³	翅¹	翅²	翅³	浮	蛋	哭	洞

上例说明："丘"pu("田",123 三体),意义借作"打开、价钱、祖先"。"木"sy("柴",123 三体),意义借作"死、杀"。翅1,ddu(贵州大方),意义借作"后、可能、脚迹"。翅2(云南禄劝),意义借作"通同、脚迹、遗迹、有关、地洞、扫帚、一堆"。翅3(四川凉山),意义借作"出、做完、吃过、激怒、木杈"。"浮"bbe(水上有漂浮物),意义借作"山、壅"。"蛋"hla(象形),意义借作"月亮、关牲口"。"哭"nge(两眼流泪),意义借作"摇、讨饭"。"洞"bo(山洞),意义借作"公畜、议论"。

(乙)借汉字(所借古汉字见鼎彝、钱币、《古泉汇》等,也可能是偶合)。关于借汉字,各家意见不一,这里姑从一般说法。

1. "借词"(形音义兼借)。借中有变。"借形"改形,接近原形;"借音"改音,接近原音;"借义"不变,作为彝语(下例一说是彝语所固有,见图表 7－27)。

2. "借形"(借形,不借音义)。"借形"改形,改读彝音,改表彝义(见图表 7－28)。

3. "借音"（借音、借形，不借义）。"借音"改音，接近原音；"借形"改形，接近原形；不借汉语意义，改为彝语意义（见图表7-29）。

图表　7-27

彝文中的汉语借词

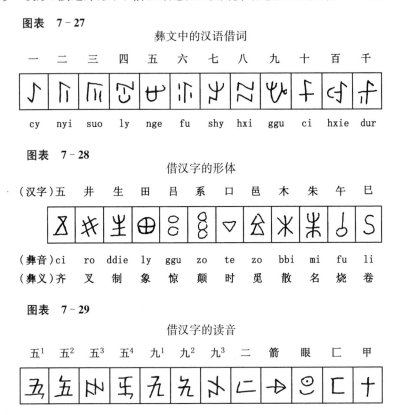

一	二	三	四	五	六	七	八	九	十	百	千
cy	nyi	suo	ly	nge	fu	shy	hxi	ggu	ci	hxie	dur

图表　7-28

借汉字的形体

（汉字）	五	井	生	田	吕	系	口	邑	木	朱	午	巳
（彝音）	ci	ro	ddie	ly	ggu	zo	te	zo	bbi	mi	fu	li
（彝义）	齐	叉	制	象	惊	颠	时	觅	散	名	烧	卷

图表　7-29

借汉字的读音

五¹	五²	五³	五⁴	九¹	九²	九³	二	箭	眼	匸	甲

上例说明：这些字来源于古汉字，形体略变，读音各地不同，但都接近汉音；用作音符，意义任意改变。例如：借"五"ngo（1234 四体），表示"鱼"（云南绿春、新平），表示"我"（弥勒），表示"借"（禄劝、武定），表示"阴间"（双柏），表示"猪嘴拱地"（路南、泸西），表示"犁地"（贵州大方、毕节）。借"九"ge（123 三体），表示"跪"（云南弥勒），表示"土块"（罗平），表示"里面、内"（禄劝、武定），表示"摇摆、烟、雷"（贵州大方、毕节）。借"二"ni，表示"天"。借"箭"no，表示"多"。借"眼"nie，表示"看、黑"。又：借古汉字"匸"表示彝语"危"fo。借古汉字"甲"表示彝语"加"ge。

4. "借义"（借义、借形，不借音）。"借义"采用汉义；"借形"略改字形;不读汉音,改读彝音。

图表　7-30

借汉字的意义

上例说明:"白、写、鱼、水"等字来源于古汉字,取义不取音,彝音注于字下。"水 1"(贵州大方,异体 8 个);"水 2"(云南,异体 5 个);"水 3"(四川,异体 7 个)。又,有的彝字,笔画太繁,改借简单的汉字,但又略变字形。例如:人 1(太繁),改用汉字:人 2(用于"牧人""农人"等)。力 1(太繁),改用汉字:力 2。兵 1(太繁),改用汉字:兵 2。

"假借"主要是"借音"(表音化)。云南规范彝文中的"表音字",四川规范彝文中的"音节字",主要由"假借"(借音)而形成。

一般认为,彝文是从"意音"到"音节"的文字,没有"形声字"(比较:纳西东巴文有大量的"形声字")。

丁椿寿《彝文论》(1993)认为彝文有形声字,但是为数甚少,处于萌芽期;彝文的形声字有三种:表音兼表义、一形二声、会意兼形声。

图表　7-31

彝文中的形声字

上例说明:"觅、锈"属于"表音兼表意"。"头"有"看"的意思。"铁"会生锈。"主"属于"一形二声"。"仙"表音,并帮助表意。"财"属于"会意兼形声"。"钱"和"粮"都是"财"。

《彝文论》中举出"形声字"20 例,但是其中的表意符号(相当于部首)没有一个兼用于两个形声字中,这跟表示"意类"的"部首"可以通用于多个形声字完全不同。这样的形声字只能说是"准形声字"。

三　东巴文中的六书

东巴文的结构可以用"六书"来说明。"六书"不仅可以说明"意音文字",也可以说明"形意文字"。

(1) 东巴文中的象形字

东巴文中,象形字非常丰富。有单体符号和合体符号,有的图画性很强,有的图画性较弱。符号常有异体。象形是从繁到简的动态现象,不是一成不变的静态现象。

图表　**7 - 32**

东巴文中的象形字举例

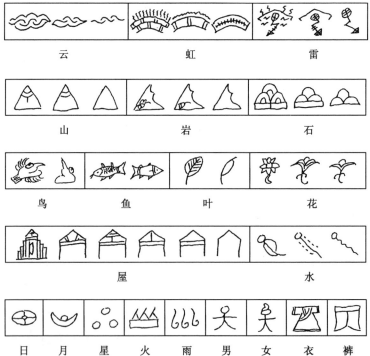

东巴文的符号,极大多数来自象形,有的可以望文生义,有的不能,需要经过学习然后形成联想。

（2）东巴文中的指事字

东巴文中的指事字有两种：一种是独立的指事符号（主要是数字），另一种是不独立的指事符号，附加在其他独立符号上表示意义。

图表 7-33

东巴文中的指事字举例

上例说明：数字都是独立的指事符号。不独立的指事符号，例如"点子"表示"多数"："实物粉碎"为"粉"；"二人加点"为"众"；"双木加点"为"林"；"仓满"为"富"；"我们"为"咱"；"蕨多"为"增"；"空腹"（饥）加点为"饱"；"乳头"（白）加点为"乳"。"小圈"表示"位置"："山顶加圈"为"上、巅"；"圈心串线"为"中"；"脚下有圈"为"下、底"；"圈分左右"为"分"；"圈在盖下"为"罩"。"折线"表示"声音"："人口吐线"为"说"；"鸟口吐线"为"鸣"。"线点"表示"大声"："口出大声"为"唤"、为"笑"。"单线"表示"方向"："平向、向上、向下、斜竖、弯曲"表示"行、升、降、登、钻"。"抖线"表示"震动"："雨点摇落"为"露"；"雪珠震动"为"霜"；"板裂、石裂、地裂、刀切、醋睡、光亮"，都是"震动"（"裂"分为

"板裂、石裂、地裂"等,同义多字)。

"指事"跟"会意"相近。指事符号非常简单,附加符号离开独立符号就意义难明,这是指事符号的特点。

(3)东巴文中的会意字

东巴文有两种"会意"。一种是"篇章会意":一个或一组图符,代表长篇的语言(篇章、章节、语句、成语、名称等)。另一种是"语词会意":组合两三个图符,代表一个语词。

图表　7-34

东巴文中的篇章会意

上面是纳西族"开天辟地"神话中的一段,叙述洪水滔天之后,人类始祖"查热丽恩"上天去找天女"翠红褒白"的故事。只用几个图符:鸟在篱上,箭射嗓子;男人持弓射箭;女人拿梭投掷;织布机。大意:"翠红褒白正在织布的时候,有一只斑鸠飞来歇在菜园的篱笆上,查热丽恩带了弩箭去射它,瞄了三次,不曾射出。翠红褒白连声说:射呀,射呀。她赶快拿起织布的梭子往查热丽恩的手肘上一撞,箭就射出去了,正好射在斑鸠的嗓子上"(《人类迁徙记》,载《纳西语简志》和《纳西象形文字谱》)。这很像幼儿园的"看图讲故事"。

有的"篇章会意"代表多音节的"名称"或几个句子组成的"成语"。

图表　7-35

东巴文书写名称和成语的方法

"金沙江"　　　"纳西族"　　　一句成语(见下文)

上例说明:地名"金沙江"用"水"(江)和"金"(金纽扣)来表示。族名"纳西族"用"人"和"稻"来表示("人"头画黑点,"黑"na是纳西族的自称;"稻"xi是"族"或"人"的意思:连读就是"纳西"naxi)。这里的一句成语是："艾生坡上先于草，纳西历史起源早"，用"艾"和"坡"来表示（"坡"中黑点 na 代表"纳西族"）。

东巴文的"语词会意"跟汉字"会意字"结构相似。

图表　7-36

东巴文中的会意字举例

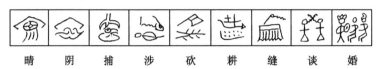

| 晴 | 阴 | 捕 | 涉 | 砍 | 耕 | 缝 | 谈 | 婚 |

上例说明："日丽于天"为"晴"；"浮云蔽天"为"阴"；"鹰爪捕鸟"为"捕"；"马蹄涉水"为"涉"；"斧头砍树"为"砍"；"犁地起土"为"耕"；"针线缝裙"为"缝"；"两人对语"为"谈"；"巫师证婚"为"婚"（用酥油涂额）。这都是两三个符号组合的"复合会意字"（比较汉字："日月"为"明"；"人言"为"信"；"小土"为"尘"；"一火"为"灭"）。

（4）东巴文中的假借字

"假借"：借原字的"音"，不借原字的"意"，这就是"表音化"。"假借"有两种：一种是"部分假借"，在非表音文字中用一部分"同音代替"，不改变文字体系的性质。另一种是"全部假借"，完全用"同音代替"，把非表音文字改为表音文字。"东巴文"属于前者，"哥巴文"属于后者。

图表　7-37

东巴文中的假借字举例

1. yu　2. bbu　3. tv　4. ji　5. chee　6. mee　7. zee　8. fv　9. ggee

上面例子中的注音，用"纳西拼音文字"（1983，省略调号，便于打字，下同）。上例都是借用字音，改变字义：1. 原意"猴"，借表"祖先、人生、轻"。2. 原意"猪"，借表"姻缘、轮班、吻"。3. 原意"奶渣"，借表"踩踏、出钱、剥豆"。4. 原意"剪刀"，借表"小、怕、驮"。5. 原意"吊"，借表"这、破、堆柴"。6. 原意"天"，借表"万、疤"。7. 原意"拴"，借表"算"。8. 原意"毛"，借表"去"。9. 原意"嚼"，借表"真"。借用以后的意义,可以跟原来意义完全不同,也可以有某种联想关系。

　　"东巴文"中大约有"假借符号"40～50个(武志和《试论纳西象形文字的特点》,载《东巴文化论集》1985)。东巴文形声字中还有许多用作"声旁"的假借,见后文。

　　东巴文中的"章节图符"和"音节字符",并立应用,可以相互代替。"音节字符"是同音假借。二者对照可以说明"表音化"的演变。

图表　7－38

东巴文中章节图符和音节字符的对照

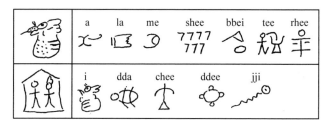

(上:"太古时候";下:"事主一家")

　　上行"词组"的意思是"太古时候";下行"词组"的意思是"事主一家"。同样的"词组"可以用不同的"东巴文"来书写。左面是章节图符的东巴文,只用一个图符。右面是音节字符的东巴文,一个符号只代表一个音节。这里可以看到东巴文从表意到表音的"表音化"的演变(比较:日文"私"又写"わたくし")。

　　(5)东巴文中的形声字

　　东巴文的"形声字"相当发达,由"部首"和"声旁"构成,"部首"表示意义类别(不表音),"声旁"表示读音(不表意,跟符号的原来意义无关)。"形声字"有的代表"语词",有的代表或长或短的"语段"。代表"语词"的"形声字"跟汉字"形声字"的结构相似。

图表　7－39

东巴文中的形声字举例

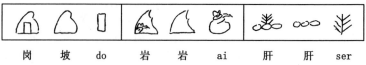

岗　　坡　　do　　岩　　岩　　ai　　肝　　肝　　ser

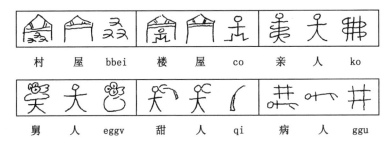

上例说明:"岗"从"坡",do(板)声。"岩"从"岩",ai(鸡,省)声。"肝"从"肝",ser(柴)声。"村"从"屋",bbei(雪)声。"楼"从"屋",co(跳)声。"亲"从"人",ko(篙,省)声。"舅"从"人,省",eggv(熊)声。"甜"从"人,张口",qi(刺)声。"病"从"人,横卧",ggu(仓)声。

东巴文中还有代表"地名"和"人(神)名"的"专名形声字"。这种"形声字"往往有多个"声旁",代表多音节的语词或名称(汉字"形声字"只有一个声旁,都是单音节符号)。

图表 7-40

东巴文中的专名形声字举例

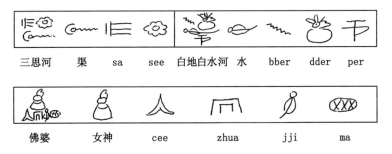

上例说明:"三思河"(sa-see-kai),部首"渠"(kai),声符 sa(气),see(羊毛)。"白地白水河"(bber-dder-bber-per-jji),部首"水"(jji),声符 bber(绳),dder(骡),bber(省),per(解)。"佛婆"("善神之妻"cee-zhua-jji-ma),部首"女神",声符 cee(铧),zhua(床),jji(水),ma(簸)。

东巴文"形声字"有常用"部首"40 来个(用意义类别,不用读音)。

图表 7-41

东巴文形声字的部首举例

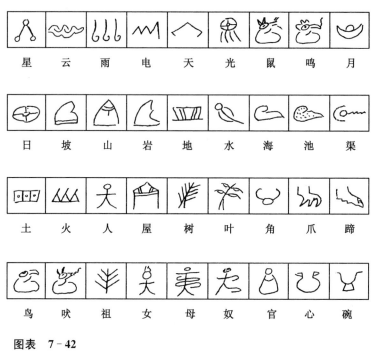

星	云	雨	电	天	光	鼠	鸣	月

日	坡	山	岩	地	水	海	池	渠

土	火	人	屋	树	叶	角	爪	蹄

鸟	吠	祖	女	母	奴	官	心	碗

图表 7-42

东巴文形声字的声旁举例

ssee	mei	ssee	zzei	bba	ssee	ddi	xi	gu
柳	植物	青稞	麦	花	草	蕨	稻	生姜

ko	chua, ko	na	mai	bbai	mu	pv	mei	o
角	鹿角	肉	尾	蜂	牛蝇	雄阴	雌阴	神

ka	zzer	ggee	ca	tee	lv	wu	bbei	kv
苦	唱	饱，嚼	咬	喝	覆	献饭	做	割，获

tv	bbv	sso	bv	kua	do	da	der	jje
桶	锅	坛子	甑	碗	板	匣	砧	秤砣

东巴文"形声字"有常用"声旁"200多个(用读音,原义仅作参考)。

(6)东巴文中的转注字

"转注"的意义如果解释为"字形略改、字义略变",那么,"东巴文"中也有许多"转注"字。

图表 7-43

东巴文中的转注字举例

上例"转注"有两种:一种是改变符号的方向,例如:"月"和"夜","饭"和"饿"(缺粮)。另一种是改变符号的画法,例如:"人"和"卧","鬼"和"死","站"和"坐","跳"和"舞","走"和"跑","爬"和"跪","左"和"右"。两种方法都是微小的"变形"。

第八章 彝文的传统和规范化

一 彝族和彝语

彝族是古羌人从中国西北南下,在长期发展过程中,与西南土著部落不断融合而成的民族。有人口 650 多万(1990),居住在云南、四川、贵州、广西等省区,一小部分居住在缅甸、泰国、越南和老挝。四川凉山彝族自治州(大凉山)是最大的彝族聚居区。

彝语属汉藏语系、藏缅语族、彝语支,分为六个方言和若干次方言,方言之间相互通话困难,尚未形成民族共同语。

二 传统彝文

彝族有古代传下的老彝文,史称"韪书""爨文"。

金石铭文最早见于明代,有:明成化二十二年(1486)造、贵州大方永兴寺铜钟铭文,彝汉两文对照。明嘉靖十二年(1533)造、云南昆明禄劝彝族苗族自治县《镌字崖》石刻,彝汉两文对照。明嘉靖二十五年(1546)造、贵州大方安氏土司《千岁衢碑记》,彝汉两文对照。明万历二十年(1592)造、大方《水西大渡河建石桥碑记》,彝汉文石碑各一,彝文石碑记述水西土司安氏世代历史,长 1192 字。

史书记载也始于明代。《天启滇志》(明天启 1621～1627)爨蛮条:"有夷经,见爨字,状类蝌蚪。"《景泰云南志》(明景泰 1450～1456):曲靖风俗和马龙州风俗条,都说有爨字。《滇系·杂载》:"汉时有纳垢酋之后阿畸者,为马龙州人,弃职隐山谷,撰爨字如蝌蚪,二年始成,字母一千八百四十有奇,号书祖。"《开化府志》亦载此说。

贵州《大定县志》风土志："(明)安国亨所译夷书几则,内载阿呵,唐时纳垢酋,居岩谷,撰爨字,字如蝌蚪,三年始成,字母一千八百四十,号曰韪书,即今爨字;文字左翻倒念,亦有象形、会意诸义。"《大清一统志》:"唐,阿畸(呵),纳垢夷之后,撰字母一千八百四十。"《新纂云南通志》:"官府文书必为爨字于后,乃知遵守,是乾嘉之际其字犹行于夷中也。"

根据史书记载和金石铭文,彝文大致创始于唐而发展于明。也可能在唐以前很早就有文字,到唐代进行了整理。

现存彝文书籍以手抄本居多,刻本很少。内容有关宗教祭祀的居多,也有部分历史、哲学、文学、医药等书,总数万册以上。名著有:叙事长诗《阿诗玛》(路南)。《古代战争故事》、《医药、历法、政教汇集》(禄劝)。医药专书(云南双柏县,明嘉靖四十五年)。《西南彝志》(贵州,共 37 万字)。四川凉山三大名著:《梼杌》《孝经》《妈妈的女儿》。上述书籍中,《阿诗玛》《西南彝志》和凉山三大名著已经翻译成汉文。

彝族居地分散,交通险阻,"言语异声、文字异形"。传统彝文各地不同。四川凉山彝文近似篆书,多作长方直立形;云贵彝文,在篆书隶书之间,多作长方横卧形。同一字形,云贵与凉山约呈九十度的差异。彝文大约每字一至七笔,笔画分为 10 种或 20 种,分类无定。彝文由"主干"和附加符号组成,主干称"部首",分部各地不同。贵州《彝文字典》分 119 部;"云南规范彝文"《字汇本》(1991)分 71 部;"四川规范彝文"(1979)分 26 部。彝字数量,云南最多,有 14200 多字;四川有 8000 多字;贵州有 7000 多字;最少是广西,约 800 多字。异体甚多,最多一字有一百多个异体。云南、贵州和广西由左向右竖行书写;四川大凉山和云南宁蒗从右向左横行书写。

这种分歧,不足为怪。汉语汉字经过两千多年的规范化,至今依旧是字无定量,异体纷呈,方言异声,简繁由之。彝文的分歧可以帮助我们推想汉语汉字在"书同文"之前的春秋战国时代。

由于传统彝文是如此纷繁,1956 年的调查表明,彝族识字率只有 2.75%。传授传统彝文由宗教的经师("毕摩")掌握。

三 彝文的规范化

彝文在 50 年代尝试拉丁化失败之后,改为实行老彝文的规范化。

四川省制订"四川规范彝文",1976 年试行,1980 年经国务院批准正式推行。它从老彝文中选用 819 个字符(废除 7000 多个异体字),代表四川大凉山的彝语方言(北部方言)的分调音节,以圣乍话为基础方言,以喜德语音为标准音。这是民族形式的"凉山彝语方言音节文字"(参看后文"音节文字"章中的"规范彝文")。

云南的彝族,支系多、方言多,难于采用统一的音节文字。云南的老彝文有 14200 多字,各地写法和读法都不一样,既有表意字,又有表音字,原来是一种"表意兼表音"的"意音文字"。1983 年开始拟订"云南规范彝文",从老彝文中选取"表意字"2300 字,"表音字"350 字,共计 2650 字。1987 年云南省批准在云南彝族地区试行。"表意字"表示彝语的语词意义,各地可以读成各地的方音("超方言")。"表音字"用于书写彝语中的大量汉语借词。"云南规范彝文"是表意兼表音的"云南彝语超方言意音文字"。

彝族还采用以汉语拼音为基础的"彝语拼音符号",帮助注音正音,学习汉文。

传统彝文本来属于什么"文字类型"呢? 这有三种说法:

1. 表意文字。"彝文发展初期也是和世界各国文字发展的规律相同,即由象形文字(表形)发展到表意文字(表意)。""彝文是表意类型的文字,因为它具有从形见义、因义知音的特点。"

2. 表音文字(音节文字)。"彝文既不是表达彝语的词或词素的表意符号,也不是表达彝语音素的音素符号,而是表达音节的音节符号,也就是音节文字。"

3. 意音文字(表意兼表音)。"传统彝文的类型是:主要具有表意特点,也具有表音特点的综合型文字。""云南和贵州的彝文,一部分有固定的意义,另一部分同音假借;四川彝文不同,文字本义都已消失,同音词都用同音字书写;从整体看,彝文从表意文字逐渐向表音文字转化,它的类型是表意兼表音。"

单看一个地区,上面三种说法各有各的道理。从全局来看,第三种说法可以概括各地的事实。一种文字在不同的地区有不同的发展状态,这是许多民族的常见现象。彝文处于从"意音文字"到"音节文字"的演变之中。云南的规范彝文属于"意音文字"性质,四川的规范彝文属于"音节文字"性质。

（参看第七章彝文中的六书）

四　彝文演变的特点

1. 除印度系统的藏文和四种傣文之外,中国西南民族的传统文字只有一种保存下来并加以规范化,成为今天的正式民族文字,那就是老彝文。

2. 老彝文今天处于从"意音文字"到"音节文字"的演变过程中。老彝文有"表意字"和"表音字",但是没有"形声字"或者只有极少几个"准形声字"。"意音化"不一定等于"形声化",这一现象值得注意。纳西东巴文有丰富的形声字而老彝文几乎没有形声字,这是鲜明的对比。

3. "意音文字"向前发展有两条道路。一条是"意符"和"音符"并用(形声化)。另一条是全用"音符"(音节化)。云南规范彝文走前一条道路。四川规范彝文走后一条道路。两条道路都是从"表意"到"表音"。在同一民族的同一文字中,发生从"表意"变为"表音"的现象,这是很少见的事例。

4. 云南规范彝文跟正规日文相似。正规日文是表意字符(汉字)和音节符号(假名)的混合体。云南规范彝文是"表意字"和"表音字"的混合体。日文由于有了假名,可以限制汉字数目,法律和公文只用1945个常用汉字。云南规范彝文如果适当运用"表音字",也可以限制"表意字"的数目(比较:汉文没有表音字)。

5. 四川规范彝文跟日本全用假名的"假名文字"相似。彝文的"音节字"和日文的"假名"同样都是不能分析的音节字符。

6. 四川和云南有了规范彝文,贵州和广西还没有。有人主张设计云贵川桂四省区统一的规范彝文。统一是好事,但是条件没有成熟的时候，勉强统一是难于成功的。彝文从传统状态向规范化前进，这是脚踏实地、因地制宜的文字改革，符合文字发展的渐进要求。

　　7. 基督教会在 20 世纪初期设计了五种彝语文字，都没有发展成为现代通用文字，从略不述。

　　本节承彝族专家武自立先生、毕云鼎先生、姚昌道先生通信指正并提供资料，特此申谢！

　　参考：陈士林《彝语简志》1985；《四川规范彝文》，载《中国少数民族文字》1992；《试论彝文的起源、类型和造字法原则问题》，载《罗常培纪念文集》1984。武自立《传统彝文》，载《中国少数民族文字》1992；《规范彝文在凉山彝族地区的巨大作用》，载《中国少数民族语言文字使用和发展问题》1993；武自立专家的通信资料。武自立、纪嘉发、肖家成《云贵彝文浅论》，载《民族语文》1980 年第 4 期。朱文旭《彝文类型浅议》，毕云鼎《云南规范彝文概况》，载《文字比较研究散论》1993；毕云鼎专家的通信资料。马学良《彝文》。陈士林《彝语》，胡庆均《彝族》，载《中国大百科全书·民族》1986。马学良《再论彝文书同文的问题》，载《民族语言教学文集》1988。凉山州编译局选编《彝族语言文字论文集》1988。丁椿寿《彝文论》，四川民族出版社 1993。李民《彝文》，载《民族语文》1979 年第 4 期。姚昌道专家的通信资料。

第九章　马亚文及其音节化

一　美洲的文化摇篮

文化摇篮的主要标记是创造文字。不少人以为,美洲原住民没有创造过达到成熟水平的本土文字,谈不上有过文化摇篮。事实并非如此。

哥伦布到达以前的美洲,有两个文化中心。一个是南美的印卡(Inca),在现在的秘鲁*。一个是中美的马亚(Maya),在现在的墨西哥、伯利兹(Belize)和危地马拉,以尤卡坦(Yucatan)半岛为中心。马亚人创造了达到成熟水平的本土文字:马亚文。

马亚文大致形成于公元前不久。从现存石碑铭文来看,最早的年代是公元后 328 年,一直应用到 16 世纪。西班牙人入侵,野蛮地破坏了马亚文化,焚烧马亚书籍,屠杀掌握文字的马亚巫师。曾经在 1500 年间应用的马亚文,到 17 世纪已无人认识,甚至很少人知道有过这种文字。

晚近学者搜集到的马亚文献分为两类:

一类是写本。马亚人用毛发制笔,主要用人的头发;用树皮制纸,主要用无花果树皮;有写本,没有印刷术。西班牙人焚书以后,只有三部残缺的写本幸存下来,分别收藏在西班牙、法国和德国的图书馆,以收藏地点命名为马德里(Madrid)写本(一说称"特罗-科尔特霞诺"本),巴黎(Paris)写本和德累斯顿(Dresden)写本。写本由一行文字、

---

* 印卡帝国的手工艺达到相当高的水平,例如能制作精美的金器,但是在前哥伦布时期处在"结绳而治"的阶段。不过南美学者说印卡也有过文字,见 D. E. Ibarra Grasso: La Escritura Indigena Andina, La Paz, Bolivia, 1953。

一行图画组成,很像连环画。写本是释读马亚文的基本资料。

另一类是铭文,刻在石碑上和其他器物上。马亚人每隔几年要刻一块石碑,记录经过的历史。铭文文字比写本文字早,但是二者一脉相承、基本一致,虽然并不完全相同。

此外,马亚人还遗留下极少一些在西班牙占领以后用拉丁字母(所谓"传统字母")书写的马亚文献。一种叫做《先知集》(Chilam Balam),是一本传说和神话集。另一种叫做《波普尔武》(The Popul Voh),是16世纪中叶用危地马拉的马亚方言(Quiché语)写成的传说,被称为"马亚圣经"。

二 马亚文的释读

丁头字和埃及圣书字的发现和释读,都是极有趣味的故事,可惜限于篇幅未能多谈。马亚文的发现和释读,另是一种情况,这里略谈几句。

近百年来,考古学者和语文学者努力释读被遗忘了300年的马亚文,可是成果极少。直到20世纪50年代,苏联学者克诺罗作甫(Iu. V.Knorozov)找到了门径,才获得基本成功。

门径是什么呢? 门径是正确地认定马亚文的文字类型。

过去所以成果极少,据克诺罗作甫说,主要是由于受了两种错误假定的影响。一种假定是把马亚文当作纯粹的表音文字来释读。另一种假定是把马亚文当作纯粹的表意文字来释读。

法国的美洲学者在1863年找到了西班牙侵略者兰大(Diego de Landa)在1566年写的《尤卡坦纪事》,其中有用拉丁字母拼写马亚语的"兰大字母表"。于是,人们把马亚文当作纯粹的"拼音文字"来释读,结果失败。

马亚文的外形是图形性的。另外一些人把马亚文看作是纯粹的"表意文字",想用"看图识字"的方法来探索马亚文各个符号所代表的事物和意义,并且把"字源"意义当作"实用"意义。结果也是失败。

所有古代的"始创"文字在达到成熟水平以后,都不是简单地表音或表意,而是复杂地结合应用表音和表意等方法。克诺罗作甫说:"圣

图表　9-01

马亚文写本的一页(临摹)

书字(意音文字)在世界不同地方的人民中间出现于一定的发展阶段。……不应当假定马亚人所用的不是其他大多数古文明所用的圣书字,或者假定他们的文字是一种(纯粹的)表意文字。……这样的(表意)文字是否存在过,还有待证明。"[*]

他以比较文字学的发展观点作为释读马亚文的指导原理,一方面排除纯表音说,另一方面排除纯表意说,正确地认定马亚字属于"圣书字"类型,跟汉字、古埃及字、古苏美尔字等,属于同一类型。这一类型的各种文字虽然在外形上彼此迥然不同,可是它们的基本结构是相同的,都是结合运用表意和表音等方法,有意符、音符、定符(部首)等三类符号。由于正确地认定了马亚文的类型,他冲破了前人所遇到的"假设屏障"。

马亚文没有双语文的文献可供对照释读。这是释读的不利条件。可是,马亚语的方言今天还活着,而且有拉丁字母拼写的文献作为考释字义和解读字音的参考。这是释读的有利的条件。

三　符号的分类和解说

马亚文的发祥地大致在中美洲皮屯伊扎湖(Peten Itza,在今危地马拉)东北的一些古代城邦。它们一直存在到 16 世纪西班牙人的入侵。巫师们把文字的发明归功于"日眼大神"(Kinich Ahau)。文字是神圣的,只有巫师们能够学习。常见的文字内容有历法、礼仪、神话、历史、预言等,还有一些叙事诗和剧本。

一切文字都来源于原始图画。马亚文离开原始图画还不太久。符号的外形保留着明显的图形性质。大多数像是画在微型镜框中的图画。人和动物通常画出头部和侧影,称为"面形"符号。器皿和实物画出特征部分。从符号中可以看出,当时的生产主要是刀耕火种的农业和狩猎。

从符号的外形来看,马亚文的"书体化"水平是很低的。从符号的功能来看,表音功能已经超过了表意,而且有字符"音节化"的趋向。

---

[*]　《古马亚文研究简述》,周有光译,收入《马亚文的释读》,文字改革出版社,1964。

所以不能从外形来过分低估它的文字地位。

马亚文的基本符号总数大约有 270 个，其中有些很少出现。常用符号 170 来个。基本符号分三类：意符、音符和定符（部首）。分述如下：

1. 意符

有的意符是明显的象形字，可是这样的字不多。例如（请看图表 9 - 02），附图［al］mul"金字塔"，是金字塔的简单图画。［a2］otoch"房子"，上面是树叶盖的屋顶，下面是横梁和支柱。

有的要经过解释，才能把图像和意义联系起来。例如，［a3］bolay"美洲豹"；［a4］nic"花"；［a7］ak"雨"。

有的是不象形的象形字。例如，［a5］tzek"头骨"，不像头盖骨；［a6］pok"火"，不像火舌。

表示抽象概念的符号，要用联想来理解。例如，［a8］kan"黄"，要用土地是黄色来联想；［a10］zac"白"，要用玉米的秆茎是白色来联想；［a11］yax"绿"，要用树叶是绿色来联想。而［a11］又作音符，读 hal，像这样的一符两用或一符多用是常有的。这叫做意音文字符号的多功能性。

不少意符有"形声字"的性质。例如，［a14］vay"图腾"（神兽?），由意符（像兽头）和音符 vay 合成。［a21］vayah"蚂蚁"，由意符（像兽脸?）和两个音符 vay 和 ah 合成。有的"形声字"中的音符只代表读音的一部分。例如，［a13］cuc-chan"响尾蛇"，由意符（蛇形）和音符 cuc 合成，音符只表读音的一半。［a12］yaxum"啄木鸟"，由意符（像鸟）和另一意符 yax 合成，yax 只表读音的一半，而且，作为音符要读 hal。这叫做形声字的表音功能不全。［a19］ch'up"女人"，由意符（人面）和音符 chup 合成，ch'up 和 chup 是近似音，这叫做表音的近似性。

意符虽然大都从象形而来，可是成为代表固定的意义以后，不能望文生义，必须各个强记，因为符号本身表意不明。例如［a23］tun"声音"，图意不明，不知意义和读音的依据是什么。即使图形清楚，例如［a20］像人的足迹，也要记好它代表的是 be"路"，不是"脚"。

意符有的代表一个词（词字），有的只代表词的一部分（词素字），不能单独成词，要跟别的成分结合成词。

2. 音符

大多数基本符号都是音符。音符来源于意符。有的担任音符以后，还兼任原来的意符职能。发挥表音功能时候，跟原来的表意功能脱离关系，至少多数是如此。所表示的读音，有的就是原来意符的读音，有的是原来读音的一部分。

音符分为如下几种：

A 型——音符表示单元音。例如，[b1]代表 a 音，[b3]代表 e 音，[b4]代表 i 音，[b5]代表 o 音，[b6]代表 u 音。符号的音值固定以后，符号的来源就失去作用。

AB 型——这是元音加辅音的"闭音节"音节符号。例如，[b7]是音符 aac，[b10]是音符 et，[b11]是音符 ich，[b13]是音符 oc，[b15]是音符 um。

B(A)型——辅音加元音的"开音节"音节符号，或者去掉元音、只表辅音。这是音节·音素符号，有向着辅音字母演变的趋势。例如，[b16]是音符 m(a)，[b18]是音符 k(e)，[b22]是音符 t(i)，[b24]是音符 m(o)，[b25]是音符 tz(u)。括弧中的元音，有时有，有时无。

BAB 型——这是辅音·元音·辅音的"闭音节"的符号，一般用来书写词根或后缀。例如，[b27]是音符 nak，[b29]是音符 kan，[b33]是音符 ben，[b39]是音符 bil，[b41]是音符 poc，[b45]是音符 cuc。还有，[b37]是音符 kin，同时又作意符 kin"时"、"日"。而[b38]也是音符 kin，这个音符中间又包含另一个也读 kin 的音符。

音符的表音功能并非都像上面例子那样稳定，往往只是近似的，或者不规则的。

3. 定符

定符数目不多。它的功能是说明词义属于哪个类别，或者区分同音异义词，或者跟别的符号配合，发生定型的作用。定符不读音，可是有的定符兼作音符。定符跟别的符号结合的例子，见后文的词例。

指示符号[c6]可以用于许多场合，没有表示类别意义的功能，只有定型和区别功能。

马亚字的基本符号是"字"。单个的"字"，可以只包含一个"文"，也可以包含两个或更多的"文"。由几个"文"组成的"字"，有不同的组合方式。举例如下：

（1）外加式：一个符号加在另一个符号之外。可以是上下重叠，例如[a12]上面是鸟形，下面加表音的树叶；[a13]下面是蛇形，上面加表音的蛇尾；[b27]下面是人形，上面加不表音的音符。可以是外加在左上角，例如[a14]神兽的左上角挤写一个音符；[a16]鸟头的左上角外加一个不表音的音符。可以是上加而挤成半包围的格式，例如[a18]头形上面凹下一块使音符挤入。

（2）内包式：一个符号包孕于另一个符号之内。可以是包孕在中心，例如[b21]兽头符号中心包孕音符 ke 和意符 pok（省形）。这是一个三个符号组合的符号。可以是包孕在右上角，例如[a19]女人脸形的右上角包孕一个音符；[b38]脸形的右上角包孕一个音符。

（3）外加又内包：例如[a21]脸形左上角外加一个音符，内部右边又包孕一个音符，这也是三个符号合成的符号。

四　连　字　成　词

少数基本符号（单字）可以独自成词。但是，"单字成词"只能说是例外。它们大都是虚词，以及某些事物名称。

例如，[d1]et"及"，"和"，用音符[b10]表示。[d2]ich"在内"，用音符[b11]表示，符号由横卧改成竖立。像这样的符号横竖变化是常见的。[d3]ti"在"，"由"，用音符[b22]表示，用作音节 ti，而不是只用 t。[d4]ca"然后"，用[a25]表示，用作音符，不作意符"二"。[d5]u"他的"，用音符[b6]表示。这些都是单"文"成"字"，单"字"成"词"。

又如，[d9]bol"祭品"，用意符[a24]，既用其音，又用其意。这个"字"包含两个"文"，但是弄不清它的构造。像这样弄不清构造的符号很多。又如，[d10]nuc"宣告"，用音符[b49]表示，但是在外面加上了虚线方框。大概马亚人的心理，符号不放在方框里就缺乏稳定的感觉；没有"实线"方框，也要有个"虚线"方框。

多数词儿要用两个或更多的符号单位连结而成，这是连"字"成"词"。例如，[d11]zac ch'up"处女"，用两个意符[a10]和[a19]组合而成；[a10]用读音，同时用意义，使"白"的意义隐含"处"的意义；[a19]

用读音,同时用意义,表示"女人"。[d12]nucxib"老人",用两个音符,[b49]nuc从横卧改为竖立;[b50]xib,不仅是音符,还是意符"男人"。这两个例子都是左右两字,并列成词。

又如,[d13]nicte"花",由两字连成;[a4]意符既表意"花",又表音nic;[b51]补足读音te,也带有植物(树)的含义。后一符号为了方便书写,反了下来,并省略一条线。部分省略在连"字"成"词"中也是常有的。[d14]molhal"集合",由两字连成;[b52]用其音mol,[a11]用其音hal,表示的意义是抽象的。这两个词儿是用上下重叠格式组成的。

又如,[d15]yaxhal"变绿","更新",用两个[a11]连接而成,一个横卧,一个竖立,前者照意符读yax,后者照音符读hal,强调绿叶新生,引申为"更新"。[d16]yax col"新田"(尚未烧荒),由[a11]yax"新","绿",和[b42]col"田地",结合音义而成。

又如,[d17]cahol kan"新的食物"(五谷),由三个单符合成;[a25]作音符ca;[a11]作意符"新",可能同时作音符hol(hal变音?);[a8]用读音kan,"食物"(五谷)出自土地,成熟为"黄"色,隐含表意。[d18]cahol kin"新的时间",由[a25],[a11],[b37]组成,最后的[b37]既表音kin,又表意"时间"。这两个例子是左右并列,上加一符。

下面再举几个有定符的例子。

[d19]toc"燃烧",由[c3]和[c2]组成,这两个都是定符,但是后者用作音符toc(tok)。[d22]yax"新月"(月份名),由[a11]yax"新"和[c4]定符"季节"组成,前者表意又表音;后者说明这是月份(季节)名称。[d20]che"鹿",音符[b19]下面加了[c6]指示符号,说明这不是一般的che音节,而是"鹿"的意思。[d21]kin ak"雨季",由三个符号组成,[b37]既表kin音,又表"时期"(季节);[a7]既表ak音,又表"下雨";[c6]指示符号,说明这个词儿不与其他同音词相混。

最后,再举一个重叠省略的例子。[d24]kuk"啄木鸟",由两个[b46]结合而成,前一个用全音ku,后一个用辅音k,略去"(a)"音;二者连结书写,省去一部分符号。这样的例子也常见。

五 连 词 造 句

连"词"造"句"有语法问题,因此对照说明要困难些。可是,选一些主要用音符书写的词儿,组成句子,那就不难解说。例如:

[e1] nak chaan tippan."晴天出现了。"其中的结构是:［nak］［chaan］［n］,［ti］［ppa］［n］。

[e2] ziimal chab kin."太阳晒干土地。"其中的结构是:［zii］［mal］,［chab］［b］,［kin］［n］。

[e3] kin ak ichinah ti chab."雨水润肥土地。"
［kin］［ak］［ich］［c6］,［in］［ah］,［ti］［chab］［b］。

上面有的［n］和［b］是重复的,这叫做"表音补充"或者"重叠表音"。早期文字常有这种现象。

[e4] picbilah u pop zac ch'up ox ocaan."处女(少女)常常编织席子。"［pic］［bil］［ah］,［u］［po］［p］,［zac］［ch'up］,［ox］［oc］［aan］。第二个"词儿"中重叠两个［b23］,上一个取全音 po,下一个只取辅音 p。

马亚文的书写顺序通常是从左而右和从上而下。符号可以转身,转 90 度,甚至 180 度。定符的地位是不固定的,有时在前,有时在后,有时在上,有时在下。有的符号省略一部分,有的符号增加一部分。同一个词儿可以写成不同的样子,有时全用意符,有时全用音符,有时意符和音符夹用,有时又加上定符。这种不固定的情况,在其他意音文字中间也是常见的。

图表 9-02

马亚文举例解说

a. 意符

[a1]  意符 mul"金字塔",像金字塔。

[a2] 意符 otoch"房子",像树叶的屋顶加支柱。

[a3] 意符 bolay"美洲豹",像食肉兽的嘴脸,露出牙齿。

[a4] 意符 nic"花",像四瓣的花,在虚线椭圆形内。

[a5] 意符 tzek"头骨",像头盖骨(?)。

[a6] 意符 pok"火",像火舌(?)。

[a7] 意符 ak"雨",像水流下降,地面水淹。

[a8] 意符 kan"黄",像四角用石堆定界的小块土地,土地黄色,引申为"黄"。比较:kaan"一块土地"。

[a9] · · · 意符 ox"三"。

[a10] 意符 zac"白",像玉米的秆茎,白色。

[a11] 意符 yax"绿",像茎带叶。又作音符 hal。

[a12] 意符 yaxum"啄木鸟",像鸟,加意符 yax。

[a13] 意符 cuc-chan"响尾蛇",像蛇,加音符 cuc。

[a14] 意符 vay"图腾"(神的象征),像兽类的嘴脸,加音符 vay。

[a15] 意符 muan"猫头鹰",像猫头鹰的头。

[a16] 意符 ch'om"兀鹰",像鸟头,加音符 ti(?)。

[a17] 意符 moo"鹦鹉",像鹦鹉的头。

[a18] 意符 tzotz"蝙蝠",像蝙蝠的头(?),加音符 itz。

[a19] 意符 ch'up"女人",像脸形,加音符 chup。

[a20] 意符 be"路",像人的足迹。

[a21] 意符 vayah"蚂蚁",像兽脸,加音符 vay 和 ah。

[a22] 意符 chaan"天",图意不明,加音符 cha。

[a23] 意符 tun"声音",图意不明。

[a24] 意符 bol"一份食物",像兽脸,加角状形符号(?)。

[a25] 意符 ca"二"。又作音符 ca。

    b. 音符

[b1] 音符 a,像男生殖器,加附加成分(?)。

[b2] 音符 a,像叶子(?),加附加成分(?)。

[b3] 音符 e,像鸟卵(?)。

[b4] 音符 i,像水池。

[b5] 音符 o,像玉米果穗(?),加附加成分(?)。

[b6] 音符 u,像杓子(?)。

[b7] 音符 aac,像龟的头(?)。

[b8] 音符 aac,像龟的头,加意符 kan"黄"(?)。

[b9] 音符 ac,像手镯(?)。

[b10] 音符 et,像水滴,加不明的成分。

[b11] 音符 ich,像眼睛。

[b12] 音符 ik,像辣椒串(?)。

[b13] 音符 oc,像兽类的嘴脸,口边有毛,圆眼睛,耳朵,毛皮。

[b14] 音符 oc,像兽耳。

[b15] 音符 um,像占卜小石。

[b16] 音符 m(a),像伸开的手,否定的手势。

[b17] 音符 k(a),像拳头,加附加成分(?)。

[b18] 音符 k(e),像张开的口,上门牙,犬齿,舌头和喉咙。

[b19] 音符 ch(e),像紧握的拳头。

[b20] 音符 l(e),来源不明。

[b21] 音符 z(ii),像兽头(?),加音符 ke 和意符 pok"火"省略(?)。

[b22] 音符 t(i),像植物(?)或花(?)。

［b23］音符 p(oo)，像头，加音符 pp(a)。

［b24］音符 m(o)。

［b25］音符 tz(u)，像骨骼，脊椎，骨盘及肋骨。

［b26］音符 m(u)，像尾巴(?)。

［b27］音符 nak，像坐着的人，加音符 m(o)。

［b28］音符 nab(?)，像向右的手掌。

［b29］音符 kan。又作定符"食物"，像贝壳(?)。

［b30］音符 vay，像网。

［b31］音符 mak，像朝下的拳头。

［b32］音符 kak，像新芽(?)。

［b33］音符 ben，像房子，柱子，梁木和屋顶的支柱。

［b34］音符 bel(?)，像一捆绳。

［b35］音符 lem，附加音符 m(o)。

［b36］音符 cim，像颚骨，加附加成分(死眼睛)。

［b37］音符 kin。又意符 kin"日"，"时"。像四瓣的花(?)。

［b38］音符 kin,像脸,加音符 kin。

［b39］音符 bil(?)。

［b40］音符 toz。又定符"雨",像水滴。

［b41］音符 poc,像灌溉了的田地。

［b42］音符 col,像播种了的田地,中有下玉米种子的小坑。

［b43］音符 chuc,像拳头,加附加成分(?)。

［b44］音符 tun(或 t)。意符 tun"一年"(360 天)。

［b45］音符 cuc,像响尾蛇的尾巴。

［b46］音符 k(u)。

［b47］音符 ah,像腰带(?)。

［b48］音符 chup,像流体。

［b49］音符 nuc,像虫。

［b50］音符 xib。又意符 xib"男人"。像人脸,加意义不明的符号。

［b51］音符 te。又意符 te"树"。像投矛器(?),或树。

［b52］音符 nal(mal,mol)。像玉米穗轴。

[b53] 音符 pp(a)，像幼芽(?)。

[b54] 音符 n(a)，像器皿盖子(?)。

[b55] 音符 chab(cab)，像流水。

[b56] 音符 b(a)。

[b57] 音符 an(aan)，像叶子。

[b58] 音符 pic(pec)，像棉花。

[b59] 音符-ah，h(-?)，像水滴和未明符号。

[b60] 音符 in，图意不明。

　c. 定符

[c1] 定符"神"，像脸，加"龙目"。

[c2] 定符"战"，"猎"，像矛头，加附加成分。又作音符 tok (toc)。

[c3] 定符"火"，像火焰。

[c4] 定符"季"，"时"。像云(?)，加附加符号(?)。又作音符 c (u)。

[c5] 定符"牺牲"，"繁育"。又作音符 n(-?)或 h(e)。

[c6] ∪∪∪ 指示符号。

　d. 词儿

[d1] et"及"，"和"。即[b10]。

[d2]　ich"内边","在内"。即[b11],由横变竖。

[d3]　ti"在,由,为"。即[b22]。

[d4]　ca"然后"。即[a25],由横变竖。

[d5]　u"他的"(物主代词前缀)。即[b6]。

[d6]　vay"图腾","妖魔"。即[a14]。

[d7]　vayah"蚂蚁"(神话人物)。即[a21],图略省。

[d8]　yaxum "quetzal 鸟"(字面:青鸟)。即[a12],略异。

[d9]　bol"一份食物","祭品"。即[a24]。

[d10]　nuc"符号","宣告","顺序"。即[b49],加方框虚线。

[d11]　zac ch'up"处女","石女"。即[a10],[a19]。

[d12]　nucxib"老人"。即[b49]横卧改竖立,[b50]。

[d13]　nicte"花"。即[a4],[b51]反画并略省。

[d14]　molhal"集合"。即[b52],[a11]用作音符。

[d15]　yaxhal"更新","变绿"。即[a11]竖立改横卧,[a11]。

[d16]　yax col"新田"(未烧而种的地)。即[a11],[b42]。

[d17]　cahol kan"新的食物"。即[a25]作音符,[a11],[a8]。

[d18] 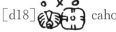 cahol kin"新的时间"。即[a25]，[a11]，[b37]。

[d19] toc"燃烧"。即[c3]，[c2]作音符。

[d20] che"鹿"。即[b19]，[c6]。

[d21] kin ak"雨季"。即[b37]，[a7]，[c6]。

[d22] yax"新月"（月份名）。即[a11]，[c4]。

[d23] ichin(in?)"猫头鹰"。即[b4]，[c5]作音符 n。

[d24] kuk"啄木鸟"。即[b46]，b[46]。

e. 句子

[e1] nak chaan tippan.
晴天出现了。

$$[b27]{[a22]\atop[b54]},[b22]{[b53]\atop[b54]}。$$

[e2] ziimal chab kin.
太阳晒干土地。

$$[b21][b52],{[b55]\atop[b56]}\,{[b37]\atop[b54]}。$$

[e3] kin ak ichinah ti chab。
雨水润肥土地。

$${[b37][a7]\atop[c6]}{[b11]\atop[b60]},{[b59]},[b22]{[b55]\atop[b56]}。$$

[e4] picbilah u pop zac
ch'up ox ocaan。
处女常常编织席子。

$${[b58]\atop[b39]}[b59],[b6]{[b23]\atop[b23]},[a10][a19],[a9]{[b14]\atop[b57]}。$$

马亚文的创始,比西亚的丁头字和北非的埃及圣书字晚 3500 年,比东亚的汉字晚 1500 年。在发展水平上马亚文远远不如它们。

马亚字创造和应用的时代,美洲是与世隔绝的。在前哥伦布时代,美洲是一个由于海洋难以逾越而天然形成的封闭社会。

(参看第七章马亚文中的六书)

六　中美洲的其他古文字

在历史上,继续马亚人统治中美洲的是: 1. 萨波特克人(Zapotecs)。2. 托尔特克人(Toltecs)和 3. 阿兹特克人(Aztecs)。

西班牙人侵入中美洲的时候,是阿兹特克人时代。西班牙人不仅焚烧马亚写本,同样焚烧了阿兹特克人的写本。在这以后,只有 14 种阿兹特克写本幸存下来,现藏英国(五本)、意大利(四本)、法国(二本)、美国、墨西哥和奥地利(各一本)。从现存的这些文献来看,阿兹特克的文字是真正的图画文字,是文字性质的图画(文字画),不是图画性质的文字(图形字),离开所谓成熟的文字还远。

图表　**9 - 03**

阿兹特克文字画的"十诫"

注:圆圈代表数目,第一行自左而右,第二行自右而左。顺序是"牛耕式"。

继续马亚人统治中美洲的三个民族,对马亚文化破坏多而继承少。他们没有学习马亚文字。他们的"文字画"比马亚字落后很多。阿兹特克文字画的"十诫",是西班牙人占领以后阿兹特克人信奉基督教初期的文字样品,比以前的"文字画"已经进步了。

马亚字没有传播到异民族中去,没有发展和继承,就遇到西班牙人的侵略而退出历史舞台了。

第三卷 字母文字(上)

引　子

　　字母诞生在地中海东岸。这里东北有两河流域的丁头字,西南有尼罗河的圣书字,是两大古代文化之间的走廊。字母在文化走廊中悠悠孕育,经过 2000 年然后诞生。

　　字母在诞生以后,分两支向外传播。一支向东,成为阿拉马字母系统和印度字母系统。一支向西,成为迦南字母系统和希腊字母系统。前者维持音节和辅音文字的特色,后者发展成为音素文字。

　　阿拉马字母的传播横跨整个亚洲,从地中海的东岸到中国的东北,形成几十种文字,在 1000 年间,书写五大宗教的经典。它的主要后裔是阿拉伯字母,也用于中国的新疆。蒙古文和满文都是从它演变出来的。

　　印度字母的老祖宗婆罗米字母,大致传承于阿拉马字母的形制。它的主要后裔梵文天城体字母,是今天印度、南亚和印度支那多种文字的共同祖先。中国西藏的藏文和云南的傣文也来源于印度。

　　阿拉马字母和印度字母虽然也发展了表示元音的方法,但是没有摆脱辅音文字的窠臼。所以阿拉伯字母和藏文字母都用附加符号表示元音。

　　撒巴字母的后裔埃塞俄比亚的阿姆哈拉字母,是今天世界上正式应用的唯一的纯音节文字。

　　音节文字(包括音节·辅音文字)多半是从古典文字简化而成,今天在一些国家用作少数民族文字。日本假名和朝鲜谚文,既可跟汉字夹用,又可单独使用,是今天使用活跃的汉字式音节字符。

第十章 字母的诞生

一 平凡而伟大的创造

许多文化史的研究者认为,人类第一种伟大的创造是语言,第二种伟大的创造是字母。

人类尝试把语言写成文字,开头不知道把语言分段,写下来的文字难于阅读。后来知道,语言是一个个语词连接起来的,同一个语词重复出现在多次谈话之中;只要把语词作为单位,给每一个语词创造一个或一套符号,就可以把语言完备地写成文字。这是文字的"语词阶段"。

可是,语词数量极多,以语词为书写单位,需要无止境地创造许许多多符号或符号组合,加上抽象概念和语法词素难于书写,写成的文字十分繁难,应用不便。

进一步,又知道语词是由音节组成的;如果给每一个音节设计一个符号,符号数量就可以大大减少,而且,抽象词和语法词也书写容易了。这样,文字进入"音节阶段"。起初不习惯于用音节符号来代表语言,先在语词符号中间夹进一些音节符号,成为"语词·音节文字"。这种文字是最初达到能够无遗漏地按照语词次序写下语言的成熟的文字。

后来又进一步,知道音节还可以分析,成为音素,也就是元音和辅音;给每个音素规定一个符号,可以用更少的符号写成文字,而且拼音灵活。于是,文字进入"音素阶段"。假如有一种语言,有 5 个元音、30个辅音,用音节符号要 155 个符号,用音素字母只要 35 个字母。可是这一步的前进极其困难,因为人的"直觉"只能把语音分到音节为止,把音节分为音素需要有"超越直觉"的分析能力,这是人类到很晚时候

图表　10－01

字母系统发展示意图

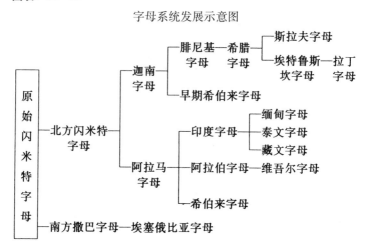

才达到的智慧水平。

事实上，从音节符号到音素字母是分两步走的。第一步从表意兼表音的"语词·音节文字"发展为音节性的"辅音字母"，第二步从"辅音字母"发展为"音素字母"。第一步的完成经过了 2000 年，第二步的完成经过了两百多年。文字史的前进是艰难的。

可能是历史发展的"必然性"遇到了历史发展的"偶然性"。住在地中海东岸古称"叙利亚·巴勒斯坦"（现在黎巴嫩一带）的北方闪米特人（Semites），是以经商为生的人民。他们东北有两河流域的丁头字文化，西南有埃及的圣书字文化。这里的官方文书和外交条约都用丁头字。商人们没有时间学习这种繁难的文字，只好模仿外来文字中的表音符号，或者加以简化，书写本地语言，记录商品的名称、数量和价格。这是不登大雅之堂的便用符号，说不上叫作文字。凑巧的是，这里的北方闪米特语，词根主要依靠辅音，元音在构词中间处于次要地位，而且辅音稳定，元音易变。他们没有辅音和元音的概念，他们直接感觉到的也只是音节。他们把音节写成符号，实际是辅音稳定而元音不稳定的符号，用成习惯以后成为一套"辅音字母"。这是一件了不起的创造，而他们并不认识这一创造的价值，能够充分理解它的价值那是很久以后的事。

就是这样，字母——平凡而伟大的创造——在不受人们注意的情况下诞生了。

字母诞生以后大约 1700 年，"字母"这个字母表的集体名称才初次出现在罗马的宗教文献中。年代是公元后 200 年左右，"字母"的集体名称在拉丁文中叫做 alphabetum。这个名称是用希腊字母表中头两个字母的个体名称 alpha 和 beta 连接起来造成的，连接起来以后就不是代表两个字母的个体名称，而是代表整个字母表的集体名称了。在希腊文中原来只有"文字"（togramma）这种说法，后来受了拉丁文的影响才有"字母"的说法。在欧洲许多文字中，去掉拉丁文的词尾，叫它 alphabet。这个名称如果音译为"阿尔发彼他"，这在汉语不容易接受。唐宋时代有过"三十六字母"，就把它意译为"字母"，十分妥帖。从它能组成文字来看，它是"文字的母亲"。从早期埃及和两河流域的文字成熟了 2000 年才诞生字母来看，它又是"文字的子孙"。

二　字母的故乡

为什么字母的故乡不是两河流域，也不是埃及，而是"叙利亚·巴勒斯坦"（Syria-palestine）呢？可能的解释是：1. 经济地理条件，2. 文字发展规律。

地中海实际是一个广阔的内陆湖。同大西洋相比，它风平浪静，气候宜人。在西欧还沉睡在蒙昧之中的时候，地中海东部已经进入文明时代，发展了水上航行和国际贸易。公元前一千年以前的字母遗迹全部是发现在这个地区的。地中海东岸的"叙利亚·巴勒斯坦"，以其沿海北部的狭长地带（后来称为腓尼基）为中心，曾经是东地中海文明区的桥梁。它的东北是两河流域，西南是埃及和西奈半岛，北面是阿纳托利亚（Anatolia，现在的土耳其），西面海中有塞浦路斯岛（Cyprus）、克里特岛（crete）和希腊诸岛。这些地方都发现了古代的字母遗物，其中已经释读成功并证明有较大的字母史价值的，主要出土于"叙利亚·巴勒斯坦"。

字母的创造跟东地中海的贸易有重大关系。贸易需要记账，经商需要知识。但是他们无暇十年窗下，慢读细写。他们需要的是最简单的记录,高效率的文字,至于这种文字是否受到当时上层社会的尊重,他们无暇考虑。他们的文字主要是自己书写、自己查看,很像今天的速记,不求传之久远。至于书写高深的学问,已经有丁头字和圣书字。所以在这一小片东地中海地区,创造了多种字母文字,甚至一个岛上也不止一种文字。作为商业文字,丁头字是不适用的,那笨重的泥板,怎能携带在小小的载货的商船上呢? 圣书字也不适用,学读学写太麻烦了,这跟商人必须争取时间是格格不入的。北方闪米特人的子孙,叫作迦南人和腓尼基人,他们都是有名的商人。腓尼基这个名词是希腊人称呼这些商人用的,这个名词的原义就是"商人"的意思。

　　文字发展规律是文化发展规律的构成部分。从两河流域和古代埃及来看,他们的文字和文化经历了产生、发展、成熟、衰老、死亡各阶段。死亡之后不是就此烟消云灭了,而是文化的有效成分以种子的形式播种到邻国的土壤中去,同邻国的新兴文化杂交,产生全新的高一级的文化。鱼类有到异地产卵的习性。语词·音节文字传到异地,为了适应不同语言和不同应用的要求,脱胎出字母文字,也可说是异地产卵现象*。北方闪米特人创造字母,虽然还没有找到跟圣书字或丁头字的直接关系,但是,"叙利亚·巴勒斯坦"是两河流域和古代埃及之间的走廊地带,深刻地受到两大文化的影响是毫无疑问的。字母的创造,主要依靠获得创造字母的可行性的认识,在实践中逐步加以改进,而不是一点一划的依样画葫芦。

　　字母的起源有许多种"假说",其中埃及起源假说流传最广**。字母学者认为,这个假说也还证据不足。圣书字中间既有表意符号,又有表音符号;表音符号中间既有双辅音符号,又有单辅音符号。只要放弃表意符号和双辅音符号,专用单辅音符号,不就是"辅音字母"文字了吗? 事实不是如此简易。圣书字从成熟到消亡历时 4000 年之久,埃及人始终没有放弃表意符号。而且,字母文字在东地中海相当流行之后,埃及人还在搞字形简化,把"僧侣体"简化为"人民体",没有向字母文字前进;在表音符号中间,一音多符而一符多音,始终没有做

---

　　* 汉字传到日本产生"假名"字母,也是异地产卵。
　　** 另一重要假说是字母起源于西奈字母假说,请参看图表 10 - 03。

过归并音符的努力；圣书字的基本符号的数量不断积累，据考证，从604个增加为734个，又增加为749个，晚期多到几千个。虽然实际常用的不是那么多，可是没有废除不必要的符号，不必要的符号可以随意使用。早期闪米特字母跟圣书字中的音符有符形联系和读音近似的证明的，只有极少几个字母。这只能说是受了影响，不能说是有传承关系。所以现在重提字母埃及起源假说的学者不多了。字母是全新的创造，是在极长时期的摸索之中逐渐形成的，是受了圣书字和丁头字中的音符的启发而发展起来的，是在书写的"急就"要求之下创造出来的。它是文字发展史的必然产物，又是当时东地中海的经济条件和语言特点的偶然产物。

图表 10－02

字母起源于埃及圣书字的假说

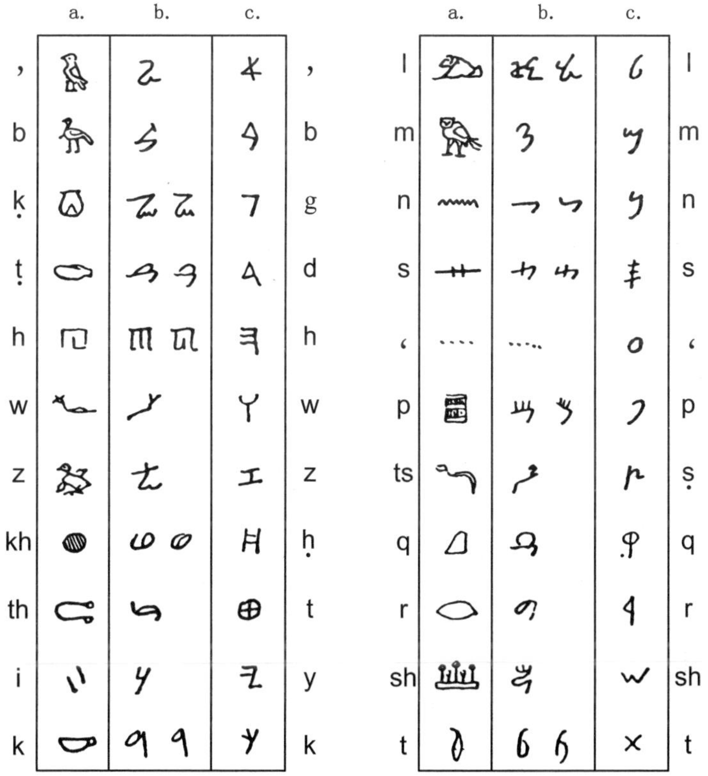

a. 碑铭体　b. 僧侣体　c. 北方闪米特字母

图表　10 - 03

早期西奈字母跟其他字母的比较

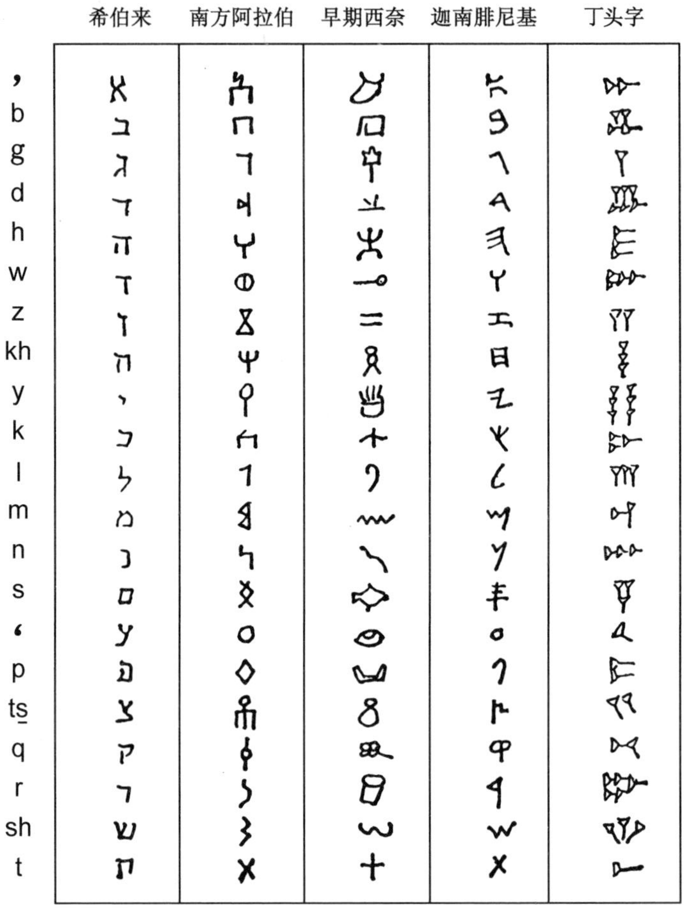

	希伯来	南方阿拉伯	早期西奈	迦南腓尼基	丁头字
,					
b					
g					
d					
h					
w					
z					
kh					
y					
k					
l					
m					
n					
s					
'					
p					
ts̱					
q					
r					
sh					
t					

　　西方的文字学者认为，丁头字和圣书字是贵族文字、神权文字，起初掌握在僧侣手中，后来扩大作为一般应用，也只限于贵族子弟和富裕阶级。他们把文字看作是神圣的，轻易更改是犯罪行为，帝王不容，神明狙击。他们是如此保守，越是繁难，越觉珍贵，根本不容许产生创造字母的念头。文字学者认为，字母文字完全相反，它是平民文字、民主文字，在实用中生长，为商旅所掌握；不准备用来写长篇大论，只作记账录事之用；根本没有跟神权文字争地位的意思。字母后来终于代替了丁头字和圣书字，这是极其缓慢地而且几乎是不知不觉地发生

的,是在中东地区的经济和文化进入一个全新时期才发生的。文字史上的突变性发展,不是一个民族、一个世代所能实现,而是许多民族、许多世代积累而成的业绩。

三 字母的祖先

谁是字母的"元祖",今天还不知道。谁是字母的"高祖",考古学者和字母学者已经找到了根据。大致说来,公元前 1700～前 1500 年以前的字母历史是不清楚的。有根据的字母历史只能从那时以后谈起。

现存的字母的最早碑铭属于公元前 1700 年左右,是在巴勒斯坦的几处地方发掘出来的。虽然其中的语言还没有完全解读出来,可是字母的形体跟较晚的发现相比是一致的。公元前 1700 年到公元前 1500 年的碑铭字母,在东地中海(以迦南和腓尼基为中心)各地发现的,被称为"北方闪米特字母"。这些碑铭字母中的主要几种见附图"北方闪米特字母早期发展示意图"(表中年代不是定论)。

这些古碑中最早的而又已经解读清楚的是阿希拉姆(Ahiram)墓碑,发现于古代腓尼基的比拨罗(Byblos)地方(现在黎巴嫩的 Jubayi)。这块墓碑的年代起初定为公元前 13 世纪或者更早,后来又改定为公元前 11 世纪。它相当完整,是目前能见到而又毫无疑问的最古字母文字。它是传世的最古腓尼基字母,称为"比拨罗字母"。

图表 10-04

阿希拉姆碑文(临摹)

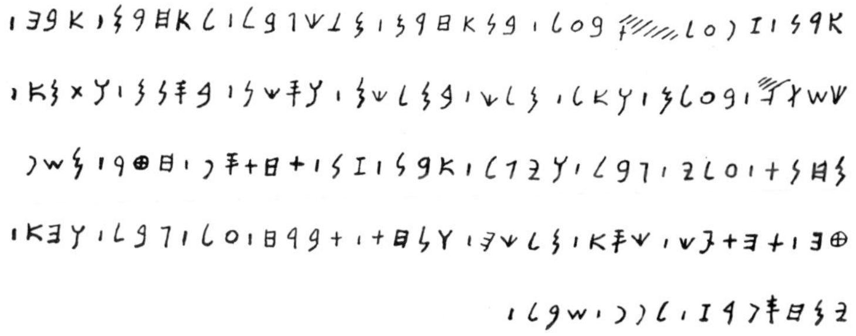

　　在这块墓碑发现以前,最早的传世字母碑铭是莫阿比碑(Moab),
又名美沙(Mesha)王功勋碑,发现于死海东面的第朋(Dibon)地方,时
间属于公元前 842 年。这也是可靠的资料。

图表　10‑05

Shafatba'al　碑铭残片临摹

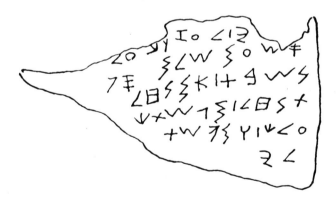

图表　10‑06

Asdrubal 刮刀残片文字

图表　10‑07

Abdo 残片文字

图表　10‑08

北方闪米特字母早期发展示意图

	Abdo	shafatba'al	Asdrubal	Akhiram	Yekhimilk	Rueisseh	Abiba'al	Eliba'al	Mesha (Moab)
'									
b									
g									
d									
h									
w									
z									
kh									
th									
y									
k									
l									
m									
n									
s									
'									
p									
ts									
q									
r									
sh									
t									
	前17世纪	前17-16世纪	前14世纪	前13世纪	前12世纪	前11世纪	前10世纪	前10世纪	前842年

　　这些不同的早期北方闪米特字母碑铭，在字母形体上，经几百年而完全一致。由此可以推想，更早的"原始"北方闪米特字母的形体，不会有很大的不同。以比拨罗字母代表北方闪米特字母，以北方闪米特字母代表人类字母的始祖，是大致不差的。

　　北方闪米特字母有 22 个字母，自右而左书写。字母都是音节性的辅音字母,代表明确的辅音,附带可变的元音。字母有排列顺序,每个字母有名称。可以从希伯来字母的名称而推知古代名称。

比拨罗是古代腓尼基的主要海港,圣书字中称它为 Kubla,丁头字中称它为 Gubla,希腊文中称它为 Byblos。它是一个商业码头,也是一个文化码头。古代埃及的建筑木材是从这里运去的。埃及的"纸草"是从这里转运到爱琴海诸岛去的,因此纸草的名称(papyrus)从比拨罗(byblos,byblinos)地名而得名。"圣经"(Bible)这个名词也是从比拨罗而得名,原义是"纸草的书"(papyrus book)。比拨罗的重要由此可知。

四 字母的大家庭

字母的发明是极其困难的。字母的传播,在它的本乡证明是高效率的文字以后,能够不胫而走,无隙不入。许多民族,一接触字母,如鱼之得水,就不肯再在文化的大道上后退了。由于字母有极宽的适应性,只要作微小的变更,就可以书写任何语言,所以接受字母的民族,既接受字母的形体,也接受字母的读音。只有极少几个民族,接受字母的原理而另行自造符号,例如乌加里特(Ugarit)字母(约公元前 15世纪)采取丁头字形;麦洛埃(Meroitic)字母(约公元前 2 世纪)采取古埃及圣书字的字形。由于北方闪米特字母兼有内容和外形的优越性,3000 年来流传极广,几乎全人类都向它招手欢迎。

公元前 1000 年时候,埃及、巴比伦、赫梯(Hittites)和克里特(Crete)等古国衰老了,中东的青铜器时代结束了,新的历史时代开始了。在被称为"肥沃的新月"的中心地带,即叙利亚・巴勒斯坦,三个新兴国家发挥了越来越大的经济和文化作用,那就是以色列(Israel)、腓尼基(Phoenicia)和阿拉马(Aramaeans)。在"肥沃的新月"的南面,一个南方闪米特人的撒巴(Sabaens)王国成为东方和地中海之间的贸易交通中继站而富裕起来。在西面,文字和文化的种子很快在希腊发芽,茁壮成长。这样,字母就发展成为四个主要的字母系统:

1. 迦南(Canaanite)字母系统,又分为早期希伯来字母和腓尼基字母系统;

2. 阿拉马（Aramaic）字母系统；

3. 南方闪米特，即撒巴（Saba）字母系统；

4. 希腊字母系统，由此演变成西方各种字母，包括埃特鲁斯坎（Etruscan）字母和拉丁字母，以及斯拉夫字母等。

迦南字母系统和阿拉马字母系统是北方闪米特字母的最主要的两个分支。

此外，印度（婆罗米）字母在字母史上自成一个系统，对印度次大陆和南亚、中亚和东南亚有重要影响。字母学者认为，印度字母系统是阿拉马系统的一个特殊的支脉。

文字的起源不是一元的。许多民族都曾创造过自己的文字。但是，作为文字最后阶段的字母文字，根据考古学者和字母学者考证，基本上是从一个源头传承下来的。今天的希伯来字母、阿拉伯字母、希腊字母、斯拉夫字母、拉丁字母、印度字母、藏文字母等等，看起来是迥然不同的面貌，追本溯源，都是同一个祖先传下来的叔伯兄弟一家人！字母的大家庭人丁兴旺、子孙满堂！

第十一章　阿拉马字母系统

一　阿拉马字母在各种闪米特语言中的传播

1. 丁头字以后的中东通用文字

公元前第 11 世纪以来，居住在叙利亚和两河流域的阿拉马人（Aramaeans），建立了许多个城市国家。这些小国之中，最有势力的一个，是历史上有名的大马士革（Damascus）。公元前 732 年，大马士革被亚述灭亡，阿拉马人的松散的政治组织就此解体。

在失去了政治独立以后，阿拉马人的文化影响继续扩展开来。到公元前 7 世纪末叶，阿拉马语文成为叙利亚和两河流域的通用语文。在公元前第 1 个"千年纪"的后半，阿拉马语文成为波斯帝国的官方语文之一，并且是从埃及经小亚细亚到印度这一条漫长的国际商路上的通商语文。说来奇怪，当阿拉马人的许多小国存在的时候，阿拉马语文在亚洲西部并不重要；在政治解体以后，反而愈来愈重要。它的活力竟持续达 1000 年以上。在这 1000 年以后，它所遗留下来的各地方言，带着变化了的阿拉马字母，在更广阔的天地里，又流行了好几百年。

阿拉马语是当时以色列（Israel）的白话，也就是耶稣基督和他的门徒们的口语。"福音书"的原始记录大致就是用阿拉马文写下的。

阿拉马字母（Aramaic）和迦南字母都是北方闪米特字母这同一个母亲生下来的姐妹。她们之间好像是有了默契似的，迦南（腓尼基）字母向叙利亚以西的地中海各地繁衍，阿拉马字母向叙利亚以东的亚洲西部以及更远的东方流传。阿拉马字母的波浪达到了非常辽阔的文化疆界。

图表　11-01

阿拉马系统的主要字母

	阿拉马	叙利亚	近代希伯来	近代阿拉伯
ʾ			א	ا
b			בּ	ب
g			גב	ج
d			דּ	د ذ
h			ה	ه
w			ז	و
z			ז	ز
ḥ			ח	ح خ
ṭ			ט	ط ظ
y			י	ى
k			דכ	ك
l			ל	ل
m			ם מ	م
n			ן נ	ن
s			ס	س
ʿ			ע	ع غ
p			ףפ	ف
ṣ			ץצ	ض ص
q			ק	ق
r			ר	ر
sh			שׁשׂ	ش
t			ח	ث ت

阿拉马字母传播的地区,原来是丁头字的世界。这两种文字进行着长期的无声的斗争。一直到公元开始的时候,才决定了胜败。特权阶级垄断着的、繁难的、神权的丁头字失败了。比较接近人民的、简易的、通俗的阿拉马字母取得了胜利。

阿拉马文的碑铭,发现在阿拉马人的故乡的,只有不多几件,大都是公元前 9～前 7 世纪的遗物。其中重要的有希腊文和阿拉马文两种文字的对照碑铭。更多的遗物发现在叙利亚以外的地区,如埃及、希腊、北方阿拉伯、波斯、阿富汗、印度等地。

波斯帝国瓦解(公元前 331 年)以后,阿拉马字母的黄金时代过去了。各地的阿拉马字母开始分化。它的后裔可以分为两大类。一类是各种闪米特语的字母。另一类是各种非闪米特语的字母。各种闪米特语的字母分为六支:(1) 希伯来字母,(2) 阿拉伯字母,(3) 叙利亚字母,这三支是阿拉马字母的主要后裔。(4) 巴尔米拉(Palmyra)字母,(5) 曼代(Mandai)字母,(6) 摩尼(Manes)字母,这三支的影响比较小些。这些字母是阿拉马字母进一步传衍成为亚洲中部、南部和东南部多种非闪米特语的字母的桥梁。

2. 希伯来字母

(1) 方块字式的字母——早期希伯来字母原属迦南字母系统。根据传说,希伯来人在公元前 6 世纪末叶以前,从巴比伦"返归故土"。以后,他们放弃了早期的字母,改用阿拉马字母,后来字母形体发生"方化",成为风格独特的方块字式的"方形字母"(Katab mkruba)。它是现代希伯来(犹太)字母的母亲。

在约旦(Trans Jordan)发现的公元前 6 世纪的墓碑,上面的字母是早期希伯来字母和方形希伯来字母之间的过渡形态。公元前 1 世纪时候,方形希伯来字母完成了定型化。

方形字体逐步变成整齐匀称的近代希伯来印刷体。另由草书体逐步变为各种地区性的希伯来字体。此外还有一种叫做"犹太法师"(rabbin)字体。

在中世纪时期,希伯来语跟各地语言结合,形成不同的希伯来方言。这些方言也用希伯来字母写成文字。其中比较重要的有两种。一种是日耳曼希伯来语文(Yiddish),起源于中世纪的莱茵河地区。

它是后来住在东欧以及移居美洲的犹太人的语文。另一种是西班牙希伯来语文(Judezmo)，起源于 15 世纪以前的西班牙。它是后来散布在地中海各地的犹太人的语文。

（2）元音符号的采用——希伯来字母有 22 个，从右而左书写。它跟其他闪米特字母一样，字母只表辅音，不表元音。可是 aleph,he,waw,yod 四个字母，由于逐渐失去了原来表示的轻微辅音，成为无声字母，后来被用来表示长元音。元音在闪米特语言里不占重要地位，只要能说闪米特语言，看了辅音字母组成的文字，不难读出近似的元音来。

《圣经》上所写的希伯来语，后来失去了日常语言的作用。为了正确地诵读《圣经》上的过时语言，就有在辅音字母之外，增加元音记录的必要。守旧的教徒们不许改变《圣经》文字的写法。他们说，"一个字母的增损就会毁灭整个世界"。结果，产生了不动原文，只附加一些符号，以表示元音的制度。希伯来字母附加元音符号，开始于公元后 750 年以后，大致是效法聂思脱里(Nestorian)教派(中译"景教")初期的加点方法，并加以发展。

历史上不同的宗教中心，创造了不同的元音表示法。有所谓"巴比伦法"，主要用小字母加在原有文字上面：（ˈ）表示长 a,（ˈ）表示短 a,w 表示 u,y 表示 i,双 y 表示长 e,双 w 表示长 o。有所谓"巴勒斯坦法"，主要加点：点的不同位置、不同排列、不同数目，表示不同的元音。有所谓"梯伯利(Tiberias)法"，主要是字下加点，用短横表示半元音，还有表示音调、次重音和辅音软硬等的方法。

（3）古语文的人为复活——早期希伯来语称为"圣经(古典)希伯来语"，在公元前 3 世纪以前是活的语言。后来成为只写不说的"犹太法师希伯来语"。犹太人散居世界各地，成为不同国家的公民，除保持宗教的特点以外，逐渐同化于不同的民族。1948 年独立建国以后，以色列努力使已经死亡的希伯来语文重新复活，把它定为法定语文，在本地一切正式场合应用。这是古语文复活的仅有事例。复活的古语实际也是一种"人造语"。这种现代希伯来语，又称以色列语。不过，以色列的高等教育、外交活动、国际贸易等，凡是跟本地以外的交往，都用英文。希伯来字母没有国际流通功能。

3. 阿拉伯字母

（1）伊斯兰教的文字——阿拉伯字母是伊斯兰教的文字。字母跟着宗教走。阿拉伯字母跟着阿拉伯帝国的扩张和伊斯兰教的传播，成为"阿拉伯文化圈"的标记。它的流通领域，直到近代，虽然经过一再缩小，仍然仅次于拉丁字母。在阿拉马系统的近百种字母之中，阿拉伯字母可说是一枝独秀。

公元前 200 年的时候，居住在阿拉伯半岛的那巴泰（Nabataeans）人，把他们的阿拉伯语用阿拉马字母写成文字。那巴泰国灭亡（106年）以后，那巴泰字母演变成为新的西奈（Sinai）字母（跟早期西奈字母不同）。到了公元后第 5 世纪的初叶，新的西奈字母又演变成为阿拉伯字母。阿拉伯字母的发祥地，依照传说，大致是两河流域的阿尔希拉（al-Hira）。发现的最早碑铭，有公元后 512 年时候的希腊文、叙利亚文和阿拉伯文三种文字的对照石刻。

图表　11‐02

阿拉伯文样品

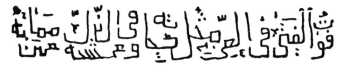

上：库法碑铭体　　下：那斯基草体
文曰："荣誉的死就是生命，耻辱的生却是死亡。"

伊斯兰教的《古兰经》（Qur'an）是用阿拉伯文字书写的。阿拉伯人在公元后 7～8 世纪扩张领土，建立庞大的帝国。阿拉伯语曾经是从印度经北非到西班牙这一广袤的土地上的通用语言。西班牙、巴利阿里（Balearic）群岛和西西里岛都通行过阿拉伯语。现在，阿拉伯语是阿拉伯半岛、巴勒斯坦、叙利亚、两河流域、埃及和北部非洲的共同语。

阿拉伯字母的传播，比阿拉伯语更广。它曾经是波斯帝国的文字，以及奥托曼（Ottoman）帝国的文字。它跟着伊斯兰教，跟着阿拉伯人所控制的陆上和海上交通线,传播到巴尔干半岛、俄罗斯的南部、亚洲的西部、中部和东南部,以及非洲撒哈拉沙漠以南的大部分地区。

除阿拉伯语以外,它曾书写了许多种不同的语言和方言,有波斯语,印度斯坦语(Urdu 文),突厥语(土耳其语,维吾尔语),希伯来语,普什图语(Pushtu,在阿富汗东部),斯拉夫语(在 Bosnia),西班牙语(Aljamiah 文),各种马来语,各种非洲语言(如 Berber 语、Swahili 语、Sudan 语、Hansa 语、Malagasy 语等)。它的影响广及亚、非、欧三大洲。

(2)字体演变和加符加点——阿拉伯字母分为两种主要的字体。一种叫库法(Kufa)字体。它是 17 世纪末叶以库法和巴斯拉(Basra)两地为中心所形成的粗壮方正的碑铭字体。这种字体早已不用了。另一种叫那斯基(Naski)字体。它是以麦加(Mecca)和麦地那(Medina)两地为中心而演变出来的流线形草书字体。现在的阿拉伯字母便是从这种草书字体传承而来的。

阿拉伯字母有 28 个,从右而左书写。其中 22 个是原来的闪米特字母,另加的 6 个是从原来的字母分化出来的。此外,还有一个表示声门关闭音的[']符号(hamza)。

同一个字母按照书写地位而有几种不同的写法。独用和拼写不同。词头(开头)、词中(中间)和词尾(末尾)不同。独用或词尾,写成比较长的一笔。词头或词中,写成比较短的弯曲。在手抄和印刷的时候,两三个字母常常结合在一起,形成连结的笔画,造成阅读和打字的困难。

阿拉伯字母本来只表辅音。后来,用 alif,waw,ya 三个字母表示长元音 a,u,i。此外又用短横或点子表示元音,例如字上加点表示 a-e,字下加点表示 i-y,中间加点表示 u-o。各地方言发音不一,元音符号也就互异。加点办法不仅用来表示元音,还用来分辨辅音。草书字母的形体相互同化,使许多字母变成近似或雷同,无法分辨。于是辅音字母也不得不附加符号,以示分别。这样,阿拉伯字母就形成点点与斑斑的特点。直到今天,阿拉伯文字的元音表示法还是不完备的,而辅音字母则像一连串的葡萄藤。

图表　11－03

阿拉伯字母的来源和演变

	那巴泰	西奈	早期阿拉伯	库法	早期那斯基	近代那斯基
'						
b						
g						
d						
h						
w						
z						
ḥ						
ṭ						
y						
k						
l						
m						
n						
s						
'						
p						
ṣ						
q						
r						
sh						
t						

（3）阿拉伯字母文化圈的盛衰——在文艺复兴（14～16世纪）以前，阿拉伯字母所代表的文化高出于西洋（西欧）文化。后来，西洋的科技文化上升，阿拉伯字母文化就相形见绌了。第一次世界大战以后，奥托曼（Ottoman）帝国瓦解，阿拉伯字母文化由式微而没落。首先是东欧和巴尔干半岛的国家和民族，放弃阿拉伯字母，改用拉丁字母。其次是撒哈拉沙漠以南的许多地区，在成为西欧的殖民地以后，

放弃阿拉伯字母,改用宗主国的拉丁字母。一次大战以后的土耳其革命(1922),取消了伊斯兰教的国教地位,同时放弃阿拉伯字母,采用拉丁字母作为土耳其的正式文字(1928),成功地实现了文字改革。第二次世界大战以后,阿拉伯字母文化圈继续作更大的萎缩。在东南亚,原来阿拉伯字母已经代替印度字母的地区,包括印尼、马来西亚、菲律宾等国,——正式采用拉丁字母作为法定文字。在非洲,撒哈拉沙漠以南的殖民地,在独立以后,纷纷采用拉丁字母作为正式文字。例如斯瓦希里语(Swahili),采用拉丁字母书写,代替阿拉伯字母,成为东非几个国家的公用文字。索马里的新文字,在斟酌于阿拉伯字母和拉丁字母之间以后,终于选择了拉丁字母,使这个人口十分之九以上是伊斯兰教徒的国家,放弃了阿拉伯字母。

苏联在十月革命以后,掀起一个文字改革运动。主要目的是在苏联南方信奉伊斯兰教的诸民族中间,放弃阿拉伯字母,改用拉丁字母。首先拉丁化的民族文字是阿塞拜疆的突厥语的文字。这些原用阿拉伯字母的民族,分布在高加索以北和中国新疆以西的广大地区。起先在1921～1932年间,放弃阿拉伯字母,改用拉丁字母。后来在1936～1940年间,又放弃拉丁字母,改用斯拉夫字母,向俄文看齐。对拉丁字母来说,没有在苏联国内扩大流通区域。对阿拉伯字母来说,失去了苏联境内的大片流通区域,这些区域在历史上属于奥托曼帝国,现在仍旧信奉伊斯兰教。

现在,有20多个阿拉伯语国家用阿拉伯字母作为正式文字,它们是:沙特阿拉伯,伊拉克,约旦,叙利亚,黎巴嫩,巴勒斯坦,科威特,巴林,卡塔尔,阿拉伯联合酋长国,阿曼,也门,埃及,苏丹,利比亚,突尼斯,阿尔及利亚,摩洛哥,毛里塔尼亚等。又有非阿拉伯语的伊斯兰教国家用阿拉伯字母作为正式文字,它们是:伊朗,阿富汗,巴基斯坦。这些国家大都是同一个大帝国瓦解分裂而成的许多独立国家。人们把这许多国家笼统地称为"中东"阿拉伯字母诸国。

在这"中东"阿拉伯字母诸国以外,还有中国的新疆维吾尔自治区,以阿拉伯字母书写的维吾尔文作为省区级的正式文字。新疆哈萨克文也用阿拉伯字母。维吾尔文一度放弃阿拉伯字母,改用拉丁字母。不久,又恢复阿拉伯字母。这说明这种地区性的阿拉伯字母文字也在动摇之中。

图表　11－04

阿拉伯字母表

独用	开头	中间	收尾		独用	开头	中间	收尾	
ا			ـا	'alif	ض	ضـ	ـضـ	ـض	dad*
ب	بـ	ـبـ	ـب	ba	ط	طـ	ـطـ	ـط	ta
ت	تـ	ـتـ	ـت	ta	ظ	ظـ	ـظـ	ـظ	ẓa*
ث	ثـ	ـثـ	ـث	tha*	ع	عـ	ـعـ	ـع	‘ain
ج	جـ	ـجـ	ـج	gim	غ	غـ	ـغـ	ـغ	ghain*
ح	حـ	ـحـ	ـح	ha	ف	فـ	ـفـ	ـف	fa
خ	خـ	ـخـ	ـخ	kha*	ق	قـ	ـقـ	ـق	qaf
د			ـد	dai	ك	كـ	ـكـ	ـك	kaf
ذ			ـذ	dhal*	ل	لـ	ـلـ	ـل	larn
ر			ـر	ra	م	مـ	ـمـ	ـم	min
ز			ـز	zai	ن	نـ	ـنـ	ـن	nun
س	سـ	ـسـ	ـس	sin	ه	هـ	ـهـ	ـه	ha
ش	شـ	ـشـ	ـش	shin	و			ـو	waw
ص	صـ	ـصـ	ـص	sad	ي	يـ	ـيـ	ـى	ya

有＊号的是从原有字母分化而成。

跟全盛时代相比，今天的阿拉伯字母文化圈真是盛极而衰了。

联合国原来规定五种工作文字：英文、法文、西班牙文、俄文和中文。后来，应阿拉伯诸国的要求，增加阿拉伯文作为第六种工作文字。阿拉伯字母虽然盛极而衰了，但在今天仍旧是仅次于拉丁字母的多国通用字母。

图表　11－05

阿拉伯字母在中国新疆

a. 维吾尔阿拉伯字母表

	单写	词首	词中	词末			单写	词首	词中	词末	
1	ئا ا			ـا	a	16	ژ			ـژ	ʒ
2	ب	بـ	ـبـ	ـب	b	17	ۋ			ـۋ	v
3	پ	پـ	ـپـ	ـپ	p	18	ئۇ ۇ			ـۇ	u
4	ت	تـ	ـتـ	ـت	t	19	ف	فـ	ـفـ	ـف	f
5	د			ـد	d	20	ق	قـ	ـقـ	ـق	q
6	ئە ە			ـە	ɛ	21	ك	كـ	ـكـ	ـك	k
7	ج	جـ	ـجـ	ـج	dʒ	22	ڭ	ڭـ	ـڭـ	ـڭ	ŋ
8	چ	چـ	ـچـ	ـچ	tʃ	23	ئې ې	ئېـ ېـ	ـېـ	ـې	e
9	خ	خـ	ـخـ	ـخ	x	24	ئى ى	ئىـ ىـ	ـىـ	ـى	i
10	ھ	ھـ	ـھـ	ـھ	h	25	ي	يـ	ـيـ	ـي	j
11	ئو و			ـو	o	26	غ	غـ	ـغـ	ـغ	ɓ
12	س	سـ	ـسـ	ـس	s	27	گ	گـ	ـگـ	ـگ	g
13	ش	شـ	ـشـ	ـش	ʃ	28	ل	لـ	ـلـ	ـل	l
14	ر			ـر	r	29	م	مـ	ـمـ	ـم	m
15	ز			ـز	z	30	ن	نـ	ـنـ	ـن	n

根据胡振华《维吾尔族的文字》,《民族语文》1979 年第 2 期。

b. 哈萨克阿拉伯字母表

	单写	词首	词间	词尾	新字母		单写	词首	词间	词尾	新字母
1	ا	ا		ا	a	19	ر	ر		ر	r
2	ٵ	ٵ		ٵ	ə	20	س	س	ـس	ـس	s
3	ب	ب	ـبـ	ـب	b	21	ت	ت	ـتـ	ـت	t
4					c	22	ۋ	ۋ		ۋ	w
5	ۆ	ۆ		ۆ	v	23	ف	ف	ـفـ	ـف	f
6	گ	گ	ـگـ	ـگ	g	24	ح	ح	ـحـ	ـح	h
7	د	د		ـد	d	25	ج	ج	ـجـ	ـج	q
8	ه	ه		ـه	ê	26	ش	ش	ـشـ	ـش	x
9	ج	ج	ـجـ	ـج	j	27	ى	ى	ـ	ـى	e
10	ز	ز		ـز	z	28	ئ	ئ	ـئـ	ـئ	i
11	ي	ي	ـيـ	ـي	y	29	ق	ق	ـقـ	ـق	k
12	ك	ك	ـكـ	ـك	k	30	ڭ	ڭ	ـڭـ	ـڭ	ng
13	ل	ل	ـلـ	ـل	l	31	ع	ع	ـعـ	ـع	ŋ
14	م	م	ـمـ	ـم	m	32	ۇ	ۇ		ۇ	u
15	ن	ن	ـنـ	ـن	n	33	ٷ	ٷ		ٷ	ü
16	و	و		ـو	o	34	ھ	ھ	ـھـ	ـھ	h
17	ۅ	ۅ		ۅ	ө	35	ء				软音
18	پ	پ	ـپـ	ـپ	p						

根据耿世民《哈萨克族的文字》,《民族语文》1980 年第 3 期。

4. 叙利亚字母

（1）叙利亚基督教的文字——现在的叙利亚是一个阿拉伯国家，说的是阿拉伯语，写的是阿拉伯文。在中世纪时候，情况不同。那时候（主要在 4～7 世纪），叙利亚的基督教势力很大，教会用叙利亚字母（Syriac）作为传教工具。叙利亚教会，以阿拉马文化为基础，吸收希腊文化，发展成一种特殊的基督教文化。这在基督教的早期历史上占有重要地位，直至 7 世纪伊斯兰教徒侵入而终止。

　　两河流域西北的厄德萨（Edessa，现称 Urfa），是叙利亚语流行地区中最早的一个基督教中心。从此地，基督教传布到波斯及其四周。信奉基督教的阿拉马人都用厄德萨的叙利亚语为宗教及文化的语言。在幼发拉底河（Euphrates）流域，这种语言又用作通商语言。

　　叙利亚字母脱胎于草体的阿拉马字母。遗留的碑铭，最早的是公元后 73 年的一个墓碑。第 4～6 世纪，是叙利亚字母流通最盛的时期。第 7 世纪以后，阿拉伯语代替了叙利亚语成为日常语言，叙利亚文字也就衰落下来，变成仅仅应用于祈祷的文字。

　　叙利亚字母也是 22 个辅音字母。字母顺序跟希伯来字母一样，可是字母名称略异。有些字母的读音分硬音和软音，而软音又分送气和不送气。叙利亚字母像阿拉伯字母，按照在词儿中的地位，写成词头、词中和词尾的不同格式，又分独用和连结两种写法。辅音字母（’），w 和 y 用作表示元音的符号。后期，表示元音分成三种写法：（1）聂思脱里派（Nestorian）写法，用 w，y 和点子写在字上或字下，有些场合用一点或两点写在字上或字下。（2）雅谷派（Jacobite）写法，大约开始于公元 700 年，用小型希腊字母写在字上或字下。（3）西部叙利亚写法，混合用分音符号和小型希腊字母。

　　叙利亚字母跟其他闪米特字母一样，书写顺序是自右而左。可是发现了一些从上而下书写的文献。这种竖写的方法，聂斯脱里文字曾在 8～14 世纪采用，可能它的起源还要更早些。

　　阿拉伯语也曾一度用叙利亚字母书写，这种文字名叫加许尼文（Garshuni）。此外，还有用叙利亚字母写的希腊文。

　　（2）传来中国的景教——公元 431 年以后，叙利亚教会分裂成东西两派。西派又分为雅谷派和美尔基派（Melkite）。东派是聂思脱里派。在伊斯兰教的压迫下，聂思脱里派离开本土，向东发展，把字母带到遥远的东方。

　　聂思脱里教成为波斯的国教以后，沿着欧亚之间的商路，把教义和字母传到库尔德斯坦（Kurdistan）高原，土耳其，印度南部，中国以西的地区和中国西北部。公元 635 年（唐贞观九年），聂思脱里教士来到中国；后三年，在长安建筑教堂；公元 781 年立有“大秦景教流行中国碑”（现存西安碑林）。当时中国人把聂思脱里基督教称为“景教”。

这块石碑上刻有 1900 个汉字,碑的下部刻着 70 个直行的叙利亚字,碑的两旁还有叙利亚文和中文对照的人名。在敦煌和新疆发现的叙利亚文《圣经》译本,同样说明当时聂思脱里教派的活动。元朝时候马可·波罗(Marco Polo)曾记载从巴格达(Baghdad)到大都(北京)一路上有很多聂思脱里教堂。聂思脱里教派及其叙利亚字母在东方的流传历时约七百余年之久。

叙利亚字母最重要的一种字体叫"福音字体"(Estrangela)。这种字体后来分化为两种字体:"碑铭体"和"大写体"。大写体又演变出"小写体"。小写体又演变出"半小写体"。

5. 巴尔米拉字母

巴尔米拉(Palmyra)是叙利亚沙漠中的一个绿洲城市,位于从叙利亚到两河流域的通商路线上,在公元后 1~2 世纪颇为兴盛。公元272 年,巴尔米拉女王战败,向罗马帝国投降。

巴尔米拉字母源出于阿拉马字母,分为碑铭体和行书体。巴尔米拉石碑在许多地方被发现,西至埃及、北非和意大利,东至里海沿岸,北至匈牙利,甚至远达英吉利。有拉丁文和巴尔米拉文的双语文碑铭,以及希腊文和巴尔米拉文的双语文碑铭。可见当时商业路线延伸甚长,巴尔米拉字母也随着商业路线的延长而传到远处。

6. 曼代字母

曼代人(Mendai)信奉一种犹太·基督教,发源于巴比伦。他们的语言是东部阿拉马方言。他们的宗教经典完成于 7 世纪以前。曼代字母大致起源于阿拉马字母的草书体,但是受了那巴泰(Nabataean)字母的影响。曼代人把字母看作是神圣的和魔术的。他们把"字母"(alphabet)说成 abaga,而 abaga 另一个意义是"解读符咒"。遇到疑难问题要请求神明指示,就把刻有字母的金银片放在枕头下面睡觉,以期神明托梦解决。

曼代字母表示元音的方法很有趣。他们把简化了的 alef,waw 和yod 三个辅音字母表示元音,作为辅音字母的附带笔画。这样,他们的字母就成为跟埃塞俄比亚(Ethiopia)的字母类似,变成一种音节字母。这是音素字母的音节化。

图表　11 - 06

阿拉马系统的几种派生字母

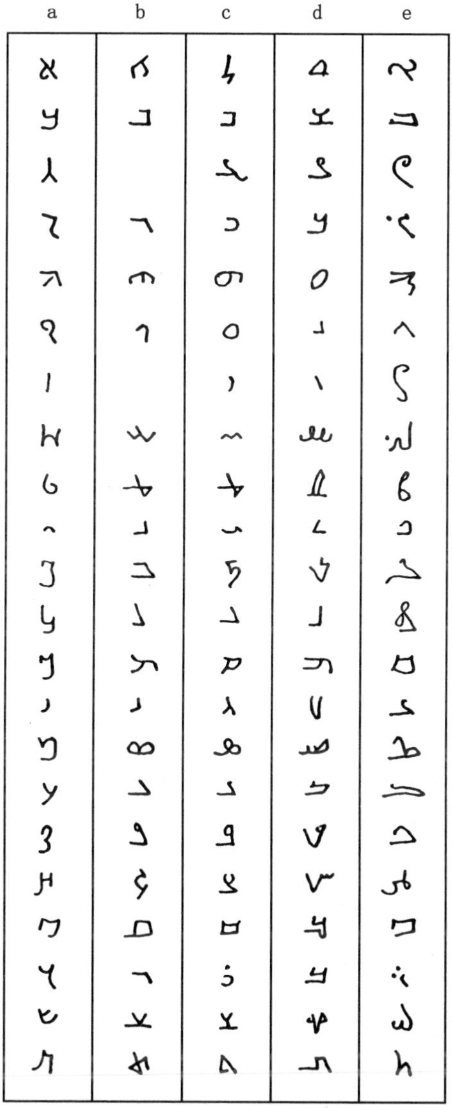

a. 巴尔米拉字母　b. 早期叙利亚字母　c. 聂斯脱里字母（即东部叙利亚字母）
d. 曼代字母　e. 摩尼字母

7. 摩尼字母

摩尼(Manes),公元后 215 年生于巴比伦,273 年被钉死在十字架上。247 年,他创立摩尼教,成为 3～13 世纪 1000 年间传播极广的宗教。

在 3～4 世纪中,摩尼教传播到西亚、南欧、北非,远达高卢(法国)和西班牙,到 17 世纪消亡。公元 694 年(唐武则天延载元年)传入中国,公元 762 年成为西域回纥(即回鹘,Uighur 维吾尔族的古称)的国教。回纥亡于公元 840 年,但是摩尼教奉行到 13 世纪。

传说,摩尼字母是摩尼所创造。事实上,它源出于阿拉马字母的一种草书体,跟巴尔米拉字母的草书体相似。摩尼本人可能对字母的规范化有过贡献。摩尼字母的书法优美,字形清晰,阅读明快。手写残页在中国新疆多有发现,纸张精致,字形悦目。文献语言主要是伊朗语和早期突厥语。

二　阿拉马字母在非闪米特语言中的传播

1. 印度的佉卢字母

印度有两种早期的文字。一种是属于阿拉马系统的佉卢文(Kharoshti)。另一种是婆罗米文(Brahmi)。

佉卢字母源出阿拉马字母。它保留着好些字形和读音都与阿拉马相同的字母。阿拉马碑铭在公元前第 3 世纪就有跟印度交通的记载。大致在公元前第 5 世纪波斯统治着印度西北部的时候,阿拉马字母流传到印度,于是产生了以当时印度西北部为中心的佉卢文。

佉卢字母是一种通俗实用的草书体。它比阿拉马字母多出一些辅音字母,例如 bh,gh,dh 等。它用小圈、短划以及笔画变化等方法表示元音,实际是音素字母的音节化,成为佉卢音节字母。起初书写顺序自右而左,跟阿拉马文一样,后来改为自左而右。字母之外,另有数字。婆罗米文对佉卢文有明显的影响。

中国唐初(公元 668 年)佛教文献中就讲到印度的佉卢文。实物的发现,最重要的是在今巴基斯坦和阿富汗边境找到的属于公元前

251 年的阿育王（Asoka）佉卢文敕令石刻。后来，在新疆的尼雅和楼兰又发现许多公元后第 3 世纪的佉卢文写本，有的写在纸张和皮革上，有的写在木简上。最晚的遗物属于公元后 4～5 世纪。多数碑铭发现于犍陀罗（Gandhara）地方，即现在阿富汗东部和巴基斯坦北部一带。

图表　11 - 07

印度佉卢音节字母及数字举例

a	am	a	i	u	um	r	e	o	ka	ka	kā	kr	ko
k'a	kum	ka	kha	khi	khu	ga	gu	gar	ga	gu	ḡam	gha	gha
ca	c̄a	cam	ci	ca	co	cha	chi	cham	cha	c̄ha	c̄ham	c̄hu	chun

1	1	1	2	2	3	3	3	4	4	10	20	100	1000

2. 波斯（伊朗）字母

波斯的语文，随着朝代更迭而时有变化。阿开民尼（Achaemenid）朝代（公元前 558～330 年），说的是早期伊朗语，写的是丁头字。阿萨息斯（Arsaces）朝代（公元前 247～公元后 226 年），说的是中期伊朗语，写的是巴拉昧（Pahlavi）文。萨珊（Sassan）朝代（公元后 226～651年），巴拉昧文演变成为阿维斯泰（Avesta）文。巴拉昧文和阿维斯泰文都是传承于阿拉马字母。萨珊朝灭亡以后，伊斯兰教和阿拉伯字母传入波斯，语文进入阿拉伯化时期。

（1）巴拉昧字母——阿萨息斯朝的统治者是兴起于伊朗高原东北部的安息人（Parthian，中国史书有记载）。他们的语言本是一种北部伊朗方言，与粟特语（Sogdian）相近。公元前第 3 世纪末叶创造了巴拉昧字母，用以书写安息语言。这种字母，大致是根据阿拉马字母的草体，经过逐渐演变而形成。它采用 22 个闪米特字母，略有变通和增损。

图表　11-08

巴拉味字母和阿维斯泰字母及其来源和演变

a	b	c	d	e	
					a
					b
					g
					d
					h
					v
					z
					ẖ
					y
					k
					l
					m
					n
					s
					c
					f
					ǧ
					q
					r
					š
					t

a. 二世纪粟特字母　b. 埃及纸草阿拉马字母　c. 西北巴拉味字母，又称 Pahlavik 或 Arsacid　d. 西南巴拉味字母，又称 Parsik 或 Sasanian　e. 阿维斯泰字母

巴拉昧字母分三式：(a) 西北巴拉昧字母(Pahlavik, Arsacid)，是安息人所用的文字，阿萨息斯朝的货币上刻着这种文字。(b) 西南巴拉昧字母(Parsik, Sassanian)，是波斯人所用的文字，分为碑铭体和草书体。(c) 东部巴拉昧字母，只留下草书体。

除了由字母拼音的词儿之外，巴拉昧文还采用了许多不是拼音的阿拉马会意词儿。波斯语言变化很快，而巴拉昧文保守不变，到后来文字逐渐失去拼音的性质，成为一种以保留古代字形为特点的文字。

(2) 阿维斯泰字母——萨珊朝是波斯人推翻外族统治以后建立起来的本族王朝。这时期波斯人发展了他们本族文化的特色。他们崇尚袄教(Zoroastrianism，即拜火教)，创造阿维斯泰字母，用以书写袄教的圣书《阿维斯泰》。

阿维斯泰字母(又名 Pazand 字母)，是波斯人创造的各种字母之中最著名的字母。它有 50 个草书字母，是以巴拉昧字母为基础，加上希腊字母的一些特点，改造而成。《阿维斯泰》圣书是用一种阿维斯泰方言所写成，内容包括传说、法律、圣诗和祷词等。直到如今，住在印度和伊朗的巴悉人(Parsis)依然崇奉《阿维斯泰》为神圣的经典。

《阿维斯泰》写本有两类：一类是印度写本，最早的是 13 世纪的遗物，字体直线而有棱角；另一类是波斯写本，最早的是 17 世纪的遗物，字体是笔画倾斜的草书。

3. 粟特字母

古代的粟特人(Sogdian，即窣利)说中期伊朗语的东部方言。他们的居住地区大约相当于撒马尔罕(Samarkand)和布哈拉(Bukhara)一带，就是今天的乌兹别克。古代粟特人的商队远赴印度和蒙古。粟特语在中亚细亚曾经流行好几百年，在公元 6～9 世纪尤为重要。从中国新疆塔里木盆地一直到蒙古，粟特语是当时的国际通商用语。大致在 13 世纪蒙古西征以后，粟特语才渐渐消亡。

蒙古北部斡儿汗(Orkhon，阿鲁浑，鄂尔浑)河畔的卡拉巴尔加森(Qara Balgasun)地方，发现属于 9 世纪的石碑，刻着突厥文、粟特文和汉字三种文字相对照。这块重要古碑的发现地点，大致就是粟特语文

图表 11－09

粟特字母和回纥字母比较

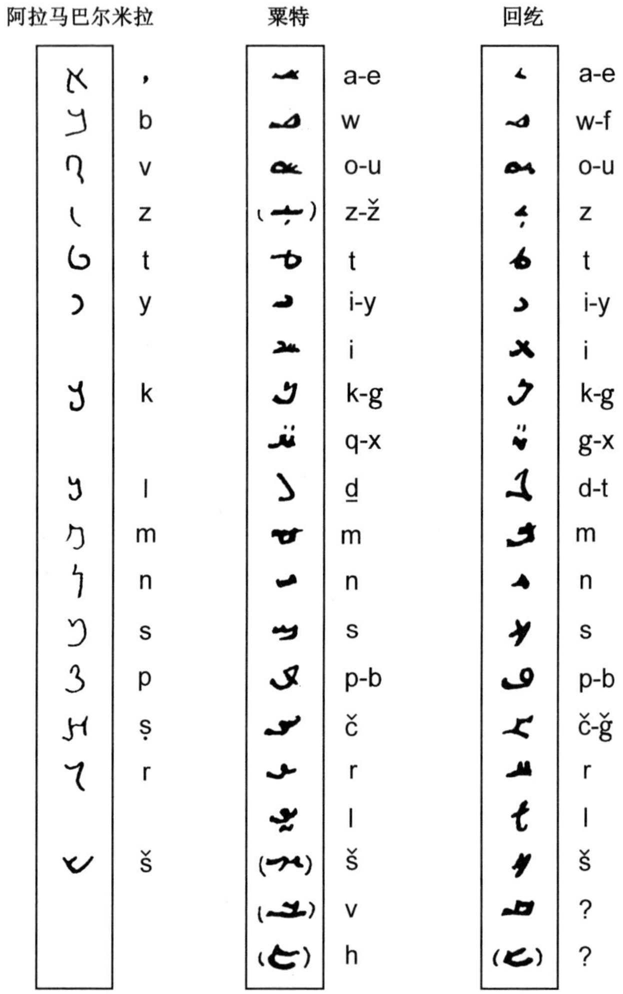

阿拉马巴尔米拉		粟特		回纥	
✗ 𐤉 𐤓	,	𐤀	a-e	𐤀	a-e
𐤉 𐤓	b	𐤅	w	𐤅	w-f
	v	𐤅	o-u	𐤅	o-u
𐤅 𐤋	z	(𐤆)	z-ž	𐤆	z
𐤋	t	𐤕	t	𐤕	t
𐤉	y	𐤉	i-y	𐤉	i-y
		𐤉	i	𐤉	i
𐤊	k	𐤊	k-g	𐤊	k-g
		𐤒	q-x	𐤒	g-x
𐤋	l	𐤃	d	𐤃	d-t
𐤌	m	𐤌	m	𐤌	m
𐤍	n	𐤍	n	𐤍	n
𐤎	s	𐤎	s	𐤎	s
𐤐	p	𐤐	p-b	𐤐	p-b
𐤑	ṣ	𐤑	č	𐤑	č-ǧ
𐤓	r	𐤓	r	𐤓	r
		𐤋	l	𐤋	l
𐤔	š	(𐤔)	š	𐤔	š
		(𐤅)	v	𐤅	?
		(𐤄)	h	(𐤄)	?

注：粟特字母和回纥字母只列词头式，未列词中式和词尾式。

流行区域的东北境界。中国西藏西面的拉达克(Ladakh)也发现了粟特文的石碑，这里大致就是粟特语文流通区域的西南境界。在吐鲁番和敦煌千佛洞曾发现很多粟特文写本。粟特文的文献大都是基督教、摩尼教和佛教等宗教的著作，最早的属于第 2 世纪，多数属于第 8～9世纪。

粟特字母是由一种地区性的草体阿拉马字母或早期巴拉味字母传演而来，又受了聂思脱里字母的影响。全部都是辅音字母，元音一般不写出来，但是有时也用辅音字母 aleph，y 和 w 表示元音。例如，aleph 表示长短 a 音；y 表示长短 i 音或长 e；w 表示长短 u 音或长 o；两个表示元音的字母可以结合在一起书写。

4. 早期突厥字母

早期突厥语跟后来的奥斯曼（Ottoman）突厥（土耳其）语，是颇不相同的。早期突厥语早已死亡了，由于早期突厥碑文的发现和解读，才成为现代人的一种知识。

早期突厥文（Kök Turki）的文献，最初发现于斡儿汗河附近，所以被称为斡儿汗文。在西伯利亚南部，蒙古西北部，以及中国新疆东北部，都有同一文字的碑铭发现。最早的遗物属于第 7～8 世纪，但是这种文字在第 6 世纪就已经存在。这种字母大致传承于一种巴拉味字母或初期的粟特字母，它是突厥人信奉伊斯兰教以前的语文。

图表　11-10

早期突厥字母举例

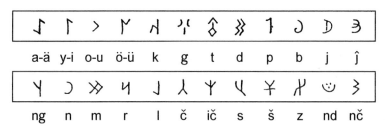

早期突厥字母有碑铭体和草书体。碑铭体跟条顿人的鲁纳字体（Teutonic Runes）相似，所以也被称为突厥的鲁纳字体。

字母有 38 个（或 40 个），有 4 个元音字母。自右而左横行书写。但是受了汉字的影响，也可以自上而下直行书写。辅音字母因结合不同的元音而有不同的格式。例如 K 有五种格式，表示（1）Ka，（2）Ky，（3）Ko，Ku，（4）Kä，Ke，Ki，（5）Kö，Kü。早期突厥字母是音节字母和音素字母的混合物。

5. 早期匈牙利字母

早期匈牙利字母(Szekler)大致是由早期突厥字母传承而成的。这种文字的碑铭,最早属于 1501 年,发现于特兰西尔瓦尼亚(Transylvania)和匈牙利南部。居住在特兰西尔瓦尼亚的匈牙利人,被认为是纯正的匈牙利人即马札尔人(Magyars)。他们在 9 世纪末迁入现在的匈牙利。早期匈牙利字母的流通地区不广,它是匈牙利人接受西方文化的早期象征。

6. 回纥字母

回纥人(Uighur,回鹘,畏兀,畏吾儿)是维吾尔民族的祖先,他们讲的是一种突厥语。他们起初住在蒙古地区,8 世纪中叶灭突厥,在从蒙古到新疆的广大地区建立政权,以卡拉巴尔加森(Qara Balgasun)为都城,与唐朝关系密切。他们原来信奉萨满教(Shamanism)。9 世纪中叶,他们失去了广大的蒙古地区,版图瓦解。西迁新疆的一支回纥人,以高昌为中心建立政权,称高昌回纥。在新疆,他们接受了佛教,可是后来又改信摩尼教,而一部分人民信聂思脱里基督教。最后又在10 世纪中叶改信伊斯兰教。大致是由于回纥人信奉了伊斯兰教,所以伊斯兰教在中国曾被称为"回教"。回纥字母是他们信奉伊斯兰教以前的文字。

回纥字母是以粟特字母为基础而创制的。共约 19 至 23 个字母,因时代的不同而字母数目不同。字形有词头、词中、词尾的变化。突厥语元音丰富,用原来主要表示辅音的字母来书写,遇到了困难。补救办法是:用 aleph 表示 a 和 ö;用两个 aleph 表示词头 a;用 y 表示 i 和 ï;用 w 表示 u,o 和 ü,ö;用 wy 表示第一音节的 ü 和 ö,等等。这显示了历史上从辅音字母发展到真正的音素字母(分别辅音和元音),是多么困难。

任何文字都有书写外来词的困难。回纥文的外来词,往往借用粟特文的写法,成为非拼音的词儿。

回纥文原来从右而左横写,后来改为自上而下直写,但是行序从左而右。这显然是受了汉字的影响。字体分楷书和草书两种。楷书用于宗教经典,草书用于一般文书。

自唐至明(8~15 世纪),回纥文流行于今吐鲁番盆地和中亚楚河

图表 11-11

早期匈牙利字母举例

a	b	cz	cs	d	e	f	g	gy	h	i	y

k	l	ly	m	n	ny	o	ö	p	r	s	sz

t	ty	u	ü	v	z	zs

（chu）流域。近代在哈密、吐鲁番盆地和甘肃地区发现回纥文的宗教经典、碑刻和契约。留存有回纥文的《福乐智慧》和《高昌馆来文》等写本。

回纥人改信伊斯兰教以后，废弃回纥字母，改用阿拉伯字母。可是，从回纥字母演变而成的蒙古字母和满文字母，在更广的地区和更久的时期中应用着。

7. 蒙古字母

成吉思汗统一蒙古（1206年）以后，蒙古人一跃而成为世界舞台上的重要力量；在极短的时期之内，建成一个横跨亚洲大陆，甚至达到南俄罗斯，包括中国（元朝）的广大帝国。

蒙古语是阿尔泰（Altaic）语系的一个语族。现代蒙古语的流行区域，有蒙古国、中国的内蒙古和中国的新疆北部，以及阿尔泰山区域。蒙古语有三种主要方言：喀尔喀方言（Khalkha）、卫拉特方言（Oyrat）和布利亚特方言（Buriat）。

喀尔喀方言在13～14世纪成为蒙古语的文学语言。起初采用回纥字母书写蒙古语。回纥字母的碑铭最早的有13世纪的"移相哥碑"，又称"成吉思汗石"。1269年（至元六年）忽必烈（元世祖）邀请西藏喇嘛僧八思巴（P'ags-pa，尊称，意为"圣者"，本名罗追坚赞 blo-gros ryryal-mtshan，1234～1279）到元朝来，根据藏文字母，创制蒙古字母，

图表　11-12

回纥、蒙、满文字母的演变举例

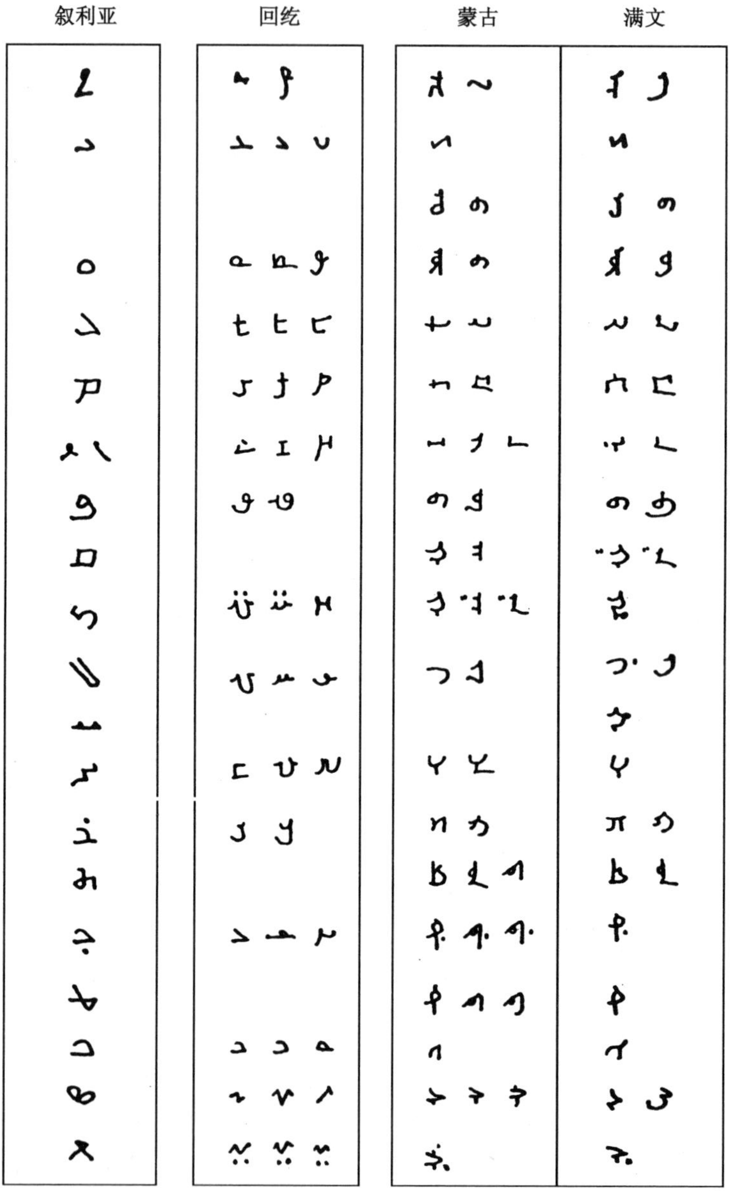

叙利亚	回纥	蒙古	满文

图表　11－13

维吾尔古文字

a. 突厥字母表

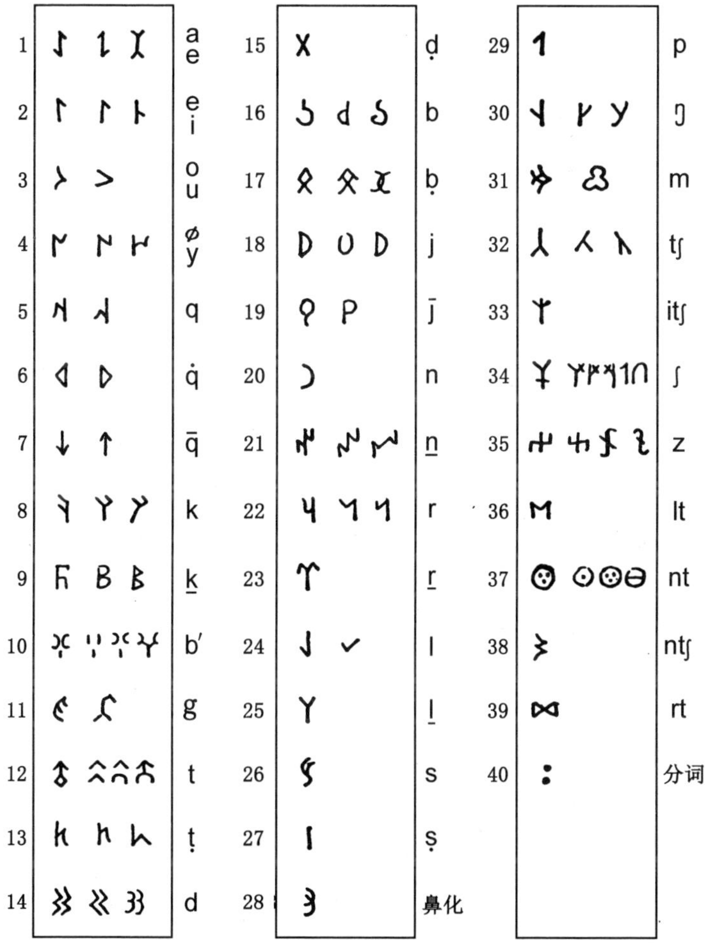

№	字形	音值	№	字形	音值	№	字形	音值
1	ʃ ʎ Ӿ	a e	15	X	ḍ	29	˥	p
2	↾ ↾ ↿	e i	16	ↄ b ↄ	b	30	⅄ ⅄ ⅄	ŋ
3	↘ ⊐	o u	17	⋈ ⋈ ⋈	ḅ	31	⅄ ⅋	m
4	↾ ↿ ↾	ø y	18	D O D	j	32	⅄ ⅄ ⅄	tʃ
5	⅄ ⅃	q	19	φ P	j̄	33	⅄	itʃ
6	◁ ▷	q̇	20	⊃	n	34	Ӿ ⅄⅄↑∩	ʃ
7	↓ ↑	q̄	21	ℳ ℳ ℳ	n̲	35	╫ ╫ ʃ ʒ	z
8	⅄ ⅄ ⅃	k	22	⅄ ⅄ ⅄	r	36	⋈	lt
9	⌐ B B	k̲	23	⅄	r̲	37	⊙ ⊙⊙ ⊟	nt
10	⅄ ⅄ ⅄	b′	24	⅃ ✓	l	38	⋗	ntʃ
11	⸂ ⸃	g	25	⅄	l̲	39	⋈	rt
12	⋩ ⋀ ⋀	t	26	⸔	s	40	⸬	分词
13	⋉ ⋈ ⋈	ṭ	27	Ι	ṣ			
14	⅄ ⅄ ⅄	d	28	⅄	鼻化			

b. 回鹘(回纥)字母表

	词首	词中	词末			词首	词中	词末	
1				a	13				d
2				e	14				ǰ
3				ə i	15				z
4				o u	16				j
5				φ y	17				l
6				b p	18				m
7				w	19				n
8				b′	20				r
9				q	21				s
10				x	22				ʃ
11				g k	23				tʃ
12				d t					

根据胡振华《维吾尔族的文字》,《民族语文》1979 年第 2 期。

有 34 个辅音字母,5 个元音字母和 2 个半元音字母,即所谓"八思巴"蒙古文,1272 年推行。这种文字应用不便。1310 年重新改用回纥字母,加以修订,制成所谓加利加(Kalika)蒙古文。加利加蒙古文保留一部分藏文字母影响。在 14 世纪,加利加字母是蒙古帝国的法定文字。许多佛教经典都有这种文字的译本。跟后期的蒙古文对比,前期的称为回纥式蒙古文。

中国内蒙古的现行蒙古文有 24 个辅音字母,5 个元音字母(其中有 2 个各表示 2 个元音)。字序从上而下,行序从左而右。大多数字母分词首、词中和词末三式。没有大写和小写的区别。书写以词儿为

图表　11－14

八思巴字母和藏文字母对照

	八思巴	藏文			八思巴	藏文			八思巴	藏文	
1			k	15			b	29			h
2			kʻ	16			m	30			f
3			g	17			c	31			˒
4			ŋ	18			cʻ	32			G
5			č	19			j	33			ɤ
6			čʻ	20			w	34			i̯
7			ǰ	21			ž	35			u̯
8			ň	22			z	36			i
9			t	23			·	37			u
10			tʼ	24			y	38			ė
11			d	25			r	39			o
12			n	26			l	40			e
13			p	27			š	41			
14			pʼ	28			s				

根据照那斯图《论八思巴字》,《民族语文》1980 年第 1 期。

图表 11 - 15

现代蒙古字母

a. 内蒙古现用字母表

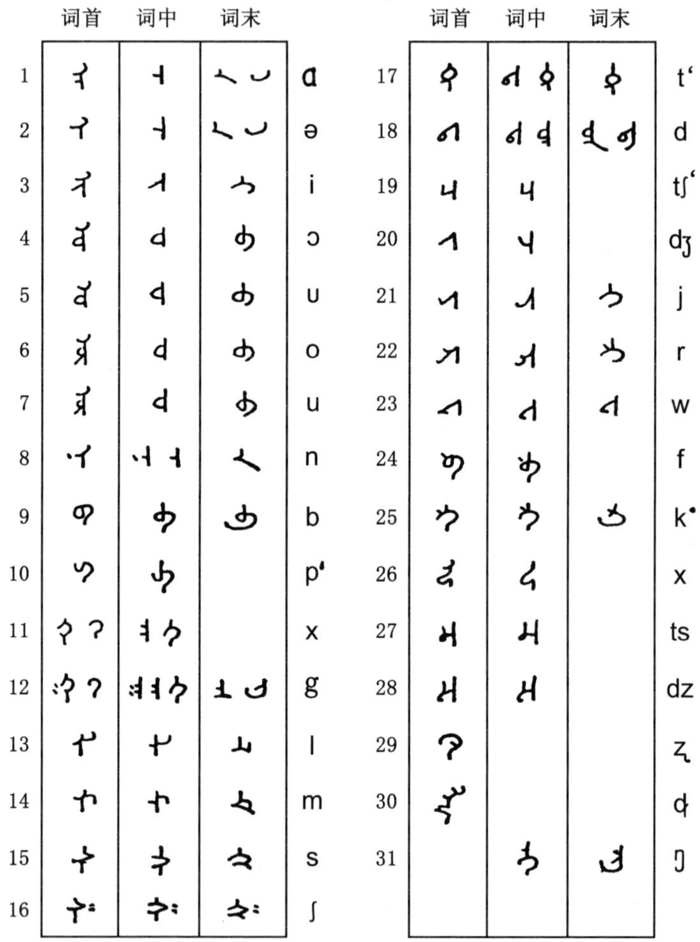

	词首	词中	词末			词首	词中	词末	
1				ɑ	17				tʻ
2				ə	18				d
3				i	19				tʃʻ
4				ɔ	20				dʒ
5				u	21				j
6				o	22				r
7				u	23				w
8				n	24				f
9				b	25				kʻ
10				pʻ	26				x
11				x	27				ts
12				g	28				dz
13				l	29				ʐ
14				m	30				ɕ
15				s	31				ŋ
16				ʃ					

b. 新疆蒙古族用陶德字母表

	词首	词中	词末			词首	词中	词末	
1				a	17				j
2				e	18				r
3				i	19				t'
4				ɔ	20				d
5				U	21				ts'
6				ø	22				z
7				y	23				b
8				n	24				p'
9				x	25				w
10				G	26				k'
11				g	27				q'
12				g	28				tʃ'
13				m	29				dʒ
14				l	30				f
15				s	31				x
16				ʃ					

根据包力高《蒙古文》,《民族语文》1980 年第 2 期。

基本的拼写单位。同一词儿一串连下,实际是一种以词儿为书写单位的表音文字。

住在中国新疆的蒙古族,曾经使用"陶德"(一作"托忒",意思是"明确")蒙古文。这是 1648 年按照卫拉特方言的特点,对原来的蒙古文稍加改变而成的。这种方言文字的拼写方法比较精密,所以有"明确"的雅称。

布利亚特方言也有用蒙古字母写成的文字,曾在苏联的伊尔库茨克(Irkutsk)和外贝加尔地区(Transbaikalia)应用。蒙古国在 1941 年废弃蒙古字母,改用向俄文看齐的斯拉夫字母。布利亚特方言文字也同样斯拉夫字母化了。

8. 满文字母

满族人是金朝女真人的旁支后裔,所以入主中原初期自称后金。满语是南部通古斯(Tungus)语,也是阿尔泰语的一支。

1599 年(明万历二十七年)额尔德尼(Erdeni)和噶盖奉努尔哈赤(Nurhachu)之命,以蒙古文字为基础,创制满族文字。这种文字不能正确表示语音。1632 年(清太宗天聪六年)达海作了改进,增加圈点符号,改变某些字母形体,增加几个新字母,区别原来不能区别的语音,又增加一些借词语音的书写形式。这种经过改进的称作"有圈点满文",而原来的叫做"老满文"或"无圈点满文"。1748 年(清高宗乾隆十二年)又一次加以整理,在多种变体之中选定一种作为标准。

满文字母有元音 6 个,辅音 18 个,汉音特定字母 10 个,一共 34 个字母,分楷书和草书两体。大多数字母有独用、词头、词中、词尾等形式。它跟蒙古文相同,字序从上而下,行序从左而右。

清朝以满文为官方文字,留下很多满文书籍和档案。清末停止使用满文。满语自清中叶渐为汉语所代。今天,东北地名中有很多满语地名留传下来。

图表　**11-16**

满文字母表

a. 满文元音字母表

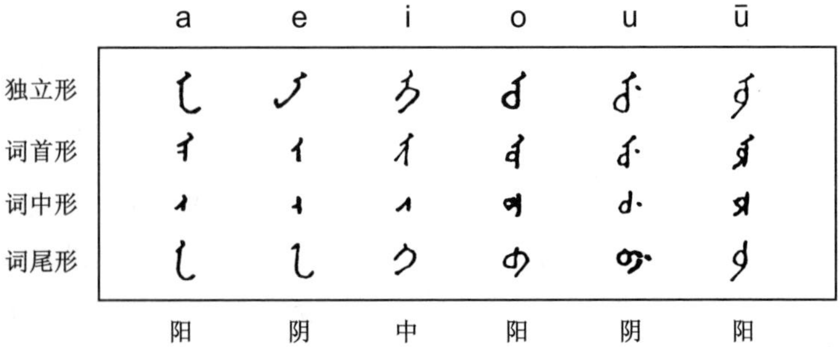

	a	e	i	o	u	ū
独立形						
词首形						
词中形						
词尾形						
	阳	阴	中	阳	阴	阳

注:满文字母表 a 和 b 根据爱新觉罗·乌拉熙春《满语读本》1985。

b. 满文辅音字母表（独立形）

		a	e	i	o	u	ū
n	ㄣ	ㄣ	ㄣ	ㄋ	ㄋ	ㄋ	ㄋ
k	ㄎ ㄎ	ㄎ	ㄎ	ㄎ	ㄎ	ㄎ	ㄎ
g	ㄍ ㄍ	ㄍ	ㄍ	ㄍ	ㄍ	ㄍ	ㄍ
h	ㄏ ㄏ	ㄏ	ㄏ	ㄏ	ㄏ	ㄏ	ㄏ
b	ㄅ	ㄅ	ㄅ	ㄅ	ㄅ	ㄅ	ㄅ
p	ㄆ	ㄆ	ㄆ	ㄆ	ㄆ	ㄆ	ㄆ
s	ㄙ	ㄙ	ㄙ	ㄙ	ㄙ	ㄙ	ㄙ
š	ㄕ	ㄕ	ㄕ	ㄕ	ㄕ	ㄕ	ㄕ
t	ㄊ ㄊ ㄊ	ㄊ	ㄊ	ㄊ	ㄊ	ㄊ	ㄊ
d	ㄉ ㄉ	ㄉ	ㄉ	ㄉ	ㄉ	ㄉ	ㄉ
l	ㄌ	ㄌ	ㄌ	ㄌ	ㄌ	ㄌ	ㄌ
m	ㄇ	ㄇ	ㄇ	ㄇ	ㄇ	ㄇ	ㄇ
c	ㄘ	ㄘ	ㄘ	ㄘ	ㄘ	ㄘ	ㄘ
j	ㄐ	ㄐ	ㄐ	ㄐ	ㄐ	ㄐ	ㄐ
y	ㄧ	ㄧ	ㄧ		ㄧ	ㄧ	ㄧ
r	ㄖ	ㄖ	ㄖ	ㄖ	ㄖ	ㄖ	ㄖ
f	ㄈ ㄈ	ㄈ	ㄈ	ㄈ	ㄈ	ㄈ	
w	ㄨ	ㄨ	ㄨ				
ng	ㄥ ㄥ						

c. 满文（首中末）字母表

首	中	末			首	中	末			首	中	末	
1			a	15				p	29				w
2			e	16				s	*30				ng
3			i	17				sh	*31				kk
4			o	18				t	*32				gg
5			u	*19				t	*33				hh
6			uu	20				d	*34				c
7			n	*21				d	*35				cy
8			k	22				l	*36				z
9			g	23				m	*37				rr
10			h	24				ch	*38				sy
*11			k	25				zh	*39				chy
*12			g	26				y	*40				zhy
*13			h	27				r					
14			b	28				f					

＊基本字母表不列，根据庆丰《满文》，《民族语文》1980 年第 4 期。

9. 亚美尼亚字母

亚美尼亚（Armenia），地处高加索高原之南。亚美尼亚语是印欧语言中的一支。

字母传到亚美尼亚是在亚美尼亚基督教会独立（369 年）以后的事情。大约在公元 400 年的时候，美士罗（St. Mesrop）在萨哈（St. Sahak）和希腊人鲁方拿（Rufanos）协助之下，创造了亚美尼亚字母。

第 5 世纪是亚美尼亚文学兴盛时期，当时有许多"圣书翻译者"把叙利亚的《圣经》以及希腊、罗马的名著译成亚美尼亚文。现在遗留的早期写本多半是 12 世纪的东西。

亚美尼亚文有文言（Grabar）和白话（Ashksarhabar）两种。亚美尼亚语有两种主要方言：1. 东部方言是标准方言，2. 西部方言主要流传于本土以外。

图表　11-17

亚美尼亚字母大写体

Ա	Ֆ	Ֆ	Ֆ	Ե	Ձ	Չ	Ը	Թ	Ժ	Ի	Լ	Ֆ
a	b	g	d	e	z	ē	e	t'	ž	i	l	h

Ծ	Կ	Հ	Ձ	Ղ	Ճ	Մ	Յ	Ն	Շ	Ո	Չ	Պ
ts	k	h	dz	gh	č	m	y	n	š	o	čh	p

Ջ	Ռ	Ս	Վ	Տ	Ր	Ց	Ւ	Փ	Ք	Օ	Ֆ
ǧ	rr	s	v	t	r	t'	u	ph	x	o	f

亚美尼亚字母原有 36 个，后来增加 2 个，共为 38 个。分大写和小写两体。它所表达的语音相当精确。亚美尼亚字母是以巴拉昧（Pahlavik）字母为基础，加上一些阿维斯泰字母。由于希腊字母的影响，它的元音字母比较完备，书写自左而右，字体端正规则。

10. 乔治亚字母

乔治亚（Georgia，即格鲁吉亚）是南高加索的一部分，自从 7 世纪以来，就住着乔治亚人（原名 Kartli）。他们说着一种粘结式的西南高加索语（Kartuliena），包含很多外来词。12 世纪到 13 世纪初是乔治亚文学的黄金时代。

乔治亚文的遗物中，最早的碑铭属于 5 世纪，最早的写本属于 8 世纪。

乔治亚字母源出阿拉马字母，原有两种字体。一种叫僧侣体

(Khutsuri)，有 38 个字母，分大写小写，笔画是有角的，现已不用。另
一种是武士体(Mkhedruli)，有 40 个字母，其中 7 个已经不用，分正楷
和草书，是现代应用的文字。

图表　11‐18

乔治亚字母大写体

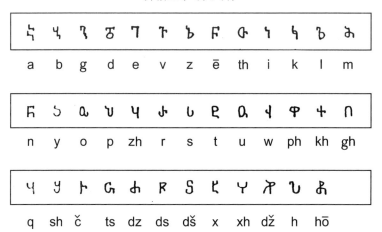

传说把乔治亚字母的创造也归功于美士罗。但是从这种字母能
分析地表达丰富的乔治亚语音来看，似乎不像一个外国人一次的创
造，而是长期在实践中经过不断修正而形成的。

11. 阿尔班字母

阿尔班人(Alban，Alvan)原住高加索(现在的阿塞拜疆)。他们跟
现在巴尔干半岛上的阿尔巴尼亚人不是同种，仅仅名称相似。在 5～
11 世纪，他们的文化达到相当高的水平。但是，他们的文字后来失

图表　11‐19

阿尔班字母举例

传了。晚近学者在 15 世纪的亚美尼亚写本文献中重新把它发现了出来。阿尔班字母有 32 个，但是文献中只见到 21 个。据亚美尼亚传说，阿尔班字母也是美士罗所创造的。

小结：横跨亚洲 1000 年

阿拉马字母的传播非常广阔，西自地中海东岸的叙利亚，东至中国东北地区以东的日本海，横跨一个亚洲。经过字母形式的演变，它在 1000 多年间书写了多种宗教的经典，包括犹太教、基督教、伊斯兰教、摩尼教、袄教。它书写过的语言，有各种闪米特语，也有各种非闪米特语。在中国，它留下新疆的阿拉伯字母、元朝的蒙古字母和清朝的满文字母。它的特殊后裔是印度婆罗米字母，在印度和印度以东自成一个盛大系统。阿拉马字母对人类文化贡献之大，由此可见。可是，阿拉马字母的子孙虽多，到现代还能起国际流通作用的，只有阿拉伯字母，而阿拉伯字母的国际流通作用，远远不及拉丁字母。阿拉伯字母文化圈和印度字母文化圈都萎缩了，它们让出的空间都被拉丁字母所占领。

第十二章　印度字母系统

一　印度：字母的花园

印度，好比是一个字母的花园。

古代印度，主要指今天的印度以及巴基斯坦和孟加拉国。在这被称为南亚次大陆的广大土地上，从古代到今天经历了王朝的兴替，居住着许多种民族，说着许多种语言，写着许多种文字。

这许多种文字所用的字母，都是从产生于公元前 7 世纪的婆罗米（Brahmi）字母传衍而来。婆罗米字母不仅在印度开遍了字母之花，并且传播出去成为印度以外许多亚洲民族的文字，形成一个广大的印度字母文化圈。

早期跟婆罗米字母并存的，有印度西北部在公元前 5 世纪产生的音节式的佉卢字母（Kharoshti）。随着伊斯兰教的传入，阿拉伯字母也被用来书写印度语言。在英国统治印度以后，又用罗马字母拼写印度语言。

远在这些文字之前，还有在印度河（Indus）流域发掘出来的一种至今未能释读的古代文字。

印度字母的故事，在整个人类文字的历史中，是漫长而复杂的一章。

1. 无人认识的印度河文字

过去的历史学家认为，印度文化开始于公元前第二个"千年纪"中叶雅利安人的进入印度。晚近在印度河流域（现属巴基斯坦）的哈拉帕（Harappa）和摩亨约·达罗（Mohenjo—daro）等地发掘出公元前第三个"千年纪"后期的古代城市，把印度的历史推前了 1000 年。

发掘出来的印度河古城中间，有秩序井然的街道，有规模可观的下水道和给水系统，有精美的砖砌住宅。遗物证明，当时已经有发达的农业、畜牧业、棉纺织业以及海陆两路的商业。还发现了许多雕工精致的印章，上面刻着文字符号。

图表　12-01

印度河文字

a. 印章文字举例

b. 印章符号比较

这些发现说明，在雅利安人来到之前，这里就住着一个有相当高度文化的民族。他们是什么人呢？他们说的是什么语言呢？至今还没有人能肯定回答。

发掘出来的印章，有石头的，有象牙的，还有瓷的和铜的。已经得到了大约 800 枚。这种印章上的文字被称为"印度河文字"。

印度河文字是一种图形符号，可是已经"书体化"了。世界上各种书体化的图形符号，都容易有一部分彼此相像。印度河文字有些符号跟婆罗米文相像，有些还跟中国古代的甲骨文相像。印度河文字的释读研究还没有成功。仅仅把印度河文字按外形分一下类，也不是简单的事儿。究竟已经发现了多少种文字符号，也无法肯定。有人分为 396 种，有人分为 253 种。有人把这些文字符号分为头符、尾符和数字三类。

印度河文字既然有 300 个左右的符号，那么，它不可能是音素字母,因为音素字母用不到那么多的字母。另一方面,也不像是纯粹的词素文字,因为,如果是词素文字,符号又太少了。从这些情况来看,它或许是既有词素符号,又有音节符号,可能还有一些表示类别的定性符号,也就是说,它或许是一种"语词·音节文字"。

我们既然还无法认识印度河文字,那么,印度字母的故事只能从婆罗米字母说起了。

2. 婆罗米字母的来源

雅利安人在公元前第二个"千年纪"中叶移入印度以后,就创作了口头传诵的经典《吠陀经》。在《吠陀经》中,有智慧之神(sarasvati)而没有文字之神,也没有关于文字的任何传说。可见当时来到印度的雅利安人还没有文字,大概也不知道过去在印度河流域有过文字。关于文字的叙述,是到佛教文献中才开始出现的。《佛陀传》(Lalita Vistara)中叙述佛陀释迦牟尼幼年学习书写文字。大致在公元前7～前6世纪时候,印度的雅利安人已经有了文字,即早期的婆罗米文。到公元前6～前5世纪(中国东周),文字的应用逐渐推广开来。

古代的罗马帝国和中国的秦汉时代都实行"书同文"政策。印度不同。印度实行的是多语言、多文字。佛教反对专用一种特权阶级所掌握的文言文——梵文(Sanskrit,意为雅语),主张兼用各地人民的活语言写成民间文字。这也许是印度有多种文字并行的一个原因。

印度次大陆的西北部,即印度河地区,在公元前5世纪末期曾经在波斯帝国的统治之下,这时期形成一种跟婆罗米并行存在的早期印度字母,叫做佉卢字母*。这种音节式的佉卢字母后来在印度没有演变成为其他字母。印度各种字母的共同始祖是婆罗米。

婆罗米字母的来源有"自创"和"外来"两种说法。自创说起初认为它是印度上古居民达罗毗荼人(Dravidian)的创造,后来印度河文字被发现,又认为是从古代印度河文字传承而来。把起源联系到古代印度河文字,是最自然的推想。不过,印度河文字至今尚未释读,虽有一些符号跟婆罗米相似,但无法知道读音是否也相同。传说中又没有提

---

　　* 参看本书阿拉马字母系统一章中的佉卢字母。

到文字的传承关系。因此尚不能找到自创说的肯定证明。

外来说又分几种不同的说法。有人认为婆罗米字母起源于希腊字母。但是,早在印度和希腊有直接的文化接触之前,婆罗米字母就已经存在了。希腊字母的优点在于它有完备的元音字母,婆罗米字母的主要缺点在于元音表示法不完善。可见婆罗米字母也不是起源于希腊字母。

比较可信的推测是,婆罗米字母起源于阿拉马字母(Aramaic)。早期婆罗米字母跟阿拉马字母,有三分之一相同,三分之一近似,另三分之一也有和谐的痕迹。婆罗米文最早自右而左书写,跟阿拉马文相同,后来才改为自左而右排列。最早跟印度的雅利安人通商的便有阿拉马人。

佉卢字母也源出于阿拉马字母,书写自右而左,近似符号有相同的读音。婆罗米和佉卢同出一源,但是各自独立。

语音学的知识在印度发展得很早。印度人从阿拉马人那里学得的主要是拼音的原理,至于字母的形体有自己的创造。

婆罗米(Brahmi)这个名称,到公元第 3~4 世纪才出现。这时候这种文字已经存在了 1000 年了。文字的真正起源已经遗忘,就把文字的创造归功于万能的上帝"婆罗马"(Brahma,梵天大帝)。古代的婆罗米文又被后世的印度人遗忘了,直到 19 世纪 30 年代才由文字考古学者重新释读出来。

3. 早期的印度字母

在印度,很早就发展了多种文字,书写着不同的语言和方言。《佛陀传》记载,在佛陀释迦牟尼时代,印度有文字 64 种。考古学者认为,这个数目太大了。在一个耆那教(Jainism)古庙中,刻着 18 种文字。可见早期就有多种文字是无疑的。

图表 12‑02

印度爱兰古币文字

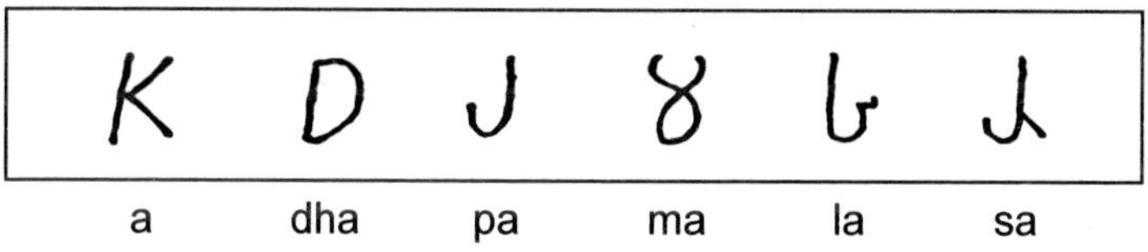

| a | dha | pa | ma | la | sa |

在印度中部一个名叫"爱兰"(Eran)的小村庄,发现一枚公元前4～3世纪的古币(爱兰古币),上面刻着自右而左的婆罗米文字。考古学者鉴定,自右而左是最古的婆罗米字母的书写顺序。在阿育王(Asoka)的碑铭中,有一个敕令的文字是用一行向左、一行向右、左右交替的所谓"牛耕式"书写的。"牛耕式"是从初期的"自右而左"顺序演变到后期的"自左而右"顺序之间的过渡时期的书写方式。

摩立亚王朝(Maurya,即孔雀王朝)的阿育王(约公元前264～前227年在位)时期,遗留下来碑铭35件,这是印度文化史上宝贵的古文字记录。这些碑铭,除西北边境的两种用佉卢字母以外,其余都用婆罗米字母的某一变体书写。这时期的婆罗米字母称为早期摩立亚字体。它比更早的字母已经有明显的进步,例如它已经应用长元音符号,这在更早的时代是没有的。继承摩立亚王朝的是巽伽王朝(Sunga,公元前185～公元前73)。这时期的字母称为巽伽字体。从摩立亚字体和巽伽字体,一步步发展成为北部印度的各种字母。

在古代,印度东南有一个王国,叫羯陵伽(Kalinga),在公元前5世纪,从婆罗米字母分化出一种早期羯陵伽字体。在此同时,德干(Deccan)高原以南的安得拉(Andhra)民族也从婆罗米字母演变出一种早期安得拉字体。这两地人民都是达罗毗荼人。

4. 天城体字母和梵文

到笈多(Gapta)王朝(公元4～5世纪),印度文化繁荣,碑铭文字发展成为笈多字体。笈多字体的一个分支叫做悉达字母(Siddhamatrka),演变成为天城体字母(Devanagari)。天城体字母成熟于7世纪,后来演变成多种字母。

图表 12-03

中亚笈多斜体举例

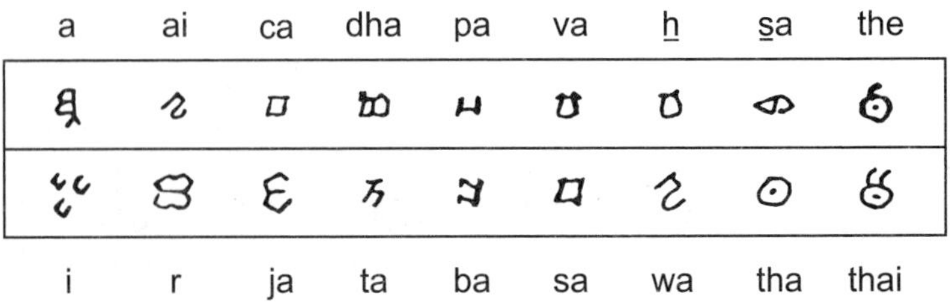

a	ai	ca	dha	pa	va	<u>h</u>	<u>s</u>a	the
i	r	ja	ta	ba	sa	wa	tha	thai

天城体字母有符号 48 个,其中 14 个代表元音和复元音,34 个代表辅音(分七组)。元音字母分字头和字中两式。一个音节或一个词儿的开头,用元音字母的字头式,即基本式。元音连接在辅音后面的时候,用字中式。字中式是基本式的简缩写法。每一个辅音字母在不跟元音字母拼合的时候,都本身带上短元音 a,但是这 a 音在词儿末尾或者非重音的地位,往往不发音。在形体上,它的显著特点是以一个"T"形的笔画作为字母的骨架。尤其是字母头顶一横的"顶线",是它的特别标志。

天城体字母是印度字母中最重要的一种字母。它是书写"梵文"的字母。梵文在印度北方长期作为知识分子的正规文字。它是一种文言文,早已脱离人民的日常语言,经过 2000 年而变化很少。书写梵文的天城体字母在许多世纪中保持着字体的标准形式。这跟书写实际语言的字母不断分化和变化,情况很不相同。

天城体用来书写不同的语言和方言的时候,演变成各种不同的字体。有的字体只用于一种文字,有的字体用于几种文字。

5. 雅言和俗语

《吠陀经》所用的语言,本来是印度西北部的一种印度雅利安方言。这种方言,经过书写成为文字,又经过文法学者的洗炼,到公元前 3 世纪以后,成为印度古典文学的梵文雅言。此外的印度雅利安方言,即使写成文字,也被称为俗语。大体说来,婆罗门教用雅言(梵文),而佛教和耆那教在早期都用俗语。

俗语写成文字很早就有了。阿育王时期的碑铭是用各地方言(俗语)写成的。佛陀释迦牟尼自己在公元前 6 世纪传教用的语言,是佛教圣地摩揭陀(Magadha)的俗语。这种俗语,经过佛教经典的洗炼,成为佛教的神圣文字"巴利文"(Pali)。凡是佛教和耆那教昌盛的时代和地方,书写俗语的文字就发展起来。阿育王提倡佛教,俗语文字在阿育王时代的势力盖过了梵文。

到了巽伽王朝,梵文又随着婆罗门教而复活起来。梵文的最早碑铭出现于公元前 33 年。公元后 2 世纪以后,梵文碑铭逐渐在印度西北部夺去了俗语碑铭的地位。到笈多王朝的海护王(Samudragupta,约 340~375 年在位)时期,梵文成为北部印度的唯一碑铭文字。后

图表 12 - 04

梵文天城体字母表

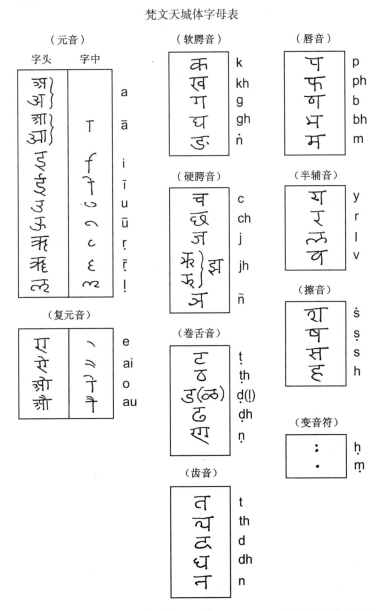

根据日文《不列颠国际百科大事典》8，引自 A. A. MacDaneli:《学生梵文语法》。

图表 12－05

天城体字母演变举例

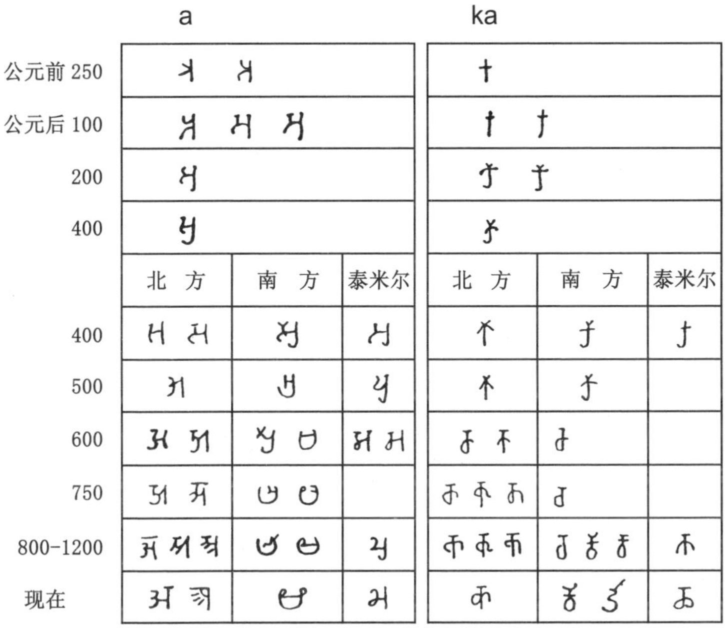

	a				ka		
公元前 250							
公元后 100							
200							
400							
	北 方	南 方	泰米尔		北 方	南 方	泰米尔
400							
500							
600							
750							
800－1200							
现在							

图表 12－06

巴利文样品

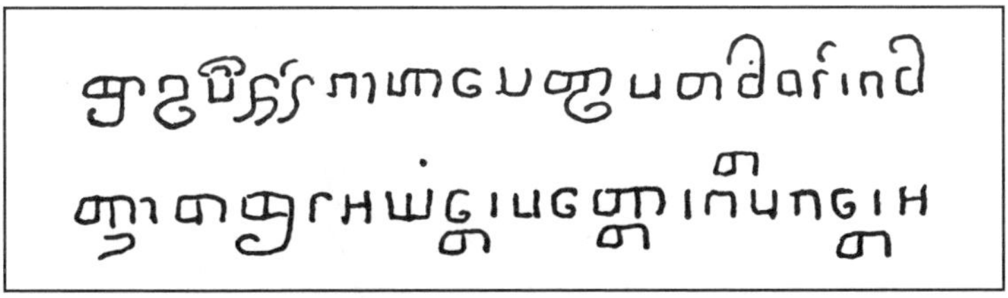

来,梵文统治整个印度,连佛教也不得不用梵文。梵文复兴,俗语文字消退,反映了佛教在印度次大陆上逐渐失势,婆罗门教重新抬头。后来婆罗门教演变成为近代的印度教(Hinduism)。

6. 印度字母和阿拉伯字母的并用

公元 1000 年以后,信奉伊斯兰教的外族,从西北侵入印度。从"奴隶王朝"的建立(1206)一直到莫卧儿(Mughal)王朝的灭亡

(1857)，伊斯兰教都是统治者的宗教。随着宗教，波斯阿拉伯字母传入了印度。

阿拉伯字母的传入，破坏了梵文的统治。印度各地的口语重又书写成为文字。一方面，伊斯兰教徒用阿拉伯字母书写各地的语言或方言；另一方面，印度教徒用天城体字母或其他变体字母书写各地的语言或方言。好些印度语言或方言就有两种或两种以上不同的文字。

这时候，印度西部的一种方言传播开来，成为大半个印度的通用语言，称为印度斯坦语（Hindustani）。同一种印度斯坦语写成文字的时候，用印度字母和阿拉伯字母两种文字。伊斯兰教徒用阿拉伯字母，写出来的文字叫"乌尔都文"（Urdu）。巴基斯坦分立成为国家以后，以乌尔都文为官方文字。印度教徒用天城体字母，写出来的文字叫"印地文"（Hindi）。印度教徒除在正式场合用天城体外，又在日用和商业场合用各种不同的字母。

罗马字母传入以后，出版了多种用罗马字母书写印度斯坦语的书刊。不少人主张，以罗马字母统一乌尔都文和印地文，同时还可以改进两种文字的拼音技术。这个主张在印巴分治为两个国家以后，更是无法实现了。

二　印度字母在印度的传播和演变

印度次大陆分南北两部分。北部古称"北路"（uttarapatha），是印度雅利安人（Indo-Aryans）的主要居住地区，又称雅利安居住区（Aryavarta）。这个地区包括印度河流域和恒河流域两大平原。南部古称"南路"（dakshinapatha），现今"德干"（Deccan）高原这个名词便是由 dak 字音变来。在历史上这里是达罗毗荼人（Dravidians）的居住地区。这只是大致的划分，印度的民族成分是很复杂的。

1. 印度字母的形体演变

（1）言语异声、文字异形——文字的形体演变有两种倾向，一种是同化，一种是异化。印度字母充分发挥了异化倾向。

从婆罗米字母以来，2000 年间，印度字母在结构上没有值得重视的变化。在外形上，变化多端。现在的多种印度字母，可以大体分为北方、西北和南方三组。

北方字母：a. 孟加拉字母（Bengali），b. 比哈利字母（Bihari），c. 阿萨姆字母（Assamese），d. 曼尼普利字母（Manipuri），e. 古吉拉特字母（Gujarati），f. 马华利字母（Mawari），g. 木地字母（Modi），h. 奥里亚字母（Oriya），i. 开梯字母（Kaithi），等。

西北字母：a. 萨拉达字母（Sarada），b. 他克里字母（Takri），c. 多格里字母（Dogri），d. 兰达字母（Lahnda），e. 古墨气字母（Gurmuki），等。

南方字母：a. 格兰他字母（Grantha），b. 泰卢固字母（Telugu），c. 坎纳达字母（Kannada，即 Kanarese），d. 马拉亚拉姆字母（Tulu-Malayalam），e. 泰米尔字母（Tamil），等。

图表 12-07

西北三种字母举例比较

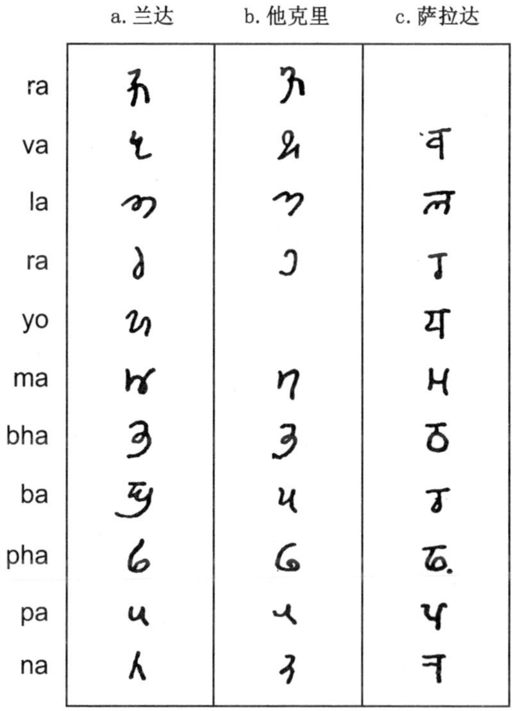

	a. 兰达	b. 他克里	c. 萨拉达
ra			
va			
la			
ra			
yo			
ma			
bha			
ba			
pha			
pa			
na			

以上 19 种字母，还只是举其大端。印度有这许多种字母，说明它古代文化发达。但是，文字分化过甚，妨碍文化交流。所以印度独立后实行语文的新规划。

（2）"T"字头的形体特点——天城体字母在形体上突出的特点是以一个"T"字形笔画作为字母的骨架。特别是上面的一横，可以称为"顶线"，把整个的语词连成一气。好像是一面书写，一面在画横格子。继承天城体的字母都有同样的"T"形顶线，例如：梵文、印地文、旁遮普文、克什米尔文、马拉蒂文、孟加拉文、阿萨姆文、比哈尔文、尼泊尔文，等等。

但是，也有大胆地把"顶线"省略掉的，例如，古吉拉特字母、开梯字母，等等。

（3）字母的"悬挂式"书写法——字母在横线格子的纸张上书写，有两种写法。一种是紧靠在字下的线条，好像是坐在线条上，叫做"蹲坐式"书写法（乌鸦栖树式）。另一种是紧靠在字上的线条，像是挂在线条下，叫做"悬挂式"书写法（蝙蝠悬梁式）。大致由于"顶线"的影响，印度字母采取"悬挂式"书写法。这在马华利字母、木地字母、开梯字母等尤为显著。

图表　12-08

有顶线和无顶线的对比

a.

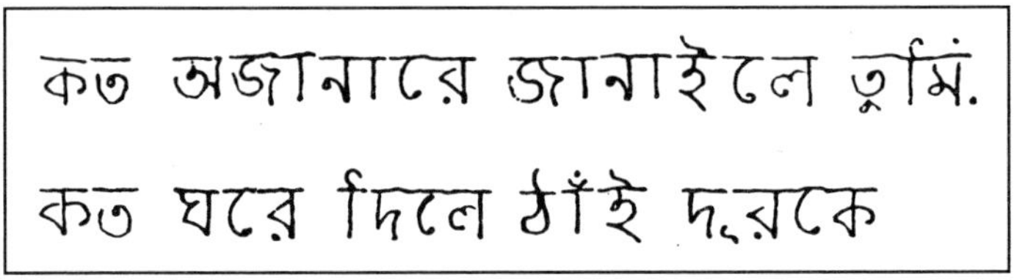

b.

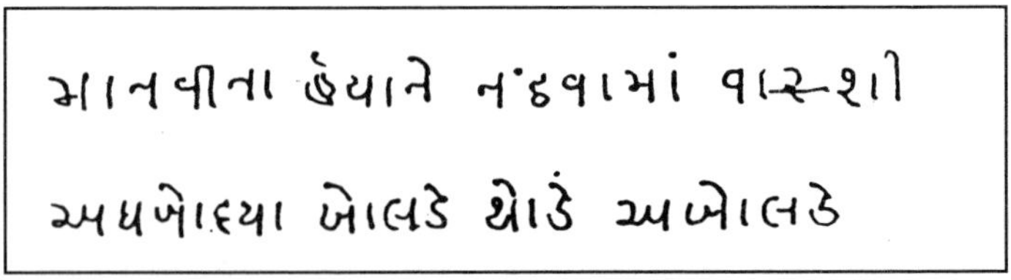

注：a. 孟加拉文　b. 古吉拉特文

（4）南方字母的圆化——字母的笔形有直线方化和曲线圆化两种主要可能。南方印度字母由于用铁针笔在棕榈叶上书写，直线容易划破,曲线较难划破,所以发展了笔画圆化。但是,北方字母并没有圆化。从靠近南方的奥利亚字母起,南方的泰卢固字母、坎纳达字母、泰米尔字母、马拉亚拉姆字母,都是显著地圆化的。在印度以外,印度的派生字母也圆化。例如,斯里兰卡的僧伽罗字母、缅甸字母以及印度支那半岛的印度系统字母。圆化最彻底的是缅甸字母。从印度的奥里萨邦(Orissa)的北面边境起,划一条线,连接安得拉邦(Andhra)和卡纳塔克邦(Karnataka)的北面边境,这一条线可以说是"圆化分界线"。此线以南,字母都有显著的圆化现象。奥利亚字母没有省略"顶线",而是把"顶线"画成一个大圆圈,缩小区别形体的笔画,覆盖在大圆圈之下,这种演变是很特别的。

(5)宗教和商业对字母的影响——不同的宗教用不同的文字,并且把经典跟文字联系起来,使文字神圣化,这是到处可见的现象。印度教用梵文,伊斯兰教用阿拉伯文,这是众所周知的。佛教用的巴利文,由于佛教退出印度本土,要到斯里兰卡和其他地方才能见到。印度还有两种宗教。一种是锡克教(Sikh),用古墨气字母(Gurmuki)作为经典文字。由于锡克教徒在 19 世纪初期曾掌握印度西北的政权,古墨气字母传播甚广。锡克传说,古墨气字母是锡克教第二代教主古鲁(Guru-Angad,1539～1592 在位)所创造。另一种是耆那教(Jainism),用格兰他字母(Grantha)的圆化字体作为经典文字。

图表　12-09

悬挂式字母样品

a. 马华利字母

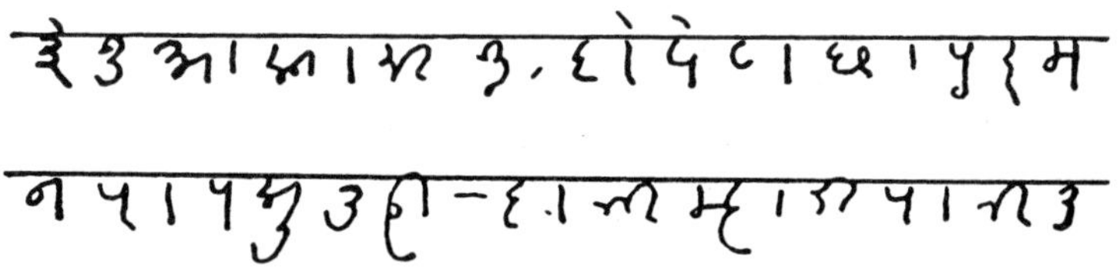

b. 木地字母

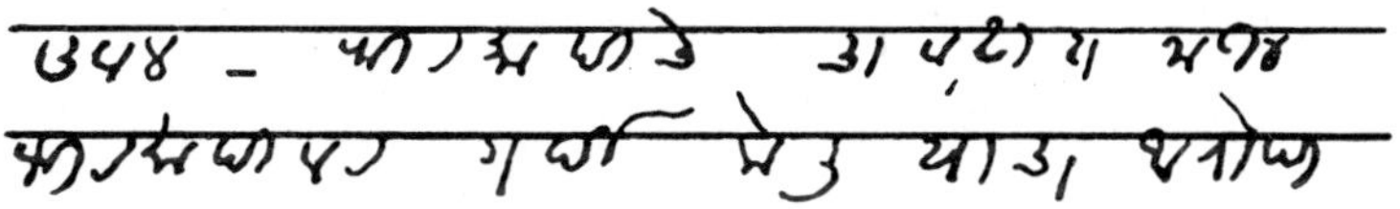

c. 开梯字母

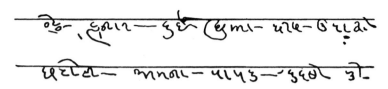

商人为了书写的"急就",创造简易文字。例如,古吉拉特字母有一种变体,叫做"商人体"(Vaniai),是商人书写商业文件用的。拉贾斯坦邦(Rajasthan)的商人创造马华利字母(Mawari),成为遍传北部印度的商用行书,虽以天城体为基础,但颇多简省,近于速记。旁遮普邦(Panjab)的兰达字母(Lahnda),由于主要是商人应用,被称为商业文字。在封建社会,首先需要文字的是官吏,其次需要文字的是商人。

图表 12-10

"T"形骨架和圆化笔画比较

a.	रूपांति हस्तिनापुरे कर्पूररविलासो नाम रजकः। तस्य गर्दभो ऽतिभारवाहनाद्दुर्बलो
b.	गोबर ने और कुछ न कहा । लाठी कन्घे पर ररवी और चल दिया । होरी उसे जाते
c.	ଧର୍ଶିଣ ଦେଶରେ ବିଶ୍ଵ ନାମକ ଏକ ଗ୍ରାମ ଥିଲା।୧୬ଠାରେ ଗାରବାଷ
d.	கொன்றவழ் மலாச்சோழ நன் னீ மல் னை।இனுங் குணிா்தீம்ப

注:a. 梵文 b. 印地文 c. 奥里亚文 d. 泰米尔文

(6) 传到海外的格兰他字母——格兰他字母(Grantha)源出天城体,最早是书写南印梵语的字母,从 5 世纪起,就有碑铭传下。在历史上,它分为早期格兰他字母(5~6 世纪),中期格兰他字母(7~8 世纪),过渡期格兰他字母(9～14 世纪)和近代格兰他字母(1300 年以后)。有 33 个字母,其中 5 个是元音字母,从左而右书写,分为方化和圆化两种字体。婆罗门教用方化体,耆那教用圆化体。格兰他字母在印度字母系统中有特殊的重要性,因为它是南亚和东南亚许多种字母的祖先。

2. 印度独立后的 14 种法定文字

英国在 1757 年征服印度莫卧儿(Mughal)帝国,统治印度次大陆近 200 年。1947 年印度独立,但是按照宗教的不同分裂成两个国家。1950 年印度共和国成立,以印度教徒为主。另一个是巴基斯坦,以伊斯兰教徒为主。巴基斯坦后来又分裂为两个国家。印度以西是巴基斯坦,印度以东是孟加拉国。印度人口超过十亿(2000)。

英国殖民者统治时期,印度以英文为行政和教育的文字。当地印度人民的语文,听其繁多紊乱,不加整理。印度共和国成立后,实行渐进的语文改革。宪法规定以印地语为官方语言。但是,能说印地语的人不到总人口的一半,而印地文出版物远远不及英文的多。印度不得不承认英语为联系全国不同语言的"纽带语言"。这一事实是英帝国主义强加于印度人民的。可是,在英语成为国际通用语言和科技语言的今天,印度人可以利用英语吸收科技知识并从事国际社会活动。

印度在独立以后,基本上按照语文是否相同,重新划定各邦的界线。一个邦或者几个邦以一种语文作为法定的邦用语文。除英文以外,宪法规定 14 种法定文字。

(1) 全国通用的法定文字

首先,梵文是全国通用文字。梵文是文言文,印度知识分子大都认识。英文成为统治文字以后,传统的梵文的地位逐渐下降,实际成为应用有限的古文字。

其次,印度有 3000 万伊斯兰教徒,仍然使用乌尔都文。

印度本土的全国通用文字是印地文(Hindi)。宪法规定它为"唯一的"全国性的官方文字。

除以上三种不以"邦"为范围的法定文字以外,印度有 11 种"邦用"文字。

图表　12－11

印度历史上几种重要字母样品比较

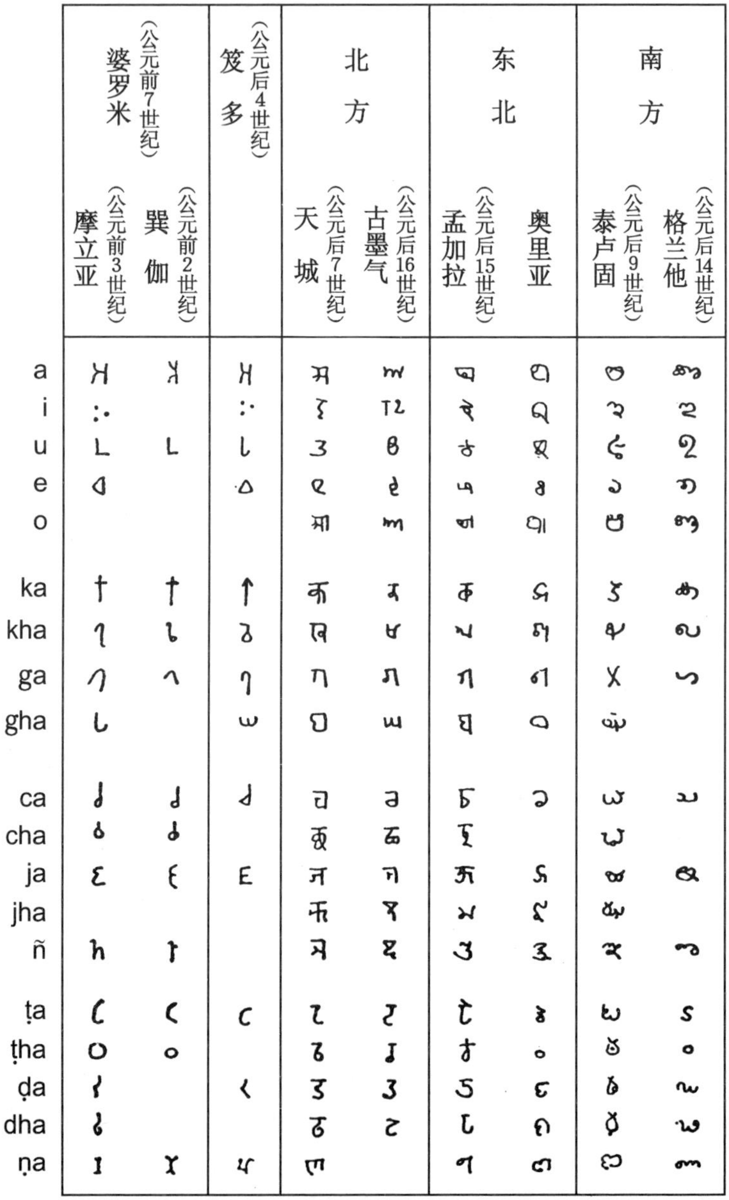

| | 婆罗米
（公元前7世纪） | 巽伽
（公元前2世纪） | 笈多
（公元后4世纪） | 北方 | | 东北 | | 南方 | |
	摩立亚 （公元前3世纪）			天城 （公元后7世纪）	古墨气 （公元后16世纪）	孟加拉 （公元后15世纪）	奥里亚	泰卢固 （公元后9世纪）	格兰他 （公元后14世纪）
a	Ḥ	⅄	Ḥ	丑	m	⬚	⬚	⊙	∞
i	∴	·	∴	𝟑	Ⲧ2	ϥ	Q	𝟥	⳥
u	L	L	L	Ꝫ	𝐵	𝓊	Ɋ	Ⳇ	𝟤
e	⊲		⊿	Ɋ	⺃	ⳇ	8	ⳁ	⬚
o				丒	m	ϭ	Ⳋ	⬚	∞
ka	†	†	↑	क	𝖎	⬚	ϟ	Ꝫ	ⲟ
kha	𝟏	Ꝇ	𝟑	ख	Ꝋ	Ⳇ	Ⳇ	Ⳇ	ⳝ
ga	𝟀	∨	𝟀	ग	𝐈	⬚	⬚	Ⅹ	ⳡ
gha	⅃		ⲱ	घ	ⲱ	⬚	⊓	⳵	
ca	ᛚ	ᛚ	ᛚ	⬚	Ⴈ	𝕭	⊃	Ⳝ	ⳛ
cha	ᛑ	ᛑ		⬚	⬚	⬚	⬚	ⳝ	
ja	ⅇ	ⅇ	Ⲉ	⬚	⬚	⬚	ϟ	⳵	∞
jha				𝒇	⬚	⳴	⳵	⳵	
ñ	▯	𝈣	▯	⬚	⬚	⬚	⬚	⳵	ⳝ
ṭa	ᛐ	ᛐ	ᛐ	ᛚ	ᛚ	ᛐ	⬚	ⳛ	Ꝩ
ṭha	ⵔ	ⵔ		𝟑	ⳛ	⳦	⸰	⳵	⸰
ḍa	⌇	⧹	⧹	℥	ϧ	ϟ	ⳟ	⳵	ⳳ
dha	ↄ	ↄ	ⵠ	𝓇	⳴	⳵	⳵	⳵	ⳳ
ṇa	I	ⵜ	Ⳡ	⬚	ϧ	ϟ	⸰	⳵	ⳝ

印度历史上几种重要字母样品比较(续)

ta/tha/...	婆罗米 (公元前7世纪) 摩立亚 (公元前3世纪)	巽伽 (公元前2世纪)	笈多 (公元后4世纪)	北方 天城 (公元后7世纪)	古墨气 (公元后16世纪)	东北 孟加拉 (公元后15世纪)	奥里亚 (公元后9世纪)	南方 泰卢固 (公元后9世纪)	格兰他 (公元后14世纪)
ta									
tha									
da									
dha									
n									
pa									
pha									
ba									
bha									
ma									
ya									
ra									
la									
va									
śa									
sha									
sa									
ha									

(按照《不列颠百科全书》摘录临摹)

(2) 印度雅利安语各邦的法定文字

a. 马拉蒂文(Marathi)：主要通行于印度西部的马哈拉施特拉邦(Maharashtra)，包括孟买市(Bombay)。字母表跟印地文相同。

b. 古吉拉特文(Gujarati)：主要通行于印度西部的古吉拉特邦。字母跟印地文相似，但是省去了"顶线"。

c. 旁遮普文(Panjabi)：这是锡克教的古墨气字母文字，同时作为邦用文字。但是有渐被印地文代替的趋势。印巴分治，把旁遮普分割为二，大半属于巴基斯坦，小半属于印度。除古墨气字母以外，还有一种兰达字母(Lahnda)，也在本地应用，但不是法定文字。

d. 克什米尔文(Kashmir)：印度西北的克什米尔也有印度和阿拉伯两种文字。印度教徒的克什米尔文用天城体字母。

e. 孟加拉文(Bengali)：印度东北的孟加拉，由印巴分治而分为东西两部分。东部起初属于巴基斯坦，1971 年独立成为孟加拉国(Bangladesh)。孟加拉文原用天城体字母，11 世纪变成新的字体。孟加拉地区分裂了，但是孟加拉语言和文字没有分裂。属于印度的西孟加拉邦(West Bengal)，包括人口众多的加尔各答市(Calcutta)和孟加拉国，同样用孟加拉文。孟加拉文是诗人泰戈尔(Rabindranath Tagore，1861～1941)所用的文字。

f. 阿萨姆文(Assamese)：印度东北阿萨姆邦的邦用文字，字母相近于孟加拉字母。

g. 奥里亚文(Oriya)：印度东部奥里萨邦(Orissa)的邦用文字。

奥里萨邦北面有一个比哈尔邦(Bihar)，有比哈尔文(Bihari)，这不是法定文字。比哈尔邦的学校用印地文。

印地文的根据地是北方邦和中央邦，这两个大邦奠定了印地文的基础。除东面的比哈尔以外，西面的拉贾斯坦邦(Rajasthan)、哈里亚那邦(Haryana)、喜马偕尔邦(Himachal)等，没有法定的邦用文字，也用印地文。就是有邦用文字的古吉拉特邦、旁遮普邦、马哈拉施特拉邦、奥利萨邦等，也通用印地文。甚至尼泊尔王国也通用印地文。在德干高原以北，印地文是通用文字。以上印度雅利安语各邦共有法定文字七种。

(3) 达罗毗荼语各邦的法定文字

h. 泰卢固文(Telugu)：南印安得拉邦(Andhra)的邦用文字，在达罗毗荼语的南部印度，流通最广。

i. 坎纳达文(Kannada)：南印卡纳塔克邦(Karnataka)的邦用文字。

j. 马拉亚拉姆文(Malayalam)：印度南端靠西的喀拉拉邦(Kerala)的邦用文字。

k. 泰米尔文(Tamil)：印度南端泰米尔纳德邦(Tamil Nadu，原名 Madras)的邦用文字。它是斯里兰卡的第二种文字，又是新加坡的法定文字之一。

以上南部四个达罗毗荼语的邦，各有一种邦用文字。

综观印度共和国的语文，实际分为三个层次。高层语文是英文和印地文。中层语文是各种法定的邦用语文。底层语文是法定以外的民间语文。

此外，乌尔都文用阿拉伯字母。以上共计 14 种文字（参看《印度各邦文字分布示意地图》）。

图表　12 - 12

印度法定文字样品

1. 梵文(Sanskrit)

अस्ति हस्तिनापुरे कर्पूरविलासो नाम रजकः । तस्य गर्द-
भो ऽतिभारवाहनादुर्बलो मुमूर्षुरिवाभवत् । ततस्तेन रज-

2. 印地文(Hindi)

गोबर ने और कुछ न कहा। लाठी कन्धे पर रखी और चल दिया। होरी उसे
जाते देखता हुआ अपना कलेजा ठंढा करता रहा। अब लड़के की सगाई में देर न करूँगा।

3. (a) 马拉蒂文(Marathi)

मला उगीच बंधुक बंधुक असा गोष्टी माठवतात. परंतु त्या जशां प्राठवतात
तशार बरोबर म्हातल्या, कीं, त्यांच्या-संबंधी प्राठवणीत माझ्या चपल कस्तनें

4. (b) 古吉拉特(Gujarati)

માનવીના હૈયાને રંજવામાં વાર શી !
એના એ હૈયાને નંદવામાં વાર શી ?

5. (c) 旁遮普文(panjabi)

ਜੈ ਘਰਿ ਕੀਰਤਿ ਆਖੀਐ
ਕਰਤੇ ਕਾ ਹੋਇ ਬੀਚਾਰੋ ॥ ਤਿਤੁ

6. (d) 克什米尔文(kashmiri)

राधा राधा राधा राधा कृष्ण जी । ... ॥
रास·मंडलिम च्यन प्रेनुक मम ।

7. (e) 孟加拉文(Bengali)

কত অজানারে জানাইলে তুমি,
কত ঘরে দিলে ঠাঁই---

8. (f) 阿萨姆文(Assamese)

অসমীয়া ভাষা অতি প্রাচীন আৰু ঐতিহাপূর্ণ। খৃষ্টীয় সপ্তম শতিকাতে
বিখ্যাত চীনা পবিত্রাঞ্চকাচাৰ্য হিউয়েন চাঙে ইয়াৰ বৈশিষ্ঠৰ কথা প্রকাৰাছৱে

9. (g) 奥里亚文(Oriya)

ଦଶିନ ଦେଶରେ ବିନ୍ଧୁ ନାମକ. ଏକ ଗ୍ରାମ୍ୟ ଥିଲା।ଏଠାରେ
ଭାରବାହୁ ବୋଲି ଜଣେ ଗଣ। ଥିଲୋ।ତାଙ୍କର ହୁଇଥ ଘୋଟ

10. (h) 泰卢固文(Telugu)

చెరువుల గొఱునూ మంచి జలముల పాటల,
చెయ్యగ మాటల తెగగ వనగ

11. (i) 卡纳达文(kannada)

ಸಾಮ್ರ ವಿಚಾರೂ ನವೀಸನ್ನು ಬಾಗ ಸಗ್ನೂ ಬೆಚ್ಚಾಗುತ ತನಗ ಪಡೆ ತೆಗ ಸರಸೀಲೆವಮ್ಮ
ನೀಃಮತ್ತು ನಿಚಿಡ್ಗ, ಅಸಾಚಿ ಬೀಸಲಾಮ ಮನಸ ಪಡಿಗ ಮೇಱೆಲ. ಅಡೆ

12. (j) 马拉亚拉姆文(Malayalam)

കുളത്തിലെ കെട്ടുപിണഞ്ഞ നാഗങ്ങളെയും അവയിൽ
കണ്ണനട്ടുിരിക്കുന്ന, ആ നിലവിളക്കിലെ നാളംപോലെ തിള

13. (k) 泰米尔文(Tamil)

தொந்தவிழ் மலர்ச்சோலை நன்னீழல் வைகினுங்
குளிர்ஓம் புனற் கையள்ளிக்

14. (l) 乌尔都文(Urdu)

ابتدائی پروگرام کے بارے میں تفصیلی معلومات
استقرائی پروگرام کے بارے میں تفصیلی معلومات

新闻报道,20 世纪末,又加 4 种邦用语言: 1.Konkani(Goa); 2.Nepali（西 Bengal）; 3. Sindi（Sind）,以上 3 种属于印欧语系。4.Manipuri（Manipur,印度东北）,属于汉藏语系。

三 印度字母在印度以外的传播和演变

印度雅利安人在公元前 7～前 6 世纪创始文字,相当于中国春秋早期。约公元前 525 年兴起佛教,相当于中国春秋后期。印度字母从恒河和印度河的雅利安人传播到德干高原的达罗毗荼人。又从印度大陆扩大开来,向南传播到斯里兰卡岛和马尔代夫群岛,向北传播到中国的西藏和新疆,向东传播到现在的中南半岛、印尼群岛和菲律宾群岛。依靠宗教和文化,不依靠政治和军事,开辟了一个土地广袤、历史悠久的印度字母文化圈。

1. 南向传播和演变

（1）印度字母在斯里兰卡: 僧伽罗字母

公元前第 5 世纪,印度雅利安人开始移居锡兰岛,被称为僧伽罗人（Sinhala）。锡兰（Ceylon）岛名由此转音而成,现称斯里兰卡岛。泰米尔语称此岛为伊拉姆（Ilam）。公元前第 3 世纪后半,僧伽罗人皈依佛教。起初佛经用口语传授,公元前 1 世纪末写成文字。书写佛经的巴利文（Pali）在锡兰岛上留下深刻的影响。佛教在印度大陆衰微以后,锡兰岛成为佛教的根据地。

公元 16～17 世纪,葡萄牙人和荷兰人先后占领锡兰岛。18 世纪末叶开始,英国人统治锡兰岛。1948 年独立,后来改正国名为斯里兰卡（Sri Lanka）。人口 1600 万(1986),僧伽罗人 74%,泰米尔人 18%;佛教徒占总人口的 69%,没有国教的规定。官方文字是僧伽罗文（Sinhalese）。

僧伽罗字母因时代而变化。最古的碑铭是公元前第 3 世纪后期的遗物。公元第 8 世纪以后,受了格兰他字母的影响,逐渐变化成近代的僧伽罗字母。字母的特点是"圆化"。

近代僧伽罗字母有 54 个,其中元音 18 个,辅音 30 个,分为两种字体（Elu 体和 Sinhala 体）。

图表　12－13

斯里兰卡的僧伽罗文样品

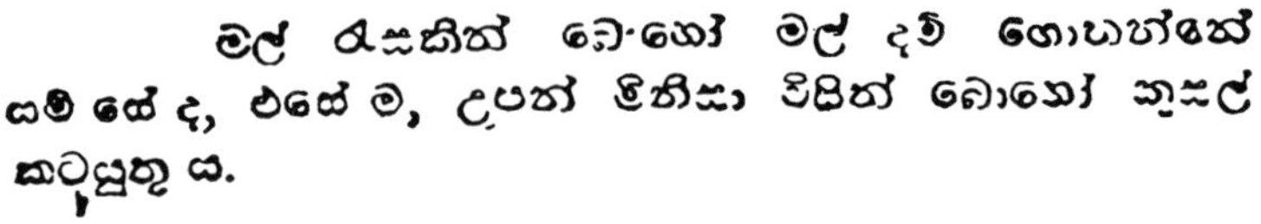

මළ අැකිත් තෝතෝ මළ දම් තොවාහ්තේ
සම් තේ ද, ළතේ ම, ළපත් ළිතිස, විසිත් තොංතෝ තුංමළ
කටුයුතු ය.

僧伽罗语是一种印度雅利安语言。泰米尔语是一种达罗毗荼语言。由于第二个人口较多的民族是泰米尔人，所以泰米尔字母在斯里兰卡也很流行。

（2）印度字母在马尔代夫：代夫字母

印度南面 650 公里印度洋中的马尔代夫群岛（Maldives），有小岛两千来个。公元前 5 世纪，锡兰岛人移居来此。近四百年来，先后受葡萄牙、荷兰和英国统治。1965 年独立，1968 年由苏丹国改为共和国。早期信佛教，12 世纪改信伊斯兰教。人口 20 万。当地的代维希语（Devehi）是一种印欧语言。

图表　12－14

马尔代夫的文字样品

a. 代夫文字　　b. Tana 数字文字

马尔代夫的早期文字叫做 Evela Akuru（古文字），遗有 1356 年的刻碑，字母很像 10～12 世纪的僧伽罗字体，也像更早的格兰他字体。后期文字叫做 Dives Akuru（代夫文字），较晚才发现和解读，分为碑铭体和行书体。

晚近岛民采用两种文字。一种用阿拉伯字母书写阿拉伯语，如果书写马尔代夫语，要加上点子符号表示特殊的马尔代夫语音。另一种叫做 Tana（或 Gabuli Tana）文字，开始应用于 18 世纪，有 26 个字母，包含 9 个阿拉伯数码符号(从 1 到 9),9 个马尔代夫数码符号(也是从 1 到 9),还有 8 个波斯阿拉伯字母作为表示外来的波斯阿拉伯语音的补充符号。这些都是辅音字母,在需要表示元音的场合,再上加或下加符号。书写顺序是从右而左。这种以数码为字母的奇特文字大致是阿拉伯人创造的。

2. 北向传播和演变

(1) 印度字母在尼泊尔:尼泊尔文和尼华尔字母

中国和印度之间的尼泊尔王国,有人口 1846.2 万(1991)。尼泊尔语属于印欧语系印度雅利安语族。官方文字是尼泊尔文(Nepalese),用梵文字母,跟印地文相同。全国人口十分之九信印度教,信佛教的不到十分之一。

尼泊尔的早期文化是今天的少数民族尼华尔人(Newar)创造的。他们的语言属于汉藏语系、藏缅语族,字母接近孟加拉字母,遗留下许多佛教译著。佛教曾兴盛于尼泊尔,后来随着在印度衰落而在尼泊尔也衰落了。

图表　12－15

尼泊尔文样品

एक दिन एउटा कुकुर मासुको पसलबाट मासुको चोक्टा चोरेर वस्तीतिर
भाग्यो। बाटामा ठूलो खोलो पर्यो। त्यस खोलामाथि सांघु थियो। सांघुमा

佛陀(Buddha“觉悟者”,尊称)释迦牟尼(Sakyamuni,释迦族的圣人)名叫乔达摩·悉达多(名 Siddhartha,姓 Gautama,约公元前 563～公元前 480),生于尼泊尔的兰毗尼(Lumbini),邻近印度。佛教在印度以外的传播(除原用汉字的地区以外),是传播印度字母的主要动力。

(2) 印度字母在中国西藏及其邻近地区

中国的西藏,1965 年成立自治区,有人口 202 万(1986)。随着佛教的传入,印度字母来到了西藏。

a. 藏文字母

西藏传说,藏文字母是屯弥三菩札(thumi-sambhota“屯村好人”)在 639 年采用印度字母而创造的。他曾去印度留学,根据迦湿弥罗(克什米尔 Kashmir)的天城体字母,创造藏文字母。晚近研究者认为,这个传说不完全正确。西藏字母传承于笈多(Gupta)字体,在屯弥时代以前早就存在,屯弥大概进行了修改。古代西藏翻译佛经,留下宝贵的巨著《大藏经》,包含各类著作 4500 多种,有许多在印度本国早已失传。

　　藏文有 30 个辅音字母,4 个元音符号和 5 个书写外来词的反写字母。每个音节末尾右上角加一点表示音节分界。字体分两种：1. 楷书体,字头有横线(跟梵文相同),又称"有头字"(dbu-chan,u-chan);2. 草书体,又称"无头字"(dbu-med,u-med)。千余年来,字体变化极少。拼法最早符合语音,后来语音变化而拼法不变,成为脱离口语的文言文。藏语属汉藏语系藏缅语族藏语支,有三种主要方言。卫藏方言和康方言有声调,安多方言没有声调。脱离口语的拼法使藏文成为超方言文字。

　　用西藏字母书写的藏文,是西藏自治区的官方文字、宗教文字和教育文字。

图表　12－16

藏文字母表

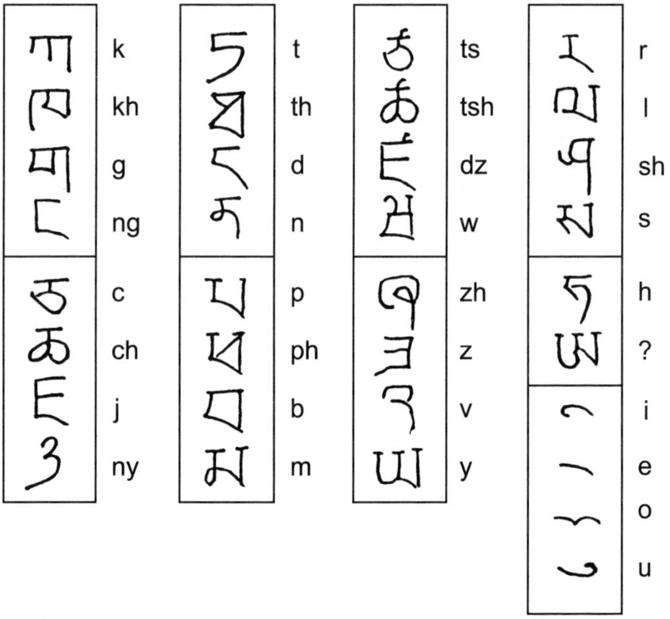

说明：

1. 上表辅音字母是印刷体(有头字),此外有简化的手写体(无头字)。

2. 辅音字母都带"a"音,跟其他元音相拼或作辅音韵尾时,去掉"a"音。

3. 字母自左而右书写,但是部分辅音字母加在另一辅音字母的上面或下面,有的数层重叠。

4. 四个元音符号不能独立单用：i,e,o 写在辅音字母的上面,u 写在辅音字母的下面;元音 a 附带于辅音字母,没有独立的符号。

5. 藏文大致是在初创时候所写定,后来经过几次调整统一,但是跟不上语音的历史变化,于是拼写与读音脱节,写法相同而各地读音不同,"书同文"而"语异音"。例如:拼写形式是"bsk"(sk 上下重叠),实际读音是"ka"。拼写形式是"tr-tmr",实际读音是"tar-ma"。拼写形式是"brgyd"(rgy 上下三层重叠),实际读音是"gye"。

6. 音节末尾用一点表示音节完了。有 4 个声调,没有声调符号。

(根据美国 Waxhaw 字母博物馆《字母的创造者》)

图表 12-17

藏文有头字和无头字对照

	有头字	无头字			有头字	无头字	
1	ཀ	ཀ	ka	16	མ	མ	ma
2	ཁ	ཁ	kha	17	ཙ	ཙ	tsa
3	ག	ག	ga	18	ཚ	ཚ	tsha
4	ང	ང	nga	19	ཛ	ཛ	dza
5	ཅ	ཅ	ca	20	ཝ	ཝ	wa
6	ཆ	ཆ	cha	21	ཞ	ཞ	zha
7	ཇ	ཇ	ia	22	ཟ	ཟ	za
8	ཉ	ཉ	nya	23	འ	འ	va
9	ཏ	ཏ	ta	24	ཡ	ཡ	ya
10	ཐ	ཐ	tha	25	ར	ར	ra
11	ད	ད	da	26	ལ	ལ	la
12	ན	ན	na	27	ཤ	ཤ	sha
13	པ	པ	pa	28	ས	ས	sa
14	ཕ	ཕ	pha	29	ཧ	ཧ	ha
15	བ	བ	ba	30	ཨ	ཨ	a

根据王尧《藏文》,《民族语文》1979 年第 1 期。

b. 八思巴蒙文字母

元世祖忽必烈(Kublai)在 1269 年请西藏喇嘛僧八思巴(Passepa,Pags-pa,1234～1279)采用西藏字母制订一套蒙古字母,代替原有的用回纥(Uighur,维吾尔的祖先)字母书写的蒙古文。这种新造的文字,名为八思巴蒙古文,1272 年正式采用。(参见图表 11 - 14)

这种字母没有回纥字母方便,不久在事实上废止了。1310 年重新采用回纥字母创制一种新的蒙古文,即加利加(Kalika)文,其中也还保留一些西藏文的影响。在中国元朝的官方文书中,尤其在官印上面,八思巴文沿用得比较长久。在汉字的影响下,八思巴文和加利加文都是由上而下直写,但是行序自左而右排列。

图表　12 - 18

藏 文 样 品

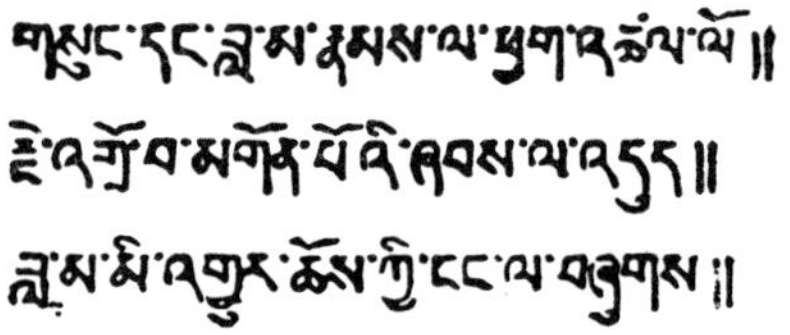

གསུང་དང་ནུ་མ་རྣམས་ལ་ཕྱག་འཚལ་ལོ།།
ཇེ་འགྱོབ་མགོ་པོ་འི་ཧྭས་ལ་འདུད།།
ནྲ་མེ་འགྱུར་ཚེ་ཀྱི་ངང་ལ་བཤགས།།

c. 锡金的勒佳字母

锡金(Sikkim,原义"新居"或"福屋"),中国史称哲孟雄。锡金最早的原住民勒佳族(Lepcha,又称 Rong),采用藏文字母书写他们的语言。

中国西藏的喇嘛教大致在 17 世纪传入锡金。传说锡金国王(称

图表　12 - 19

锡金勒佳字母举例

E	5	S	W	ʬ	ᷓ	ᵖ	ᵈ	ᵹ	ᷘ
ka	kla	kha	ga	gla	pa	pla	pha	fa	fla

ᷝ	ᷝ	ᷝ	ᷝ	ᷝ	ᷝ	ᷝ	ᷝ	ᷝ	ᷝ
a	á	ạ	i	í	ú	u	e	o	ó

chogyal)赞多南吉(Chagdor Namgyal,Phyag-rdor Rnam-gyal)在 18世纪创制勒佳文字。字母上面或前面有点、横、小圈等符号，表示元音。英国统治后，锡金用英文作为官方文字。

晚近在古代遗物中发现一种南文(Nam)，它的语言结构和文字形式接近西藏文。人们推测是古代住在中国新疆南部的一种氐羌人的文字。

在 8～10 世纪的古文献中，还发现了几种用西藏字母拼写汉语的佛教著作。这是文字传播史上有趣的发现。印度佛教文化曾长期地、大量地、深入地传播到中国，但是印度字母没有被汉族所接受，只是在印度字母的影响下发展了"反切"和"三十六字母"(声母)。

(3) 印度字母在西域

印度笈多(Gupta)字体的西部变体，传到西域发展成为两种变体：西域笈多斜体和西域笈多草体。

a. 西域龟兹字母和焉耆字母

中国敦煌和新疆塔里木盆地，发现笈多斜体的古代写本。其中有两种文字的对照写本。从古代印度梵文，解读出另一种原来不认识的文字。这样，才知道在一千多年前，中国塔里木河和天山之间，包括吐鲁番和库车等地，居民的语言属于印欧语系。这种语言分为两种方言，一种是龟兹(库车 Kucha)方言，另一种是焉耆(阿尔几 Argi)方言。两种方言的文字都是用笈多斜体字母书写的。大致在第 4 世纪就有这种笈多斜体。现存文献多数为宗教写本。库车文献中还有商业和医药文件。

图表　12‑20

西域笈多斜体和草体

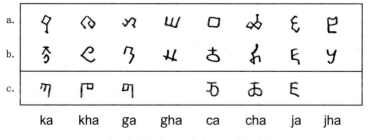

| | ka | kha | ga | gha | ca | cha | ja | jha |

a. 西域笈多斜体　b. 草体　c. 藏文字母

b. 西域和田字母

中国甘肃敦煌和新疆东部还发现了古代的和田(Khotan)文字。和田语言也属于印欧语系,是最东部伊朗语的一支。采用笈多草体书写的和田文,大致开始于第 2 世纪,成熟于 6～7 世纪,现存的文献是 7～10 世纪的遗物。当时,印度的雅言文字和俗语文字在和田都很流行。现存文献中有官府文件、商业文件、印度故事、宗教诗歌、医药文件等。和田字母的形式和用法,对笈多字母作了改变和增损,有佉卢字母和闪米特字母的影响。

值得注意的是,笈多草体的古文献中,也发现了拼写汉语的记录。古代的西域人也觉得汉字难学,尝试用字母拼写汉语,作为沟通语文的桥梁。

3. 东向传播和演变

印度字母南向传播,遇到一片大洋。斯里兰卡岛和马尔代夫群岛,土地不大,人口不多。南向传播的成果不大。印度字母北向传播,遇到荒凉的高原(中国的西藏)和浩瀚的沙漠(中国的新疆),土地很大,人口不多。由于汉字很早占领了人多地富的中国、朝鲜和日本,印度字母未能随同佛教而传播开来。"字母跟着宗教走"的历史规律在这里失去了作用。北向传播的成果也不大。印度字母的扩大传播,成果最大的是东向。在中南半岛,汉字文化在历史上只达到越南的北部;中南半岛大部分以及东南亚的广大岛屿区域,整个是印度字母的传播空间。如果不是太平洋的阻隔,印度字母是会传到美洲去的。今天,虽然广大岛屿区域和半岛上的越南、马来亚已经被拉丁字母所占领,但在四个信奉佛教的半岛国家(缅、泰、老、柬)依然保留着印度字母的地盘。

(1) 印度字母在孟加拉国:孟加拉字母

关于孟加拉文,前面已经谈过。

(2) 印度字母在缅甸

缅甸(Burma,Myanma)是东南亚信奉佛教最早的国家。3 世纪时候,孟人(Mon)开拓缅甸南部,吸收印度文化。9 世纪,缅人在北方建立蒲甘(Pagan)王国,1044 年南征,统一全缅,成为小乘佛教(Hinayana)的中心。1287 年被蒙古人灭亡。1885 年被英国吞并,

1897 年成为英属印度的一个省，1937 年从印度分出，由英国直接管理。二次大战后，1948 年独立。不规定国教，信佛教的占总人口87％，官方文字是缅文。印度格兰他字母传到缅甸，产生三种主要的字母：孟文字母、标文字母和缅文字母。

a. 孟文字母

孟人（Mon）最早开拓缅甸南部的三角洲和沿海地区，接受印度文化，创造孟文字母。孟人的后裔又称为他朗人（Talaing）。

孟人和高棉人的语言同属一支，合称孟高棉语（Mon-Khmer）。高棉人向东发展，孟人向西发展。公元 573 年孟人建设庇古城（Pegu，即勃卧），因此又称庇古人。他们的首都泰通（Thaton），当时是一个重要的海口商埠。

孟人传说，印度的阿育王曾派高僧前来传授佛教。一千多年前，泰通是古代佛教的中心之一。早期文献没有留传下来。现存最早的文献是 11～12 世纪的碑铭。1044 年北方蒲甘（Pagan）王国的缅人征服孟人。13 世纪孟人获得自由，重建"中世"王国，但是 1540 年又被缅人征服。现存文献多数是"中世"王国的遗物。

现在，多数孟人已经同化于缅人，只有泰通等地的孟人还说孟语，成为少数民族。

在蒲甘的 Myinkaba 地方，发现妙色地（Myazedi）宝塔旁边的石柱，刻着四种对照的文字：孟文、标文、缅文和巴利文。这是 1113 年的遗物。这个碑铭的解读，使今人重新了解了古代孟人和标人的语文。

孟文字母大致传承于南印的格兰他字体，但是经过了修改，增加了几个字母和符号。孟文字母由有棱角的笔画逐渐变为圆圈形的笔画。各个字母相互同化，彼此近似。"中世"王国时期的字体已经不同于早期的孟文字母。早期孟文字母不仅是后期孟文字母的祖先，也是缅文字母的祖先。

b. 标文字母

标人（Pyu，又译骠人），比缅人更早来到缅甸的伊洛瓦底江（Irrawaddy）下游，曾在勃朗（Prome，即卑谬）建立政治和文化中心。妙色地碑铭的解读，发现标语是一种藏缅语言。这种语言大致在 600 年以前就已经消失了。

标文字母不像传承于孟文字母，而像传承于另一种南印西部的字体。各个字母相互同化，难以分辨。

c. 缅文字母

缅语（Burmese）是藏缅语族的一支，有声调变化。缅人建国于北方的蒲甘，崇信佛教，曾南下三角洲，征服泰通的孟人和勃朗的标人。

征服孟人以后，缅人吸收孟人的文化，采用孟人的字母。泰通的和尚成为缅人王国的文化传播者。直到晚近，缅甸和尚还主持着基础教育。缅甸文盲极少，一方面因为拼音文字容易学，同时也要归功于和尚的教育。

图表　12－21

缅文字母由方到圆的演变

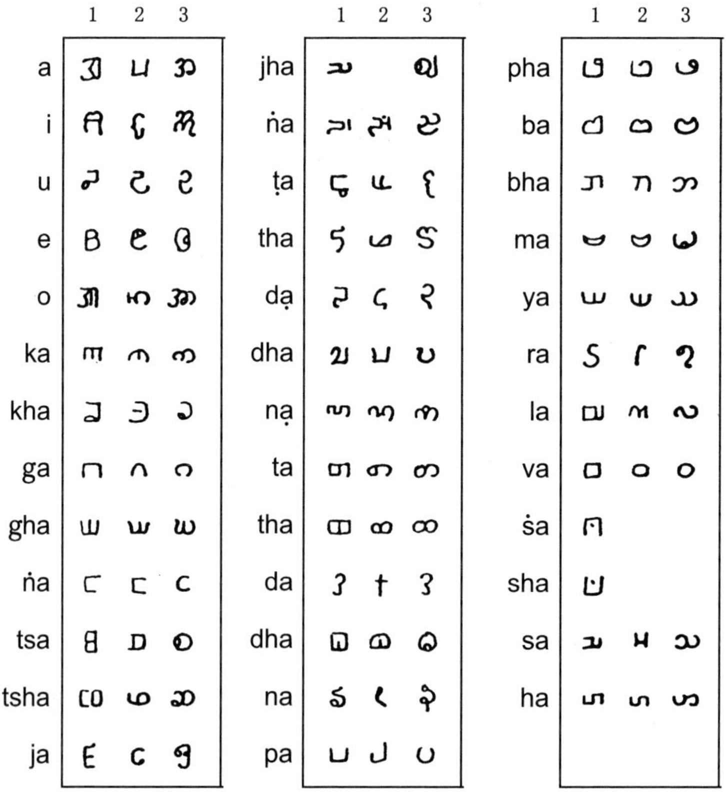

	1	2	3		1	2	3		1	2	3
a				jha				pha			
i				ṅa				ba			
u				ṭa				bha			
e				tha				ma			
o				ḍạ				ya			
ka				dha				ra			
kha				ṇạ				la			
ga				ta				va			
gha				tha				śa			
ṅa				da				sha			
tsa				dha				sa			
tsha				na				ha			
ja				pa							

11～12 世纪,巴利(Pali)佛教从斯里兰卡岛传入,使原有的佛教文化增添新的光彩。以孟文字母为基础的缅文字母,又采取巴利字母的特点。

古代缅文字母分为两种字体:1. 方角形直线的碑铭体(Kyok-cha,Kiusa);2. 方形巴利体,笔画已有圆化的趋势。

现代缅文字母的圆化特征是十分突出的。圆化趋势在"中世"孟文字母里已经初步发展,到现代缅文字母达到了登峰造极的程度。任何文字的手写体,由于运笔迅速的要求,必然趋向流线化和圆形化。缅文字母由于用针笔在棕榈叶上书写,直笔容易划破,圆笔较难划破,于是形成圆形端正的圈儿体(chalonh)。整圈儿,破圈儿,单圈儿,双圈儿,圈内圈外带着小圈儿,一路圈儿圈到底。

图表　**12 - 22**

缅文元音字母和数字

a. 缅文元音字母简体举例　　　　b. 缅文数码字

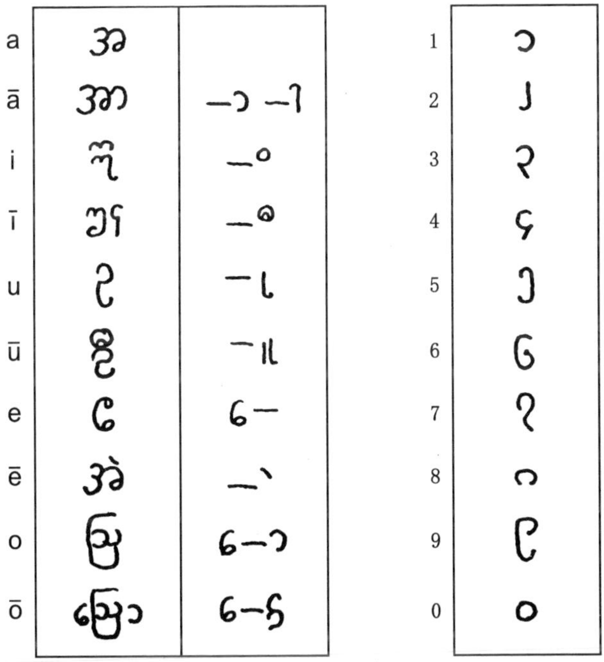

现代缅文字母有 42 个,其中有元音字母长音短音各 5 个,辅音字母 32 个。元音字母跟辅音相拼的时候,要改写为简体,这是继承印度字母的特点。缅文另有数码字。

图表　12－23

缅甸文举例

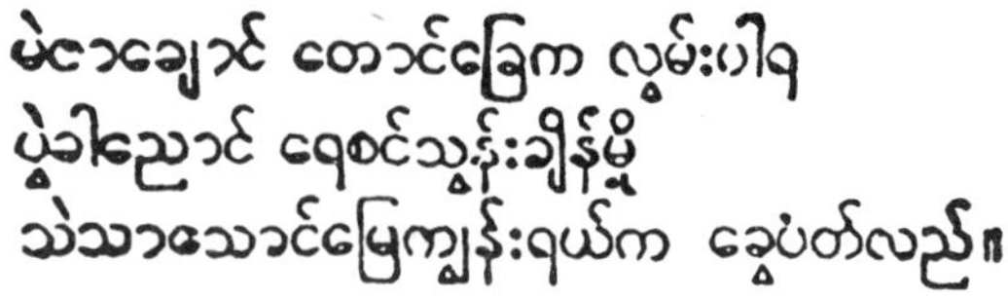

မင်းချင်း တောင်ခြေက လွမ်းပါရ
ပွဲခံညှင် ရေစင်သွန်းချိန်မို့
သဲသာသောင်မြေကျွန်းရယ်က ခွေပဲတ်လည်။

缅文字母在 1832 年被缅甸的克伦人（Karen）采用。这是缅文字母的新发展。克伦人口今天占缅甸人口第二位，他们的语言是另一种汉藏语言，有声调变化。

（3）印度字母在泰国：泰文字母

泰国（Thailand），全称是泰王国，原称暹罗（Siam），1939 年改现名。它是中南半岛上未曾成为殖民地的唯一国家。泰族（暹罗族）占人口多数。官方文字是泰文（暹罗文）。泰国是以佛教为国教的唯一国家。泰语（暹罗语）是中南半岛上的一种重要语言。在缅语中，缅甸掸邦的泰人被称为掸（Shans）人。更古的称呼是寮（Lao 老挝）人。暹罗的"暹"（Sayam）跟"掸"（Shan）同源；暹罗的"罗"跟"寮"（Lao）同源。

公元 11 世纪以后，掸人（泰人）居住在湄公河上游和萨尔温江流域。掸人的一族，称为阿洪姆人（Ahom，跟 Assam 同为 Shan 的变音），在 1228 年西征阿萨姆（Assam）。另一族占据卡姆底（Khamti）。掸人又征服北部缅甸，那里至今有掸邦（Shan State）。1275 年，他们的一族以湄南河三角洲为中心，建立苏可台（Sukhotai）王国。这是泰国的早期历史。

萨尔温江沿岸的高山，把掸人（泰人）的语言分为南北两支。南支成为泰语（暹罗语）、寮语（老挝语）、仂语（Lü）、亨语（Hkün）。北支成为掸语（北缅掸语、南缅掸语、云南掸语）、卡姆底语、阿洪姆语。

图表　12－24

泰 文 举 例

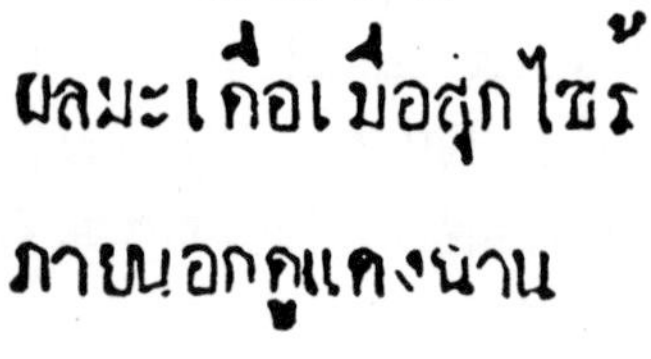

ผลมะเกื่อเมื่อสุกไซร
ภายนอกกูแดงนาน

图表　12－25

东南亚五种印度式字母对照表

	ǎ	a	ǐ	i	ǔ	u	e	o		k	kh	g	gh	ŋ
柬														
泰														
老														
傣														
缅														

	c	ch	j	jh	ŋ	ṭ	th	ḍ	dh	ṇ
柬										
泰										
老										
傣										
缅										

	t	th	d	dh	n	p	ph	b	bh	m
柬										
泰										
老										
傣										
缅										

	y	r	l	v	s	h	l	?
柬								
泰								
老								
傣								
缅								

注：录自罗美珍《试论我国傣文和东南亚几种文字的关系》，《民族语文》1981 年第 4 期。

　　泰国的最古文献是 1292 年的苏可台石碑（现存曼谷国立图书馆内）。碑上记载说，泰文（暹罗文）是国王銮纲恒（Ram Khamheng）所创造。泰文字母大致是根据高棉（Khmer）字母而改造成功的。字母中有高棉字母所依据的南印格兰他字体的字母，这是巴利字母和缅文字母中所没有的。后来受佛教和巴利字母的影响，字母的外形采取巴利字母的方块形式，可是结构上没有共同之处。苏可台字母不论辅音或元音，都一线平列书写，跟今天的拉丁字母相同。后期改为元音符号写在辅音字母的上、下、前、后，像是音节字母了。

　　苏可台石碑以后 200 年间，没有其他文献留下来。从苏可台字母到现代字母，由于书写工具更改，外形发生了变化。

　　现代泰文字母有辅音字母 44 个，都包含有 a 音在内；有元音 32 个，用加在辅音字母上、下、前、后的符号来表示，没有独立的元音字母。同一个辅音有几个字母表示。有五种声调，四种用符号标出，另一种不标。

　　泰文字母自左而右书写，不用标点。词儿和词儿之间不留空格。一句话从头到尾连续不断写完以后，才间隔开来。19 世纪初期采用印刷机，开始尝试词儿分隔的办法。

　　（4）印度字母在老挝：寮文字母

　　老挝（Laos，寮国），1893 年沦为法国"保护国"，1945 年独立，1975 年废君主，成立老挝人民民主共和国（Sathalanalat Paxathipatal Paxaxôn Lao）。人口 424.8 万（1991），分为佬鲁族（Lao-Lu）49％，佬听族（Lao-Theng）25％，佬泰族（Lao-Tai）13％，佬松族（Lao-Soung）和其他。没有国教的规定，人民中 58％信佛教。官方文字为老挝文（Laotian，寮文）。

　　公元 749 年，南诏王国的一支泰人建立澜沧江国（"万象之国"），引进佛教。寮文是最早的泰语文字。传说，在公元 500 年左右，寮王（名 Ruang）创制文字。另一传说，寮文起源于 11～12 世纪从缅甸传入的佛教巴利文。经过考证，前一说失之过早，后一说失之过晚。根据早期文字的比较研究，证明寮文是从孟人文字传承而来。大致在 10 世纪初期，即在高棉人征服湄南河的孟人以前，寮人就跟孟人有了文化上的接触，并从孟人那里取得了字母。寮人接触孟人早于接触缅人。

图表　12-26

老挝文举例

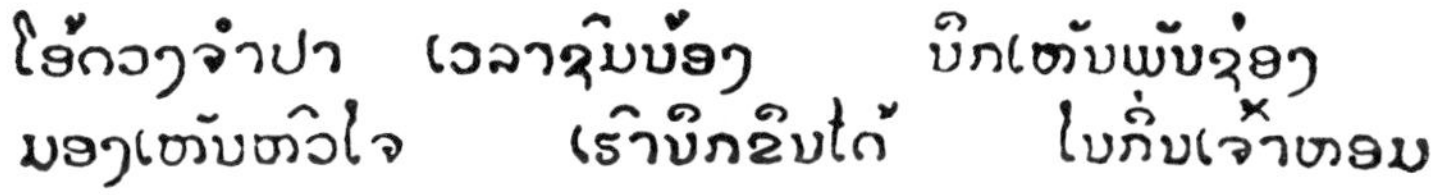

ໄຂ້ວງຈຳປາ　ເວລາຊິນບໍຊ່ງ　ບິ່ກເຕັ້ນພັບຈຸ່ງງ
ມອງເຕັ້ນຕົວໃຈ　ເຮົາບິ່ກຂົ້ນໄດ້　ໄບກົ່ນເຈົ້າທອນ

早期的寮文字母被称为豆荚文字(fak kham)，形状像罗望子荚。最早的遗物有 13 世纪的一张棕榈叶写本。近代寮文(老挝文)跟 13 世纪的文字基本上相同，不过受了缅文字母和掸文字母的影响。寮文有 45 个辅音字母，其中大约一半是专为区别声调而创造的。寮文字母后来又分化出几种变体，用于不同的方言。

(5) 缅、印、中边境地区的傣语字母

在傣语诸民族中，有几族分布在缅甸东北的掸邦，印度东北的阿萨姆，中国西南的云南等边境地区。他们都有自己的文字，采用印度字母的某种变体作为创造字母的基础。

a. 掸邦的掸文字母——缅甸的掸人，多数住在缅甸东北的掸邦。他们的语言属于东南亚傣语的西南语支，跟泰语(暹罗语)和老挝语(寮语)关系密切，但是有更明显的单音节性。掸文早期采用高棉字母，后来改用缅文字母，有两种变体。

图表　12-27

掸邦和阿萨姆的字母样品

a. 亨语字母样品

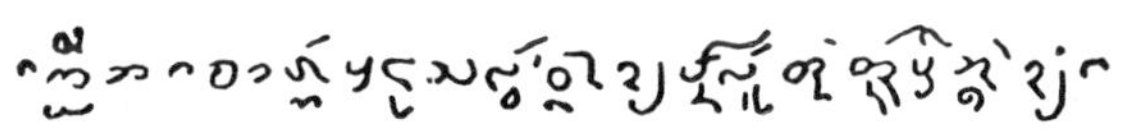

ᩅᩥᨦ᩠ᨦ᩠ᨲ᩠ᩅᩦᨯᩣᨦ᩠ᨦᨪᩢᨦ᩠ᩃᩥᨦᨦ᩠ᩓᨦᨪᩣ᩠ᩃᨦᩢ

b. 阿洪姆字母样品

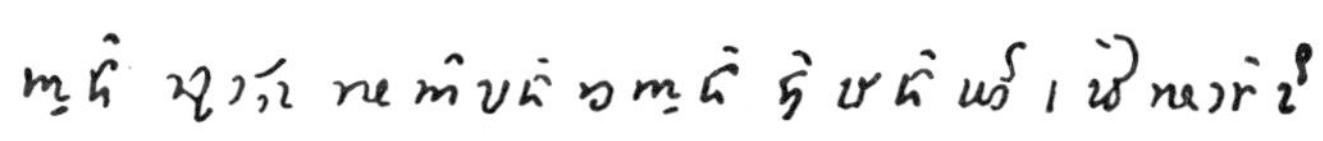

ꩰꨳꨳꨳꨳꨰꨯꩻꨳꨳꨳꨯꨳꨯꩬꩡꩶꩻꨯꩬꩻꨳ

c. 卡姆底字母样品

(1) 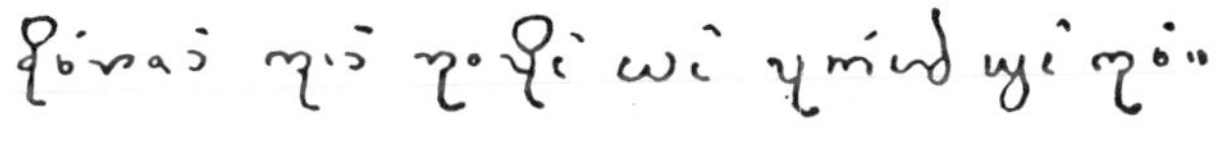 ꨀꨯꨰꨯꨯꩻꨯꩻꩻꨳꨰꨯꩻꨳꩻꨯꩻ

(2)  ꩡꩬꩻꩻꨳꩻꩻꩻꨰꩻꨳꩻꨳꩻꨳ꩜

(1) 印刷体(无黑点)　　(2) 手写体(有黑点)

但是，在掸邦东部的景栋(Kentung)地方的掸人，讲的是仂语
(Lü)和亨语(Hkün)方言，有自己的文字，字母传承于寮文字母，跟缅
文式的掸语文字不同。

b. 阿萨姆的阿洪姆字母和卡姆底字母——阿萨姆语属印度雅利
安语族。阿萨姆邦的傣语少数民族，不仅保留着自己的语言，还曾经
有自己的文字。

阿洪姆语(Ahom)虽然已经消逝，阿洪姆文字还被少数人保存着
作为"神圣"文字。阿洪姆字母有 41 个，其中 18 个表元音，23 个表辅
音。研究阿洪姆字母，可以窥见早期寮文的某些特点。

阿萨姆的卡姆底语(Khamti)，采用掸文字母的一种变体，分为印

图表 12-28

云南四种傣文字母

注：录自张公瑾《傣族的文字和文献》，载《中国民族古文字研究》。

刷体(无黑点)和行书体(有黑点)。黑点字母(见样品)是比较奇特的。共有字母 33 个,其中 16 个元音,17 个辅音(包括 y 和 w)。

　　c. 云南的傣文字母——中国的傣族,历史上称为"掸""金齿""白衣""摆夷"等,主要居住在云南德宏和西双版纳两个自治州。他们的傣语(Dai)属汉藏语系壮侗语族傣语支。有四种文字:a. 德宏傣文,即傣哪文;b. 西双版纳傣文,即傣仂文;以上两种应用较多;c. 傣绷文,又称傣德文,用于澜沧、耿马等地。d. 金平傣文,用于金平等地。西双和金平,声母都分两组字母,每组各拼写三个声调。德宏和傣绷,不因声调不同而用不同的字母。西双和德宏两种文字,在 1954 年作了改进。西双字母极像缅文。

　　(6)印度字母在柬埔寨:高棉字母

　　柬埔寨(Cambodia, Kambuja)历史悠久,1863 年沦为法国保护国,1953 年宣布独立,1976 年成立民主柬埔寨,1993 年成立柬埔寨王国。人口 870 万(1990),高棉族(Khmer)占 93%。信小乘佛教者占全国人口的 88%,但是不规定国教。高棉语属南亚语系孟高棉(Mon - Khmer)语族。

图表　12 - 29

西双版纳新傣文

a. 辅音字母

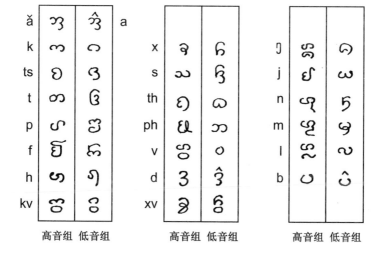

b. 韵母

ă		ĭ	ŭ	ě	ɛ̌	ǒ	ɒ̌	ɯ̌	ɤ̌
	a	i	u	e	ɛ	o	ɒ	ɯ	ɤ
ăi	ai		ui			oi	ɒi	ɯi	ɤi
ău	au	iu		eu	ɛu				ɤu
ăŋ	aŋ	iŋ	uŋ	eŋ	ɛŋ	oŋ	ɒŋ	ɯŋ	ɤŋ
ăn	an	in	un	en	ɛn	on	ɒn	ɯn	ɤn
ăm	am	im	um	em	ɛm	om	ɒm	ɯm	ɤm
ăk	ak	ik	uk	ek	ɛk	ok	ɒk	ɯk	ɤk
ăt	at	it	ut	et	ɛt	ot	ɒt	ɯt	ɤt
ăp	ap	ip	up	ep	ɛp	op	ɒp	ɯp	ɤp

　　"一"表示声母的位置

　　根据刀世勋《西双版纳傣文》,《民族语文》1980 年第 1 期。

官方文字为高棉文。

　　高棉在公元 1 世纪建国,称扶南(意即"山地之王")。中国三国时代(3 世纪),吴国派使臣与之往来。4 世纪传入印度文化,印度教和佛教并存。

　　10 世纪中,高棉人进入孟人(Mon)的湄南河流域。12 世纪又征服越南南部的占城(Cham)王国。后来退回湄公河流域。高棉语言和文字跟孟人和占城人有密切关系。

　　高棉碑铭起初用梵文书写,逐渐改用高棉语书写。最早的高棉语碑铭是公元 629 年的遗物。早期高棉字母跟南印的格兰他字体相似。后来采用同样源出于格兰他字体的占城字母书写高棉文,只在外形上产生独特的风格。

图表 12-30

高棉文举例

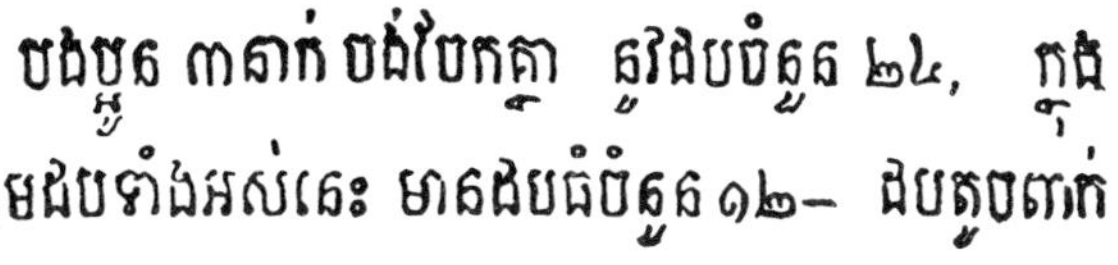

 បង្កើត ៣ឆ្នាក់ បង់ប៉ៃក្គ្លា ផ្គើដបធំផ្នន ២៤, ក្នុង
បំណោមដបទាំងអស់នេះ មាអដបធំប៉ុន្នន ១២- ដបគួបព៉ាក់

(7)印度字母在越南:占城字母

越南在历史上北方属于汉字文化圈,南方属于印度字母文化圈。曾有瓯越、大越、安南之称。从古代起,就同中国有密切往来。10 世纪以后形成封建国家。1802 年(清嘉庆七年)改国号为越南。1884 年沦为法国"保护国"。1945 年成立越南民主共和国,1975 年北、南统一,定名为越南社会主义共和国。越南人主要为京族(因此北部湾原称东京湾)。京语,又称越南语,属汉藏语系壮侗语族,另一说属南亚语系孟高棉语族。文字原用汉字,后来创造汉字式的越南方块字,叫做"喃字"。法国人推行越南语罗马字,独立后在 1945 年被规定为全国法定文字,称"国语字"。

越南南方,公元 192 年建国,初称林邑,7 世纪后称环王,9 世纪称占城(Cham),又称占婆(Champa)。全名为"占婆补罗";"补罗"在梵文是"城"的意思,简译"占城"。

占城人的语言属于马来波利尼西亚(Malayo-Polynesian)语系。

占城最古的佛教碑铭是佛坎(Vo-Canh)石刻。这是用南印格兰他字体所写的梵文碑铭,大约是 2~3 世纪的遗物。佛教的影响到 9 世纪开始重要起来,到 13 世纪处于全盛时代。初期的碑铭大都是梵语和占城语两种文字对照,一概用类似南印格兰他字母的占城字母拼写。到 8 世纪,占城文字完全成熟,碑铭也完全由占城文字独占了。现存最古的占城语碑铭是 9 世纪初的广南省(Quang-Nam)东应州(Dong-yen-chau)的石刻。这是记载马来波利尼西亚语言的最古文献。

占城文字原来是自左而右书写的，后来受了伊斯兰教阿拉伯字母的影响，改为自右而左书写。占城字母采自南印，另外增加几个辅音字母和元音符号。占城字母后来既用于书写高棉文，又用于书写安南文。

图表　12‑31

占城字母样品

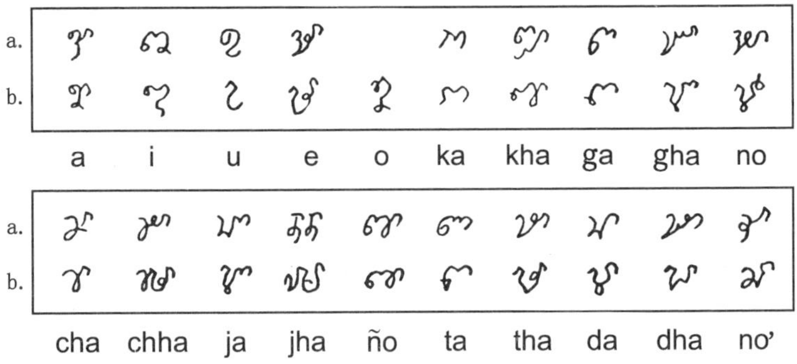

a. 用于柬埔寨　b. 用于越南

（8）印度字母在马来亚：借用梵文

马来亚（Malaya，Malay）现在是马来西亚（Malaysia）的主要部分。这里发现的古碑，只有印度的梵文，没有用梵文字母书写当地语言。在伊斯兰教和阿拉伯字母传入以前，这里借用梵文，还没有创造自己的文字。借用梵文是创造文字的先行阶段。

（9）印度字母在印度尼西亚

印度尼西亚（Indonesia），从它的名称就可以知道，在历史上它属于印度文化圈。中国唐朝称它为诃陵（据说是 Kalinga 的音译）。7 世纪，以苏门答腊岛为根据地，建立佛教国室利佛逝（Srivijaya），意思是"佳妙胜地"。宋以后称它为三佛齐。13 世纪，以爪哇岛为根据地，建立强大的麻喏巴歇王国（Madjapahit），宋朝称它为阇（shé）婆，又称社婆。元朝称它为爪哇（Java）。

爪哇和苏门答腊都有以印度字母为根源的本土文字。此外在苏拉威西岛（Sulawesi，又称西里伯斯岛 Celebes），也有同一根源的本土文字。

12～13 世纪起,伊斯兰教的波涛从印度冲来,逐渐淹没了整个印尼。印尼丢掉了印度字母传统,改用阿拉伯字母。15 世纪末,从西欧通达印尼的海路开通,印尼成了荷兰的殖民地。印尼文字又改用西欧的拉丁字母。印尼文字史的特点是,经历了三度更换字母。从印度字母到阿拉伯字母到拉丁字母,反映了佛教文化、伊斯兰教文化和基督教文化的历史浪潮。现在,源出于印度的印尼字母和阿拉伯字母的印尼文,只能到老年人中去寻访了。印度尼西亚已经离开了印度字母文化圈,改用拉丁字母。

图表　**12 - 32**

爪哇字母的演变

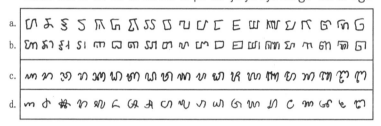

ha na cha ra ka da ta sa wa la pa da ja ya nya ma ga ba ta nga

a. 卡昧佛陀体　b. 佛陀另一式　c. 近代爪哇体　d. 爪哇体辅助符号

a. 爪哇的卡昧字母——爪哇是印尼的中心。在首都雅加达(Jarkata,即 Batavia)发现 4～5 世纪的四块梵文石碑。这是印度文化来到印尼的早期标志。

大约从第 5 世纪起,南印的格兰他字母就从印度东岸传来爪哇。印尼传说,最早把文字带到爪哇的是一位婆罗门教徒(名 Tritesta)。后来印度字母逐渐发展成为早期爪哇的卡昧字母(Kavi,或 Bara Kavi,意为"诗章文字")。

最古的爪哇文字遗物是 760 年的帝那耶(Dinaya,在东爪哇)石刻。上面刻着用卡昧字母书写的文字,但是夹杂着许多梵文。后来的铭刻就完全用卡昧字母书写古爪哇语了。梵文和爪哇文的交替是逐步进行的。起初只用梵文;后来诗章用梵文,散文用爪哇文;更后全部用爪哇文,但是有的石碑的"开篇对句"仍用梵文。卡昧文字的极盛时代在 1041 年前后,当时的政治中心在东爪哇的泗水

（Surabaya）。

1478 年麻喏巴歇王国灭亡以后，古卡味语文被中世爪哇语文所代替。1628 年后，中世爪哇语文又被新爪哇语文所代替。三个时期的爪哇语文是一脉相承的。在中、新两期，虽然伊斯兰教文化在印尼已占上风，可是旧有印度系统的爪哇文字仍在逐步退让的状态中被保存着，成为文言文或某些地区的方言文字。在爪哇语、巽他语（Sunda）、马都拉语（Madura）、巴厘语（Bali）等方言地区，以及在婆罗洲（Borneo），还有爪哇字母（卡味字母的近代体）所书写的印尼文字。但是都在消逝之中。

图表　12 - 33

爪哇文举例

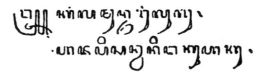

爪哇字母有辅音字母（aksara）20 个（包括 y 和 w）和元音字母 5 个。跟其他印度系统的字母一样，辅音字母带着 a 元音，除非另加符号表示其他元音。爪哇字母还有 20 个用来消除原有元音的辅助符号（aksara pasang'an），其中三个写在字母之后，其余写在字母之下。元音符号（sandang'an）独用时写正体，跟辅音字母拼音时写简体，写在辅音字母的上面或下面，有时写在辅音字母的左右两边。

爪哇字母自左而右书写，词儿之间不留空格。表示休止，用一条或两条斜线（诗章用），或者加一个小撇（普通用）。从印度传来的铁笔和棕榈叶的书写方式，不久前还保留在巴厘岛上。

b. 苏门答腊的巴塔字母——苏门答腊西北的阿钦人（Achin）和东南海岸的马来人，都信伊斯兰教，平时书写用阿拉伯字母，但是书报用拉丁字母印刷。西中部的山居人民（Menangkaban），自称是三佛齐的后裔，过去用爪哇字母，后来改用阿拉伯字母。此外，主动保留爪哇字母的，有巴塔人（Batak），勒强人（Redjang）和朗邦人（Lampong）。他们的三种字母都简化得很厉害，难于看出演变的过程了。三种中间可以把巴塔字母作为代表。

图表　12 - 34

巴塔文举例

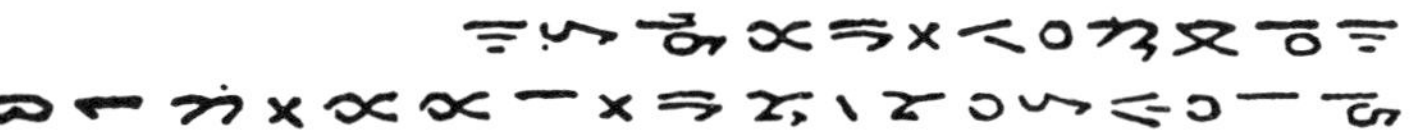

巴塔人居住在多巴湖(Toba)地区,一直保持着自己的风俗习惯,不愿受伊斯兰教的改化。他们不仅有自己的文字,还有自己的非常奇特的书写顺序：字序自下而上,行序自左而右,跟中国汉字恰巧相反。从一张纸的左下角写起,一字一字向上堆高,到顶以后,重又自下而上书写第二行。这种奇特的书写习惯是怎样形成的呢?说明白了也就不足为奇了。原来他们古代用狭长的竹片横放着书写,字序自左而右,行序自上而下,跟今天西洋文字相同。竹片用绳子连结起来,成为一册竹书。竹书用两手向左右翻开阅读的时候,所有竹片都竖立了起来,文字就侧身横卧,成为自下而上的字序和自左而右的行序了。久而久之,他们就习惯于这种奇特的文字顺序。

c. 苏拉威西的布吉字母——苏拉威西岛(Sulawesi)像一条章鱼。这里有书写本土方言的布吉(Bugi)字母和马加萨(Macassa)字母。这两种字母的形体比较特殊,看来像是完全自创的。可是仔细研究,可以找到它们从巴塔字母间接传承于卡味字母的痕迹。二者之中布吉字母有代表性,创始也比较早,虽然创始年代已难考证。

图表　12 - 35

布吉文举例

布吉字母(Bugi)有 23 个,其中 18 个是简单字母,其余是复合字母(chh,mp,nk,nr,nch)。字母中有 a 元音字母,但是 e,i,o,u,ong 用附加符号表示。

在拉丁化印尼文日益普及的今天,本土方言文字能保持多久是很难说的。社会语言学者对这些已经消逝和正在消逝的本土文字,有越来越大的研究兴趣。

图表　12－36

印尼几种印度式字母比较

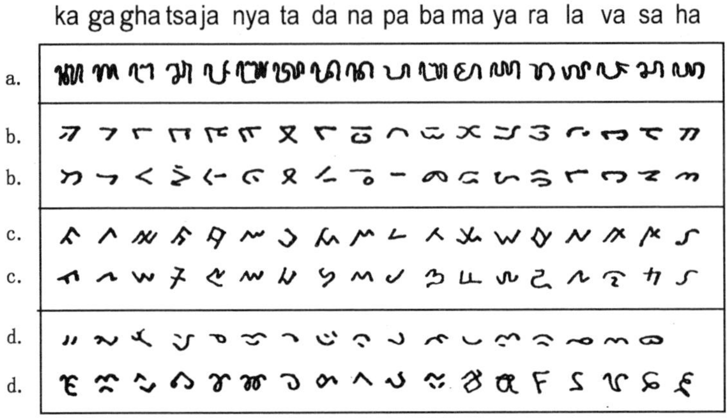

ka ga gha tsa ja nya ta da na pa ba ma ya ra la va sa ha

a. 爪哇　b. 巴塔二式　c. 朗邦，勒强　d. 布吉，马加萨

（10）印度字母在菲律宾

菲律宾有大小岛屿 7000 多个。最大的两个岛是北方的吕宋岛（Luzon）和南方的民答那峨岛（Mindanao，即棉兰老岛）。中部是以宿务岛（Cebu）为主的比萨亚群岛（Bisaya）。靠西有民都洛岛（Mindoro）；更西有巴拉望岛（Palawan）。人口 6068 万（1990）。1565年成为西班牙殖民地，1898 年归美国统治，1946 年独立。

菲律宾的语言属于澳斯特罗尼西亚语系、印尼语族。主要分支是：他加禄语（Tagalog），流行于首都马尼拉和吕宋岛中南部和其他地方，这是菲律宾的官方语言，定名为菲律宾语（Pilipino）；比萨亚语（Bisaya，Visaya），流行于比萨亚群岛和民答那峨岛北部等地，这是使用人口最多的语言；伊洛克语（Iloco），流行于吕宋岛西北部等地；其他。至少有七种语言过去用过印度系统字母书写。

印尼在麻喏巴歇王国时代（约 850～1400）曾扩充版图到菲律宾的吕宋岛，带去印度系统的爪哇字母。菲律宾的早期字母大致源出于印尼苏拉威西的布吉字母，二者有许多共同的特点。

1521 年麦哲伦（Magellan）环航地球，来到菲律宾，在侵菲战争中身亡。1565 年菲律宾成为西班牙的殖民地。菲律宾这个国名是以当时西班牙国王的名字命名的。西班牙人仇视原住民的旧文化，用残酷的宗教裁判所扫荡本土文物。本土文字的写本都被烧光。石碑也一块块地遭破坏。直到 19 世纪晚期以后，本土文字才成为考古者的古董。

　　a. 他加禄字母、比萨亚字母、伊洛克字母、邦加西那字母和邦邦更字母

　　西班牙传教士在占领菲律宾的初年，也曾用过菲律宾原有文字，作为宣传教义的工具。这类传教书籍极少保存到现在。有一本伊洛克文的《教义问答》(Belarmino，1631 年马尼拉初版，1895 年重印)，这是现存传教书籍中最有名的。除此以外，西班牙传教士的笔记中也可以找到一些有关菲律宾古文字的记载，不过多数既不完备，又不可靠。

　　学者们经过研究，整理出如下几种菲律宾古文字。a. 他加禄文(Tagalog)，分四种书体。b. 比萨亚文，分两种书体。c. 伊洛克文(Iloko)，分两种书体。d. 邦加西那文(Pangasinan)。e. 邦邦更文(Panpangan)。这些文字所用的字母，彼此之间区别不大。大都有辅音字母11～14 个，另有表示 a,o,i 的字母，以及表示 o 或 u 的符号。

图表　12－37

菲律宾几种印度式字母比较

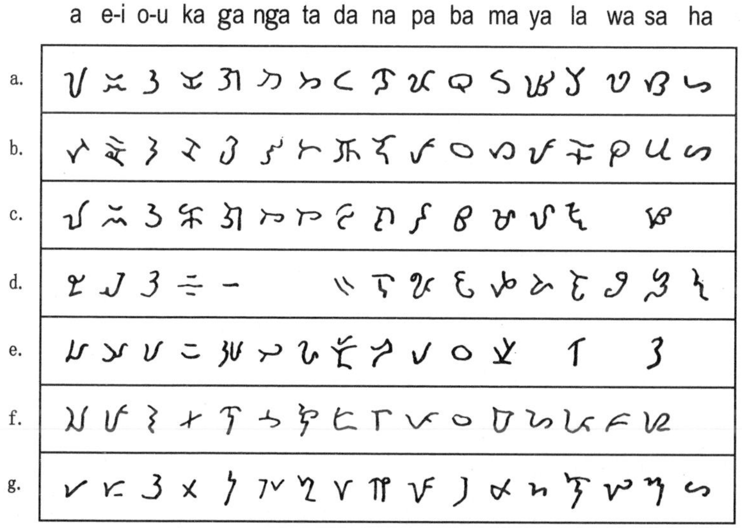

a. 他加禄　b. 比萨亚　c. 伊洛克　d. 邦加西那　e. 邦邦更　f. 他巴那　g. 芒洋

这些从传教士笔记中整理出来的字母，以他加禄字母最为重要。它有辅音字母 14 个，都带 a 音；元音字母 3 个，另有 2 个元音符号，写在字上(e,i)或字下(o,u)。他加禄字母跟苏门答腊的巴塔字母和苏拉威西的布吉字母都有相同的特点。苏拉威西离菲律宾最近，他加禄字母大致由它传承而来。他加禄字母跟布吉字母一样，没有消除辅音字母附带元音的符号，这对音节尾辅音很多的菲律宾语来说，是不方便的。西班牙传教士曾用"×"符号表示消除元音。

b. 他巴那字母和芒洋字母

19 世纪末叶，学者们在巴拉望岛和民都洛岛上，找到一些有菲律宾古文字的竹简。同时还找到少数年老的山民，他们一直保有着古文字的知识。巴拉望岛上的他巴那人(Tagbanua)和民都洛岛上的芒洋人(Mangyan)，都有自己的文字。他们人数不过一两万，由于交通不便，一直遗世独立，保有着传统文化，拒绝外来宗教的改化。这些保有着古文字知识的老年山民，是当地统治者所鄙视的人民。可是他们是学者们所珍视的活的古董。由于他们的指点，后来又搜集到几百片古文字的竹简。

他巴那文用"＞"为元音符号。芒洋文用"—"为元音符号。元音符号写在字母上面或左面表示 e 或 i，写在字母下面或右面表示 o 或 u。它们有标点"＋"表示文章开端，"｜"表示词儿分界，"‖"表示句子结束。

四　印度字母文化圈的盛衰

印度字母文化圈的历史成就是很大的。在历史上它使南亚和东南亚这个广大地区从原始的语言生活上升到文明的文字生活，同时，从原始宗教上升到哲理宗教，从原始的采集经济上升到耕织经济。印度文化，在印度以外以佛教为象征，并不是一些人所想象的那样一味烧香念佛。它除一套宗教教条以外，还有丰富的经典，其中记载着社会科学(逻辑学、语言学等)、自然科学(天文学、数学、医学等)、生产技术(建筑术、纺织术等)和艺术(雕塑、文艺等)。印度的经典不只一部书，而是几千部书。所以"唐僧"要去印度留学。

　　印度字母在 2000 年间演变成 60 种以上的字母，书写过五大语言系统的 35 种以上的语言和方言，在人类文字史上留下光辉的记录。印度不仅创造了字母，还创造了数字。阿拉伯数字本是印度的创造，阿拉伯人叫它印度数字。阿拉伯人把它传到西欧，西欧人误称它为阿拉伯数字。数字中的"0"（零）也是印度的创造（或再创造）。印度文化还通过汉字传播到整个汉字文化圈，丰富了中国、朝鲜、日本等国的文化。印度文化在历史上对人类的贡献当得起"伟大"二字（参看《印度字母在东南亚传播示意地图》）。

　　但是，印度字母文化圈跟阿拉伯字母文化圈和拉丁字母文化圈接触以后，步步后退，几乎难于支撑。

　　首先接触到的是阿拉伯字母。公元 1000 年以后，阿拉伯字母随着信伊斯兰教的外族入侵者来到印度，夺取了印度教和印度字母的一半地盘。在英国统治期间，阿拉伯字母的传播不但没有停止，而且扩大得更快。因为英国的"分而治之"政策保护了甚至鼓励了阿拉伯字母的传播。宣传慈悲的印度教在崇尚斗争的伊斯兰教面前节节失败。

　　阿拉伯字母还在印度的海外字母传播区夺取地盘。阿拉伯人在中东立定脚跟以后，向东方的海路扩展，以当时优越的造船术和航海术战胜了海上的印度人。以马六甲（Malacca）海峡为枢纽的东方航路，成了阿拉伯人的内河。中国的"三宝太监下西洋"也不能不依靠伊斯兰教的力量，郑和本人是伊斯兰教徒。在这样的形势下，几乎全部东南亚岛屿国家的文字都放弃印度字母而改用阿拉伯字母。

　　在阿拉伯字母面前已经处于劣势的印度字母，在 16 世纪西欧开拓海洋航路以后，遇到了更加强大的敌手：拉丁字母。拉丁字母对付印度字母另有一功。阿拉伯字母把印度字母作为对等的竞技对手，不过在竞技规则中订下一些偏袒手法。拉丁字母根本不把印度字母当作对等的对手，而是居高临下，以拉丁字母覆盖印度字母，不给竞争机会，听其自生自灭。拉丁字母的宗主国文字（英、法、荷等）独占行政、教育、贸易等重要领域，成为高级的官方文字，全国通用，实行外来文字的"书同文"政策。而本地纷繁的印度字母文字只能用于民歌民谣、日常通信，成为地区的低级的民间文字。这种情况在印度独立以后才开始有所改变。

图表 12－38

印度字母字体演变略表

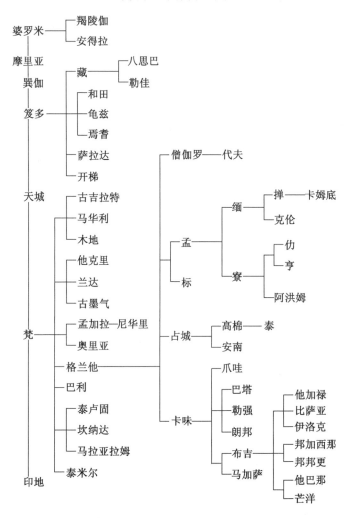

在巴基斯坦,伊斯兰教和阿拉伯字母都取得了胜利。在孟加拉国,伊斯兰教取得胜利而阿拉伯字母没有取得胜利。孟加拉国依然留在印度字母文化圈内。在东南亚,中南半岛四个佛教国家(缅、泰、老、柬)保持着佛教和印度字母。马来西亚、印尼、菲律宾,原已改为伊斯兰教和阿拉伯字母,再改为保留伊斯兰教而采用拉丁字母。他们采用拉丁字母书写的本国语言作为官方文字,并不是外来的势力强加的,

而是成为独立国以后自动实行的。越南也是一样。越南语的拉丁化
"国语字"是独立以后才宣布成为正式文字的，虽然法国很早就把它作
为文字之一种尽力推行。在原来三个曾经是法国殖民地的国家中间，
用印度字母的老挝和柬埔寨没有拉丁化，而用汉字的越南首先拉
丁化。

图表　12-39

印度字母写成文字的各种语言略表

印度雅利安语族

　　梵语　印地语　孟加拉语　旁遮普语　马拉蒂语

　　古吉拉特语　比哈尔语　拉贾斯坦语　奥里亚语　阿萨姆语

　　克什米尔语　信德语　僧伽罗语　尼泊尔语　勒佳语

达罗毗荼语系

　　泰米尔语　泰卢固语　坎纳达语　马拉亚拉姆语

汉藏语系

　　藏语　缅语　泰语　老挝语　掸语

孟高棉语系

　　高棉语　孟语

马来波利尼西亚语系

　　印尼语　爪哇语　巽他语　他加禄语　比萨亚语

　　伊洛克语　巴塔克语　布吉语　占语

　　西面受阿拉伯字母的排挤，东面受拉丁字母的压制，印度字母文
化圈的空间只剩全盛时代的一半了。

　　印度字母文化圈的萎缩原因是什么呢？在历史上长期缺乏政治
力量作为推行印度字母的后盾。印度多民族、多语言、多文字，缺乏一
个人口占绝对优势而又"书同文"的主体民族。法定文字有 14 种之
多。以分散抵抗集中，当然不能取胜。印度字母继承阿拉马字母的缺
点，元音表示法不完备。字母形体和拼音技术逊于拉丁字母。印度字
母的流通功能当然更不能同拉丁字母相比。

第十三章　撒巴字母系统

一　不被注意的南方闪米特字母

字母从它的发源地(地中海东岸,古称叙利亚·巴勒斯坦)向四方传播出去。一条路线是向西传播,主要是迦南(腓尼基)字母系统和希腊字母系统。一条路线是向东传播,主要是阿拉马字母系统和印度字母系统。此外还有一条不被注意的向南传播路线,就是撒巴(Saba)字母系统,又称南方闪米特字母系统。这个系统虽然在文化史上只占比较次要的地位,可是在字母史上却是独特的一支。这一系统的发源地在阿拉伯半岛的南方,接近红海的出口处。撒巴字母的后裔现在还保留在红海南岸的埃塞俄比亚,担负着国家级的法定文字的任务。

二　古代的南部阿拉伯半岛

古代南部阿拉伯半岛近红海出海口的地方,曾经是东西国际交通的要津。那时从印度到埃及,先要由海道从印度到南部阿拉伯半岛,再由陆路从南部阿拉伯半岛前往埃及。到了埃及,可以再渡过地中海,西行到希腊和罗马。南部阿拉伯半岛占据这样的重要地位,所以在公元以前一千年间,经济繁荣,文化发达。除农产品以外,这里还出产两种在古代被重视的商品:黄金和乳香。可是到埃及的托勒密(Ptolemy)王朝时期(公元前 3~前 1 世纪),陆路交通发展了,从印度到埃及不再取道南部阿拉伯半岛了。于是这里的经济和文化很快衰落下去。公元 7 世纪时候,整个阿拉伯统一于新兴的伊斯兰教帝国,政治重心移到北部阿拉伯半岛,南部阿拉伯成为不被注意的地方。从此以后,这里的历史文物就逐渐淹没在沙丘之中。

南部阿拉伯半岛的中心地区是一片沙漠。在这一片沙漠的外围,曾经建立过好几个小王国。其中比较重要的有:米那(Mina)王国、撒巴(Saba)王国、卡他班(Kataban)王国、哈达拉毛(Hadhramaut)王国和比较后起的希姆耶里(Himyar)王国。这些王国的存在时期大致是公元前 8 世纪到公元后 2 世纪。它们的地理位置大致是在现今也门(Yeman)一带。"也门"的原义就是"南方"或"右手"。

三　南方闪米特撒巴字母系统

在这些王国建国以前,字母就已经传播到南部阿拉伯半岛来了。在 19~20 世纪,发现了不少南方闪米特字母的刻碑。有的刻碑写明日期,属于公元前 6~前 5 世纪。有的刻碑没有写明日期,根据考证,属于公元前 8 世纪。此外,在爱琴海南面的德洛斯岛(Delos)上,发现米那文和希腊文两种文字对照的刻碑,时期属于公元前 2 世纪。

这些刻碑可以分为两类:

1. 南方诸小国的刻碑。就是上面讲过的米那、撒巴、卡他班、哈达拉毛和希姆耶里等国的刻碑。这类刻碑已发现 2500 多件。所用的字母称为"撒巴字母",也可以称为南阿拉伯字母。有 28 个字母,大都从右而左书写,间或有"牛耕式"的序列。这种文字已经解读,使我们重新知道了这一片荒漠上古代历史的轮廓。

2. 北方诸小国的刻碑。这类石碑属于塔穆德(Thamud)王国、德丹(Dedan)王国、里赫扬(Lihyan)王国、萨发(Safa)王国等小国。字迹都很潦草,大都是古代牧民刻在岩石上的文字,文化价值比较小。一共有二千多件碑刻。发现地点不少是在阿拉伯半岛的西北方,以及远至叙利亚和约旦等地。这是南方闪米特字母向北方流传的遗迹。

图表　13‐01

南方闪米特文字样品

a. 米那文字样品

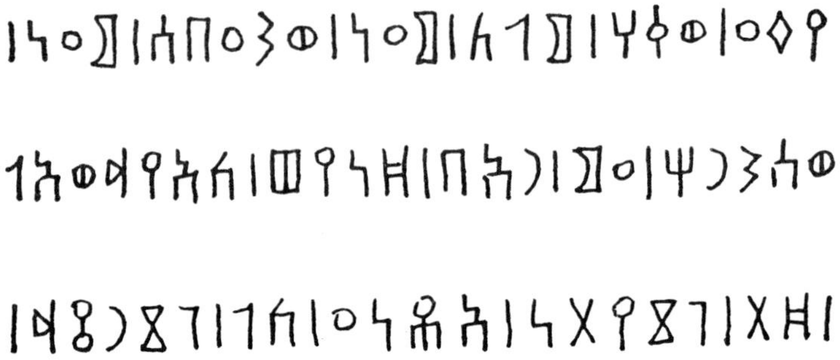

b. 撒巴文字样品

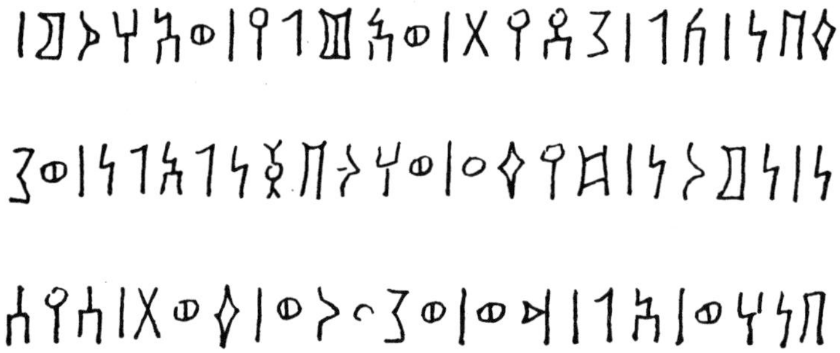

c. 希姆耶里文字样品

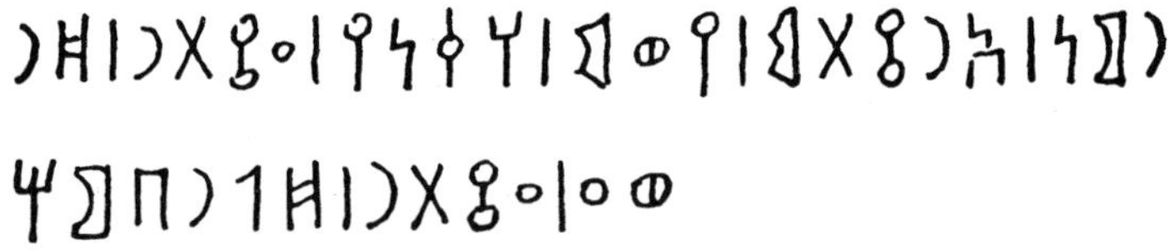

四　撒巴字母的起源问题

　　撒巴字母是其他南方闪米特字母之父,这一点是大家公认的。可是撒巴字母是从哪里来的呢? 一种假说是来自北方闪米特字母。不过它不仅字母形体跟北方闪米特字母有不少不同的地方,而且大部分

图表 13－02

撒巴字母演变举例

	(1)	(2)	(3)	(4)	(5)
'					
b					
g					
ḏ					
d					
h					
w					
z					
ẖ ḥ					
ṭ ṯ					
y					
k					
l					
m					
n					
s ḡ					
c					
p ḍ ṣ					
q r š					
ṯ̱ t					

(1) 撒巴字母　　(2) 里赫扬字母　　(3) 塔穆德字母
(4) 萨发字母　　(5) 早期埃塞俄比亚字母

字母的读音也不相同。因此这种假说难于成立。另一种假说是，南方和北方两种闪米特字母都起源于一个尚未发现的共同祖先，即所谓原始闪米特字母。这一假说许多学者认为是比较合理的。此外，有人认为南方闪米特字母起源于比拨罗（Byblos）的半象形字，又有人认为所有闪米特字母都起源于早期西奈（Sinai）字母。诸如此类的假说都缺少有力的佐证。南方闪米特字母的形成比北方闪米特字母要晚好几百年。它在形成过程中受到西奈字母等的外形影响，这是可能的。

五　撒巴字母跟印度字母的关系

印度婆罗米字母的起源，还是一个有争论的问题。在好几种外来假说中，有一种过去流行的假说认为，婆罗米字母起源于撒巴字母，即南方闪米特字母。主要理由是印度在相当早的时候就同南方阿拉伯半岛有过直接的商业交通关系。但是，婆罗米字母的特点，相同于撒巴字母的还少于相同于阿拉马字母的。而且，字母的传播不是单独进行的，它必须在深刻的文化影响下面才能够实现。这是字母传播规律的要点之一。早期南方阿拉伯的文化水平，并未发展到有足够的高度，以致对于印度文化产生深刻的影响，使印度在引进文化的同时，引进南部阿拉伯的字母。从字形的研究和文化史的研究这两方面来看，婆罗米字母的撒巴起源假说，是难于成立的。事实上，印度跟阿拉马的经济往来早于跟南部阿拉伯半岛的往来。

六　埃塞俄比亚音节字母

公元前 4～3 世纪时候，南部阿拉伯人就在埃塞俄比亚建立殖民地，把南方闪米特字母传入埃塞俄比亚。

起初，埃塞俄比亚采用撒巴的文字以及文字所代表的语言。后来，在公元 4 世纪后期，开始用撒巴字母书写早期埃塞俄比亚语言。于是外来字母书写的本地语言逐渐代替了外国语文。

图表　13－03

撒巴字母和印度字母等的比较

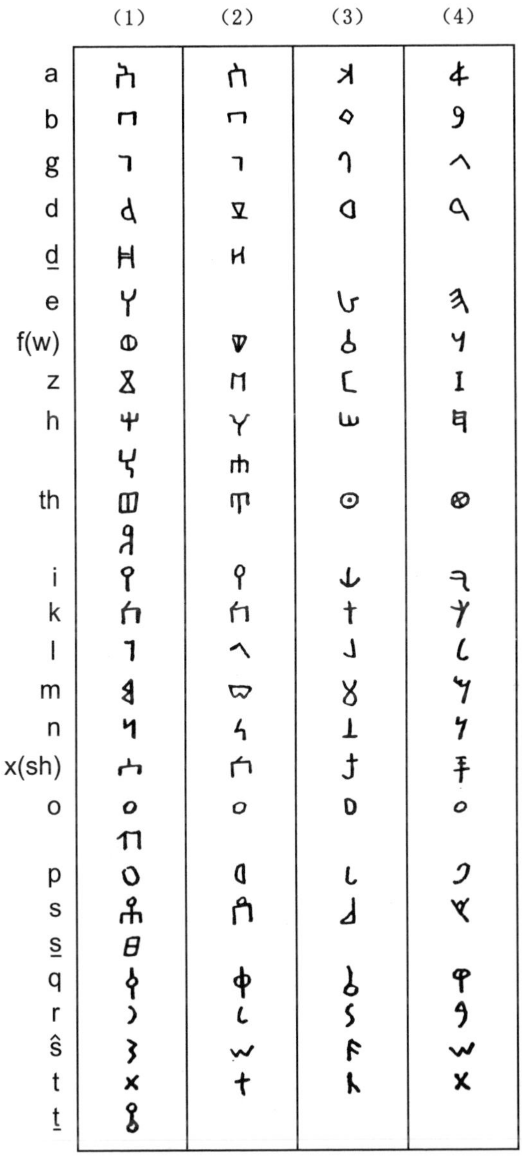

	(1)	(2)	(3)	(4)
a				
b				
g				
d				
ḏ				
e				
f(w)				
z				
h				
th				
i				
k				
l				
m				
n				
x(sh)				
o				
p				
s				
ṣ				
q				
r				
ŝ				
t				
ṯ				

(1) 撒巴字母　(2) 早期埃塞俄比亚字母　(3) 婆罗米字母　(4) 阿拉马字母

图表 13-04

埃塞俄比亚音节字母表

	a	u	i	â	ê	e	o
h							
l							
h							
m							
sh							
r							
s							
q							
b							
t							
kh							
n							
'a							
k							
w							
'							
z							
y							
d							
g							
t							
p							
s							
d							
f							
p							

埃塞俄比亚的古代刻碑可以分为如下几种：1.用撒巴字母，书写早期埃塞俄比亚语言，夹着南阿拉伯语言；2.用撒巴字母，书写早期埃塞俄比亚语言，不夹南阿拉伯语言；3.用无元音的埃塞俄比亚字母，书写早期埃塞俄比亚语言；4.用有元音的埃塞俄比亚字母，书写早期埃塞俄比亚语言。这些不同形式的碑文，说明外来文字怎样一步一步演进成为本地文字的历史过程。

撒巴字母变成独立的埃塞俄比亚字母是在长期历史进程中形成的。可是，埃塞俄比亚字母的元音表示法，大致是受了其他用附加符号表示元音的文字的影响以后，根据有意识的设计而附加上去的。在字母的外形上，早期埃塞俄比亚字母还受了古代麦洛埃（Meroë）字母的影响。埃塞俄比亚又从希腊借来了数码字。

晚期埃塞俄比亚字母有 26 个基本式。它是在 28 个撒巴字母当中去掉 4 个，另加 2 个（pait 和 pa），经过演变而组成的。字母笔画逐渐变化。原来用一竖分隔词儿，后来改为两点，这也是麦洛埃字母用过的方法。字母名称跟希伯来字母很多不一样，字母的排列次序也完全不同。

埃塞俄比亚字母的元音表示法是很特别的。字母的 26 个基本式不表示纯辅音，都带上一个短 a 元音。带有短 e 元音的字母也可以用作纯辅音的字母。每一个基本式字母都有 6 种跟短 a 以外不同元音相结合的形式。例如，右边中间加一个小符号表示同长 u 结合，右边下角加一个小符号表示同长 i 结合，等等。26 个字母各有 7 种格式，此外还要加上表示读音变化的符号，实际是 182 个以上的音节字母。

图表　13 - 05

早期埃塞俄比亚文字样品

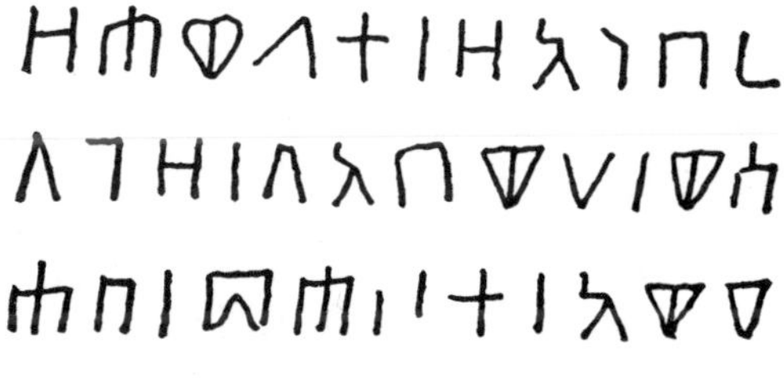

七　阿姆哈拉音节字母

埃塞俄比亚的语言是一种闪米特语言，但是受了不少含米特（Hamitic）语言的影响。它跟古代南部阿拉伯语都是南方闪米特语言。与此对比，古代希伯来语、腓尼基语、阿拉马语等是西北闪米特语言；古代巴比伦语和亚述语是东北闪米特语言。

图表　13－06

阿姆哈拉字母来源举例

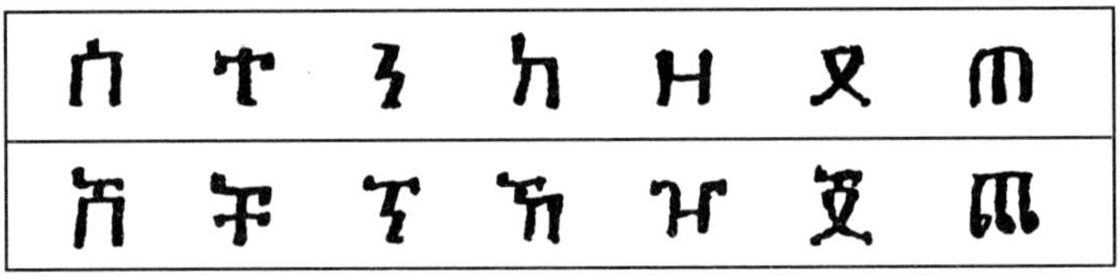

a. 埃塞俄比亚字母　　b. 阿姆哈拉字母

基督教在 4 世纪传入埃塞俄比亚，到 5 世纪末叶已经成为社会生活的重要因素。在基督教的影响下，产生了一种所谓"葛爱兹"（Ge'ez）文学。它的内容几乎全是从希腊翻译过来的宗教宣传品。埃塞俄比亚教会接受了埃及的科普特（Coptic）基督教会的领导以后，又增加了许多流行于埃及的阿拉伯文的宗教翻译作品。葛爱兹语文是脱离活的语言的"文言"，在许多世纪以来占领着文学语言的宝座。

14 世纪以来，在葛爱兹语文的基础上，逐渐形成现代的阿姆哈拉（Amharic）语文。书写的字母也由埃塞俄比亚字母演变为阿姆哈拉音节字母，但是二者的区别甚微。阿姆哈拉字母（根据《African Languages》）有 37 个声母，有 7 个元音，组成 247 个音节字母（有 3 个音节缺少 4 个元音的配合）。

阿姆哈拉语文是埃塞俄比亚的法定语文，在君主制度没有被废除前，称为"皇帝的语文"（Lesana Negush）。这种语文也跟活的口语相去甚远，还没有听说掀起一个白话文运动来改革它。

在广大的非洲大陆，只有三种文字形式。一种是阿拉伯字母。一种是拉丁字母。第三种就是"一国独用"的阿姆哈拉字母。

除阿姆哈拉文字以外，埃塞俄比亚字母又在 16 世纪把另外两种埃塞俄比亚的北部方言（Tigré 和 Tigrina）写成文字，不过流传的范围是很小的。

图表　13－07

阿姆哈拉音节字母表（上）

	a	u	i	â	ê	e	o
h	ሀ	ሁ	ሂ	ሃ	ሄ	ህ	ሆ
l	ለ	ሉ	ሊ	ላ	ሌ	ል	ሎ
h	ሐ	ሑ	ሒ	ሓ	ሔ	ሕ	ሖ
m	መ	ሙ	ሚ	ማ	ሜ	ም	ሞ
s	ሠ	ሡ	ሢ	ሣ	ሤ	ሥ	ሦ
r	ረ	ሩ	ሪ	ራ	ሬ	ር	ሮ
s	ሰ	ሱ	ሲ	ሳ	ሴ	ስ	ሶ
sh	ሸ	ሹ	ሺ	ሻ	ሼ	ሽ	ሾ
k	ቀ	ቁ	ቂ	ቃ	ቄ	ቅ	ቆ
ḃ	በ	ቡ	ቢ	ባ	ቤ	ብ	ቦ
th	ተ	ቱ	ቲ	ታ	ቴ	ት	ቶ
ch	ቸ	ቹ	ቺ	ቻ	ቼ	ች	ቾ
h	ኀ	ኁ	ኂ	ኃ	ኄ	ኅ	ኆ
n	ነ	ኑ	ኒ	ና	ኔ	ን	ኖ
ny	ኘ	ኙ	ኚ	ኛ	ኜ	ኝ	ኞ
'a	አ	ኡ	ኢ	ኣ	ኤ	እ	ኦ
k'	ከ	ኩ	ኪ	ካ	ኬ	ክ	ኮ
kh	ኸ	ኹ	ኺ	ኻ	ኼ	ኽ	ኾ

阿姆哈拉音节字母表(下)

	a	u	i	â	ê	e	o
w	መ	ሙ	ሚ	ማ	ሜ	ም	ሞ
'a	ዐ	ዑ	ዒ	ዓ	ዔ	ዕ	ዖ
z	ዘ	ዙ	ዚ	ዛ	ዜ	ዝ	ዞ
zh	ዠ	ዡ	ዢ	ዣ	ዤ	ዥ	ዦ
y	የ	ዩ	ዪ	ያ	ዬ	ይ	ዮ
d	ደ	ዱ	ዲ	ዳ	ዴ	ድ	ዶ
j	ጀ	ጁ	ጂ	ጃ	ጄ	ጅ	ጆ
g	ገ	ጉ	ጊ	ጋ	ጌ	ግ	ጎ
t	ጠ	ጡ	ጢ	ጣ	ጤ	ጥ	ጦ
ch	ጨ	ጩ	ጪ	ጫ	ጬ	ጭ	ጮ
p	ጰ	ጱ	ጲ	ጳ	ጴ	ጵ	ጶ
ts	ጸ	ጹ	ጺ	ጻ	ጼ	ጽ	ጾ
ts	ፀ	ፁ	ፂ	ፃ	ፄ	ፅ	ፆ
f	ፈ	ፉ	ፊ	ፋ	ፌ	ፍ	ፎ
p	ፐ	ፑ	ፒ	ፓ	ፔ	ፕ	ፖ
kw	ቈ		ቊ	ቋ		ቍ	
hw	ኈ		ኊ	ኋ		ኍ	
k'w	ጐ		ጒ	ጓ		ጕ	
gw	ጐ		ጒ	ጓ		ጕ	

注：根据《African Languages》临摹。

第十四章　音节文字综述

一　音节文字的特点

人类创造文字，起初不知道把语言分段。后来发现，语言可以分为语词，只要用符号代表语词就是"语词文字"。后来又发现，语词可以分为音节，只要用符号代表音节就是"音节文字"。最后又发现，音节可以分为音素，只要用符号代表音素就是"音素文字"。这三个"发现"经历了 8000 年。

"音节文字"在人类文字史上处于承前启后的地位。今天世界上用音节文字作为国家正式文字的有：埃塞俄比亚、日本（部分）和朝鲜（部分）。此外还有一些国家的少数民族使用音节文字，用于民间生活。下面是世界各地古今重要音节文字的综述，并比较它们的特点。

音节文字和辅音文字十分相近。不同的是，音节文字写明辅音和元音，辅音文字写明辅音而不写明元音。辅音文字好比把 KuTuB（书本）、KaTaB（书写）、KaTaBa（他已经书写）、KuTiBa（它已经被书写），都写成"KTB"，要根据上下文来区别元音的读法。中文也有类似情况，例如"不亦说乎"中的"说"字要读 yuè，不读 shuō，也是根据上下文来决定的。

为了避免读错，后来在辅音字母上下附加符号表示元音。附加的元音符号有的可写可不写（如阿拉伯文），有的非写不可（如藏文）。如果符号跟字母是分开的、没有连成整体，这就没有改变辅音文字的特点。如果连成整体、形成新的字母，那就变成音节文字了。

音节文字有不同的来源。多数音节文字是从意音文字中演变出来的。例如，从汉字孳乳和变异形成的音节文字有：假名、谚文、女书、傈僳字、契丹小字。从彝文演变出凉山音节规范彝文。从东巴文演变出音节哥巴文。从亚述丁头字演变出波斯音节丁头字。阿姆哈拉音节字母是从撒巴字母变来的。塞浦路斯音节字母的来源有待考证。加拿大的克里音节字母、美国的切罗基音节字母是受了罗马字影响而别出心裁地创造出来的。西非的凡伊音节字母、巴蒙音节字母是从本地图形文字中演变出来的。在缺乏语音分析能力的时候，只能创造音节字母，不能创造音素字母。

音节文字对音节少而简单的语言是方便的，对音节多而复杂的语言不方便。谚文比假名产生晚 500 年，汉语至今没有一套音节汉字，音节结构复杂是原因之一。

音节字母可以整体认读，字母多而拼音不灵活。音素字母必须分析认读，字母少而拼音灵活。音节字母是综合思维的产物，音素字母是分析思维的产物。

二　埃塞俄比亚的阿姆哈拉音节文字

东非的埃塞俄比亚是文明古国，它的"阿姆哈拉文"是今天世界上唯一作为全国性法定文字的"纯"音节文字。

公元前 4 世纪（中国春秋后期），埃塞俄比亚（Axum 王国）从红海对面阿拉伯半岛传入南方闪米特系统的"撒巴字母"。起初书写撒巴语言，经过 800 年，到公元后 4 世纪，书写本地语言，成为"葛爱兹文"，演变出埃塞俄比亚音节字母。再过 1000 年，到公元后 14 世纪，成为阿姆哈拉文。传说，葛爱兹文是 Frumentius 创造的，他幼年到过印度，模仿印度字母表示元音的方法，创造了辅音和元音结合的音节字母。

阿姆哈拉文用基本符号代表附带元音"a"的音节。基本符号附加微小的笔画变化代表跟其他元音组成的音节（参看第十三章）。

阿拉伯文在辅音字母上面附加 alif，waw，ya 三个小字母表示长元音 a，u，i，或者在字上加点表示 a-e、字下加点表示 i-y、中间加点表示 uo。阿拉伯社会不接受音素字母，只接受"注音"的附加符号。埃塞俄比亚不接受音素字母，只接受音节字母。

三　日本的假名音节字母

正式的日文是"汉字和假名"的混合体，纯粹的"假名文字"不是正式日文。日文是"语词·音节文字"，换言之，是"半"音节文字，不是"纯"音节文字。

日文有 47 个假名字符，书写现代日语不能完备地表示一切音节，需要补充表达方法。1. 附加符号（双点、小圈）表示浊音（ば）和半浊音（ぱ）。2. 使用小型字母表示"促音"（りっ）和"拗音"（きゃ，きゅ，きょ）。3. 补充鼻尾字母（ん）表示"拨音"（-n）。4. 规定长音写法（とを，とぉ，と-）。这些补充办法说明，音节字符表音缺乏灵活性。

假名的产生，使汉字历史向表音化前进一步，在人类文字发展史上相当于公元前15～前11世纪西亚创造字母。

阿姆哈拉音节字母以辅音字母（撒巴字母）为基础，是一种"体内分音"的"合成字母"。日本假名以语词符号（汉字）为基础，是一种没有"体内分音"的"整体字符"。假名需要各个认读，不能分组认读。阿姆哈拉字母可以分组认读，每组有一个代表共同辅音的基本笔画，认读一个，带动一组。

创造假名的时候，日本不了解音节可以分析成为辅音和元音，或者虽然了解而当时不能接受这种分析。创造阿姆哈拉字母时候，埃塞俄比亚已经知道音节可以分为辅音和元音，但是不能接受音素字母，于是把辅音字母改变为音节字母。

在书写中文的汉字中，有的是表示语词的"意符"，有的是表示音节的"音符"。书写"虚词"的汉字是"音符"或"准音符"，跟日文假名的性质相似。不过中文里的"音符"还没有跟"意符"明确分工，往往"表意"和"表音"兼职，难于在字典里认定性质。

假名从文字以外的注音符号变成文字以内的音节符号，使日文能够大量减少汉字。中国的"注音字母"和"拼音字母"都是文字以外的注音符号,不是文字的构成部分。

图表　14-01

日埃两种音节符号比较举例

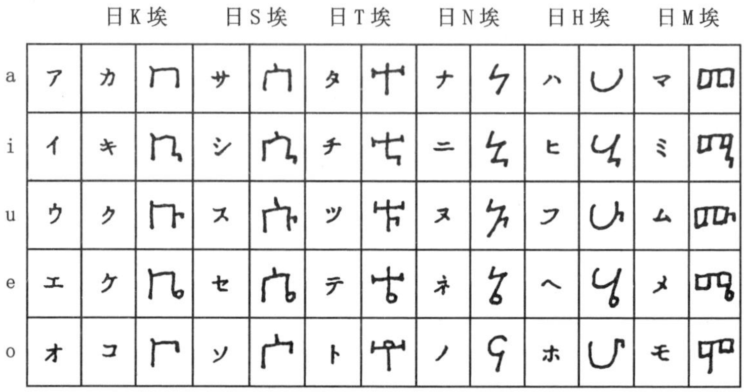

	日K埃		日S埃		日T埃		日N埃		日H埃		日M埃	
a	ア	カ	冂	サ	冖	タ	廾	ナ	ケ	ハ	㇌	マ	吅
i	イ	キ	凡	シ	冗	チ	㠯	ニ	㇙	ヒ	㇉	ミ	吗
u	ウ	ク	冚	ス	冖	ツ	廿	ス	㇌	フ	㇌	ム	吗
e	エ	ク	冗	セ	冗	テ	㠯	ォ	㇎	ヘ	㇉	メ	吅
o	オ	コ	冂	ツ	宀	ト	廾	ノ	㇗	ホ	㇌	モ	吅

从上表可以看出,埃塞俄比亚的阿姆哈拉字母比日本假名有条理、有系统。如果用音素字母,上例中35个音节只要11个字母就够了。

四　朝鲜的谚文音节字符

朝鲜"谚文"从基本符号来看是音素字母,从阅读单位来看是音节字符。它是独一无二的"音素·音节"文字。"汉字谚文混合体"是"音素·音节·语词文字"。

日本得到汉字比朝鲜晚200年。日本在9世纪(中国唐朝后期)形成假名。朝鲜到1446年(中国明朝正统十一年)颁布谚文《训民正音》),比日本晚500年。中国在1918年公布"注音字母",比朝鲜又晚500年。日本离中国较远,受汉文化影响较浅,创造字母最早。朝鲜离中国较近,受汉文化影响较深,创造字母较晚。汉字的故乡中国创造字母最晚。"远则易变,近则难改"。

日语的音少,基本音节只有50个,设计音节字符比较容易。朝鲜语的音节多而复杂,设计音节字符比较困难,合成的常用音节有2000个以上。音节结构的复杂性延缓了朝鲜音节字母的创造。为了克服音节复杂的困难,朝鲜创造音素字母谚文,结合成为音节字符,以少驭繁,是高水平的技术。

　　假名线性排列,学用方便。谚文不取线性排列而取方块叠合,内容音素而外形音节,虽然音素化了,仍旧是一种"大字符集"。这是受了汉字的束缚。

五　四川凉山的音节规范彝文

　　四川凉山的"规范彝文"是中国少数民族彝族的一种正式的方言音节文字。它不是全体彝族的民族文字,它是地区的民族方言文字。少数民族制定正式的方言音节文字,在今天是罕见的现象。

　　彝族主要居住在中国西南的川贵滇桂等省。1980 年正式推行"四川规范彝文",有 819 个音节字符,代表四川大凉山的彝语北部方言(43 个声母,10 个韵母,4 个声调),字符是从大量传统彝文字符中选择出来的。这是"意音文字"走向"音节文字"。同时云南彝族整理了传统彝文,1987 年试行"云南规范彝文",有 2300 个表意字,350 个音节表音字,共用字符 3 650 个。这是"意音文字"的规范化,没有改变文字的体制。

　　彝族在 20 世纪 50 年代由专家设计了拉丁化的新彝文,在 1951～1960 年试用,但是社会不接受没有民族特色的音素文字,终于在 80 年代回归历史传统。

图表　14‐02

凉山规范彝文的音节字符举例

	i	ie	a	uo	o	e	u	ur	y	yr
b										
p										

　　上表说明:每一彝语音节有三种(或不到三种)写法,表示不同的声调。

凉山音节彝文跟日本假名既相似、又不同。二者都是"整体字符",没有"体内分音"。彝文音节字符超过 800,比日文假名繁复得多。假名已经笔画化、标准化。彝文是篆书体,没有笔画化,接近汉字小篆。

云南规范彝文中的"音节表音字"跟日文的"假名"相似,都是意音文字中的音节字符。但是,彝文的"音节表音字"没有像假名那样发生书体特殊化,不便跟一般字符区别开来。

云南规范彝文跟中文相比,也是既相似、又不同。中文是意音文字,有隐含的音节性字符。云南规范彝文也是意音文字,有明确的音节字符表。

六　云南纳西族的哥巴音节字

纳西族居住在滇川藏的比邻地区,以云南丽江纳西族自治县为聚居中心。他们书写"东巴教"经书的"东巴文"是一种"形意文字",其中除有表达章节和语词的图形符号以外,还有音节字符。从"东巴文"发展出一种音节文字叫做"哥巴文",同样书写"东巴教"的经书。

"哥巴文"有音节 250 个,常用音节字符 686 个,每个音节有 1 个到 10 个同音异体字;音节中有 40 多个缺乏专用的音节字符。哥巴音节文字还没有规范化,但是已经能够基本上按照语词次序书写语言。

哥巴字符,有的是东巴文的简化,有的是汉字的简化,大多数是自创的形体。成为音节字符以后,一概抛弃了原来意义。"哥巴"是"徒弟"的意思,"徒弟文字"来源于"师傅文字"(东巴文)。

纳西族和彝族都居住在云南和四川。他们的语言都属于汉藏语系、藏缅语族、彝语支。彝文和哥巴文原来都是一音多字、一字多形。凉山音节规范彝文在 1980 年成为正式文字。哥巴文没有规范化,也没有成为正式文字。纳西学校用汉语汉字,同时用拉丁化纳西新文字。

彝族散居各地,文字因地而异,意音文字(云南)和音节文字(凉山)异地并存。纳西东巴教没有统一的教会组织,各地经师自由创造文字,形意文字(东巴文)和音节文字(哥巴文)同时并用。凉山彝文的形体接近汉字的篆书。哥巴字符的形体接近汉字的早期隶书。

图表　14－03

哥巴文的音节字符举例

(根据方国瑜《纳西象形文字谱》)

| hee 雨 | me 不 | lee 来 | nee(助) | gu 毡 | jji 房 | gai 前 | nee(助) | tv 搭 |

| jji 水 | me 不 | i 发 | nee(助) | zzo 桥 | ba 宽 | gai 前 | nee(助) | zo 修 |

| her 风 | me 不 | tv 刮 | nee(助) | bbu 墙 | sha 高 | gai 前 | nee(助) | da 拦 |

(译文:还未下雨先搭毡棚,还未发水先修大桥,还未刮风先筑高墙。)

纳西族除"东巴文"之外,还有一种"玛丽玛萨文",也是音节文字,有 105 个字符,在云南维西县应用。这好比彝族除云南彝文和四川彝文之外,还有贵州彝文。

七　云南维西县的傈僳音节字

傈僳族主要居住在云南怒江傈僳族自治州。维西县的傈僳族,多半信奉基督教,有教会设计的大写字母声韵双拼傈僳文("老傈僳文")。维西县的农民汪忍波(1900～1965)反对外来文字,民族感情使他决心以一人之力创造出一种民族文字,被称为"傈僳音节文字"。在50 年代,维西县有 1000 多人使用这种文字。它有 1300 多个字符,去除重复,总共是 961 个音节字符,没有规范化,但是能够书写傈僳语言。

凉山彝文、哥巴文和傈僳音节文字，都属于广义的"汉字型"文字。凉山彝文的形体近似小篆，但是并非来源于汉字。哥巴文有一小部分来自汉字，它受了汉字的影响，但是基本上它不是汉字的仿造。凉山彝文和哥巴文跟汉字的关系是"异源同型"。傈僳音节字受汉字的影响比较明显，虽然形体上能看出的直接关系并不很多，它是"变异仿造"的汉字型文字。文字的"民族形式"往往不自觉地来自别的民族。

图表　14-04

傈僳音节字符举例

sa三　la来　ggar赶 gua又 seit行 jjei走　co楼　　o头　　eo裙　to书

si神 zzot确 cat盐 caiq尖 cait减 ci十　zair谣 zi算 zi唆 ziq嘴

上例傈僳音节字符中有少数跟汉字相似，但是形体、读音和意义都不同。从整体来看，它有明显的汉字风格。

八　湖南江永县的音节女书

湖南省江永县妇女的"女书"是一种音节文字。字符80％源出汉字，但是经过变异，形成特殊的笔画风格，是"变异仿造"的汉字型文字。它书写当地汉语方言，大致是当地说汉语的瑶族妇女（"平地瑶"）所创造。瑶族民间另外有书写瑶语的汉字型意音文字，晚近又制订了拉丁化的拼音新瑶文（参看第六章中的《江永女书》一节）。

从文字学来看，女书跟傈僳音节文字比较接近。二者都是尚未规范化的音节文字，都是变异仿造的汉字型文字。不同的是：傈僳音节字符变异程度很大，女书变异程度比较小。女书的奇特之处在社会学方面，不在文字学方面。

九　契丹小字的音节字符

唐宋时代,契丹族在中国北方建立辽国,以今天的北京为"南京"。公元 921 年创制"契丹大字"(意音文字),不久又创制"契丹小字"(表音文字),都是变异仿造的汉字型文字。

"契丹小字"有大约 378 个"基本字符",称为"原字",很像笔画简单的楷体汉字。一个至七个"原字"(基本符号)组成一个方块,一般代表一个单音节词或词素,基本上属于音节文字性质。已经解读出 140 多个"原字"的音值(参看第六章中的《契丹字》一节)。

"原字"在拼读时候要用"反切"方法读成音节。一字留声去韵,一字留韵去声,两个字符拼成一个音节,类似汉字注音的"反切"方法。汉族古代的"三十六字母"也是音节字符而用作音素符号,不过只表声母(辅音),没有韵母(元音)。"原字"比"反切"进了一步,它还可以用三个字符拼成一个音节。

谚文和契丹小字都用基本符号叠合成为音节方块,这一共同特点引人注意。谚文是用音素符号叠合成为音节方块,叠合方式是先左后右,先上后下,两符一层,上下两层。契丹小字的"原字"是音节字符,拼切时候临时丢弃音节中的元音或辅音,成为代用的音素符号。叠合方式是,先左后右,两符一层,层层下降,至多四层。二者有如此相似的特点,是否谚文的创制受了契丹小字的影响?

十　加拿大的克里音节字母

加拿大本土民族"克里人"(Cree)用一种由英国传教士 James Evans 在 1840 年创造的音节文字。有 12 个基本符号,变化方向,表示 48 个基本音节,再加上小字母和小点子表示尾辅音和双辅音,可以书写多种美洲本土民族的语言。它实际是"音节加音素",容易学习,各地克里人几乎人人能读,并且被其他本土民族所采用。

图表 14-05

克里音节字母表

（根据美国 Waxhaw 字母博物馆）

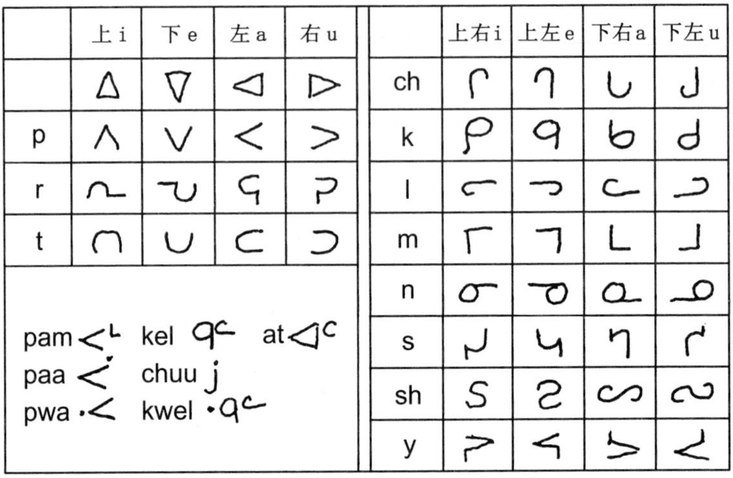

	上 i	下 e	左 a	右 u		上右 i	上左 e	下右 a	下左 u
	Δ	▽	◁	▷	ch	∩	ᒇ	∪	ᒐ
p	∧	∨	<	>	k	ρ	ᖱ	ᑯ	d
r	ᗐ	ᗑ	ᑫ	ᑲ	l	ᑕ	ᑐ	ᑌ	ᒻ
t	∩	∪	ᑕ	⊃	m	Γ	ᒣ	L	ᒥ
					n	ᓯ	ᓂ	ᓇ	ᓄ
pam ◁ᖾ kel ᖱ⌐ at◁ᑕ					s	ᒍ	ᒌ	ᒡ	ᒥ
paa ◁ chuu ᒎ					sh	ᔕ	ᔑ	ᔕ	ᔥ
pwa ·◁ kwel ·ᖱ⌐					y	ᔭ	ᔨ	ᔮ	ᔪ

克里字母后来演变成为"柏格理字母"（Samual Pollard）。它用大
字母表声，小字母表韵，小字母的位置表示声调。这种"双拼文字"在
中国云贵等地少数民族中推行，例如"老苗文"等。

十一　美国的切罗基音节文字

美国本土切罗基族（Cherokee）有一位名叫塞霍亚（Sequoyah，
1765～1843）的有志之士。他没有上过学校，但是决心要为本族创
造文字。起初用一个图形代表一种事物，结果图形多得不得了。后
来他发现语言中的音节是重复出现的，于是根据音节创造符号。经
历 12 年之久，在 1821 年创造成功 86 个音节字母。他借用部分英文
字母，另外改造和创造许多字母，改变英文字母的读音，使它成为音
节符号，例如规定 H 读 mi，Z 读 no，D 读 a，b 读 si 等。这种文字使用
了 150 多年，遗留下许多有趣的文献（参看后面第十七章《美洲的近
代仓颉》）。

克里字母和切罗基字母都是北美本土民族的音节文字。两个民

图表　14 - 06

切罗基音节字母举例

（根据美国 Waxhaw 字母博物馆）

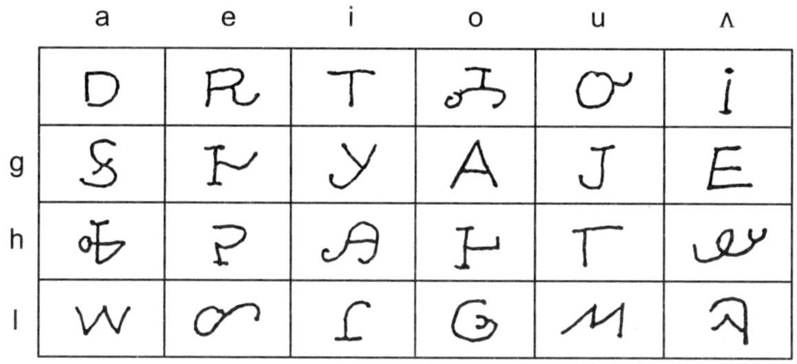

族都居住在音素文字国家里，但是由于本民族的文化背景不同，不接受英文形式的音素文字，而创造了音节文字。四川彝族不接受拉丁化新文字，从传统文字中整理出来民族形式的音节字符，这也同样是民族文化背景在文字创制中发生了作用。

十二　西非的凡伊音节文字

西非凡伊民族（Vai）居住在利比里亚和比邻地区。1848 年欧洲人发现，他们原先有一种图形文字，经过逐步简化，成为音节文字。传说，Momolu Duwalu Bukele 是一位没有进过学校的本地人，他受了来自美洲了解"切罗基文字"的朋友的影响，整理传统的图形文字，成为音节文字。有 200 多个音节符号，有些是一音多符、一符多形。这是土生土长的非洲"自源"文字，现在还在民间书写传说和记账，并翻译了《圣经》。

凡伊字母和切罗基字母，同样是本土民族向往文化的创造。切罗基字母是在外来文化影响下的创新。凡伊字母是在传统文字的基础上的更新。二者都说明一个共同的愿望：不甘心直截了当接受西方文化，于是努力发挥自我的创造精神。

图表　14－07

凡伊音节字母举例

（根据美国 Waxhaw 字母博物馆）

	e	i	a	o	u	ō	ē
p							
b							
bh							
mb							

十三　西非的巴蒙音节文字

　　西非喀麦隆（Cameroon）原来是"巴蒙王国"（Bamun）。国王"诺亚"（Njoya）做梦上帝叫他创造文字。他在 1895 年命令臣民画出各种事物的图形，创造了一种图形文字，后来逐步简化，成为音节文字。虽然文字的"意念"来自外界，可是文字的形体出于自己创造，这也是一种非洲的"自源"文字。国王设立学校，招收学生数百人，用"巴蒙文字"写公文、书信和故事，并翻译《圣经》。

图表　14－08

巴蒙音节字母举例

（根据美国 Waxhaw 字母博物馆）

早期（大约 1897 年）的图形文字举例：

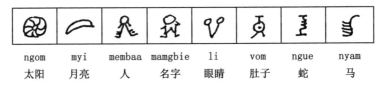

ngom	myi	membaa	mamgbie	li	vom	ngue	nyam
太阳	月亮	人	名字	眼睛	肚子	蛇	马

后期的字符演变举例：

意义	巴蒙语	读音	1907	1911	1916	1918
国王	mfan	fo, f	⊠	36	午	千
工作	fe	fe, f	⋀	五	天	⅃

这种文字在 1897 年有 466 个图形符号,后来到 1918 年简化成为
72 个音节符号。国王 1933 年死后逐渐不用。

巴蒙字母和凡伊字母都是从图形表意文字演变成为音节文字,又
都是西非国家的本土民族在音素文字的统治下保持并改进传统文化
的创举。

十四　塞浦路斯音节字母

地中海东部的塞浦路斯岛(Cyprus),在青铜器时代是冶金中
心,文化发达。这里发现一种"塞浦路斯"音节字母,使用于公元前
6～前 3 世纪,铭文属于这个时期的中叶(中国战国时期)。符号的
音值已经解读,原文的语言尚未完全破译。有 55 个音节,每个音
节有两三个同音符号。有开音节符号和元音符号,拼音时候要把
音节符号当作音素字母来阅读。例如,sa-ta-si-ka-ra-te-se 要读成
Stasikrates。

图表　14-09

塞浦路斯音节字母举例

(根据 Diringer《字母》)

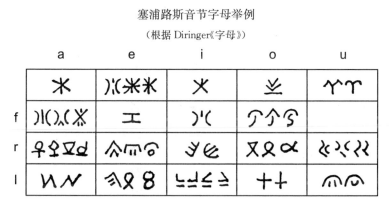

	a	e	i	o	u
	米	米米米	米	丷	个个
f	人人人	工	人	个个个	
r	8888	个个	96	人人α	2222
l	人人	8 8	弓弓	┿┿	四四

塞浦路斯岛西面有一个克里特岛（Crete），也发现两种古文字。一种被称"B种线条文字"，已经解读，是书写早期希腊语的音节文字。文献是账单，记账先画商品图形，再写商品名称。例如：先画"三脚鼎"，再写 te-ri-po-de（tripod，鼎）。

十五　波斯音节丁头字

两河流域的丁头字，3500 年间在许多民族中间流传，逐步从语词文字演变成为音节文字。公元前 6 世纪（中国春秋时代）传到波斯，成为"波斯音节丁头字"。它有 41 个字符，除 4 个语词符号（王、州、国、神）和一个标点外，有 36 个音节字符。其中有 3 个元音字符（a，i，u）和 33 个辅音跟元音结合的字符。2500 年前的波斯音节丁头字有高度的规范化水平（参看第四章波斯丁头字）。

波斯音节丁头字跟日文假名性质相似，虽然外形迥然不同。二者同样是整体的音节字符，不能分析音素，也没有表示相同辅音的基本笔画。波斯语的音节构成比较复杂，用音节字符当作音素字母来拼读，拼写冗长，读音费事。例如：国王名字"大流士"（英译 Darius）要用 7 个音节字符来拼写（da-a-ra-ya-va-u-sha）。这有些像日本假名：りつしゆう（立秋），不读 li-tsu-shi-yu-u，要读 lissyū。

上面 14 种音节文字可以代表古今音节文字的历史。此外，中美洲的马亚文字虽然属于意音文字类型，但是音节化比较发达，所以有人认为它是音节文字。这在前面已经叙述过了。

音节文字的一个共同特点是符号数目比语词文字大量减少，但是比起音素文字来又显得太多了。有的音节文字有足够的符号书写全部音节，例如阿姆哈拉文、凉山规范彝文。有的音节文字要补充特别拼写法书写复杂的音节，例如假名、克里文。

音节文字另一共同特点是不能像语词文字那样有某种超语言性，另一方面又不能像音素字母那样通用于许多不同的语言。语言的音节结构相互差别很大，语言的音素（音位）结构相互差别较小，这就限制了音节文字的使用范围。

第四卷　字母文字(下)

引　子

　　迦南字母系统和希腊字母系统是从字母的源头向西传播的一路。这一路的特点是，从辅音字母向音素字母前进。腓尼基字母传到希腊，改变了几个字母的读音和形体，使字母成为分别表示辅音和元音的音素字母。这一改变相当于物理学上从分子分解出原子。只有音素字母才方便书写人类的任何语言。

　　希腊字母有两个重要后裔：拉丁（罗马）字母和斯拉夫字母。欧洲从俄罗斯、白俄罗斯、乌克兰的西面边境，到今天塞尔维亚的西面边境，有一条字母分界线。分界线之西，信天主教，用拉丁字母；分界线之东，信东正教，用斯拉夫字母（参看《欧洲字母分界线示意地图》）。

　　拉丁字母起初跟随罗马帝国，传播到欧洲的大部分地区。后来在发现美洲和海上新航路之后，传播到整个美洲、大洋洲、大半个非洲、小半个亚洲。拉丁字母的传播，主要依靠基督教传教士用它书写成各国语言的《圣经》，这样就成为各国的拉丁化文字。第二次世界大战之后，新独立国家很少不采用拉丁字母作为法定文字。

　　航空时代，交通发达，往来频繁，地球大为缩小。信息互联网络需要一种字母，作为国际信息交流的通用符号。拉丁字母担任了这个历史任务。

　　拉丁字母的应用，分为三个层次：一、作为正式文字；二、作为辅助文字；三、作为技术符号。任何非拉丁字母的文字，都有拉丁字母的拼写设计。

　　五线谱音符、阿拉伯数码和拉丁字母，是人类发明的三大符号系统。

第十五章　迦南字母系统

一　字母和商业文化

北方闪米特字母有两个最重要的分支：迦南字母系统和阿拉马字母系统。阿拉马字母向东传播，迦南字母向西传播。迦南字母流传较早，它是经过希腊成为音素字母、又经过罗马成为国际通用字母的"字母主流线"。

"迦南"（Canaan）是什么意思？《不列颠百科全书》说，大致是"紫色的国土"的意思。迦南人和后来的腓尼基人以能生产紫色颜料而闻名于古代。这种颜料是从海中蚌类的色囊中取出色水，经过提炼而成的。紫色（大红色）是古代表示尊贵的颜色，是贵族穿着的颜色。紫色颜料十分昂贵，经营紫色颜料是有大利可图的。比拨罗（Byblos）就是紫色颜料的制造和出口中心。

地中海东岸的巴勒斯坦，是古代西方人民所艳羡的新月形沃土地带的中心。历史上闪米特人像潮水似地一浪又一浪移来此地。公元前 3000 年左右，闪米特人的一支，迦南人（Canaanite），做了这里的主人。这里的土地、人民及其文化，都以迦南为名称。迦南人和腓尼基人都有"商人"的含义。迦南·腓尼基文化是商业和字母的文化。

北方闪米特人包括迦南人、腓尼基人、希伯来人等。一般历史书上都说，最早用字母的人民是迦南人。迦南古文字有 11 件遗物，是碗碟和其他器物上的铭文，属于公元前 16～前 13 世纪。

迦南语言是西北闪米特语，包括希伯来语、莫阿比语（Moabite）和腓尼基语。公元前 1400 年左右的早期迦南语言有文献记载。莫阿比语跟希伯来语很接近，有公元前 9 世纪的文献记载。希伯来语是迦南诸语言中唯一今天还应用的语言，在 19～20 世纪人为地恢复成为口语。

在字母历史上，迦南字母分为两支：早期希伯来字母和腓尼基字母。

图表　15–01

早期迦南字母铭文残片

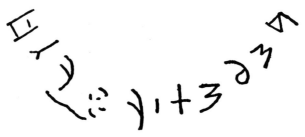

注：碗边刻文，Lachish 出土，公元前 13 世纪。

二　早期希伯来字母

早期希伯来字母跟后期的"方形"希伯来字母，是不同的字母。前者属于迦南字母系统，而后者属于阿拉马字母系统。希伯来就是以色列或犹太。大约从公元前 1000 年开始，到《圣经》所记载的犹太人沦为巴比伦"囚房"时候（公元前 6 世纪）为止，以色列（犹太）人所用的字母是早期希伯来字母。后来，他们放弃了早期希伯来字母，改用"方形"希伯来字母，就是现代希伯来（犹太）字母的前身。

古代以色列人大概没有碑铭遗留下来，至少到最近为止还没有发现。《圣经》上记载的有名君王，如大卫（David）、所罗门（Solomon）等，竟找不到一块碑铭来证明他们的事迹。但是，跟人民日常生活有关的文字记录，陆续已有发现。公元前 11～前 10 世纪间国王大卫时代的遗物中发现了"葛寿"历本（Gezer Calendar），上面的字母形式大都跟最早的北方闪米特碑铭字体极相似。在公元前第 9 世纪的遗物上，早期希伯来字母就有了独特的风格。

图表 15－02

早期希伯来字母的演变

	北方闪米特	早期希伯来	莫阿比	犹太古币	撒马利坦
'					
b					
g					
d					
h					
w					
x					
ḥ					
ṭ					
y					
k					
l					
m					
n					
s					
'					
p					
ṣ					
q					
r					
š					
t					

图表　15 - 03

早期希伯来文葛寿历本残片(临摹)

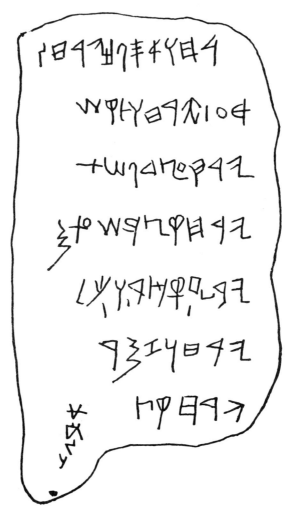

　　南部巴勒斯坦的古代拉溪墟(Lachish)地方,发现有名的拉溪墟字母。这是公元前 587 年的早期希伯来字母。它是书写在陶片上的文字,有 18 个字母。

　　早期希伯来字母废弃以后,遗留下它的后裔撒马利坦(Samaritan)字母,在撒马利坦人的一个人数不多的犹太教派中应用至今。撒马利坦这个地方,在巴勒斯坦的中部。

图表　15-04

早期希伯来文贝壳铭文

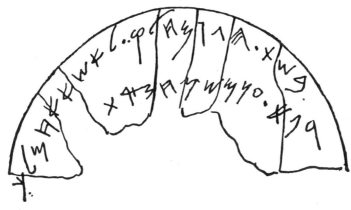

注：Samalia 出土。

图表　15-05

撒马利坦字母样品

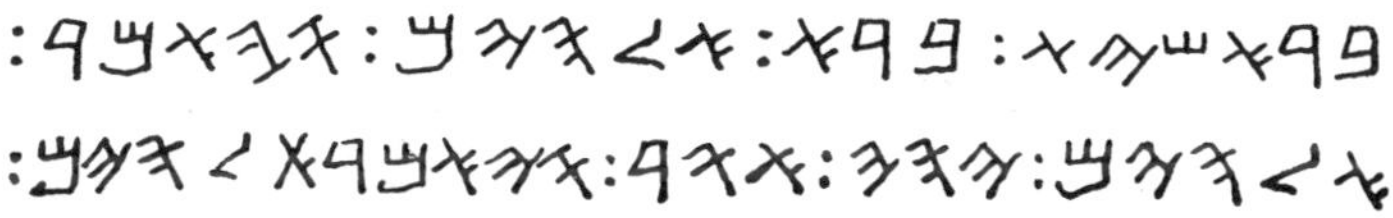

:ᔆᔐᔪᔖᔪᔐ:ᔐᔖᔖᔪᔖ:ᔐᔐᔖ:ᔐᔐᔐᔐᔐᔐᔖᔖ
:ᔖᔐᔪᔐᔖᔪᔐᔖᔐᔖ:ᔐᔐᔐ:ᔐᔐᔐ:ᔐᔐᔐᔐᔐ

图表　15-06

犹太古币文字

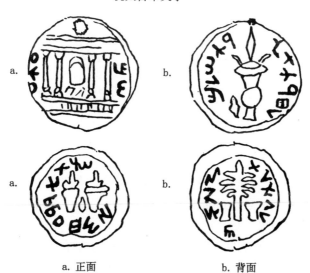

a. 正面　　　　　　　　　b. 背面

此外，早期希伯来字母还见于犹太古代钱币上，时期属于公元前135年到公元后135年。

迦南字母分支还有三个东部小分支，都跟早期希伯来字母有密切关系，它们是莫阿比字母（Moabite）、阿门尼特字母（Ammonite）和埃多米特字母（Edomite）。有名的莫阿比（Moab）美沙（Mesha）王功勋碑发现于死海东面的第朋（Dibou）地方，属于公元前9世纪前半叶的遗物。阿门尼特字母是若干印章上的文字。埃多米特字母是晚近发现的陶罐文字，属于公元前8～7世纪。古代埃多米特人可能用的是莫阿比字母。

图表　15－07

阿门尼特印章文字

三　腓尼基字母

在迦南字母系统中，腓尼基字母的影响比早期希伯来字母要大得多。腓尼基字母是经过希腊和罗马而成为今天全世界大多数国家的文字的直系祖先。

腓尼基人是古代有名的海上商人。他们忙碌地从地中海的东端，摇着满载商品的船只，往西航行。小小的腓尼基王国，在地中海上建立了许多商埠和殖民地。塞浦路斯岛（Cyprus）、希腊诸岛、非洲北岸的迦太基（Carthage）、地中海中心的马耳他岛（Malta）、西西里岛（Sicily）、撒丁岛（Sardinia）、马赛港（Marseilles，现属法国）及西班牙东岸一带，这些都是它的殖民帝国的据点。在他们载着商品的船只里，也载着字母，一次一次运输到地中海上各个商埠去。贩运商品的腓尼基人被人们遗忘了。贩运字母的腓尼基人至今在人们口头上津津乐

图表　15－08

腓尼基字母系统的演变

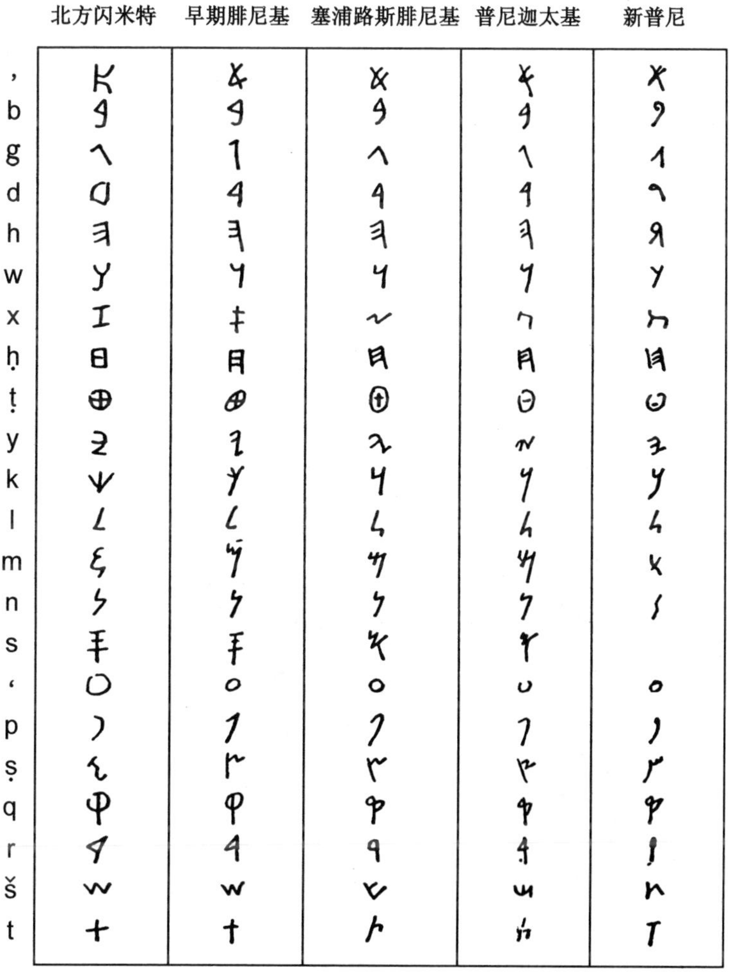

	北方闪米特	早期腓尼基	塞浦路斯腓尼基	普尼迦太基	新普尼
'					
b					
g					
d					
h					
w					
x					
ḥ					
ṭ					
y					
k					
l					
m					
n					
s					
'					
p					
ṣ					
q					
r					
š					
t					

图表　15‑09

塞浦路斯·腓尼基铭文的碗片（临摹）

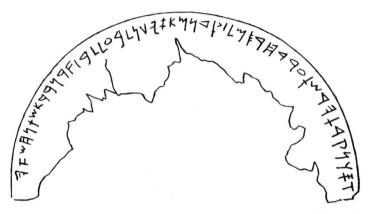

注：据考证，此名"巴尔来巴农"碗，文曰："这良铜的碗，由一个迦太基公民，西顿王希
林之仆人，献给其主人巴尔来巴农"。文字模糊处，临摹恐有误。年代为大约公元
前 700 年。

图表　15‑10

普尼文铭文样品（马耳他出土）

注：年代大约为公元前 200～前 100 年。

图表　15－11

新普尼文铭文样品

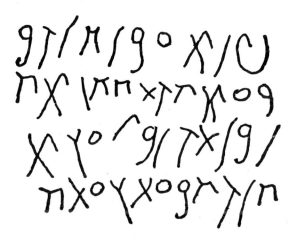

道。特别是希腊传说中所讲的从腓尼基人那里学得字母的故事，引起了后世的最大兴趣。

古代腓尼基字母，在腓尼基本地流行的时期，大致是公元前第 3 世纪以前的 1000 年间。多数遗物是在它的海外殖民地发现的。字母流传到殖民地，书写当地的语言，成为新的字母分支。主要的殖民地字母，有塞浦路斯·腓尼基字母（Cypro-Phoenician，公元前9～前 2 世纪），有撒定尼字母（Sardinian，有公元前 9 世纪遗物），有迦太基（Carthaginian）或普尼（Punic）字母，以及新普尼（Neo-Punic）字母。

非洲北岸的迦太基（普尼），在现在的突尼斯（Tunisia），曾经同罗马争霸地中海。迦太基人采取母邦腓尼基字母，把它改为自己的普尼字母，后来又演变为新普尼字母。新普尼字母分为铭刻体和草书体两种字体。遗物证明，新普尼字母一直在北非应用到公元后第 3 世纪，比腓尼基字母的历史长 500 年。

前面讲过，北方闪米特字母文献中遗存的最早文献是阿希拉姆（Ahiram）墓碑，这上面的比拨罗字母就是公元前 11 世纪以前的腓尼基字母（现存贝鲁特国家博物馆）。这 22 个腓尼基字母在公元前 15 世纪就已经应用了。它后来经过希腊成为现代西方和大半个世界的文字，对人类文化作出无法估价的伟大贡献。

四　迦南·腓尼基系统的
其他派生字母

北非古代利比亚人（Libyans，柏柏尔人的祖先，不是现在的阿拉伯利比亚人）和伊比利亚人（Iberians，西班牙和葡萄牙的古代居民）都

图表　15-12

迦南·腓尼基字母的几种派生字母

	北方闪米特	利比亚	梯非那	北方伊比利亚	南方伊比利亚	土得坦
'						
b						
g						
d						
h						
w						
x						
ḥ						
t						
y						
k						
l						
m						
n						
s						
'						
p						
ṣ						
q						
r'						
š						
t						

图表　15－13

伊比利亚字母表

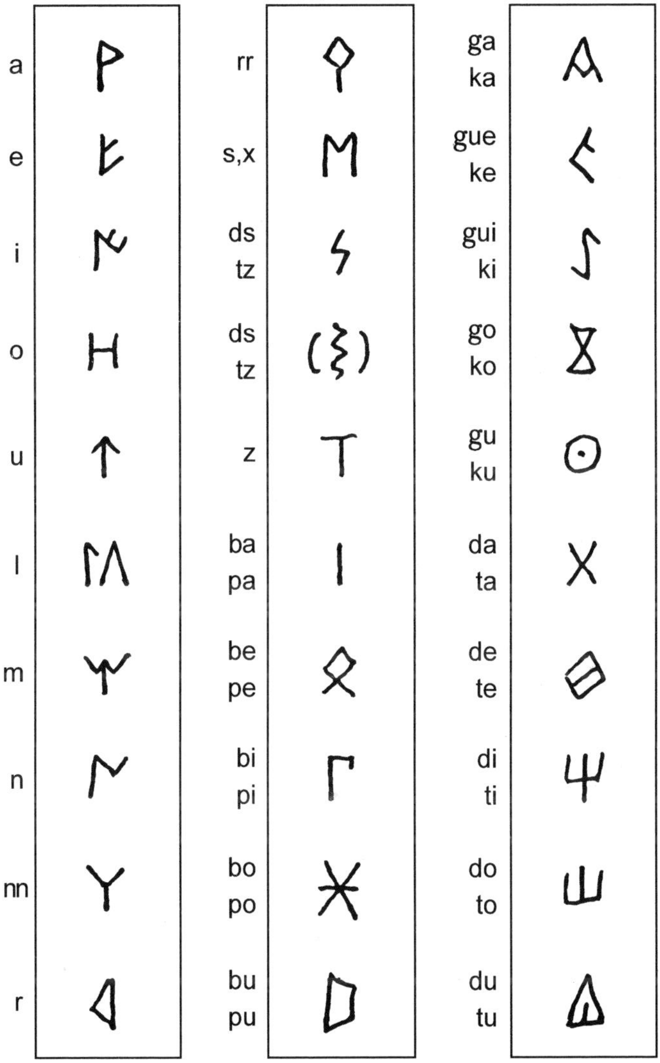

a	𐌐	rr	𐌄	ga ka	ᚤ
e	ᚨ	s,x	M	gue ke	ʎ
i	ᚨ	ds tz	ʑ	gui ki	ʆ
o	H	ds tz	(ʑ)	go ko	ⓧ
u	↑	z	T	gu ku	☉
l	ᛙᛘ	ba pa	I	da ta	X
m	ᛘ	be pe	ᚪ	de te	▱
n	ᚾ	bi pi	Γ	di ti	Ψ
nn	Y	bo po	Ӿ	do to	Ш
r	◁	bu pu	D	du tu	◮

从腓尼基人学得文字,后来演变出几种字母,也是迦南·腓尼基字母
的派生字母。

　　大约有 500 种古代利比亚字母铭文留传下来,大都属于罗马时
代。有几种是双语铭文:利比亚·普尼双语铭文、利比亚·新普尼双

语铭文和利比亚·拉丁双语铭文。利比亚字母又派生出图阿雷格
(Tuareg)柏柏尔人(今利比亚和阿尔及利亚边境居民)用的梯非那字
母(Tifinagh 字符),又名泰马切克文(Tamachek)。利比亚铭文自右
而左书写,有时从上而下,字母都表辅音,有双辅音字母。早期利比亚
人从迦太基人那里学得字母知识,但是自己创造"字符"式的而不是
"字母"式的符号,以适合本地人民的文化水平。

　　伊比利亚字母文献遗留下 150 多种,出土于西班牙,属于公元前 5
世纪前后。字母分成两种:一种是伊比利亚字母,南方和北方略有不
同;另一种是土得坦字母(Turdetan,又称 Andalusian),即古代土得西
人(Tartessus 或 Tarshish)的字母。书写顺序自右而左,有时也自上
而下。字母数目有 30 个,包括 25 个辅音和 5 个元音,同时用音节字
母和音素字母。这种字母的解读还待研究。

图表　15-14

古代利比亚字母铭文举例

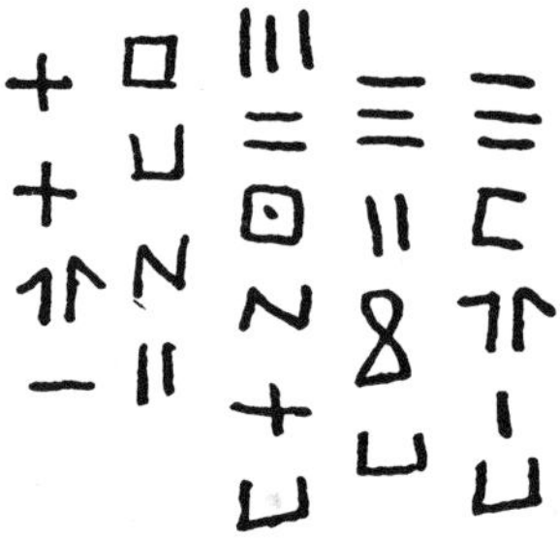

第十六章　希腊字母系统

一　希腊字母

希腊文化是西洋近代文化的源头。希腊字母是今天欧洲各国字母的母亲。希腊人虽然不是字母的首创者，可是他们对字母加以创造性的改革，使字母成为完备的语言记录工具。3000 年来，希腊字母和从它传衍而成的字母，在世界上愈来愈多的民族中，不断流传普及，开遍了文化的鲜花。

1. 希腊字母的来源

希腊传说，希腊字母是古代希腊的伟人们，从腓尼基带来，经过修改和增补，成为希腊人自己的文字。底比斯（Thebes）城的卡德摩（Cadmos），在腓尼基侨居很久，回国以后，从腓尼基字母中采取 16 个字母，书写希腊语言。帕拉墨得（Palamedes）加上四个字母（th, x, ph, kh）；西摩尼得（Simonides）也加上四个字母（z, 长 e, ps, 长 o）。这样就形成 24 个字母的希腊字母表。希腊人把他们的字母称为腓尼基字母或卡德摩字母。

近代学者的考证，证明希腊字母的确是从腓尼基人手中得来的闪米特字母。早期希腊字母的形体以及排列顺序，除了极少例外，都跟闪米特字母相同。更重要的是，希腊字母的名称跟闪米特字母相同，而这些名称在希腊语言里是没有意义的，只有在闪米特语言里才是本地有意义的词儿。

希腊字母是什么时候形成的，这是一个有争论的问题。有人认为早在公元前 15 世纪，有人认为要迟到公元前 7 世纪。两个时间相差太多了。根据晚近的考证，大致可以肯定，是在公元前 11 世纪，这是

图表 16 - 01

古典希腊字母的来源

北方闪米特	最早希腊公元 前9~6世纪	东部爱奥 尼亚字体	西部字体	古典希腊

图表 16 - 02

早期希腊字母的地区演变

注：1. 雅典字母(公元前 9～前 8 世纪)　　2. Thera 字母(前 8～前 7 世纪)
　　3. Crete 字母(前 7 世纪)　　　　　　4. Naxos 字母(前 7 世纪)
　　5. Corcyra 字母(前 8 世纪)　　　　　6. Boeotia 字母(前 8～前 7 世纪)

希腊从青铜器时代进入铁器时代的转变时代。最早的希腊文碑铭是公元前 9 世纪的遗物,发现于希腊雅典城和东南面的锡拉岛(Thera)。这些古代碑铭文字大致就是希腊字母的原始形式。

希腊字母虽然来自腓尼基,但是它的特点和流传历史不是迦南·腓尼基字母的简单延长。它是经过重新创造而形成的一个独立的字母系统,开辟了人类文字历史的新的一章。

2. 古典希腊字母的形成

希腊各城邦的字母,起初是彼此不尽相同的。归纳起来,可以分为东西两派。后来,分歧的字母逐渐趋于统一。公元前 403 年,爱琴海东岸米利都(Miletus,现属土耳其)的爱奥尼亚(Ionic)字母正式被雅典采用,不久又被其他城邦采用。到公元前 4 世纪中叶,希腊各地字母都统一于爱奥尼亚字母。这样就形成了希腊的古典字母。

希腊古典字母有 24 个,比闪米特字母多两个。古典字母一直用作铭刻体和行书大写体,到近代仍用作印刷大写体。从古典字母又演变出楷书体和草书体。楷书体用于抄写书籍,但是到公元 800 年以后就不用了。草书体是在羊皮、纸草、蜡板和其他软质纸张上书写用的。后来,草书体又演变出近代的小写体。近代的行书体中有几个(例如 D,W 等)是从拉丁字母中借来的。

3. 辅音字母的调整

希腊字母表 24 个字母中,有 17 个是辅音,7 个是元音。

辅音字母直接从闪米特字母沿用下来而基本上不加改变的有 11 个:b,g,d,z,k,l,m,n,p,r,t。略作改变的 2 个:原来的 teth 改作希腊的 theta(t 改读 th);原来的 samekh 改作希腊的 sigma,发音(s)基本未变,而名称改变了,位置移到 sin(shin)的位置去了。

有 2 个闪米特字母废弃不用:一个是 qoph,起初改作希腊字母 koppa(不同于 kappa),到公元前 5 世纪不用了(可是仍作数字"90")。另一个废弃不用的是 sadhe(tsade),因为表示 s 音的希腊字母已经有 sigma。

增加 4 个辅音字母。增加的字母 χ(xi)放在 nu 的下面。ph(phi)放在 upsilon 的下面。kh(chi)放在 phi 的下面。双辅音字母 ps(psi)放在 chi 的下面。这几个符号的来源,有人说是从塞浦路斯音节字母

(Cypriote)或南方闪米特字母借来,有人说是从原来的闪米特字母演变而来,其实,更可能是新的创造。

4. 元音字母的创造

希腊人对字母的贡献,更重要的是元音字母的创造。

闪米特字母原来只表辅音,不表元音,但是每个辅音字母都内含一个 a 音或者可变的元音。这种字母是音节性的辅音字母。从北方闪米特字母向东传播的阿拉马字母系统,始终保持着这种状态,没有分析音素;有的后来受了希腊影响,也只在辅音字母上下左右附加几个小符号或小字母,附带地表示元音,不肯直截了当采用元音字母。因此,元音表示法分为两类:一类是附加符号表示法,另一类是独立字母表示法。独立字母表示法打破了音节字母的限制,科学地把音节分为辅音和元音。从音节字母进而为音素字母,是一个艰难的认识发展过程。

希腊人创造的不是元音字母的形体,而是元音字母的制度。希腊的元音字母,是从 22 个闪米特字母中,提出几个已经失去发音或者在希腊语言中闲置无用的字母,借作表示元音之用。这样借用的字母有 5 个:'aleph,he,waw,yodh 和'ayin。它们在闪米特语言中原来都是表示辅音的。

'aleph 改作表示元音 a 的希腊字母 alpha。

yodh 改作表示元音 i 的希腊字母 iota。

waw 原来有二式,其中一式(相当于英文 w)起初成为希腊的 digamma,后来不用了(仍作代表"6"的数字);另一式改作表示元音 y(ü)的希腊字母 upsilon,地位改排在 tau 的下面。

希腊有长短两个 e 音。He 改作表示短 e 的希腊字母 epsilon;kheth(heth)改作表示长 e 的希腊字母 eta。

希腊有长短两个 o 音。'Ayin 改作表示短 o 的 omicron(早期不分长短);又从这个字母分化出一个长 o 字母 omega,由于它是最晚创造的,所以排在字母表的末尾。

这样,利用假借和分化,7 个元音字母都齐全了。切莫小看这几个元音字母。它们的创造有重大意义,可以跟物理学从分子发展到原子的认识突破相比。

图表　16－03

现代希腊字母的主要体式

	1	2	3	4	
alpha	A	𝒜	a	α	a
beta	B	ℬ	β	β	b
gamma	Γ	𝒢	γ	γ	g
delta	Δ	𝒟	δ	δ	d
epsilon	E	ℰ	ε	ε	ě
zeta	Z	𝒵	ζ	ζ	z
eta	H	ℋ	η	η	ē
theta	Θ	ϑ	ϑ	θ	th
iota	I	ℐ	ι	ι	i
kappa	K	𝒦	κ	χ	k
lambda	Λ	𝒩	λ	λ	l
mu	M	ℳ	μ	μ	m
nu	N	𝒩	ν	ν	n
xi	Ξ	𝒵	ξ	ξ	x
omicron	O	σ	σ	o	ǒ
pi	Π	π	ω	π	p
rho	P	𝒯	ρ	ϱ	r
sigma	Σ	ℒ	ꜱ	ς	s
tau	T	𝒯	τ	τ	t
upsilon	Y	υ	υ	υ	y
phi	Φ	φ	φ	φ	ph
chi	X	𝒳	x	χ	ch
psi	Ψ	𝒴	ψ	ψ	ps
omega	Ω	𝒲	ω	ω	ō

注：1. 古典希腊字母　2. 现代行书大写　3. 小写　4. 现代小写印刷体

5. 从左到右的书写顺序

闪米特文字原来是从右到左横写的。这种书写顺序在阿拉马字母系统各种文字中一直保持到今天。传承于闪米特的希腊文字，当然最初也是从右到左横写的。可是，后来改变了。希腊人把书写的顺序反了过来，变为从左到右。用右手写字，从左到右不挡眼，是合理的顺序，因此逐渐成为世界上最通行的书写顺序。

书写顺序的改变，不是一旦完成的。向左改为向右，中间曾经过一个过渡时期。在这过渡时期中，希腊文字用一种"牛耕式"（boustrophedon）的书写顺序，一行向左，一行向右，往复去来，有如老牛耕地。而且，行序曾有过从下而上的。到公元前 500 年以后，一致采用从左到右的字序和从上而下的行序，不再更改。

图表　16 - 04

早期希腊"牛耕式"碑铭残片

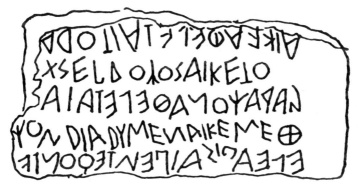

注：公元前 6～前 5 世纪的条约残碑，第 1 行向左，第 2 行向右，以下同样一行
　　左，一行右。向左者 E 字开口向左，向右者 E 字开口向右。

6. 字母形体的几何图形化

富于美感而崇尚实用的希腊人，把字母的形体改为简单、醒目、匀称、优美的几何图形。这种更改，使字母形体完全摆脱早期的图形束缚，按照实用和艺术的要求来加工。今天世界上通用最广的拉丁字母就是以希腊字母为基础而进一步加工改良的。

可是，当拉丁字母前进到新的阶段以后，希腊字母却保守于已得的成就。拉丁字母成为国际通用字母了，而希腊字母却成为今天的一种使用人口不多的"一国独用"字母。它岿然独立在被拉丁字母和斯拉夫字母瓜分了的欧洲的夹缝之中,只有访古的旅游者向它发出思古之叹息。国际标准化组织(ISO)正在为它制订用拉丁字母代替的国际标准,以便于国际信息网络的传输。

7. 字母名称的演变

字母有音值,又有名称。音值是字母在文字中间所代表的语音,名称是称说字母的外号。例如,A 的音值是"阿"[a],名称是"阿勒夫"(aleph);B 的音值是"彼"[be]或"巴"[ba],名称是"彼脱"(beth)。在闪米特语言中,名称都是有意义的语词,这叫"有义词名称"。例如,aleph 是"牛",beth 是"房子"。这是字母名称历史的第一阶段。

到了希腊,字母名称起了变化。在外形上,闪米特名称除极少例外,都是以辅音结尾的,例如 aleph 以-ph 结尾,beth 以-th 结尾,这叫做"闭口音节"。到了希腊,变成了"开口音节",aleph 变成 alpha,以-a 结尾;beth 变成 beta,以-a 结尾,都以元音结尾了。这是为了适合希腊语言的音节习惯。这种外形的变化是关系不大的。值得注意的是内容的变化。字母名称在闪米特语言中是"有义词",到了希腊语言中变成了没有意义的"无义词"。希腊语的"牛"不叫 alpha,"房子"不叫"beta"。名称的"无意义化"是名称历史的第二阶段的标志。

名称和字母的关系有两种学说。一种叫"固有意义说",认为字母是从早期图形符号演变而来,图形原来代表的意义,后来就成为字母的名称。例如 A 原来是"牛头"的图形,简化成字母以后,仍旧叫它 aleph(牛)。另一种学说叫"后加外号说"。这种学说认为,字母除极少数例外,都是简化改造得跟原来图形没有关系了,其中还有根本不是起源于图形的新创符号。古人为了称说方便,给字母任意起了"外号",后来外号用成习惯,就误认外号为字母的固有意义了。今天人们在打电话时候,为了使对方听清指的是什么字母,给字母临时起个外号。例如可以把 A 说成 Argentina,把 B 说成 Brazil,把 C 说成 Chile。后加外号说现在得到多数学者的认可,因为能用文字史资料追溯"固有意义"的字母太少了。

字母名称后来又演变成为"语音名称",这是名称历史的第三阶段。下文谈埃特鲁斯坎字母和拉丁字母一节中,再作说明。

图表 16-05

字母名称的演变

北方闪米特	希伯来			希腊		拉丁	
		aleph	牛	A	alpha	A	a
		beth	房子	B	beta	B	be
		gimel	骆驼	Γ	gamma	C	ke
		daleth	门	Δ	delta	D	de
		he	（声音）	E	epsilon	E	e
		waw	钩子			F	ef
		zayin	橄榄	Z	zeta	G	ge
		kheth	栅栏	H	eta	H	ha
		teth	球	Θ	theta		
		yodh	手	I	iota	I (J)	i
		kaph	手掌	K	kappa	K	ka
		lamedh	短棍	Λ	lambda	L	el
		men	水	M	mu	M	em
		nun	鱼	N	nu	N	en
		samekh	支柱	Ξ	xi		
		'ayin	眼	O	omicron	O	o
		pe	口	Π	pi	P	pe
		sadhe	钓竿				
		qoph	猴子			Q	ku
		resh	头	P	rho	R	er
		sin(shin)	牙齿	Σ	sigma	S	es
		taw	记号	T	tau	T	te
				Y	upsilon	(U)	u
						V	ve
						(W)	
				Φ	phi		
				X	chi	X	iks
				Ψ	psi	Y	ypsilon
						Z	zet
				Ω	omega		

名称的第一个音就是字母的音值。例如，aleph 的音值是 a，beta 的音值是 b。这叫做"头音原则"（acrophony）。闪米特字母的头音全是辅音。到希腊，字母的头音开始有元音；元音字母名称又附加"大"（-mega）、"小"（-micron）和"常"（-psilon，平常，单纯，纯净）等说明。

名称在闪米特语言中原来的意义是什么呢？大致如下：
(1) aleph牛，(2) beth 房子，(3) gimel 骆驼，(4) daleth 门，(5) he(声音)，(6) waw 钩子，(7) zayin 橄榄，(8) kheth 栅栏，(9) teth 球，(10) yodh手，(11) kaph 手掌，(12) lamedh 短棍，(13) mem 水，(14) nun鱼，(15) samekh支柱，(16) ayin 眼，(17) pe 口，(18) sadhe 钓竿，(19) qoph 猴子，(20) resh 头，(21) shin 牙齿，(22) taw 记号。

这些名称可以分成几类。第一类是常见事物，如 beth 房子，daleth 门，waw 钩子，等。第二类是人体部分，如 yodh 手，kaph 手掌，ayin 眼，pe 口，resh 头，shin 牙齿，等。第三类是动物，如 aleph 牛，gimel 骆驼，nun 鱼，qoph 猴子，等。可是有些较晚产生的名称，还弄不清楚究竟是什么意义。例如，he 不知是否只是"声音"(唯一的"声音名称"?)；zayin 一说是"武器"或"平衡"；lamedh 或许是"教鞭"；teth 或许是"线团"；samekh 可能是"鱼"；sadhe 或许是"梯阶""鼻子""镰刀""标枪"。名称由来甚古，从闪米特传到希腊，大致在公元前 1000 年以前，中间经过变化，原义已难考证了。

8. 希腊字母的传播

希腊文化是欧洲近代文化的源头，希腊字母是欧洲字母的源头。影响最大的分支是拉丁字母，其次是斯拉夫字母。此外，还有多种流传不广而已经退出历史舞台的字母，例如各种小亚细亚字母：吕奇亚字母(Lycian)，弗利基亚字母(Phrygian)，潘菲利亚字母(Pamphylian)，吕底亚字母(Lydian)和加里亚字母(Carian)。这些字母是公元前 500 年上下的几百年间住在西部小亚细亚的几个民族，在他们强盛的历史时期中应用的字母。他们的语言不是希腊语，有的也不是印欧语。

二　斯　拉　夫　字　母

斯拉夫字母直接传承于希腊字母。它的形成时期在公元后第 9 世纪，比拉丁字母晚 1600 年。1917 年十月革命以前的 1000 年间，它是东欧信奉希腊正教各斯拉夫民族的字母。十月革命以后，它扩大成为原苏联国内大多数民族的字母。

图表　16－06

几种小亚细亚古代字母

注：1. Lycian 字母　　2. Phrygian 字母　　3. Pamphylian 字母
4. Lydian 字母　　5. Carian 字母

1. 斯拉夫字母的来源

公元后 9 世纪时候,拜占庭教会(希腊正教)派了两位斯拉夫学者担任传教师,到南部斯拉夫民族中传教。他们是希腊北部萨洛尼卡(Salonica)的兄弟二人。哥哥美多迪乌斯(Methodius,约 815～885)是一位组织家;弟弟原名康斯坦丁(Constantine,约 826～869),后改教名西里尔(Cyril),是一位哲学家和语言学家。西里尔采用希腊字母并加以增补,先后制订了两种斯拉夫字母。第一种叫格拉哥里字母(Глаголица),以希腊草书为范本。第二种叫西里尔字母(Кириллица),以希腊楷书为

图表　16 - 07

斯拉夫字母的三种体式

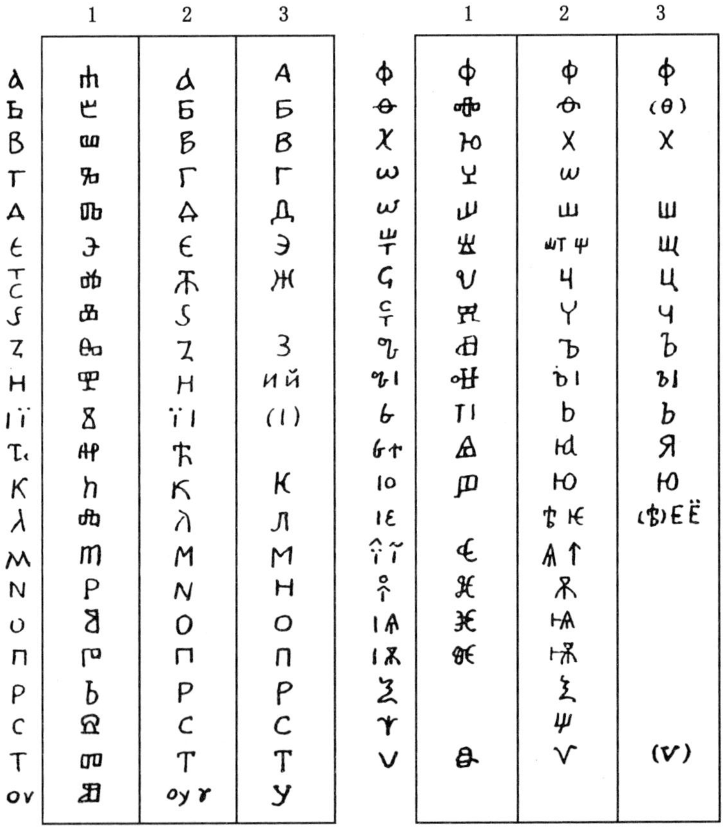

注:框格外面是希腊楷书抄本体。1. 格拉哥里　2. 西里尔　3. 近代俄罗斯

范本。两种字母形体不同，而表示语音的方法完全相同。格拉哥里字母后来逐渐不用，西里尔字母遂成为唯一的斯拉夫字母。西里尔字母这个名称，是格拉哥里字母不用以后才流行开来的。所以有人认为，西里尔自己制订的只是格拉哥里字母，而西里尔字母是他们兄弟俩的门徒后来制订的。

格拉哥里字母有 40 个，形体的特点有许多小方形、小圆形和小三角形，写起来麻烦，不能一条线把若干字母连成一气。它最初在摩拉维亚(Moravia)王国流传，不久王国灭亡，字母也就被禁止应用。后来又流传到保加利亚、克罗地亚(Croatia)和门的内哥罗(Montenegro，黑山)等地区。格拉哥里字母分早晚两种字体。早期的叫保加利亚字体，到 12 世纪末叶就不用了。晚期的叫克罗地亚字体，形成于 14 世纪，在 16～17 世纪一度风行，后来也逐渐不用了。

西里尔字母一共有 43 个，其中发音相当于希腊字母的有 25 个，表示特殊的斯拉夫语音的有 18 个。它的形体比较简单，这或许是它代替了格拉哥里字母的主要原因。

2. 新字母的创造

为了表达特殊的斯拉夫语音，西里尔字母进行了新字母的创造。

斯拉夫语音有"硬""软"的变化。硬元音和软元音的分别，有些像汉语中的开口呼和齐齿呼。例如，俄文 a，ə，o，y 是硬元音；я(ia)，e(ie)，ë(io)，ю(iu)是软元音。希腊没有独立表示软元音的字母。西里尔字母用两个希腊字母拼合，在两个字母之间加一小横，表示要连起来读，后来这两个字母就结成一体，成为一个新字母。Я 不是反 R，而是 i(没有点)和 a 的结合，后来 i 的一笔缩短，结成反 R 形状。e 本来是 i 和 e 的结合，后来把 i 省去了。ю 是 i 和 o 的结合，其中的短横成为不可去掉的一笔，把两个字母结合成一个字母。ë 是后期补充的，不用结合法，而用上加符号法。

用同样方法，西里尔字母又补充了新的辅音字母。例如，Ж 是 Т 和 С 的结合，Щ 是 Ш 和 Т 的结合，上下重叠，合成一体。此外又用分化法创造新字母，例如希腊字母 B 分化成西里尔字母 В(v)和 Б(б)。西里尔字母中有三个字母(Ц，Ч，Ш)或许是从两个希伯来字母(tsade 和 shin)借用和分化而成。

图表 16-08

俄文字母的合成和分化

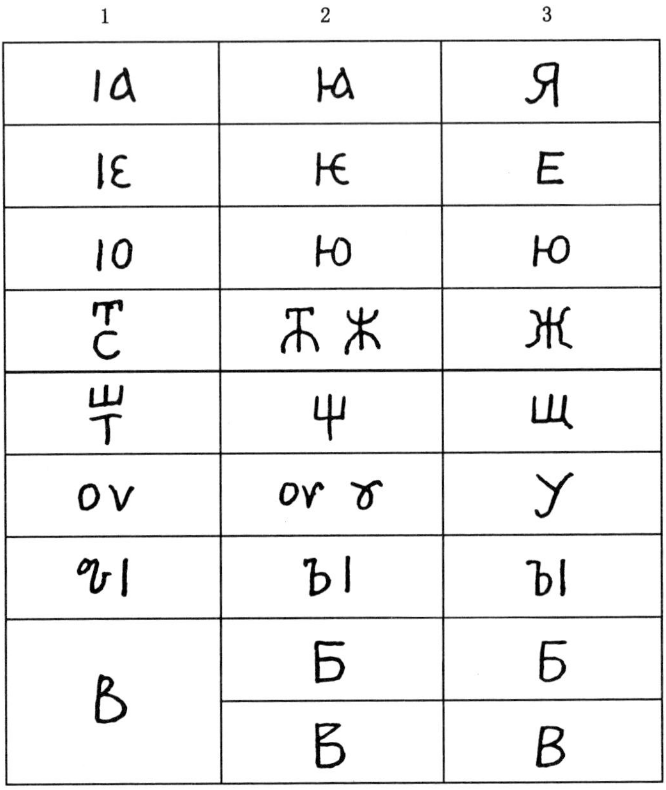

1	2	3
ΙΑ	ЮА	Я
ΙΣ	Ҟ	Є
ΙΟ	Ю	Ю
Ͳ С	ҖЖ	Ж
Ͳ Т	Ψ	Щ
ΟΥ	ΟΥ γ	У
੫Ι	Ы	Ы
В	Б	Б
	В	В

注：1. 希腊楷书体   2. 西里尔字母   3. 近代俄文字母

3. 斯拉夫字母的传播

　　各斯拉夫民族信奉的宗教派别不同，他们的字母也就不同。"字母跟着宗教走"，这一原则在斯拉夫各民族中表现得最为明显。凡是信奉希腊正教的，如俄罗斯、乌克兰、保加利亚、塞尔维亚等，都采用西里尔字母。凡是信奉罗马天主教的，如波兰、捷克、斯洛伐克、克罗地亚等，都采用拉丁字母。塞尔维亚语和克罗地亚语事实上是同一种语言，但是由于宗教的分歧，前者用西里尔字母，后者用拉丁字母。罗马尼亚曾经一度采用西里尔字母，后来在 19 世纪 60 年代改用拉丁字母。

10 世纪末(相当于中国宋朝),西里尔字母传播到俄罗斯民族。后来俄文发展成为斯拉夫语文的主流。乌克兰和白俄罗斯也用西里尔字母。保加利亚是早于俄罗斯用西里尔字母的国家。在原南斯拉夫,西里尔字母的塞尔维亚文(Srpski)流行于塞尔维亚地区,拉丁字母的克罗地亚文(Hrvatski)流行于克罗地亚地区。

4. 拉丁化和斯拉夫化

苏联在十月革命以后,掀起一个文字改革热潮。

首先,俄文进行正词法改革。旧式俄文用 35 个字母(不包括加符字母),其中有 4 个是重复的。十月革命后,苏联把这 4 个重复字母去掉(用 и 代替 i 和 v,用 e 代替 ѣ,用 ф 代替 ѳ)。此外,硬音符 ъ 在词尾省去,只在词中应用。1918 年实行新正词法,减少了阅读和书写的麻烦。

苏联中南部广大地区住着各种信奉伊斯兰教的民族,他们的传统是用阿拉伯字母。十月革命以后,阿塞拜疆首先采用拉丁字母,代替阿拉伯字母。很快,国内许多民族纷纷起来,没有文字的创造新文字,文字不适应现代要求的改造新文字,都用拉丁字母。列宁积极支持这一拉丁化运动,他给当时的新文字全苏中央委员会主席阿葛马里·奥格雷(Agamaly-Ogly)的信中说:"拉丁化是东方伟大的革命!"

1934 年苏联对外文化协会向前"国际联盟"的国际知识合作协会提出一份"关于苏联境内突厥·鞑靼语系的民族和其他少数民族实行文字拉丁化的发展概况"的报告,收在前国际联盟出版的《拉丁字母的世界采用》(1934,巴黎,法文版)一书中[*]。报告说,拉丁化运动在 1921 年开始于阿塞拜疆,到 1930 年有 35 个民族采用了拉丁字母,后来又在人口较少的原来没有文字的民族中扩大,包括原用拉丁字母的民族在内,一共有 70 个民族采用了拉丁字母。

可是,从 1937 年开始,苏联改变政策,使"拉丁字母过渡到西里尔字母"[**]。拉丁化改为斯拉夫化的工作,在 1939～1940 年间迅速完成。

---

[*] 中文译文见《外国文字改革经验介绍》,文字改革出版社,1957。

[**] 参看《1920～1941 苏联中亚细亚突厥族的文字改革问题》,同上书;又,谢尔久琴柯《苏联各民族文字创制史》,中央民院,1955。

图表 16-09

西里尔字母的几种主要文字

	1	2	3	4	5	6		1	2	3	4	5	6
a	д	А	А	А	А	д	f	ф	ф	ф	ф	ф	ф
b	Б	Б	Б	Б	Б	Б	kh	Х	Х	Х	Х	Х	Х
v	В	В	В	В	В	В	ts	Ч	Ц	Ц	Ц	Ц	Ч
g	Г	Г	Г	Г	Г	Г	ch	Ч	Ч	Ч	Ч	Ч	Ч
d	Д	Д	Д	Д	Д	Д	sh	Ш	Ш	Ш	Ш	Ш	Ш
ye	Є	Е	Е	Е	Е	Е	shch	Щ	Щ	Щ	Щ	Щ	Ψ
zh	Ж	Ж	Ж	Ж	Ж	Ж	y	Ъ	Ъ	Ъ	Ъ		Ъ
z	Н	З	З	З	З	З	ye	Ь	Ь	Ь	Ь	Ь	Ь
i		И	И	И	И	И	e	Э	Э	Э	Э		Є
i	I	I	I	I	I	I	yu	Ю	Ю	Ю	Ю		Ю
i							ya	Ꙗ	Я	Я	Я		Ꙗ
y		Й	Й	J	Й		ph	ѳ	Ѳ	Ѳ			ѳ
k	К	К	К	К	К	К	y	ѵ	V				Ѵ
l	Л	Л	Л	Л	Л	Л	ü			Ж			Ѫ
m	М	М	М	М	М	М	iu	Ѧ		Ѭ			Ѩ
n	N	Н	Н	Н	Н	N							
o	О	О	О	О	О	О							
p	П	П	П	П	П	П							
r	Р	Р	Р	Р	Р	Р							
s	С	С	С	С	С	С							
t	Т	Т	Т	Т	Т	Т							
ty	Ћ			Ћ									
u	Ȣ	У	У	У	У	Ȣ							

注：1. 西里尔字母 2. 俄文 3. 保加利亚文 4. 塞尔维亚文 5. 乌克兰文
6. 古代罗马尼亚文

苏联少数民族文字的斯拉夫化，是斯拉夫字母历史上的一次巨大扩展，不过限于苏联境内；境外只有一个蒙古人民共和国（1992年改名蒙古国），在1941年采用斯拉夫化的新蒙文方案，1943年全国推行。

放弃拉丁化，改行斯拉夫化，并不是放弃文字改革，而是放弃向国际看齐的拉丁化，改为向国内看齐的俄罗斯化。

苏联解体后的文字情况是：斯拉夫民族国家俄罗斯、白俄罗斯、乌克兰仍用斯拉夫字母。摩尔多瓦有改用罗马尼亚文的要求，因为他们的语言是罗马尼亚语的方言。阿塞拜疆、哈萨克、吉尔吉斯、乌兹别克、塔吉克、土库曼，有改用拉丁字母或恢复阿拉伯字母的要求。爱沙尼亚、拉脱维亚、立陶宛，仍用拉丁字母。亚美尼亚、格鲁吉亚，仍用传统的民族字母。

三　拉　丁　字　母

1. 拉丁字母的先驱：埃特鲁斯坎字母

古代的埃特鲁斯坎人（Etruscan，一译伊达拉里亚人）在公元前7～前6世纪曾在意大利半岛建立王朝，统治着罗马和其他地区。他们在建立王朝以前就采用希腊字母，在公元前8世纪形成了埃特鲁斯坎字母。

在公元前8世纪的遗物当中，有一块马西利亚那（Marsiliana）象牙板，上面刻着26个早期的埃特鲁斯坎字母。这是意大利半岛上最古的"识字课本"。26个字母包括22个闪米特字母和4个希腊的增补字母。

到公元前400年时候，埃特鲁斯坎字母减为20个，包括4个元音：(1) a, (2) e, (3) i, (4) u（没有 o），和16个辅音：(5) c, (6) f-digamma, (7) z, (8) h, (9) th, (10) l, (11) m, (12) n, (13) p, (14) 读音近 s 的 san, (15) r, (16) s, (17) t, (18) ph, (19) kh, (20) 字形像8字的 f。这就是所谓"古典的"埃特鲁斯坎字母。

字母从希腊传到埃特鲁斯坎人手中，远在希腊字母改为自左向右书写以前，所以埃特鲁斯坎文字起初都是自右向左书写，中间经过"牛耕式"时期，最后才改为自左向右书写。

埃特鲁斯坎人在失去政治权力以后，逐渐放弃自己的文字和语言。有文字记录的遗物最晚到公元初年为止。但是他们的语言保留得比较长久，后来溶化到意大利的托斯坎纳（Toscana, Tuscany）方言中（Tuscan 是 Etruscan 的缩略）。

埃特鲁斯坎字母除传衍成拉丁字母之外，还传衍成多种其他派生字母（见派生字母表）。

2. 拉丁字母的形成过程

过去的一般传说，认为拉丁字母直接来自希腊，或者是从意大利的希腊居留民那里传承而来。晚近的考证否定了这种传说。从希腊字母到拉丁字母，中间还有埃特鲁斯坎字母的媒介。

图表　16－10

埃特鲁斯坎字母的各种派生字母

	1	2	3	4	5	6	7	8	9	10	11
a											
b											
c											
d											
e											
v											
z											
h											
θ											
i											
k											
l											
m											
n											
š								(?)			
o											
p											
ś											
q											
r											
s											
t											
u											
φ											
x						(Υ)					

1. Lepontic　2. Sondrio　3. Bolzano　4. Magrè　5. Venetic
6. Messapian　7. Picenian　8. Oscan　9. Ubrian　10. Siculan
11. Faliscan　1～5 为北方埃特鲁斯坎字母　6～11 为前意大利字母

拉丁字母形成于公元前 7 世纪。在最初的 600 年间,它在意大利以外地区还是影响不大的。到公元前 1 世纪、特别是罗马帝国时期,才开始活跃起来。

最古的拉丁文遗物,是公元前第 7 世纪的一枚金扣针(praeneste fibula),上面刻着这样一句话:"马尼造赠奴美西"(manios:med:fhefhaked:numasioi)。这保留着埃特鲁斯坎字母早期的用"两点"分词的方法,和自右向左的书写顺序,在铭文上是看得很清楚的。拉丁文字的书写顺序同样是以自右向左开始,中间经过"牛耕式"时期,然后改为自左向右。

图表 16-11

公元前 7 世纪的拉丁文金扣针铭文

早期埃特鲁斯坎字母有 26 个,罗马人只取其中 21 个,即 A,B,C(K),D,E,F,I(zeta),H,I,K,L,M,N,O,P,Q,P(R),S,T,V,X(X 被称为"最后的字母")。

金扣针上的文字用 F(digamma)和 H 结合起来表示 f 音。希腊语没有 f 音,F 原来表示 w 音。埃特鲁斯坎文把希腊的 F 和 H 结合(fh 即 wh)表示 f 音。拉丁字母沿用此法,后来省去 H,F 就成为表示f 音的字母。但是拉丁语另有一个 w 音,又用希腊的 V(upsilon,原表u 音)表示辅音 w 和元音 u。金扣针有 D 和 O,这是早期埃特鲁斯坎文字中有而后期埃特鲁斯坎文字中没有的字母。

希腊第三个字母(gamma),在埃特鲁斯坎文中写成 C 或 Ɔ,表示K 音。埃特鲁斯坎文没有 K 和 G 的"清浊"分别,拉丁文却需要这样的分别。拉丁字母除一般场合用 C 表示清音的 K 以外,又在特殊场合(如 C 在 Gaius 中)表示浊音 G。希腊文字另有 K 和 Q,都表 K 音。在埃特鲁斯坎文字中,C 用于 E 和 I 之前,K 用于 A 之前,Q 用于 U

之前。拉丁字母也一样，但是 K 只用于少数几个词儿的第一字母。

希腊字母 Δ 变成 D，Σ 变成 S，P 加一笔变成 R。第七个字母（zeta）后来废去不用，在它的位次上放进一个由 C 加一横（表示浊音 g）的 G。

罗马征服希腊（公元前 3 世纪）以后，拉丁语中从希腊借来的外来词逐渐增多。希腊的 Y 和 Z 两个字母被用来书写外来词，排列在字母表的末尾。原来 21 个拉丁字母增加为 23 个。此外，到中世纪时候，从 I 分化出 J，从 V 分化出 U，又从 V 分化出 W（双 V）。这样就形成了一直传到今天的 26 个字母。

图表　16－12

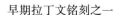

早期拉丁文铭刻之一

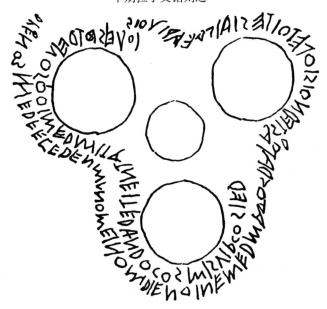

注：公元前 6 世纪的杜诺斯（Duenos）铭文。

3. 拉丁字母形体的简化和美化

希腊古典字母形成醒目优美的几何图形，这是字母形体的一大进步。罗马人从埃特鲁斯坎人那儿取得的字母，是希腊古典字母形成以前的形体，所以早期拉丁字母还保留着古代闪米特字母的不整齐风格。后来，在希腊古典字母的影响下，罗马人对字母形体的简化和美化,获得了青出于蓝而胜于蓝的成就,结果又反过来影响希腊字母形体的改进。

拉丁字母早期形成的铭刻体(近代用作印刷大写体),在公元后第4世纪时候就达到了完美的程度。最简单的图形尽量采用了,有混淆可能的图形尽量避免了,书写不便的图形已经修改了,断线改成了直线或弧线,弯曲不超过两次,笔画不超过三笔,对称、齐匀、实用、美观,这真是高度的科学和艺术的结晶。把其他任何一种字母放在一起同它比一比,谁都能辨别出优劣来。

拉丁字母原来没有大写和小写的分别。铭刻体(印刷体)的小写字母是从古代铭刻体(大写体)变化而成的。小写和大写两体并用,丰富了文字的表达功能,例如专名开头大写可以跟普通名词区别,句首用大写可以分清语段。小写体的产生方法主要是省略笔画(如 H 省作 h,B 省作 b 等)和延长笔画(如 Q 延长为 q,D 或 ᗡ 延长为 d 等)。铭刻体简明易认,便于阅读,适合印刷书本的要求,所以成为近代印刷用的主要字母。但是,全部大写的铭刻体,一排高低相同的字母排在一起,不便于"扫读"。印刷小写体有上伸(b,d,f,h,k,l,t 等)和下延(g,j,p,q,y 等)的笔画,夹在"短字"(c,m,n,r,s,v,w,x,z,尤其是元音字母 a,e,i,o,u)中间,长短间隔,上下参差,最便"扫读"。这可能是拉丁字母无意中创造的形体贡献。

除了石刻和壁画以外,古代罗马的日常书写用具是针笔(stylus)和蜡板(板上涂一层蜡)。公元后 6 世纪以后,改用羽管制造笔尖(拉丁文 penna 即羽毛),蜡板改为纸草和羊皮。这是中世纪的典型书写工具。近代的钢笔尖不过把羽管改为金属而已。这种书写工具到第二次世界大战后的圆珠笔才发生真正的改变。

中国的造纸术在 8 世纪传至阿拉伯,12 世纪传至欧洲的意大利和西班牙,到 14 世纪(中国元明之交)纸张才成为欧洲的一般书写材料。笔尖在软质书写材料(纸草、羊皮、纸张)上"划写",使字母线条变成"流水线"形式,产生出手写的草书体。草书体的好处是书写迅速,可以一线伸展,曲折连绵、蜿蜒不断。直线变为弧线,尖角变为圆角,断笔变为连笔。一个词儿中间的各个字母连成一起,一笔到底,叫做"一笔连写"。一笔连写只适用于手写,不适用于铭刻或印刷。因为书写

图表 16 - 13

从埃特鲁斯坎字母到拉丁字母的演变

框格外：古典希腊　1. 早期埃特鲁斯坎（马西利亚那）　2. 古典埃特鲁斯坎
3a. 早期拉丁字母　3b. 后期增补和改写的拉丁字母

要求运笔迅速，而铭刻或印刷要求字形端正明朗。过于草率的草书体不便于阅读。罗马帝国瓦解以后，欧洲兴起许多民族国家，各自发展了独特风格的字体。有的字体介乎印刷体和草书体之间，有的字体是二者的混合体。在许多种字体之中，今天在印刷上应用最广的是"罗

图表　16－14

拉丁字母的字体演变

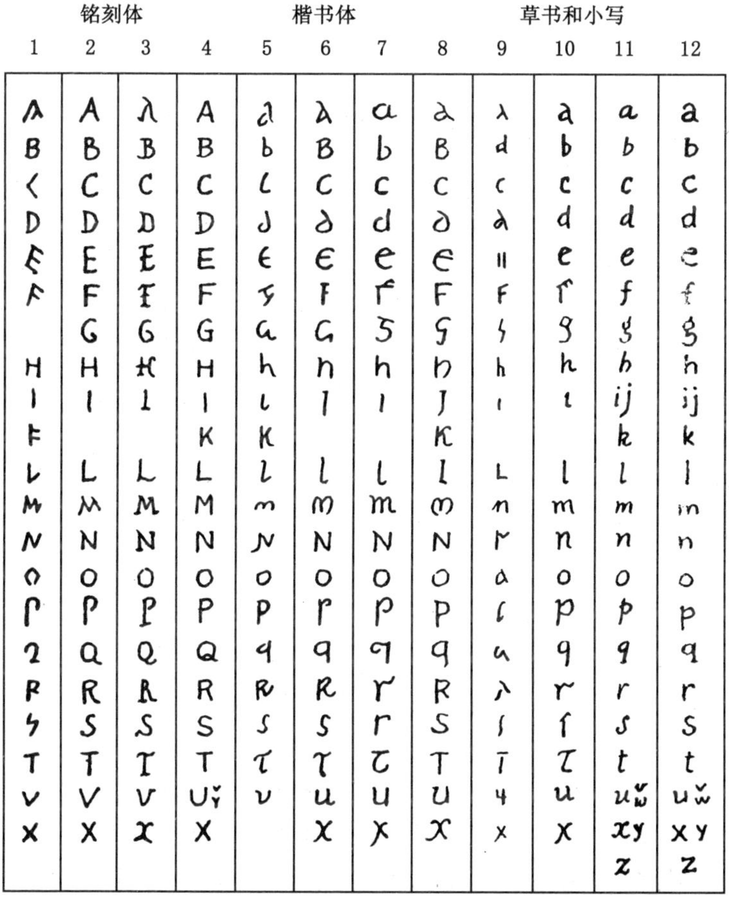

注：1. 公元前 4 世纪铭刻体　2. 公元后 4 世纪铭刻体　3. 公元后 3 世纪质朴大写体　4. 近代大写体　5. 公元后 3 世纪刻碑用楷书体　6. 公元后 3 世纪罗马楷书体　7. 公元后 5 世纪高卢楷书体　8. 公元后 7 世纪罗马楷书体　9. 公元后 2 世纪草书体　10. 公元后 8～9 世纪卡洛林行书体　11. 意大利斜体　12. 罗马小写体

马体"(正体),其次是"意大利体"(斜体)。这两种字体都成熟于 15 世纪的威尼斯(Venece),在 16 世纪初传到北欧和西欧,后来普及各国。

4. 拉丁字母的名称

在谈希腊字母名称的时候,已经说明名称历史分三个阶段:1. 有义词名称,2. 无义词名称,3. 声音名称。"声音名称"是在音值之外附加一个声音,不是用一个"外号"来称说字母。这个办法开始于埃特鲁斯坎字母。闪米特字母名称可以从希伯来字母名称而推知,埃特鲁斯坎字母名称可以从拉丁字母名称而推知。

拉丁字母名称分五类:(1) 元音字母以音值(或主要音值)为名称,A 就是[a],E 就是[e],不另定名称。这样的字母有 5 个:A,E,I,O,U。(2) 辅音音值后加元音构成名称,如 B(b 加 e),C(k 加 e)。这样的字母有 10 个:B,C,D,G,H,K(ka),P,Q(ku),T,V。(闪米特名称 he"声音"可能也属于这一类。)(3) 辅音音值前加元音构成名称,如F(e 加 f),M(e 加 m)。这样的字母有 6 个:F,L,M,N,R,S。前加元音打破了"头音原则",增加了闭口音节的"尾音原则"。这是适应拉丁语中的闭口音节习惯。(4) 字母 X 是后来加到拉丁字母表上去的,所以称为"最后的字母"。它代表复辅音 ks;它的名称是前加 i 元音(iks)。(5) Y 和 Z 是公元前 3 世纪罗马征服希腊以后才从希腊借来,专为书写来自希腊的借词而用。所以这两个字母的名称也借自希腊(zeta-zet,upsilon-ypsilon)。

后来,在中世纪增 3 个字母,它们的名称是:W 称为"双 V"或"双U"(意大利文 doppiovu,英文 dublyu);J 称为"长 i"(意大利文ilungo),这种名称叫做"形容名称"(闪米特名称 taw"记号"可能也是形容名称)。V 后来改作表示辅音 v,名称归到后加元音里面去;而 U代表 V 原来表示的元音 u。在某些欧洲文字中,借用希伯来的名称yod(或其变音)称说字母 J。到了更晚的时候,采用拉丁字母的民族完全放弃外来名称和形容名称,一概改用"语音名称",例如罗马尼亚字母或土耳其字母;汉语拼音字母名称也是全用"语音名称"。英文字母名称也基本上用"语音名称",只有一个 W 用"形容名称"(双 u)。

5. 拉丁字母的变通应用

26 个拉丁字母在中世纪定形以后,能够以字母数目和字母形体基本不变而成为书写全世界语言的正式文字或非正式拼写法，在字母传播史上开辟了新的时期。以前的字母传播，为了适合不同语言的语音差别，经常改变字母形体，增加字母数目，使同一体系的字母变成很不相同，不能通用，不便互学。不仅阿拉马字母系统和印度字母系统如此，就是较晚创制的斯拉夫字母也跟它的母亲希腊字母大不相同。可是，拉丁字母的传播，没有造成许许多多种彼此面貌不同的字母，而是保持着基本共同和一致，便利交流互学，更便利机械化。这是怎样实现的呢？办法是：变通。

图表　16-15

几种拉丁字母名称比较表

	拉丁	意大利	法文	西班牙	德文	英文	罗马尼亚	汉语拼音
A	a	a	a	a	a	ei	a	a
B	be	bi	be	be	be	bi	be	be
C	ke	chi	se	the	tse	si	che	ce
D	de	di	de	de	de	di	de	de
E	e	e	e	e	e	i	e	e
F	ef	effe	ef	effe	ef	ef	ef	ef
G	ge	gyi	zhe	khe	ge	gyi	gye	ge
H	he	akka	ash	ache	ha	ech	ha	ha
I	i	i	i	i	i	ai	i	i
J	—	ilungo	zhi	hota	jot	gyei	zye	jie
K	ka	kappa	ka	ka	ka	kei	ka	ke
L	el	elle	el	ele	el	el	el	el
M	em	emme	em	emme	em	em	em	em
N	en	enne	en	ennye	en	en	ne	ne
O	o	o	o	o	o	ou	o	o
P	pe	pi	pe	pe	pe	pi	pe	pe
Q	ku	ku	kü	ku	ku	kyu	—	qiu
R	er	erre	er	ere	er	ar	er	ar
S	es	esse	es	ese	es	es	es	es
T	te	ti	te	te	te	ti	te	te
U	u	u	ü	u	u	yu	u	u
V	ve	vu	ve	ve	fau	vi	ve	ve
W	—	doppiovu	dublve	dobleve	ve	dublyu	—	wa
X	iks	iks	iks	ekis	iks	eks	iks	xi
Y	ypsilon	ipsilon	igrek	igrega	ypsilon	wai	—	ya
Z	zet	dzeta	zed	theta	tset	zi	ze	ze

变通有两类：一类是"假借"。（1）借形改音。例如，原来作为 i 的辅音的字母 J，改作接近"基"的声母字母（英文、汉语拼音）。（2）赘字利用。例如多余的字母 C（原表 k 音），用来表示接近"次"的声母（波兰、捷克、汉语拼音等）。（3）一符两用。例如英文中 G 有硬软两音（如 gorge，前一 g 读近"格"的声母浊化，后一 g 读近"基"的声母浊化）。另一类变通是"结合"。（1）结合成辅音。例如，两母结合表示一个辅音：ch，sh，cz，sz，cs，dz，ts，ng 等等。三母、四母结合表示一个辅音：sch，tsch。（2）结合成元音。例如：aa，oo，ae，oe，ue 等。苏联在拉丁化运动时期，反对字母结合，宁可创造新字母。结果，一个民族创造极少几个新字母，全国几十个民族总起来创造了很多新字母，弄得拉丁"化"变成"化"拉丁。其实，俄文字母很早就用过字母结合方法，例如俄文字母 Ы 今天还遗留着结合的形式，而 Ю 的结合只是用中间的短横来作心理的掩盖。结合方法的好处是，采用"七巧板"原理，零件不多而组合无穷，这对机械化和电脑化要求字母数目标准化，最为有利。全世界的拉丁字母文字，以及非正式的拼写法，极少不采用结合字母方法的。

附加符号也比创造新字母好，在国际流通上更是如此。符号可以加在字母上面（戴帽），例如（¨）（ˆ）（ˊ）（ˋ）（˚）（˜）（ˉ）（ˇ）等；加在下面（穿鞋），例如（ç）等；加在中间（佩剑），例如（ł）（đ）（ø）等。佩剑实际类似新字母。既戴帽，又穿鞋，也不方便。附加符号容易脱落，但是脱落后还保持着基本词形。

实践证明，创造新字母利少而弊多，特别不便于机械化、电脑化和国际流通。"与其造世界未有之新字，不如采用世界所通行之字母"*。

6. 国际的通用字母

在过去 2000 年间，拉丁字母的传播不断扩大开来。它以大同小异的运用方法，写出了人类一切不同的语言。

最早，拉丁字母被罗马帝国的军队、商人和官吏带到他们所征服的广大地区。在尚未"希腊化"的地区，拉丁语成为官话，代替了当地语言，由此形成意、法、西、葡、罗马尼亚等国的所谓罗曼斯语言或拉丁

———————
＊　清末朱文熊语。

普通话。这些地区后来成立民族国家，以书写本国语言的拉丁字母为自己的民族字母。

其后，罗马天主教的传教师们又把拉丁字母传播到更广阔的地区。宗教所及的地区比政权所及的地区更要辽远。欧洲近代教育制度发展以前，教会不仅主宰着信仰，还主宰着文化和教育。当时欧洲各国的贵族有很多还没有学会书写自己的名字，只能画一个十字（基督的十字架）代替签名。他们仰赖教会给他们文化和教育。全世界多数国家的文字大都是由教会开始创制的，最先用于翻译《圣经》，然后用于一般生活。罗马天主教以及由其分裂出来的各个新教派别，都是拉丁字母的播种者。

更后，拉丁字母又在工业革命以后，跟着西欧各资本主义国家，传播到他们的美洲、非洲、亚洲殖民地，把没有文字的当地语言写成拉丁字母文字，把好些种已有文字的语言也改写成拉丁字母文字。

第二次世界大战以后，航空发达，地球缩小了。全世界迫切需要一种国际通用的字母，作为信息化时代的公用传信符号。拉丁字母具备标准化和音素化的优点，因而承担了国际通用字母的历史任务。

第十七章　拉丁字母的国际传播

引　子

拉丁字母是书写拉丁文的字母；拉丁文是古罗马的文字，所以又称罗马字母。罗马是拉丁字母的故乡。

拉丁语属于印欧语系拉丁（罗曼）语族，原来是意大利半岛一个小部落"拉丁人"的语言。史前时期拉丁人居住在意大利半岛中部台伯河（Tiber）下游的拉丁姆（Latium）地方，以罗马城为中心。公元前510年成立共和国，逐步统一意大利半岛。公元前1世纪拉丁文成为半岛的官方文字。这时候，拉丁字母随着官方文字而在半岛推广。

公元前30年建立罗马帝国，到公元后2世纪初扩展成为版图辽阔的大帝国，西起西班牙、不列颠，东达美索不达米亚，南至非洲北部，北迄多瑙河与莱茵河。罗马帝国和中国汉朝大帝国（公元前206～公元后220）在时间上是大致并立的。这时候，欧洲好多民族还没有自己的文字，拉丁文随着罗马军队和官吏的足迹传播到帝国各地。

后来经过长期战乱，到284年重建罗马帝国，称为后期帝国。395年帝国分裂为东西两半。476年西罗马灭亡。东罗马延至1453年。在欧洲，拉丁字母的传播以西罗马为范围。

基督教在公元1～2世纪传入罗马，到4世纪成为国教。基督教掌握文教，通过拉丁文的《圣经》使拉丁字母的传播更广更深。《圣经》在3世纪从希伯来文译成希腊文。383年开始从希腊文译成拉丁文。在欧洲，12世纪开始有造纸术，1439年前开始设立印刷所。《圣经》原用手抄，到1546年（中国明朝嘉靖年间）才有印刷的《圣经》。《圣经》是欧洲古代和中世纪的主要读物，甚至是唯一的读物。它对拉丁字母的传播有决定的作用。

罗马帝国灭亡之后,罗马天主教和后来的革新教会继续统治着欧洲的意识形态。在长达 1000 年的时期内,西欧各民族大都学习跟口语完全不同的拉丁文,没有自己的民族文字。这很像在长达 1000 年时期内,朝鲜、日本和越南都学习汉语、汉字的文言古文,没有自己的民族文字一样。

欧洲在 8 世纪末成立查理帝国,产生所谓加洛林王朝的文艺复兴。这时候,西欧各民族开始有民族文字的萌芽。有的民族在拉丁文《圣经》上用拉丁字母书写自己的语言作为注释。有的民族用自己语言的拉丁化文字翻译《圣经》。好些民族都以《圣经》译本为创造文字的开始。843 年凡尔登条约把帝国分为三部分,后来形成为意大利、德意志和法兰西三国。这一分裂,促进了民族文字的创造。到 14～16 世纪的文艺复兴时期,欧洲各国的民族文字才成熟。从各民族都学习古代的拉丁文,进而为各民族创造自己的民族拉丁化文字,这是欧洲历史向前迈进的重要步骤。

拉丁字母的传播像是水中波圈的扩散,一圈大于一圈。罗马帝国时代,拉丁字母随着拉丁文而传播,这是第一波圈。文艺复兴时期,欧洲各民族采用拉丁字母创造自己的民族文字,这是第二波圈。发现新大陆和新航线以后,西欧拉丁字母文字传播到拉美、非、亚各殖民地,成为外来的官方文字,这是第三波圈。殖民地的语言和文字由此发生变化。有的地方的语言同化于宗主国,使外来的拉丁字母文字成为本土文字(例如拉美)。有的地方保留本土语言,采用拉丁字母创造本土文字,在独立以后成为本国正式文字(例如印尼、越南),这是第四波圈。有的国家,掀起政治革命和宗教改革,摆脱传统文字,迎接现代生活,实行拉丁化的文字改革(例如土耳其),这是第五波圈。不用拉丁化文字的国家,为了国际交往和信息交流,利用拉丁字母拼写自己的语言,作为辅助的文字工具(例如中国、日本),这是第六波圈。

拉丁字母原来只有 21 个,后来补充和分化,成为 26 个。这 26 个拉丁字母写尽了天下的语言。

人类的语言千变万化,可是分析到最后只有为数不多的一些语音元素(音素或音位)。一般在 30 个左右,多的在 50 个左右,少的只有十几个。只求字母形体相同,不求字母读音完全一致,就可以用 26 个字母写尽天下的语言。这是拉丁字母走遍全世界的道理。

近代,全世界有五种主要的文字,在长时期各自传播,形成五大文字流通圈。它们是:

1. 汉字流通圈。范围在东亚,主要是中国、日本、朝鲜、韩国、越南。最近半个世纪,这个文字圈缩小了。日本减少用字。朝鲜不用汉字,韩国也用得很少。越南已经完全不用。但是汉字在中国是稳定的。

2. 印度字母流通圈。范围在南亚和东南亚,主要是印度、斯里兰卡、孟加拉国、尼泊尔、不丹、缅甸、泰国、老挝、柬埔寨等。原来包括东南亚更多国家,后来被拉丁字母代替了。

3. 阿拉伯字母流通圈。中心是中东的阿拉伯国家,外围是伊斯兰教国家,主要在北非和西亚。一个世纪以来,范围在迅速缩小。

4. 斯拉夫字母流通圈。主要是原苏联、保加利亚、南斯拉夫。20 世纪 30～40 年代,原苏联国内原用阿拉伯字母的民族文字全部改为斯拉夫字母,蒙古人民共和国(1992 年改名蒙古国)的文字也斯拉夫化了。斯拉夫字母圈在进行内线扩大。

5. 拉丁字母流通圈。以西欧为基地,传播到大半个地球。其他四个文字圈都或多或少被它代替了一部分。

下文简单叙述拉丁字母的国际传播,分为:一、欧洲,二、美洲,三、大洋洲,四、非洲,五、亚洲,六、拉丁字母的技术应用。

一　拉丁字母在欧洲的传播

欧洲历史从中世纪进入近代和现代,在文字方面表现为从大统一的拉丁文分化为各个国家的民族文字。在 9 世纪所谓加洛林(Carolingian)文艺复兴时期,开始了民族文字拉丁化的萌芽。到 14～16 世纪的文艺复兴时期,几种发展较早的民族文字趋于成熟,产生了一批不朽的著作。拉丁字母首先成为罗曼(拉丁)语族诸语言的文字,主要是意大利文、法文、西班牙文等。其次传开出去,代替原来的鲁纳字母,成为日耳曼语族诸语言的文字,主要是英文、德文,以及北欧的文字。再次是向东传播,跟斯拉夫字母争地盘,成为斯拉夫语族诸语言的文字,主要是波兰文、捷克文、克罗地亚文等。此外还有凯尔特语族的爱尔兰文,芬兰·乌戈尔语族的芬兰文、匈牙利文等。欧洲多数民族文字的拉丁化反映了欧洲宗教史和文化史的发展。

1. 罗曼诸语言的拉丁化

罗马帝国的军队把拉丁语带到欧洲各地。帝国崩溃以后,各地遗留下来的拉丁语口语分别演变,成为现代各种罗曼(拉丁)语言,组成印欧语系的一个语族。有的成为国家共同语,如意大利语、法语、西班牙语、葡萄牙语、罗马尼亚语等;有的成为地区通用的民间语言,如加泰隆语、普罗旺斯语、摩尔达维亚语等。由于演变极其缓慢,难于确定拉丁语口语是什么时候结束、罗曼语是什么时候开始的。大致到5世纪已经分化,到8世纪不同的罗曼语已经成立。842年用拉丁字母写成的古法语的文献可以看作是罗曼语成立的记录。除摩尔达维亚语采用斯拉夫字母以外,罗曼诸语言都采用拉丁字母。

A. 意大利文——意大利的语文拉丁化运动是文艺复兴运动的先声,是欧洲文化走出中世纪黑暗时代的第一步。但丁(Dante)的《神曲》(1318)用意大利的佛罗伦萨(Florence)方言写成,建立了意大利近代共同语的基础。佛罗伦萨又名托斯康(Toscan),是埃特鲁斯坎(Etruscan)的变音。拉丁字母就是从古代埃特鲁斯坎字母变来的。现存最古的意大利语拉丁化文献是960年的遗物。这种文字到但丁时代才蓬勃发展。

或许有人要问,意大利是拉丁字母的故乡,为什么意大利语还要拉丁化呢? 拉丁化就是"用拉丁字母书写"。意大利口语原来没有用拉丁字母书写成为正式文字。拉丁文是古文,跟文艺复兴时代的意大利口语大不相同。虽然同样用拉丁字母书写,拉丁文和意大利文是两种古今不同的文字。一向视作不登大雅之堂的口语写成文字而且成为正式的通用文字,这是欧洲文字和文化进入新时代的标记。

现代意大利文的拼写法跟读音一致。字母表有26个字母,其中j,k,w,x,y用于外来词。另有3个符号(符号和增补字母均见后附样品,下文同)。

拉托·罗曼斯语(Rhaeto-Romanic)是意大利语的方言之一种,流行于偏僻地区,也有拉丁化文字。瑞士承认它为官方文字之一,虽然使用者不到瑞士人口的百分之一。

B. 法文——法国和比利时等国的官方文字。从 17 世纪起,法语成为欧洲和世界的国际政治用语,到二次世界大战以后逐步被英语所代替。

公元前 2 世纪起,罗马人在高卢地方(现在的法国)殖民,民间拉丁语和当地语言融合成为法语。拉丁化的法文以 842 年的文献为最古。巴黎在 12 世纪成为法国首都以后,巴黎话成为法国共同语的基础。

法文用 26 个拉丁字母。其中 w 只用于外来词。有三个上加符号(扬音符、抑音符、长音符),一个下加符号。法文写定于五六百年以前,跟今天语音颇不相同。多次提倡改革拼写法,未能实行。

C. 西班牙文——西班牙和许多拉美国家的官方文字。西班牙语是从民间拉丁语演变形成的,以卡斯提拉(Kastila)方言为共同语的基础。最早的拉丁化西班牙文手迹是 10～11 世纪的遗物。第一本西班牙文叙事史写于 1140 年。到 15 世纪,西班牙文成熟。拼写跟读音一致,用 30 个字母,包括一个加符字母和 3 个双字母。

D. 葡萄牙文——这是葡萄牙 1000 万人的官方文字,又是巴西(拉美)1 亿人的官方文字,所以也是世界重要文字之一。最早的拉丁化葡萄牙文手迹是 1192 年的遗物。在西班牙统治时期,以西班牙文为官方文字。1910 年独立后,葡萄牙文才得到自由发展。巴西和葡萄牙两地通话没有困难。有 26 个字母,另用符号和双字母。

E. 普罗旺斯文(Provençal)——法国的民间文字,流行于法国东南部。在 12～14 世纪兴盛一时,后来成为一种方言文字。

F. 加泰隆文(Catalanese)——小国安道尔(Andorra)的官方文字,流行于法国和西班牙两国相邻的地区。最早在 12 世纪有拉丁化的著作。字母有 29 个。

G. 罗马尼亚文——罗马尼亚的官方文字。东欧唯一的罗曼(拉丁)语拉丁化文字。公元 107 年罗马人占领盛产黄金的达基亚(Dacia),向这里殖民。民间拉丁语和当地语言融合形成罗马尼亚语。

有大量斯拉夫借词。16～19 世纪用斯拉夫字母（azbuche）。1860 年改用拉丁字母（abece）。1954 年又实行文字改革，由科学院公布新正词法。用 27 个字母。

比萨拉比亚（Bessarabia）曾属罗马尼亚，1940 年并入苏联，成为苏联加盟共和国之一，称为摩尔达维亚（Moldavia）。这里的语言是罗马尼亚语的一种方言，苏联将它写成斯拉夫字母，独立后改名摩尔多瓦共和国，要求改用罗马尼亚文。

2. 日耳曼诸语言的拉丁化

一千多年前，日耳曼诸部族居住在欧洲北海和波罗的海沿岸地区，后来分为三支。西支定居于易北河（Elbe）和奥得河（Oder）之间，成为德国。东支失去了独立语言。北支定居于斯堪的纳维亚（Scandinavia）一带，成为丹麦、挪威、瑞典、冰岛等国。公元 5 世纪，盎格鲁人（Angle）、撒克逊人（Saxon）和朱特人（Jute）越海侵入不列颠（Britain）群岛，成为英国。

日耳曼语的文字，在 3 世纪到 16 世纪，用鲁纳字母（Runa，Rune）。北欧在 800 年前用条顿鲁纳字母。英国在 5～6 世纪用盎格鲁鲁纳字母。挪威、瑞典、冰岛在 8 世纪到 12 世纪用斯堪的纳维亚鲁纳字母。后来全部让位于拉丁字母。拉丁化的主要动力是基督教的传播。

A. 英文——英、美等许多国家的官方文字。14～15 世纪，伦敦方言成为共同语的基础。英语的语音和语法发生过重大变化。语法屈折形式基本消失。形成于 15 世纪的拼法，跟今天口语脱节。18 世纪做过一次正词法的局部调整。1908 年曾订出简化拼法的规则。第二次世界大战后英国国会讨论拼法改革，未能通过。现在美国非正式流行一些简化拼法（例如 through 改为 thru）。后面的英文样品是简化拼法，懂得英语的人不用学习就能看懂。《圣经》在 1382 年初次译成英文，1611 年重译成为英王钦定本（King James Version），1961～1970 年又用当代口语彻底重译。这是英文的文体现代化。英文用 26 个字母，不加符号，不添新字母。以英语为母语的约 3 亿人，以英语为第二语言的约 7 亿人。二次大战后，英语成为事实上的国际通用语。

英文字母经历了三个时期：1. 鲁纳字母，2. 爱尔兰罗马字母，3. 近代英文字母。

1. 鲁纳字母：

最早的英国人是日耳曼族的 Anglo-Saxon 人，他们使用"鲁纳"

图表 17‑01

鲁纳字母样品

a. 普通条顿（Teutonic）鲁纳字母　b. 北海（Nordic）鲁纳字母
c. 盎格鲁（Anglian）鲁纳字母

(runes)字母。这种字母源出于 Etruscan 字母,它适用于书写日耳曼语,并适合在木头上雕刻。下面的例子是鲁纳字母书写的古英文(650～700),附罗马字母古英文和近代英文对照。

图表　17-02

罗马字母古英文和近代英文对照

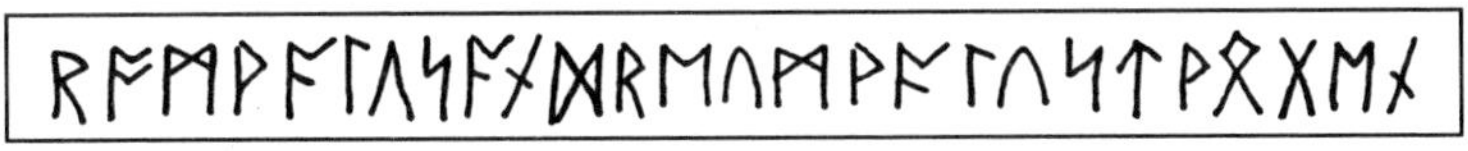

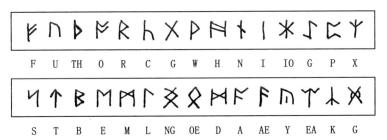

(古英文)ROMWALUS AND REUMWALUS TWOEGEN.

(近代英文)Romulus and Remus twins.

后来,演变成为如下的 Anglo-Saxson"鲁纳字母"。

图表　17-03

Anglo-Saxson"鲁纳字母"

F	U	TH	O	R	C	G	W	H	N	I	IO	G	P	X

S	T	B	E	M	L	NG	OE	D	A	AE	Y	EA	K	G

2. 爱尔兰罗马字母:

公元后 600 年,英国采用爱尔兰式的罗马字母,称为"Anglo-Irish"(Insular)罗马字母。由于字母不够用,借用了几个鲁纳字母作为补充。字母的顺序基本上跟罗马字母相同:

图表　17-04

Anglo-Irish 罗马字母

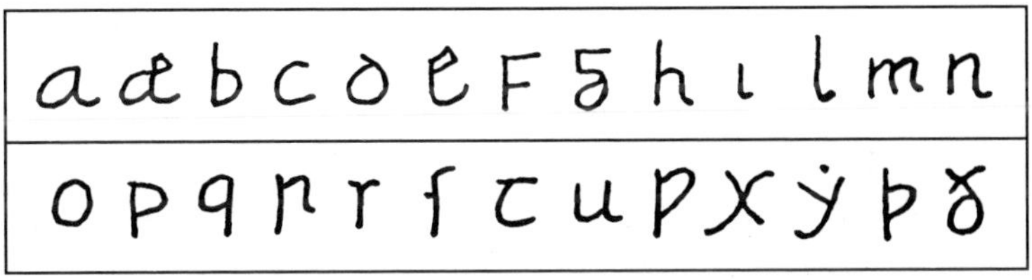

下面是爱尔兰式罗马字母书写的英文举例：

图表　17‑05

爱尔兰罗马字母书写英文举例

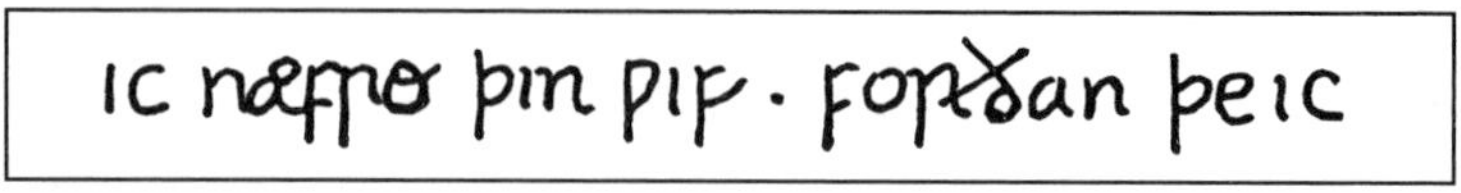

ic	naefre	pin	wif.	fordan	pen	ic
I	never	thine	wife,	because		I

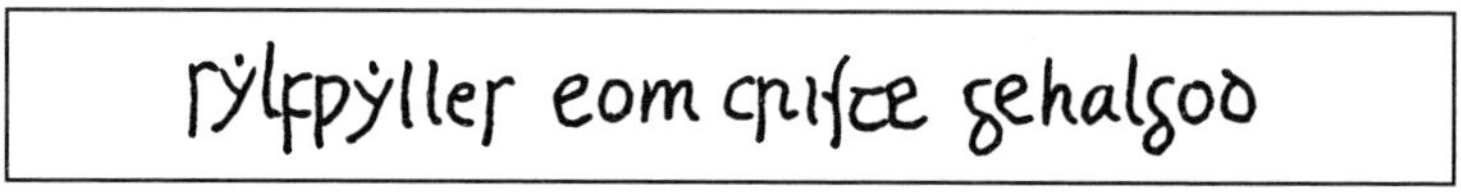

sylfwylles	eom	criste	gehalgod.
by my own will	am	to Christ	hallowed.

借用的鲁纳字母举例：Þ＝th，如 thin。ð＝th，如 this。Ƿ＝w，如 wife。Yy 上加一点，表元音。H 和 g 表音不止一个。直到 14 世纪，John Wycliffe 翻译的《圣经》中还借用几个鲁纳字母，如 Þ（ƿ）表示 th，但是不再用鲁纳字母表示"w"，这时候有了"double-u"。下面是 Wycliffe《圣经》中的一节：

图表　17‑06

Wycliffe《圣经》中的一节

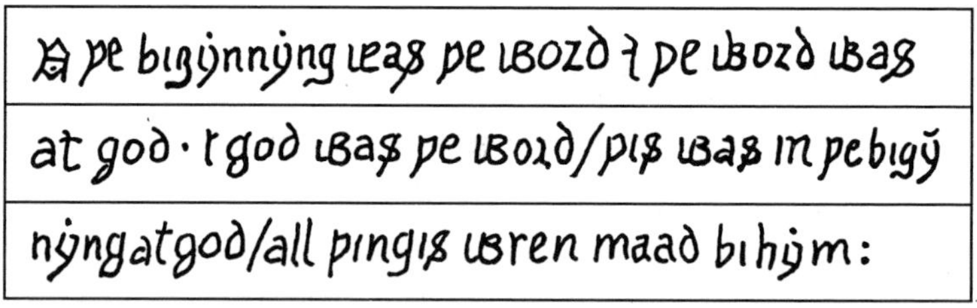

"A the bigynnyng was the word and the word was at God, and God was the word. This was in the bigynnyng at God. Alle thingis weren maad bi hym."

3. 近代英文字母：

近代英文采用 26 个罗马字母，没有附加符号。拼法到 15 世纪之后才趋于稳定，但是很不规则。什么原因呢？原因是：

1. 英语开始写成文字时候，不是先有一个拼写规则然后依照书写的，而是在自由拼写中逐渐形成习惯的；英语音素多，拉丁字母不够用；为了区别同音词，也造成拼法不规则。例如：I，eye，my，dye，tie 等。

2. 古今语音变化快，拼法调整慢，遗留古代拼法的痕迹。例如：Wednesday，two，answer，know 等。

3. 错误地增加字母，想要表示拉丁文的词源。例如：debt，hour，school，island 等。

4. 欧洲大陆 Norman 人征服英国之后，一部分语词采用法文拼法，其他保留原状未变。例如：kin(cyn)，you(eow)，quick(cwic)，house(hus)等。

5. 不断引进外来词，采用原文或近似拼法。例如：jubilee，rendezvous，algebra，typhoon 等。

（根据：美国 Waxhaw"字母博物馆"：《字母的创造者》1990）。

B. 德文——德国、奥地利等国的官方文字。德语分高地语和低地语，高地语是共同语的基础。德文在 8 世纪从鲁纳字母改为拉丁字母，但是用 Fraktur 哥特字体，难认难写，到二次大战以后才完全改为通用的罗马字体。宗教改革家马丁·路德在 1534 年用民族文字翻译《圣经》，促进了拉丁化德文的成熟。德文拼法和读音一致。用 30 个字母，包括 3 个上加符号和一个增补字母。名词一律用大写字母开头。

世界上大多数犹太人讲依地语(Yiddish)。这是以德语为基础的犹太德语。Yiddish 一词来源于 Jüdisch Deutsch(犹太德语)。由于宗教关系，用希伯来字母书写。

图表 17-07

哥特黑体字母样品

C. 卢森堡文——卢森堡大公国的官方文字之一。实际是德语的一种方言文字。

D. 荷兰文——荷兰、南美苏里南、荷属安的列斯群岛等地的官方文字。跟英文相近。用 26 个字母，不加符号。最早文献见于 12 世纪末。1947 年进行正词法改革。Santa Claus(圣诞老人)这个词儿是从荷兰文进入英文的。关于荷兰文的分支 Afrikaans 文，见非洲文字。

E. 佛兰芒文(Flemish)——实际是荷兰文的另一种拉丁化书写方式。比利时以法文为官方文字，1898 年起同时以佛兰芒文为官方文字。

F. 弗里西亚文(Frisian)——荷兰北部弗里斯兰省的民间文字，是一种低地德语的方言文字。

G. 丹麦文——丹麦及其领地格陵兰和法罗斯群岛的官方文字。最古文献是 13 世纪作品。1350～1500 年间，中部方言成为共同语的基础。1948 年进行文字改革，废除像德文那样名词一律大写开头的办法。用 29 个字母。

H. 挪威文——最早文献属于 12 世纪。1814 年以前 400 年间，挪威由丹麦统治，以丹麦文为官方文字。1814～1905 年由瑞典统治。19 世纪中叶，开始文字改革运动，目的是建立挪威自己的文字，经过 1907、1917 和 1938 年几次正词法改革，形成一种"乡土文体"(landsmål)，又称"新挪威文"(nynorsk)。但是，报纸、广播和电视一般用"书本文体"(bokmål)，又称"国文"(riksmål)，即丹麦·挪威文。在政府和学校，两种都用。人们希望合成一种"共同挪威文"(samnosk)。字母表有 28 个字母。

I. 瑞典文——在斯堪的纳维亚流通最广的文字。有"书面文体"(Skriftspråk)和"口语文体"(Talspråk)的区别。作者和诗人主要用前者；学校、新闻和广播主要用后者。有 29 个字母。

J. 冰岛文——冰岛是北欧大海中的一个小岛国，居民在 9 世纪从挪威移来，保持着语言的古老传统。最早文献属于 12 世纪。他们不喜欢借入国际通用的新语词，自己创造纯粹冰岛语素的新语词。例如创造 simi(线条)表示"电话"(telephone)，创造 rafmagn(火线能源)表示"电"(electricity)。有 30 个字母。

K. 法罗斯文（Faroese）——丹麦领地法罗斯群岛的民间文字。接近挪威的西部方言。1846 年规定正词法，1906 年起在学校中除用丹麦文以外，也用法罗斯文。有 29 个字母。

3. 凯尔特诸语言的拉丁化

凯尔特人（Celtic）一度是强大民族。公元前数百年间分布在中西欧地区（主要是法国）。后来，迁移到英伦诸岛。盎格鲁-撒克逊人入侵，他们一部分留在爱尔兰，其他退到威尔士和苏格兰的高地。约公元 6 世纪，一部分迁移到法国西北部的布列塔尼。

A. 爱尔兰文——又称爱尔兰盖尔文（Gaelic）或埃尔斯文（Erse），是爱尔兰共和国的官方文字。说爱尔兰语的有 50 万人，占全国人口 1/6，大部分人说英语。文字用传统的盖尔字母，是公元 5 世纪从拉丁字母变来的。现在一般出版物改用英文字母，有字母 18 个。盖尔文传到苏格兰，成为苏格兰盖尔文，使用者很少。

B. 威尔士文——英国西部的威尔士（Wales）有 1/4 人口说威尔士语。但是他们同时都能说英语。最早文献属于 8 世纪，中世纪有丰富的文学作品。有 28 个字母。他们自称威尔士为西姆鲁（Cymru）。

C. 布列塔尼文（Breton）——迁居到法国西北部布列塔尼（Brittany）半岛的凯尔特人的文字。学校不用，但是民间应用。字母表有 25 个字母。

4. 斯拉夫诸语言的拉丁化

斯拉夫人（Slav）的故乡大致在维斯杜拉河（Vistula）和第聂伯河（Dnepr）之间。后来，西支迁到奥得河（Oder）和易北河（Elbe），成为波兰人、捷克人、斯洛伐克人、索布人等，信罗马天主教，用拉丁字母。南支迁到巴尔干（Balkan）半岛，成为塞尔维亚人、马其顿人、保加利亚人等，信希腊东正教，用斯拉夫字母；另一半成为克罗地亚人、斯洛文尼亚人等，信罗马天主教，用拉丁字母。东支进入俄罗斯，成为俄罗斯人、乌克兰人、白俄罗斯人等，信希腊东正教，用斯拉夫字母。

A. 波兰文——波兰在 15～16 世纪开始形成共同语，以波兹南（Poznań）为中心的大波兰方言作基础。最早的拉丁化波兰文记录是 1270 年给拉丁文作的注释。17～18 世纪，文字和口语脱离。19 世纪掀起言文一致运动。波兰语的音位较多，26 个字母不够用，设计了 9

个加符字母和 6 个字母组合,但是不用 q, v 和 x。符号有"戴帽""穿鞋""佩剑"等形式。共有 32 个字母。

B. 捷克文——捷克语旧称波希米亚语(Bohemian),通行于捷克。共同语以布拉格(Praha)为中心的中部方言作基础。拉丁化字母表是 15 世纪宗教改革家杨·胡斯(Jan Hus)奠定的,有 30 个字母。ch 作为一个整体字母,排列在 h 之后。增补 3 个加符字母。此外还有 12 个加符字母不列入字母表中。

C. 斯洛伐克文——1918 年形成拉丁化的正词法,有 27 个字母,但是此外还有 14 个加符字母不列入字母表中。须注意,不要把斯洛伐克文(Slovenský)和原南斯拉夫的斯洛文尼亚文(Slovénski 或 Slovinský)相混。

D. 索布文,又称卢萨提亚文——索布人(Serbja)居住在德国的最东南部:卢萨提亚。人口 5 万,有两种方言,写成两种文字,字母 41 个。索布人都能说德语。

E. 克罗地亚文——塞尔维亚·克罗地亚语是原南斯拉夫的主要语言。同一种语言,在西部的克罗地亚(Hrvatsk, Croatia)用拉丁字母,称为克罗地亚文;在东部的塞尔维亚(Srbija, Serbia)用斯拉夫字母,称为塞尔维亚文。19 世纪掀起文字改革运动,企图统一文字,未能成功。两种字母表,各有 30 个字母,一一对应,可以自由转写。克罗地亚独立后分别成为不同国家的不同文字。

F. 斯洛文尼亚文——7~9 世纪从塞尔维亚·克罗地亚语分化出来,本身又分为 7 种方言。用 25 个拉丁字母。

5. 波罗的海诸语言的拉丁化

二次大战以后,波罗的海东岸的立陶宛、拉脱维亚、爱沙尼亚成为原苏联的 3 个加盟共和国,仍旧用原来的拉丁化文字。1991 年独立。它们的语言分为两类:立陶宛语和拉脱维亚语属于波罗的海语族,爱沙尼亚语属于芬兰·乌戈尔语族。

A. 立陶宛文——立陶宛语是一种古老的印欧语言。最早的拉丁化文字的印刷书本是 1547 年出版的。有 34 个字母。

B. 拉脱维亚文——最早的拉丁化文献是 1586 年的教义问答译本。原用哥特字体,1921 年改为罗马字体。有 38 个字母。

关于爱沙尼亚文,在谈芬兰文时候一同谈。

6. 芬兰·乌戈尔诸语言的拉丁化

芬兰·乌戈尔语族,属于乌拉尔(Ural)语系,是欧洲语言中的非印欧语言。分为两个语支:芬兰语支包括芬兰语和爱沙尼亚语,乌戈尔语支包括匈牙利语。

A. 芬兰文——芬兰国有两种官方文字:芬兰文和瑞典文。现存最早的拉丁化芬兰文献属于 15～16 世纪。16～18 世纪以西部方言为基础建立共同语。用 21 个字母,其中有 2 个加符字母。拼写法做到一音一符、一符一音。

第二次世界大战前夜,芬兰把卡累利阿一片土地割让给苏联,那里的居民在民间用拉丁字母的芬兰文。

B. 爱沙尼亚文——爱沙尼亚文在 16 世纪 20 年代开始拉丁化。用 23 个字母,它实际是芬兰语的一种方言。

斯堪的纳维亚半岛的最北部,居住着拉普人,有拉丁化的拉普文(Lappish),也属于芬兰·乌戈尔语族。

C. 匈牙利文——匈牙利人(马扎尔人)来自亚洲腹地。公元 4～5 世纪西迁到多瑙河(Danube)一带。一部分于 896 年以后在东欧定居下来,语言保留亚洲根源。13 世纪信奉基督教,采用拉丁字母,16 世纪定下正词法。有 38 个字母。

乌戈尔(Ugric)一词来自乌戈拉(Ugra),在古俄语中是西部西伯利亚的地名。这里,在鄂毕河(Ob)和伊尔蒂什河(Irtysh)的汇合口,有一个城市叫汉蒂曼西斯克(Khanty Mansiysk)。居民说的汉蒂语(Khant,又称 Ostyak)和曼西语(Mansi,又称 Vogul),同匈牙利语非常相似。这两种语言在 20 世纪 30 年代已经用斯拉夫字母写成文字。

7. 其他欧洲语言的拉丁化

A. 巴斯克文——巴斯克人居住在西班牙和法国的边境,大约 75 万人在西班牙,12 万人在法国。他们的语言不是印欧语言,还不能肯定属于哪一语系。他们用拉丁化的巴斯克文,同时用西班牙文或法文。"回力球"(jai alai)这个词是巴斯克语,jai(hay)是"节日",alai 是"欢乐"。

B. 阿尔巴尼亚文——阿尔巴尼亚语属于印欧语系,伊里利亚

(Illyria)语族(1854 年认定)。文字用过多种不同的字母,例如北部用过斯拉夫字母,南部用过希腊字母,又用过阿拉伯字母,到 1908 年才统一采用拉丁字母。有 36 个字母。

C. 吉普赛文——吉普赛人的祖先出自印度西北部,分布在东西欧和世界各地,是有名的流浪民族。他们的语言接近印度北方的印地语。英文 Gypsy 一词来自埃及,但是吉普赛人并非来自埃及。全世界吉普赛人大约 500 万。

D. 马耳他文——地中海小岛马耳他,现在是一个独立国。人口30 万。9 世纪由于阿拉伯人入侵,语言成为一种阿拉伯语。后来受西欧影响,采用拉丁字母。这是阿拉伯语拉丁化的唯一例子。

小结:比较欧洲拉丁化文字的各种字母表,不加符号的全国性文字只有英文和荷兰文,它们用字母组合而不加符号。此外的全国性文字都加符号,而波兰、捷克、匈牙利的符号特别多,它们宁可加符号而不增补字母。增补字母的例子极少。德文增补一个(β),可以用 ss 代替。丹麦、挪威和瑞典各增补 3 个字母,丹麦和挪威是增补(ø å æ),瑞典是增补(ö å ä)。

图表 17-08

欧洲拉丁化文字样品

说明:第一行,文字名称,应用地区(字母数目/增加字母和符
号/—不用的字母)。第二行以后,文字样品。

(1) Italian,Italiano—(26/ˊ ˋ ˆ)

La Pasqua infatti era vicina. Le colline erano tornate a vestirsi di verde, e i fichidindia erano di nuovo

(2) French,Français—(26/ˊ ˋ ˆ ç)

Au fond de son âme, cependant, elle attendait un événement. Comme les matelots en détresse

(3) Spanish,Español—(30/ñllrr ch)

En efeto, rematado ya su juicio, vino a dar en elmás extraño pensamiento que jamás dió loco en el mundo

(4) Portuguese,Portugues—(26/ˊ ˜ ç)

Falou então de si, com modéstia: reconhecia, quando via na

capital tāo ilustres parlamentares, oradores

(5) Provençal(Frence)

Van parti de Lioun ā la primo aubo li veiturin que règnon sus lou Rose. Es uno raço d'ome caloussudo,

(6) Catalan, Catalanese (Andorra, etc.)—(29/ç ch ll ny/—w).

És el mes de gener. L'aire és sereníssim i glacial, i la lluna guaita, plàcidament, a través de l'emmallat

(7) Romanian, Limba Romina—(27/ă îs̩ t̩/—QWY)

s̩i scurt　s̩i cuprinzător, sărut mîna mătus̩ei, lu î ndu-mi ziua bună, ca un băiet de treabă; les din casă cu chip

* (8) English (simplified)

a very limited klass ov peepl, to an enormus gaen, afekting aul dhe kuming jeneraeshonz ov Inglish-speekerz thruout dhe wurld. We mae admit dhat nuthing iz to be had for nuthing, and dhat agaenst dhe graetest advaantaj dhaer iz aulwaez sum disadvaantej to be set of.

(9) German, Deutsch—(26/ä ö ü β)

Pharao's Anblick war wunderbar. Sein Wagen war pures Gold und nichts andres, — er war golden nach feinen

Pharao's Anblick war wunderbar. Sein Wagen war pures Gold und nichts andres, —er war golden nach seinen

(10) Luxembourgian, Letzeburgesh

wo' d'Uelzecht durech d'Wisen ze't, dûrch d'Fielsen d'Sauer brécht, wo'd'Rief lânscht d'Musel dofteg ble't,

(11) Dutch, Nederlands—(26)

In die nacht wist ik eigenlijk dat ik sterven moest, ik wachtte op de politie, ik was bereid, bereid zoals

(12) Flemish (Belgium)

Hij ging buiten, opende duiven-en hoenderkoten en strooide handvollen kempzaad, spaanse terwe, rijst,

(13) Frisian (Netherland)

It hat eigenskip, dat de Fryske bydrage ta de Amerikaenske literatuer tige biskieden is. Der binne einlik mar trije,

(14) Danish, Dansk—(29/æ ø å)

For mange år siden levede en kejser, som holdt såuhyre meget af smukke, nye lkæder, at han gav alle

(15) Norwegian, Norsk—(28/æ ø å/—Q)

Påskeøya er verdens ensomste boplass. Nærmeste faste punkt beboerne kan se, er påhimmelhvelvet, månen og

(16) Swedish, Svensk—(29/ö å ä)

Han stod rak—som en snurra sålänge piskan viner, Han var blygsam—i kraft av robusta överlägsenhetskänslor.

(17) Icelandic, Islensk—(30/ö æ ð p)

Pótt pú langförull legðir sérhvert land undir fót, bera hugur og hjarta samt píns heimalandsmót,

(18) Faroese, Føroysk(Denmark)—(29/á í ó ú ý ø æ ð/ —C Q W X Z)

Hammershaimb, ættaður úr Sandavági, gav út í 1854 fyrstu føroysku mállæruna og gjørdi ta nyggju

(19) Irish, Gaelic, Gael—(18/—J K Q V W X Y Z)

Ba mhinic do shíl Nóra go mba bhreá an saol beith ag imeacht roimpi ina seabhac siúil gan

Ba mhinic do shíl Nóra go mba bhreá an saol bheith ag imeacht roimpi iha seabhac siúil gan

(20) Welsh (Wales)—(28/ch dd ff ng ll ph rh th/ê î ì ô û ŵ ŷ/—J K Q V X Z)

Pam y caiff bwystfilod rheibus dorri′r egin mân i lawr? Pam caiff blodau peraidd ifainc fethu gan y sychdwr mawr?

(21) Breton (Brittany of France)—(25/gw ch c′h/—C Q X Y)

Ur wez a oa ur Pesketaër koz, hag a oa dougeres he vroeg. Un abardez ec′h arruas er gèr ha n′hen defoa

(22) Polish, Polski—(32/ ą ę ó ń ć ś ź ż +/—Q V X)

Mateusz si ę porwał w ten mig do niego, ale nim mógł zmiarkowa ć co bądż, już Antek skoczył. jak ten wilk

(23) Czech, Cesky (Czechoslovakia)—(30/ č š ž ch/á d′ é ě í ň ó ř t′ ú ů ý)

Já vím, ten romantik ve nmě, to byla maminka. Maminka zpívala, maminka se někdy zadívala, maminka měla nějaký

(24) Slovak, Slovensky (Czechoslovakia)—(27/ č š ž ch/á ä é í ó ô ú ý ŕ d′ t′ l′ ň dž/—Q W X)

čim menšie je nie čo, tým vä čšmi kri čí. Taký fafrnok, nevie to ešte ani hovorit′, a prekriči celú rodinu

(25) Sorbian, Serbski, Lusatian (East Germany)—(41/ě ó ẃ ŕ ř b ć č š ṕ ńł ḿ ž ch kh d ż /—Q X)

Hlej! Mócnje twoju slawił swjatu mi sym rolu. Twój wobraz tkałe su wše mysle mi a sony, wěnc twojich

(26) Croatian, Hrvatski (Yugoslavia)—(30/ ć č š ž dž dj lj nj/—Q W X Y)

Sjedi tako Filip u sutonu, sluša rodu na sus jednom dimnjaku kako klepeče kljunom kao kastanjetom,

(27) Slovenian, Slovenski (Yugoslavia)—(25/ č š ž/—Q W X Y)

Mračilo se je, s polja so se vračali kmetje in posli. Takrat se je prikazal petelin na Sitarjevi strehi,

* (28) Lithuanian, Lietuvių—(34/ ą ę į ų ė ū č š ž dž ch/—Q W X)

Iš to skaitytojas jau gali matyti, kad ″vechi″ puola ne "inteligenti ją ", —tai tik dirbtinis, reikalą

* (29) Latvian, Latviesu—(38/ā ē ī ū č š ž ġ ķ ļ ņ ŗ dz dž ch ie/—Q W X Y)

Vispasaules vēsturiskās uzvaras, ko padomju taula guvusi socialisma celtniecībā, ir nesaraujami

(30) Finnish, Suomi (Finland)—(21/ä ö/—B C F Q W X Z)

Sillä minä, Sinuhe, olen ihminen ja ihmisenä olen elänyt

jokaisessa ihmisessä,joka on ollut ennen minua,

*（31）Estonian,Eest—（23/ä ö ü õ/—C F Q W X Y Z）

Tallinna tööstuse, transpordi ja linnamajanduse töölised ja insenertehnilised töötajad kohustusid

（32）Hungarian,Magyar—（38/á é í ó ú ö ü ő ű cs zs sz gy ty ly ny/—Q W X Y）

A pokoli komédia még egyre tartott a börzén.

A halálra ítélt papírok,a bandavári gyártelep s a bondavári

（33）Basque,Vasco,Euskara（Spain,France）

Antxina, bedar txori abere ta patariak euren berbetea aztu baino lentxoago,eŕege bat bizi zan,gizon zintzo,

（34）Albanian,Shqipe—（36/ë ç dh th sh xh zh gj nj ll rr/—W）

Maletë me gurë,fusha me bar shumë,aratë me grurë,më tutje një lumë. Fshati përparshi,me kish′e

（35）Gypsy,Romany（Europe,etc.）

So me tumenge ′kana rospxenava, ada živd′ape varikicy Romenge. Me somas iš če tykny čxajori berša efta -oxto.

（36）Maltese（Malta Island）

Dan il-fatt jirrifletti l-qaghda ta′Malta fil-Bahar Mediterran, nofs triq bejn l-Ewropa t′Isfel u l-Afrika ta′Fuq.

（除有 * 号者以外,采自《世界的语言》。下同。）

二　拉丁字母在美洲的传播

1. 新大陆的全部拉丁化

美洲是一个完全用拉丁字母的大洲。整个美洲使用拉丁字母已经四百多年。不但拉丁字母成了美洲字母,而且西欧语言也成了美洲语言,成了极大多数美洲人民的家庭语言,不仅仅用作官方语言。

哥伦布（Christopher Columbus,1451～1506）得到了"地圆"的启发以后,想从大西洋向西航行,先到印度,然后到中国,掠取中国的神话般的金银财宝。他在 1492 年 8 月 3 日从巴罗斯（Palos,西班牙港口)起航,经过两个多月,在 10 月 12 日发现美洲。首先到达巴哈马岛,以为这是印度,至今这些岛屿称为西印度群岛,而美洲原住民称为印第安人(即印度人)。又向南航行,到达古巴,以为这就是中国。后来另一个到达美洲的航海者名叫阿美利哥(Amerigo Vespucci 1451~1512),认识到这是一个大洲,不是中国,于是命名为"阿美利加洲"(美洲)。从此,冒险家接踵而来,先征服中南美,后占领北美,全部美洲成为西欧的殖民地。

经过屠杀和奴役,美洲原住民已经非常少了。今天的北美人口主要是从欧洲移来的,中南美的人口主要是移民和混血。这些新的美洲人也受不了宗主国的压榨,在 18~19 世纪纷纷革命独立,剩下一些小殖民地也在二次世界大战以后一一独立。

美洲全用拉丁字母,所以没有字母分界线,可是有一条语言分界线。线北是美国,用英文;还有加拿大,用英文和法文。线南称为"拉丁美洲"(拉美),这里主要用西班牙文和葡萄牙文,都是古罗马帝国的"拉丁文"的后裔。

在拉美,用西班牙文的国家最多,其次是葡萄牙文、法文和英文。

墨西哥和中美大陆,用西班牙文的 7 国:墨西哥、危地马拉、洪都拉斯、萨尔瓦多、尼加拉瓜、哥斯达黎加、巴拿马。用英文的 1 国:伯利兹。

中美的西印度群岛用西班牙文的 2 国:古巴、多米尼加共和国。用法文的 1 国:海地。用英文的 10 国:巴哈马、牙买加、安提瓜和巴布达、多米尼加联邦、圣卢西亚、圣文森特和格林纳丁、巴巴多斯、格林纳达、特立尼达和多巴哥、圣克里斯托弗和尼维斯联邦。

南美用西班牙文的 9 国:委内瑞拉、哥伦比亚、厄瓜多尔、秘鲁(同时用本土文字凯楚亚文)、智利、玻利维亚、巴拉圭(同时用本土文字瓜拉尼文)、乌拉圭、阿根廷。用葡萄牙文 1 国:巴西。用英文 1 国:圭亚那。用荷兰文 1 国:苏里南(同时用英文)。用法文的有法属圭亚那。

简单地说,北美以英文为主,拉美以西班牙文为主,巴西用葡萄牙文。

2. 美洲古代帝国的语文

美洲在被欧洲人占领之前,不是没有文化和文字,而是有相当高度发展的文化和文字。在中美"地颈"的南北两端,古代美洲人建立了两个文明帝国。在北方是马亚(Maya),在南方是印卡(Inca)。

马亚文字是能完备地书写语言的古典文字之一,这在谈马亚文字一章已有说明。在马亚文化荡然无存的今天,式微的马亚子孙还住在原来马亚帝国的土地上。今天的马亚语分为多种语言,人口一共300万。本节所附样品是基切语(Quiché)的拉丁化文字,使用者以危地马拉的基切市为中心。

阿兹蒂克王朝(Aztec)是间接继承马亚文化的最后王朝,为西班牙人所灭。阿兹蒂克人没有很好地继承马亚文化,他们创造了远远落后于马亚文字的图形文字。阿兹蒂克传下不少文献,都是在16世纪用拉丁字母写成的。本节样品Nahuatl是阿兹蒂克诸语言之一种,现在流通于墨西哥城以北。英文中的tomato(西红柿)、chocolate(巧克力)等词是从阿兹蒂克语借来的。

印卡帝国以今天的秘鲁为中心,北至厄瓜多尔,南至智利中南部。印卡文化水平很高,但是没有文字,这是少见的现象。印卡用"结绳"(quipu)计数和记事,有专管记忆的文人,看了结绳就能背出师生传授的口头文献。这是文字产生以前的记忆辅助法。《易经》上说,"上古结绳而治,后世圣人易之以书契"。从印卡"结绳"可以加深对这句话的了解。本节所附拉丁化的凯楚亚文(Quechua)样品,是印卡语言的主要后裔,有人口700万,占秘鲁人口的45%,而且,它是成为官方文字的美洲本土文字,与西班牙文并用。

3. 美洲近代创造的本土音节文字

美洲有一位近代"仓颉",他的名字叫塞霍亚(Sequoyah)。他是一个目不识丁的猎人和工匠,为了振兴自己的民族切罗基族,立志创造自己的文字。经过12年尝试之后,到1821年设计成功有86个音节字母的"切罗基文"(Cherokee),用来出版报纸。切罗基部落联盟的宪法也是用它写的。塞霍亚采用拉丁字母并改造拉丁字母,作为音节字母。字母的读音跟原来拉丁字母习惯完全不同。例如字母D读成a音,字母W读成la音。这套字母使用了150多年,没有修改。操切罗基语的现在大约有1万多人,大多数住在美国的俄克拉荷马州。

本节样品中有一种拉丁化的克里文字(Cree),它是克里音节文字的拉丁字母转写。克里音节文字是基督教会在 1840 年创造的,用近于速记符号的音节字母。克里人住在加拿大,他们至今还用这种音节文字。

美洲国家都有海岸,只有两个例外:玻利维亚和巴拉圭。巴拉圭有更明显的内陆国家特点,文化低,土著人多。本节样品拉丁化的"瓜拉尼文"(Guarani)的使用者有 175 万人,占巴拉圭全国人口的 70%,被认为是"国文"。在一个美洲国家中,有大多数人使用本土文字,与官方文字西班牙文并用,巴拉圭是唯一的例子。在瓜拉尼文中,"巴拉圭"这个名称是"大水之乡"的意思。

4. 北极圈的本土文字

在北极圈冰天雪地中生活的人民也有本土文字。这里有三种样品。

因纽特人(旧称爱斯基摩人)住在格陵兰岛(45000 人),加拿大(15000 人),阿拉斯加(25000 人)和西伯利亚(1000 人)。公元 1721 年格陵兰岛的语言已经写成了拉丁字母。这里的样品爱斯基摩文(Eskimo)给我们的印象是词儿特别长。1937 年苏联用斯拉夫字母为只有 1000 人的因纽特(爱斯基摩)苏联公民设计了文字。"爱斯基摩"一词的意思是"吃生肉的人"。

阿留申人住在阿留申群岛(1000 人)和科曼多尔群岛(100 人)。阿留申语跟因纽特(爱斯基摩)语有远缘关系。1825 年俄国传教士用斯拉夫字母设计阿留申文(Aleut),1867 年阿留申群岛跟阿拉斯加一同归于美国,文字未变。到 20 世纪初才改为拉丁字母。

特林吉特印第安人住在阿拉斯加(共约 1000 人)。他们也有自己的拉丁化特林吉特文字(Tlingit)。拉丁字母的传播已经深入北极圈。以上三种北极圈文字都有不少附加符号。

在美国的印第安拉丁化文字中,有的设计得非常复杂,既用附加符号,又用增补字母,还用小型字母写在其他字母的右上角。书写、打字都不方便。例如本书样品中的福克斯文(Fox)和特拉华文(Delaware)。这两种文字的应用者都不到 1000 人。又如塞内卡文(Seneca),只用 12 个英文字母(a,c,e,h,i,k,n,s,t,u,w,y),可是要外加一个补充字母,还要用附加符号。

图表 17-09

美洲拉丁化本土文字举例

第一行和续行：语文名称（主要使用地），人数（加符加字举例）。第二行以后：文字样品。

A. 美洲极北本土文字样品

(1) Eskimo (Greenland, Canada, Alaska, Siberia), 86000, (á â ā ê î ī û).

niviarsiarqat mardluk mêránguanik amârdlutik narssákut ingerdláput. ingerdlaniardlutik iterssarssuarmut nákarput.

(2) Aleut (Aleutian Is.), 1100, (á à í ǐ ú ġ).

Aġánan, aġánan, tánanȧkúya, ȧkúya,

Wákun qayá-xtalkinin aġanágan

Cuqígan tamadáġin, tamadáġin

(3) Tlingit (Juneau of Alaska), 1000, (á à ó é è í ú g̲ k̲ x̲).

Athapaskan tóo-nux̲ uyún kawsi. àh Lingit k̲oostèeyee.

Lingit tlagoo tóo-x̲′ uyúh yéi kudconéek, yúh hah shugóon

B. 加拿大和美国北方本土文字样品

(4) Cree (Ontario of Canada), 30000, (ā).

How! ka sakihāytan nitootem, apāysis āykwu minu ki wi musinuumatin numeskwa kootuk kimusinuāykun niwaputen

(5) Mohawk (Ontario of Canada; New York State), 3000, (—).

Niyawehkowa katy nonwa onenh skennenji thisayatirhehon.

Onenh nonwa oghseronnih denighroghkwayen Hasekenh

(6) Sioux (N. & S. Dakota, Montana, Nebraska), 20000, (—).

Ehanni, kangi kin zintkala ata ska heca. Nahan tatanka ob lila kolawicaye lo. Lakota kin tatanka wicakuwapi

(7) Ojibwa (Michigan, Wisconsin, Minisota; Ontario of Canada), 50 000, (š).

eppiȧko meȧnoȧkkemikin kecci-moȧ ške?an iw si'piȧwe͂ eȧnta-ȧyaȧn. miȧtašš kwa emaȧ ekote? owaȧt ekiw keno·še·k

(8) Blackfoot (Alberta of Canada; Montana), 8500, (—).

A-chim-oo-yis-gon. e-spoo-ta kin-non-a na-do-wa-bis ke-ta-nik-
goo-ye oo-da-keen-non. ke-sto-wa a-ne-chiss

(9) Crow (Motana, Wyoming), 3500, (—).

Ush-ke-she-de-sooua bob-ba-sah uh-caw-sha asede
Usha-esah-ughdia be-lay-luc Ugh-ba-dud-di acoush

C. 美国南方和墨西哥北方本土文字样品

(10) Seneca (New York State), 4400, (ā ē ū œ).

wayatihāē′ ne nyakwai′ khuh ne tyihukwaes. ne′ nyakwai′
yhutēcunih tyawe′ūh teyucūtaikūke′ū thutēcunih. taneke′ū

(11) Choctaw (Oklahoma), 7000, (ʋ i a o).

Aiʋlhpiesa Mak sh ʋlhpisa: Nana isht imaiʋlhpiesa moma
ishahli micha, kʋfamint yoka keyu hosh ilʋppa ka tokma

(12) Chickasaw (Oklahoma), 5000, (a o̲ i).

Chikasha, Chahta, Mushkoki Micha Chukhoma mo̲t Mushkoki
aio̲chololi achi cha tok. Yakni aiasha yummut Oshapani

(13) Fox (Iowa, Oklahoma), 1500, (ā ä A ō ī ïᵈᶜᵏⁿ).

Nenī′-wäᶜkī′-wānīᵈtc ä′ᶜcīᶜcāᵈtc′ᶜ, äᶜpeᶜcegeᶜsiweᶜ-ciᶜAgᵏ′ᶜ.
ÄᶜAᶜcki′meguᶜu′ wīwiᵈtc äᶜnawänenī′ᶜäᶜiᵈtc′ᶜ.í′nAnā′ᶜk

(14) Creek (oklahoma), 15000, (á ă ä ó ĭ í î̤ ú).

Ma-ómof fû′suă ok′holatid 'lakid á 'latis; ihádshi tchápgīd,
ímpafnita lamhi imántalidshid. Nita umálgan

(15) Osage (Oklahoma), 500, (ṭ ḳ pⁿ).

E′-dsi xtsi a′, a biⁿ da, ṭsi ga, U′-ba-moⁿ-xe i-tse-the a-ka′, a biⁿ
da, ṭsi ga, E′-dsi xtsi a′, a biⁿ da, ṭsi ga,

(16) Delaware (Oklahoma), 1000, (ɔ ə ŋ χᵃᵉᵘᶜʷ).

yukwi′n • ekåeᶜ kᶜʷtcu′kᶜhɔkåeᶜhelåaᵃ′kåe loweᵉ′n ga′-ciåkᶜtu′
heᵉ nunåhu′k • we yutåa′ lamha′kåiåyeᵉ.

(17) Navajo (New Mexica, Arizona, Utah), 100000, (á ą ą́ ó éí į ń ł).

Naakidi neeznádiin dóó ba′ą hastádiin dóó ba′ą náhá st′-éí náá
haiídą́ạ′ Naabeehó Yootó dóó kinteel bita′

(18) Papago (Arizona; Sonora of Mexica), 14000, (—).

Sh am hebai ha′i o′odhamag g kakaichu. Kutsh e a′ahe matsh wo u′io g ha′ichu e-hugi. Atsh am e nahto wehsi-jj,

D. 中南美洲本土文字样品

(19) Nahuatl (Mexica), 800000, (—).

Manoce ca ye cuel nelti muchiua in quimattiuitze ueuetque, ilamatque in quipixtiuitze; in ualpachiuiz

(20) Maya (Quiché) (Ucatan of Mexica; Guatemala; Belize), 3000000, (ä).

C′ä c′ä tz′ininok, c′ä c′ä chamamok, cätz′inonic, c′ä cäsilanic, c′ä cälolinic, c′ä tolon-na puch upacaj.

(21) Guarani (Paraguay), 1750000, (á ä ó ö é ü ñ).

Ayajhe′óta pende apytepe narötivéigui che vy′ a y a-jhypyimita co pyjarepe che resaype Ṗaraguahy.

(22) Quechua (Peru, Bolivia, Ecuador), 7000000, (ñ).

Pitu salla, millay cutin Chayllatatacc, chayllatatacc Cunahuanqui ñoccaracctacc Rimarisacc chaymi sutin

(23) Aymara (Bolivia, Peru), 1500000, (ñ).

Aimaranaca ja ayllunacana utjapjataina. Jacha ayllunacaja ackam sutinipjatainau; Urus, Parias, Umasuyos, Pacajis,

(24) Papiamento (Curaçao, Aruba & Bonaire Is of s. Antilles), 200 000, (á ó é í ç ñ).

Despues cu e navegante spaño Alonso de Ojeda a bandona Curaçao cu destino pa Santo Domingo, el a discubri dia

三　拉丁字母在大洋洲的传播

大洋洲包括四个部分：澳大拉西亚，美拉尼西亚，密克罗尼西亚和波利尼西亚。这是地球上最小的一个大洲，有一万多个大小岛屿，也是拉丁字母的传播地区。

1. 澳大拉西亚的拉丁化文字

澳大拉西亚(Australasia)有两个国家：澳大利亚(Australia)和新西兰(New Zealand)。澳大利亚除被称为"大陆"的大岛外，还有塔斯马尼亚(Tasmania)等岛。17世纪荷兰人首先到这里来；1788年英国建立殖民地，用作罪犯流放地；1901年成立联邦国。新西兰在澳大利亚的东南，有南北两个主岛。荷兰航海家塔斯曼(Abel Tasman)在1642年来此，因此"New Zealand"(新海地)的拉丁字母拼写法受荷兰文的影响，而另一岛命名为"塔斯马尼亚"。英国1840年在这里建立殖民地；1947年独立。两国人民基本上是英国移民，英文是官方文字。

现在澳大利亚只有5万原住民，讲多种语言，没有一种力量较大的本土语言。新西兰的原住民主要是毛利人，现在人口20万，有拉丁化的毛利文。

2. 太平洋诸岛的拉丁化文字

太平洋中的夏威夷群岛成了美国的一州(1959)，官方文字用英文。夏威夷语有拉丁化的夏威夷文。由于英语的传播，在夏威夷群岛上能说夏威夷语的人越来越少了，占总人口1%，有语言消失的危险。但是，一到夏威夷到处可以看到拉丁字母的夏威夷地名。Aloha(爱，再见)、hula(草裙舞)、lei(花环)、poi(芋头粥)等夏威夷语词，旅游者很快都学会了。

夏威夷语和毛利语同属波利尼西亚语族。此外，同语族的还有：塔希提(Tahiti)，法国殖民地，有本地的拉丁化塔希提文。西萨摩亚(West Samoa)，有本土的拉丁化萨摩亚文。汤加(Tonga)，有本土的拉丁化汤加文。图瓦卢(Tuvalu)，有本土的拉丁化图瓦卢文。瑙鲁(Nauru)，有本土的拉丁化瑙鲁文。以上波利尼西亚语族国家和地区共计7处，除塔希提以外，都以英文为官方文字。有的国家同时用本土文字作为官方文字(如西萨摩亚、瑙鲁等)。

波利尼西亚(Polynesia)诸语言有一个共同特点：语音元素很少。一般有5个元音，7～12个辅音，元音大都分长短。夏威夷文只用12个字母，塔希提文只用13个字母，萨摩亚文只用14个字母。表示元音长短，或加符号，或用双写。

属于密克罗尼西亚语族的有：关岛(Guam)，美国领地，少数人说

昌莫罗语(Chamoro),已经拉丁化。马绍尔群岛(Marshall Is.),少数
人说马绍尔语,已经拉丁化。基里巴提(Kiribati,原名 Gilbert 群岛)。
密克罗尼西亚联邦(Federated States of Micronesia)。贝劳(Palau)。
都用英文为官方文字。

　　属于美拉尼西亚(Melanesia)语族的有:斐济(Fiji),斐济语已经
拉丁化。所罗门群岛(Solomon Is.)。瓦努阿图(Vanuatu),有本土比
斯拉马语,已经拉丁化。都以英文为官方文字,而瓦努阿图同时用
法文。

　　第二次世界大战以后,大洋洲成为战略要地,美国在此积极推行
英语教育。航空使岛屿成为开放地区。战前不久还很原始的岛民,现
在许多人受了高等教育。大洋洲不仅在拉丁化,而且在英语化。

　　图表　17 - 10
大洋洲拉丁化本土文字举例
第一部分:语文名称(主要使用地),人数,(加符加字举例)。
第二部分:文字样品。

(1) Maori (New Zealand),200000,(——).
　　Ki a au nei e rua tahi ngaa waahine o teenei ao,araa ko te wahine
　　tangata nei,na,ko te wahine oneone.

(2) Hawaiian (Hawaii),7500,(——).
　　O Aka he menehune unku momona. I kekahi la ua Iuu o Aka,Ua
　　nahu ka mano i kona manamana wawae nui. Alaila ua

(3) Samoan (West Samoa;Am. Samoa),150000,(—).
　　E i ai le fale o le tagata Samoa i totonu o le nu'u,ae peita'i o ana
　　fa'ato'aga e masani ona i ai i le maila

(4) Tongan (Tonga Kindom),75000,(—).
　　Ko te taupoou ko Hina, pea na feongoaki mo te mamaia ko
　　Sinilau,pea faifai tena reongoaki kua ka la kei manofo

(5) Tahitian (Tahiti),50000,(â ô ê ï).
　　Teie te ravea no to te feia Tahiti taioraa i te mau "mahana" i
　　tahito ra,mai te tahi aahiata te taioraa

(6) Fijian (Fiji),200000,(ā ō ū).

Na gauna e dau qolivi kina na kanace e na mataka lailai sara, ni sā

bera ni cadra na mata ni siga E na gauna

(7) Chamoro (Guam), 40000, (ä).

Manhanao mameska ham gi painge yän si Kimio yän si Juan.

Manmangone′ ham mas de dos sientos libras na gu hän.

(8) Marshallese (Marshall Is.), 20000, (&, m̍ ń n̍ ǵ ŕ ł)

Mahjeł yej tijtiriyik yew r&yhar-tahtah yilew Tiraj

Teyr&yt&wr&y. Majr&w yej yijew j&yban kiyen yew han

四 拉丁字母在非洲的传播

非洲有一个浩瀚的撒哈拉沙漠,把文化和文字分为南北。沙漠以北的阿拉伯人在二次世界大战以后成立7个阿拉伯国家。这7个国家的南面边境线连接起来,就是一条字母分界线。北面是阿拉伯字母区。南面除埃塞俄比亚以外,是拉丁字母区。拉丁字母区又可以分为:(1)东非,(2)西非,(3)中非,(4)南非。

这大半个非洲(漠南非洲),土地是欧洲的二倍,人口只有欧洲的一半,是文字和文明的曙光最后照临的大地。15世纪以前基本上没有文字。第二次世界大战以前几乎全部是西欧的殖民地。19世纪晚期开始使用宗主国的文字并有了教会学校。20世纪中期以后初步提高本土文字的地位。

这里,历史上发生过三次主要的外力入侵。第一次是10世纪以后信奉伊斯兰教的阿拉伯入侵。第二次是15世纪以后航海国家葡萄牙等国入侵。第三次是19世纪后期工业化国家法、英、德等国入侵。由于阿拉伯各国也沦为殖民地,开始传播而尚未深入的阿拉伯字母退出去了,这片非洲大地就成了拉丁字母自由传播的空间。

第二次世界大战以前,拉丁字母是作为宗主国的官方文字而存在于非洲的。二次战后,非洲成立许多独立国家,民族主义抬头,要求把本土语言书写成拉丁字母作为官方文字,逐步代替宗主国文字。从拉丁化的宗主国文字到拉丁化的本土文字,是被动的拉丁化变为主动的拉丁化,是拉丁化在非洲的深化。

非洲语言非常复杂,据说有一千种以上。从西非的喀麦隆到东非的肯尼亚,大体沿着赤道,有一条语言线,称为"班图线"。此线以南,包括中非、东非和南非的大部分,是班图(Bantu)诸语言的地区。此线以北,主要在西非,是各种非班图语言的地区。拉丁化在非洲的深化是非洲文化的启蒙运动。

1. 东非的拉丁化文字

东非:坦桑尼亚(Tanzania)、肯尼亚(Kenya)、乌干达(Uganda)、卢旺达(Rwanda)、布隆迪(Burundi)、索马里(Somalia)、吉布提(Djibouti),土地比中国的四分之一还大,人口7000万。

19世纪末和20世纪初,英、德、意三国瓜分东非。第一次世界大战(1914)前夜,英占肯尼亚、乌干达、桑给巴尔岛(Zanzibar)、北部索马里;德占坦噶尼喀(Tanganika)、卢旺达、布隆迪;意占南部索马里;法占吉布提。一次大战后,德占区归英国,但是较小的卢旺达和布隆迪归比利时。二次大战以后,坦噶尼喀和桑给巴尔合并为坦桑尼亚(1964)。英意两个索马里合并(1960)。

这几个国家的官方文字,原来三个半国家用英文(坦、肯、北索),三个小国用法文(卢、布、吉),半个国家用意大利文(南索)。现在,情况变了。

今天东非的语文特点是,本土语文初次成为"多国"的官方语文。这就是"斯瓦希里"(Swahili)语,它成为坦桑尼亚和肯尼亚两个东非大国的官方语文,而且还在扩大。

斯瓦希里语是一种班图语,原来是东非的贸易通用语,流行于坦桑尼亚、肯尼亚、乌干达以及刚果(金)和邻近地区。讲得流利的有1000万人,一般能讲的有3000万人。7世纪以来,东非沿海居民同外界贸易,吸收许多阿拉伯和波斯的语词,形成这一流通较广的共同语。Swahili这个词儿源出阿拉伯,原义"海岸"。据说12世纪就有文字,现存最早的文献属于18世纪,用阿拉伯字母。第一次世界大战前,德国人在坦噶尼喀用斯瓦希里语作为行政文字,改写拉丁字母。德国人不久失败,这里的行政文字改为英文。斯瓦希里语真正从商场走上政治舞台,是二次大战以后60年代的新发展。近来非洲统一组织考虑用它作为该组织的官方文字。

索马里有全国相当一致的语言,但是没有文字。创制文字采用哪种字母好呢?它的人民几乎都信伊斯兰教,是否采用阿拉伯字母呢?在衡量利弊之后,决定采用拉丁字母。这是 1924 年土耳其采用拉丁字母以来,又一个伊斯兰教国家的拉丁化。索马里已经把这新创的文字(名为 Somali)定为官方文字。

卢旺达有拉丁化 Kinyawanda 文字,布隆迪有拉丁化 Kirundi 文字,这两种本土文字也都成了官方文字,但是同时并用法文。乌干达仍用英文为官方文字,今后也可能采用"斯瓦希里"或者本国的拉丁化"乌干达"文字作为并用的官方文字。吉布提仍用法文。

用本土文字作为官方文字,易于为本土人民所理解,能提高民族自信心。但是本土文字图书不多,难于适应文化提高的要求。所以需要同时用发达的前宗主国文字,采用"双语文"制度。

东非的本土文字还有一个特点。本节的六种样品,都不用附加符号,这是受英文的影响。

2. 西非的拉丁化文字

西非,土地比中国的三分之二还大,人口 1.5 亿。全用原宗主国文字作为官方文字。主要是法文和英文。

最大一国是尼日利亚(Nigeria),人口 1.1 亿多(1988),占西非人口一半,土地比 4 个广东省还大,出产大量石油,以英文为官方文字。

在尼日利亚北面的 3 个地广人稀的内陆国:尼日尔(Niger)、马里(Mali)、乍得(Chad),都以法文为官方文字。

在尼日利亚的西面的很多国家,以法文为官方文字的有:塞内加尔(Senegal)、几内亚(Guinea)、科特迪瓦(Côte-d'Ivoire)、布基纳法索(Burkina Faso)、多哥(Togo)、贝宁(Benin)。以英文为官方文字的有:冈比亚(Gambia)、加纳(Ghana)、塞拉利昂(Sierra Leone)、利比里亚(Liberia)。以葡文为官方文字的有:几内亚比绍(Guinea-Bissau)和西非海中的圣多美和普林西比岛国(São Tome & Principe)。

在尼日利亚的东面和南面:喀麦隆(Cameroon)同时用法文和英文为官方文字;赤道几内亚(Equatorial Guinea)用西班牙文为官方文字。

　　这许多切成条条块块的小国,排列在西非原称"奴隶海岸""黄金海岸""象牙海岸"一线,用多种不同的宗主国文字,而且以"夹花"方式分散各地,这是典型的多国殖民的"瓜分"遗迹。

　　西非也有一种广泛通用的商业用语:"豪萨语"(Hausa)。说这种语言的有 2000 万人,以尼日利亚和尼日尔为基地。西非各国大都用它作为第二语言。16 世纪写成阿拉伯字母,20 世纪初改写拉丁字母*。事实上它在尼日利亚是跟英文并行的官方文字。豪萨语在西非将来可能取得斯瓦希里语在东非的地位。

　　西非小国利比里亚有它特殊的历史。它是美国为了安置释放的黑奴而在 1847 年建立的"自由国"(Liberia)。第二次世界大战以前,它是非洲唯一的黑人独立国。用英文为官方文字。

　　西非大海中还有一个佛得角群岛共和国(Cape Verde),用葡萄牙文。

　　本节附图中有西非本土拉丁化文字样品 12 种。它们的共同特点是有附加符号和增补字母。这是受了法文有附加符号的影响。只有利比里亚的本土文字(Kepelle)不加符号,这是英文传统。

3. 中非的拉丁化文字

　　中非:刚果民主共和国,简称刚果(金),前称扎伊尔(Zaire)、刚果共和国,简称刚果(Congo)或刚果(布)、中非、加蓬(Gabon)。土地合计比中国的三分之一小些,人口一共 2900 万。都用法文为官方文字。

　　刚果(金)是个土地大国,相当于 80 个比利时。可是,1885 年它成为比利时国王私人的"采地",定名"刚果自由邦"。1908 年改为比利时的殖民地,称"比属刚果",区别于西面的"法属刚果"。比属刚果 1960 年独立,称"刚果(利)",1971 年改名扎伊尔。

　　另一个"刚果(布)",1884 年成为法国殖民地,1960 年独立。"布"(布拉柴维尔 Brazzaville)和"利"(利奥波德维尔 Leopoldville,后改称金沙萨 Kinshasa),这两个首都实际建设在同一个地点,只是隔着刚果河(本地称扎伊尔河)。两国官方文字相同。

　　中非(原称乌班吉·沙立 Ubangi-Shari)和加蓬(Gabon),都在 19

---

　　*　根据《不列颠百科全书》英文本。

世纪末成为法国殖民地，后来一度归于德国，第一次世界大战以后又归法国。1960 年独立，用法文。

由于比利时也是法语国家，所以比法两国原殖民地的官方文字是相同的。

4. 南非的拉丁化文字

南非地区（南部非洲大陆）是略小于西非的一个大地区，比三分之二的中国还大，人口超过 6 500 万。

南非共和国，简称南非，在非洲的最南部，土地比 5 个广东省还大，人口 3970 万（1990）。1652 年荷兰人建立好望角殖民地，后来被英国占领，1910 年划入南非联邦，1961 年改名"南非共和国"。

南非有一种特殊语言，叫做"阿非利堪斯语"（Afrikaans，又称南非荷兰语）。它是由 17 世纪荷兰、德、法等国移民的混血后裔形成的混合语言，在 1806 年英国占领前就存在了。它以荷兰语为基础，弃掉了"格"和"性"等印欧语言的语法变化，成为一种独立的非洲语言。开始就用拉丁字母书写。1914 年用于学校教育，1933 年译成《圣经》。南非和纳米比亚（Namibia，西南非洲）都同时流通阿非利堪斯文和英文。

南非境内有：莱索托（Lesotho）和斯威士兰（Swaziland）。它们在1966 年和 1968 年先后独立，用本土的拉丁化新文字（seSotho 和siSwati）和英文作为并行的官方文字。

南非北面：赞比亚（Zambia）、马拉维（Malawi）、津巴布韦（Zimbabwe）、博茨瓦纳（Botswana），均在 1964～1966 年独立，仍用英文为官方文字。

这四个国家的东西两面，有两个从葡萄牙统治下独立出来的国家：莫桑比克（Mozambique）和安哥拉（Angola）。它们用葡萄牙文作为官方文字。

马达加斯加（Madagascar）的语言不是非洲语言，而是跟印度尼西亚语言相近。岛民的祖先大约在 1500 年前从太平洋岛屿移来。他们的"马尔加什"（Malagasy）语言用拉丁字母书写，在 1920 年用作官方文字，跟法文并行。

莫桑比克海峡中的科摩罗岛国（Comoros）用法文作为官方文字。马达加斯加东面 800 公里海中的毛里求斯（Mauritius）岛国和东北

1450公里的塞舌尔(Seychelles)岛国都用英文作为官方文字。

博茨瓦纳和纳米比亚有两个小语种：布须曼语(Bushman)和霍屯督语(Hottentot)，属于科依散语系(Khoisan)。这个语系的特点是有"倒吸气"辅音(click consonants)。布须曼文和霍屯督文用拉丁字母书写，当中夹进非常特别的符号，表示"倒吸气"辅音(见附图样品)。

小结：

在非洲，拉丁字母的传播分三种情况。a. 前宗主国文字作为官方文字。b. 本土文字作为官方文字。c. 本土文字作为民间文字。

本土文字有一国独用和多国通用的分别。多国通用文字在东非主要是斯瓦希里，在西非主要是豪萨。发展这两种文字将是发展非洲语文和文化的重要工作。

宗主国文字是随殖民主义而来的。但是，文字没有阶级性。由于反对宗主国而反对宗主国文字，将导致文化的损失。

"拉丁字母非洲"，大家用拉丁字母，对非洲各国之间的文化交流，和非洲同外界的文化交流，是有利的(参见非洲字母分布示意地图)。

非洲两种主要的宗主国文字是英文和法文。用英文的地区被称为"英语非洲"，用法文的被称为"法语非洲"。东非和南非以英文为主，西非和中非以法文为主。

图表 17-11

非洲拉丁化本土文字举例

第一部分：语文名称(主要使用国)、人口约数(万)、(加符加字举例)。

第二部分：文字样品。

A. 西非拉丁化本土文字

(1) Hausa (Nigeria，Niger) 2500 (ā a̱ ā ō o̱ ē e̱ ē i i ̄u u̱).

Ku̱rēgē Da̱ Būshiyā：Wata rānā anā ruwā：būshiyā tanā yāwo̱, ta zō ba̱kin rāmin̄ ku̱regē：ta yi sallama̱, ta cē

(2) Fulani (Nigeria，Guinea，Mali，Cameroon) 1000 (a̦ o̦ e̦ w ḅ ḍ).

Jemma go′o alkali he̱ḅti nder deftere komoi mari hore pe̱ṭe̱l be wakkude junde kanko woni patado̱. Alkali，

(3) Yoruba (Nigeria) 1200 (â á à o̱ ó e̱ ê̱ ê̱ è̱ í ì ú s̱).

Ajọ ìgbimọ ti awọn àgbàgbà ni imâ yanọba lârin awọn ẹ-nitinwọ
n ní ìtan pàtàki kan ninu ẹjẹ. Ilana kan ti

(4) Ibo (Nigeria) 800 (o ÿ).

Orue otu mgbe, nne mbe we da n′oria; madu nile ma na o gagh
aputa n′oria ahu. Mgbe mbe huru na-ya enwegh

(5) Malinke (Senegal, Gambia, Mali) 200 (é è ô)

Dounou gna dan kouma Allah fé, a ye san kolo dan, ka dougou
kolo dan, ka kocodjie baou dan, ka badji lou

(6) Wolof (Senegal, Gambia) 155 (â ô ê é è û).

Bêne n′gone bêne khali guissena thi bêne têré ni kouame bop bou
touti ak sikime bou goûde a moulou bop.

(7) Mende (Sierra Leone) 100 (ɔ ɛ).

Mu va maminingɔ humɛniilɔ kɔɔlongɔ mu Iɔlɔ Lavai Mai, Kenɛi
Miltin Magai, haalɛi ma. Dɔkita Magai haailɔ

(8) Twi (Ghana) 400 (â á à ā ä ó ò ö ō ŏ ĕ ê ì ú ù ū ý ḿ ń ŋ ŋ̣ ɔ έ ɛ).

Nantwi bí redidí wɔ sáre bí sò. Saá sáre ẏi b Ɛ̀ ŋ at Ɛ̀ ky Ɛ̀ bí â
mpɔtorɔáhyὲ ḿu mä hö. Mpɔtorɔ nó hűú

(9) Ewe (Ghana, Togo) 175 (ò ɔ ὲ ɔ̃ ɛ ŋ f ɖ).

′Mise alobalo Ioo!′ ′Alobalo neva!′ ′Gbe ḍeka h ɔ̃ va fo
flavinyɔnu dzetugbea ḍe yi ḍada ḍe koa ḍe dzi le

(10) Mossi (Burkina Faso) 300 (â ā ō ĕ ē ñ).

Sōṅg f mēṅga ti Wennam sōṅg fo. Ti bakargo n bâs a mēṅga,
dar a yemre, ti taōṅg ñyok a la ra ka niṅg

(11) Fang (Cameroon, Gabon, Eq. Guinea) 140 (ā è ṙ n œ).

E n′aboa na Ku ba Fifi vœlar angom; bœnga to ki dzal avori. Ni
mbu mœ tsi o nga so, Ku vœ zo Fifi na:

(12) Kpelle (Liberia) 50 (—).

Nuahn dah ga nahn Defa welle de teka, Kenoh dee a gba gbeyh
Dah nwehyn kashu. Defa wolloh shungh nella

B. 中非拉丁化本土文字

(13) Luba (Zaire) 300 (ā ō ē ī).

Muntu wakatompele mbao. Wafika katompa mbao, ino watana mulubao lumo lupye ntambo. Ino muntu wadi

(14) Lingala (Zaire, Congo) 180 (â á ǒ ŏ é ě í ú ɛ́ ɛ̀ ĉ).

Tokosepelaka míngi na botángi o kásá malúli ma báníngá baíké, bakosɛ́ngɛ te báléndisa bolakisi kóta ya Pútú

(15) Kongo (Zaire, Congo, Angola) 300 (—).

Kilumbu kimosi M' vangi wa vova kua bibulu. "Tuka ntama yitudi banza nani vakati kua beno yigufueti

C. 东非拉丁化本土文字

(16) Swahili (Tanzania, Kenya) 1200 (—).

Mtego wanaotega, ninaswe nianguke, Sifa yangu kuvuruga, jina liaibike, Mungu mwema mfuga, nilinde lisitendeke,

(17) Somali (Somali) 480 (—).

Sidii Koorweyn halaad oo Kor iyo Hawd sare ka timid kulayl badan baan qabaa. Shimbiro geed wada korea

(18) Kikuyu (Kenya) 200 (—).

Gikuyu ni gitikitie Ngai mumbi wa Iguru na Thi, na muheani wa indo ciothe. Ngai ndarimuthia kana githe thwa,

(19) Ganda (Uganda) 200 (—).

Lumu ensolo zawakana okudduka nti anasooka akutuka kuntebe gyezali zitadewo yanaba omufuzi. Ngabulijjo

(20) Ruanda (Ruwanda, Zaire) 500 (—).

Impundu z' urwunge zavugiye mu muli Maternite y' i Kigali, zivugilizwa umubyeyi wabyaye umwana uteye

(21) Rundi (Burundi) 400 (—).

Kuva aho Uburundi bwikukiriye ibintu bitari bike vyarateye imbere mu gihugu. Kuva aho Republika

D. 南非拉丁化本土文字

(22) Nyanja (Malawi, Zambia) 330 (—).

Kalekale Kunali munthu wina dzina lace Awonenji Anzace Sanalikumuwelengela Koma iye Sanadzipatule.

（23）Bemba（Zambia）150（—）.

Calandwa ukutila indimi ishilandwa mu calo ca Africa shaba pakati kampendwa imyanda mutan da ne myanda cine

（24）Shona（Zimbabwe）400（ʋ ŋ ɓ ɖ ẓ ʂ）.

Zuʋa rese ŋgoma yakaswera icicema，ʋanhu ʋakatamba kutamba kusina rufaro. Mambo akaswedza zuʋa ari

（25）Afrikaans（South Africa）450（—）.

Vanaand het ek weer so Verlang，in grondelose vrees van eie gryse eensaamheid，dat jy by my moet wees，

（26）Zulu（South Africa）400（ɓ）.

Ngimbeleni ngaphansi kotshani Duze nezihlahla zomyezane Lapho amagatsh′ eyongembesa Ngama

（27）Xhosa（south Africa）400（—）.

Nkosi，sikelel′ i′ Afrika Malupakam′ upondo Iwayo; Yiva imitandazo yetu Usisikelele Yihla Moya，yihla

（28）Sotho（Lesotho）250（—）.

Le hoja ′muso ona o itlama ho sireletsa litokelo tsa botha tsa batsoali naheng ena，e leng tokelo ea ho

（29）Tswana（Botswana，S. Afroca）100（—）.

Mmina-Photi wa bo khama le Ngwato-a-Masilo Ka kala fela jaaka lenong Marung Motseng gaetsho ka go tlhoka

（30）Swazi（Swaziland，S. Africa）100（—）.

Nkulunkulu，mnikati wetibusiso temaSwati，Siy-atibon-ga tonkhe tinhlanhla; Sibonga iNggwenyama yetfhu，Live，

（31）Bushman（Botswana，Namibia）5（ā á ǎą ā ã̄ ō ó ŏ ō̠ ọ́ ē ęë ē̠ é í ĭ ĭ̠ ī ǐ ū ú ŭ ɬ ṅ χ ḷ ‖ ⦀）

Kóroken̦ ‖ χau |ki ‖ kaúë，au ‖ kaúëten̦ |kā wāï.

Kóroken̦ |ne ‖ χɛ́i ‖ χɛ̌i，haṅ|ne taṅ-i ‖ kaúë au̯ wāïta

（32）Hottentot（Namibia）5（ä ö ō̦o̦ ē̦ i̦ ĭ ĭ̠ ū ū̦ χ///≠!.）

≠Kam /ūi-aob gye //ēib di gūna / homi / na gye / ūi hā i. /

Gui tsēb gye / gare-/uiï di / khareï ei heiï

(33) Malagasy (Madagascar) 700（一）.

Aza anontaniana izay anton′izao Fanginako lalina ary feno tomany！Aza anontaniana，satria fantatrao

五 拉丁字母在亚洲的传播

亚洲是拉丁化最晚和最少的大洲。

拉丁化在亚洲所以既晚又少，因为亚洲是一个文明古洲，早已形成三大文字流通圈：汉字流通圈、印度字母系统流通圈和阿拉伯字母流通圈。

西亚用阿拉伯字母的国家有：叙利亚、黎巴嫩、约旦、巴勒斯坦（1988 年 11 月宣告成立）、沙特阿拉伯、也门、伊拉克、伊朗、科威特、巴林、卡塔尔、阿拉伯联合酋长国、阿曼。用希伯来字母的是以色列。用拉丁字母的是土耳其。

南亚用印度字母系统文字的有：印度、孟加拉国、斯里兰卡、尼泊尔、不丹。用阿拉伯字母的有：巴基斯坦、阿富汗、马尔代夫。

东亚用汉字系统文字的有：中国、日本、韩国。用斯拉夫字母的是蒙古国。朝鲜全用谚文。

东南亚用拉丁字母的有：印度尼西亚、马来西亚、文莱、新加坡（主要用英文）、菲律宾、越南。用印度系统字母的有：缅甸、泰国、老挝、柬埔寨。

1. 西亚文字的拉丁化

西亚文字的拉丁化，是拉丁字母和阿拉伯字母之间的较量。拉丁字母背后有科技力量。阿拉伯字母背后有宗教力量。西亚除以色列信犹太教以外，主要信伊斯兰教。其中只有两国（伊朗和土耳其）不是阿拉伯民族，其他都是阿拉伯民族。阿拉伯国家，以埃及为中心，曾经掀起过拉丁化运动，没有成功。成功的是非阿拉伯的伊斯兰教国家：土耳其。

土耳其文——拉丁化的土耳其文是西亚唯一的拉丁化文字。土耳其文字从阿拉伯字母改为拉丁字母，不是单纯的文字改革，而是一场政治和社会的综合革命。

奥斯曼帝国在第一次世界大战中的惨败，激起"西亚睡狮"土耳其的革命青年，要求打开中东的中世纪黑暗帷幕，走向现代文明。在革命领袖凯末尔(Mustafa Kemal，一译基马尔)* 的领导下，实行全盘的反封建政策：废除政教合一和宗教法庭、扫除文盲、提倡女权、采用姓氏(原来有名而无姓)、革除教服(原来必须戴教帽、穿教袍)等等。对土耳其人来说，废除阿拉伯字母是解脱宗教束缚的关键。从宗教和封建的深渊中跃起，实行信教自由和民主改革，这是土耳其历史的一次飞跃。

土耳其语，旧称奥斯曼语(Osman)，属于阿尔泰语系突厥语族。共同语以首都安卡拉(Ankara)方言为基础。13 世纪土耳其人信奉伊斯兰教，采用阿拉伯字母。土耳其语的辅音较少，而阿拉伯辅音字母较多，因此同一个土耳其辅音有好几种不同的写法。土耳其语的元音较多，而阿拉伯没有元音字母，只有 3 个加在辅音字母上面的元音符号，因此好几个土耳其元音只能用一个元音符号表示。由于宗教的束缚，土耳其人忍受这种不便已经 700 年。1928 年土耳其公布新字母表，采用 29 个拉丁字母，包括 6 个加符字母，不用 Q, W, X。拼法跟语音一致。这开辟了亚洲国家主动采用拉丁字母作为正式文字的先例。

2. 东南亚** 文字的拉丁化

A. 印度尼西亚文——印度尼西亚是世界上最大的岛国：万岛之国。有岛屿 13000 多个，人口近 2 亿。5～6 世纪受印度教影响，采用梵文字母。13 世纪改信伊斯兰教，采用阿拉伯字母。17 世纪成为荷兰的殖民地，以荷兰文为官方文字，同时在民间用基督教会罗马字书写本地方言。

东南亚海上贸易，500 年前就兴盛起来，需要一种贸易共同语。以东南亚交通枢纽地的廖内·柔佛方言为基础的马来共同语成了东南亚的海上共同语。柔佛(Johore, Djohor)在马来半岛的南端，廖内(Riau)在苏门答腊岛的中东部，隔着海峡面对柔佛。1945 年印尼独

---

　* 凯末尔原来也只有名、没有姓，后来采用群众送给他的姓氏 Atatürk，意为"土耳其之父"。

　** 这里把中南半岛归入地理学上的东南亚。

立,采用这一语言为"国语",定名为"印度尼西亚语"。

印尼首都雅加达(Jakarta, Djakarta),旧称巴达维亚,在人口最稠密的爪哇岛的西端。雅加达方言不同于廖内·柔佛方言。印尼是共同语不以首都语言为基础的一例。他们采取流通更广的马来共同语,一方面是接受历史事实,一方面是便于在东南亚作更广的信息联系。

印尼字母表曾经几次改变。其中荷兰人 Ch. A. van Ophuysen 的方案(1904)影响较大。1947 年经过修改后正式公布。有 32 个字母(26 个拉丁字母加 6 个双字母),不加符号,不添字母。后来在 1972 年跟马来西亚采用共同的拼写法。

B. 爪哇文——这是爪哇岛东中部的方言文字。1000 年前开始用变形的印度字母书写,以后逐渐改为罗马字母。不加符号。现在,爪哇文和其他方言文字都被全国性的印尼文所代替。

C. 巽他文——爪哇岛的一种西部方言文字,采用古爪哇文的字母书写,也逐渐在罗马化。用少数加符字母。

D. 马都拉文——爪哇东部北方的小岛马都拉的方言文字,用古爪哇文的字母书写,也在改为拉丁化。

E. 马来西亚文——马来亚的文字,在 14 世纪初采用阿拉伯字母,叫做"爪威文"(Jawi)。19 世纪,英国人制订拉丁化方案。现在,"爪威文"在马来亚和苏门答腊内地还用,可是通都大邑都用拉丁字母的马来文。字母表跟英文相同,不用符号。马来文的拼写法跟印尼文略有不同,而语言是共同的(例如,印尼文用 j,马来文用 y。)。1972 年跟印尼取得一致,两国用相同的共同语和拼写法。

马来亚 1957 年独立。新加坡 1959 年实行自治。1963 年成立马来西亚,包括新加坡。1965 年新加坡退出,成为独立国。

文莱位于加里曼丹岛(Kalimantan,旧称婆罗洲 Borneo)西北部,1983 年完全独立,以马来语为官方语言,用拉丁字母,拼写法与印尼、马来西亚、新加坡相同。

F. 新加坡文——新加坡有四种官方文字:英文、华文、马来文和泰米尔文。英文是行政和工商业的主要文字,也是学校教学的主要文字。华文既用汉字书写,又用汉语拼音字母书写。马来文是拉丁化的,相同于印尼、马来西亚。泰米尔文用泰米尔字母。

G. 菲律宾文——菲律宾文是他加禄语（Tagalog）的拉丁化。1962 年定名为 Pilipino。它以吕宋岛南部包括首都马尼拉（Manila）在内的方言为基础。属于印度尼西亚语族。除 Pilipino 以外，英文是主要的官方文字。

1565 年西班牙占领菲律宾。1898 年美西战争后，菲律宾归美国统治。1946 年独立。18 世纪以前曾用印度字母，有的少数民族用阿拉伯字母。现在学校都教英文和菲律宾文。后者只用 20 个字母，不用 c, f, j, q, v, x, z，另加一个 ng。

H. 比萨亚文——菲律宾中部诸岛的文字，以宿务岛（Cebu）为主。西班牙人给他们创造拉丁化文字，用 20 个字母，不用 f, j, k, v, w, x, z，另加一个加符字母（ñ），后来用 ng 代替。这是应用不广的少数民族文字。

非洲东部大岛马达加斯加文字也只用 21 个字母，在 26 个拉丁字母中除去 5 个（c, q, u, w, x）。它是印尼语的亲属语。地在非洲，语言属东南亚。

I. 巴布亚新几内亚的"变形"英语——澳大利亚之北有一个大岛，叫做新几内亚（英 New Guinea）或伊里安（印尼语 Irian）。西半属印尼，称西伊里安。东半是一个新独立（1975）的国家，叫巴布亚新几内亚。这个国家原来分南北两部，南部称巴布亚（Papua），北部称新几内亚（New Guinea），独立前都由澳大利亚管理。这里的官方文字是英文和"变形"英语（Pidgin English）。这种"变形"英语，又称美拉尼西亚"变形"英语，已成当地的通用语，独立后用于公文。它对英语进行语法和词汇的简化，大约有 1500 个基本词，由此组成许多复合词。例如：haus kuk（house cook）"厨房"，haus sik（house sick）"医院"，haus pepa（house paper）"办公室"。有人认为这是语言的退化，有人认为这是语言的进化。它是在较短时期内因实际需要而形成的"准人造语"。

J. 越南文——越南原来用汉字和"字喃"，在 1945 年独立后正式采用拉丁化的越南文。

17 世纪，西欧势力伸入越南。传教士设计了各种越南语的拉丁化拼写法，一方面自己用来学习越南话，一方面作为把基督教义传给文盲的文字。其中法国神甫罗德（A. de Rhodes）在 1651 年发表的设计，经过修改，成为流传至今的越南拼音文字。

1861～1945年，越南由法国统治。起初只占南越，后来兼并北越。法国当局提倡拉丁化，先实行于南越，后扩展到北越。目的是跟法文挂钩，方便法国统治。可是，文字是没有阶级性的，殖民主义的文字后来成了革命工具。

罗德是法国人，可是他的方案近似葡萄牙文。

有38个字母，包括7个加符字母和10个双字母，不用f，j，w，y，z。越南语是声调语言，四声各分阴阳，共8调，除入声用去声调号再加收尾字母外，共用6种调号，加在元音字母上面。电报用7个字母代替调号，阴平在电报上不标调。

K. 壮文——中国广西壮族的拼音文字。壮文历史跟越南很相似。起初用汉字和自造的"壮字"，最后采用拉丁化拼音文字。不同的是，越南文是全国通用文字，壮文是中国少数民族文字，为了学习汉文化，壮人需要同时学习汉字。1956年壮族采用拉丁化拼音文字，有5个表示声调的标调字母，写在音节末尾。1985年修改方案，用5个普通的拉丁字母标调，废除特造的标调字母。此外，中国还有13种少数民族拉丁化文字。

小结：上述拉丁化文字中，6种是全国性的文字。新加坡主要用英文，这是贸易和文化交流的需要。巴布亚新几内亚用"变形"英语，因为本国原来没有共同语。此外4种全国性拉丁化文字，有2种不同的文化背景。印尼、马来亚、菲律宾3种语言，都是印度尼西亚语族。语言同属。他们早期都属于印度文化圈，用印度字母；后来又属于伊斯兰文化圈，用阿拉伯字母。文化同型。从印度字母到阿拉伯字母到拉丁字母，他们"三易其文"了。越南文化背景不同，它的语言接近汉语，文化源出中国。两种类型四个国家的文字都拉丁化了，是西欧殖民的结果。起初是被动拉丁化，后来是主动拉丁化。东南亚的拉丁化是逐步形成的。西亚土耳其的拉丁化是一次主动成功的。

图表　17-12

亚洲拉丁化文字举例

第一部分：文字名称（应用国家）—（字母数/增加符号和字母/—不用字母）。

第二部分：文字样品。

（1）Turkish，Türkçe，Osmanli-(29/I ö ü ç ş ğ/—Q W X)

Yeryüzü kendi kendine bir toprak. Yurt bir toprak üstünde var olduğumuz.

（2）Indonesian，Bahasa Indonesia -(32/ ch ng dj nj sj tj)

Setiap kita bertemu，gadis ket jil berkaleng ketjil Sen- jummu terlalu kekal untuk kenal duka

（3）Javanese（Indonesia）

Kulamun durung lugu，Aja pisan dadi ngaku-aku，Antuk siku kang mangkono iku kaki

（4）Sundanese（Indonesia）

Dumadakan aja angin ribuk katjida di laut，nepi ka om-bak-om-bak ngarungkup kana parahuo.

（5）Madurese（Indonesia）

E dimma bhai bada bengko se elebbhoenana dhibiqna，ngotjiaq dhilloe barija: pada salamet sabhalabengko

（6）Malay（Malaysia）

Maka ada-lah kira-kira sa-puloh minit lama-nya，maka mělětuplah ubat bědil itu sapěrti buny pětir；

（7）Pilipuno，Tagalog（Philipine)-(20/ng/—C F J Q V X Z)

Hagurin ng tanaw ang ating palibot: taniman，gawaan，lansangan，bantayog，lupa，dagat，langit ay pawang

（8）Bisaya，Visaya（Philipine)-(20/ng/—F J K V W X Z)

May usa ka magtiayon dugay nang katuigan nga nangagi nga may usa ka anak nga lalaki nga ilang ginganlan si

（9）Melanesia Pidgin English（Papua New Guinea）

Long Muglim klostu long Mount Hagen planti man i belhat tru. As bilong trabel em i man na Ruri na Maga Nugints

（10）Vietnamese，Quốc Ng ữ（Viet Nam)—(38/ă â ô ơ ư ê đ ch gh kh ng ngh nh ph qi th tr/—F J W Y Z). Tone marks：

(—)，ʌ ′(f)，ʌ ²(r)，Ã (x)，ʌ ′(s)，A (j)，A ′c(s)，A c(j).

六　拉丁字母的技术应用

不用拉丁字母作为正式文字的国家,都有本国共同语的法定的或惯用的拉丁字母拼写法,用于国际交往。拉丁字母事实上已经成为国际通用字母。

拉丁字母的符形最简单、辨认最醒目,这是它的技术性优点。但是,它成为国际通用字母,主要是由于它的社会性优点。它在20世纪末已经成为多数国家的文字。它代表着人类的科技文化。它的出版物、打印机械、传信设备,数量最多、应用最便。它是全世界绝大多数小学生所熟悉的字母,学习数理化非学不可。

1. 拉丁字母的应用层次

拉丁字母的利用分为三个层次。

A. 正式文字层:作为全国共同语的正式文字;殖民地或新独立国家沿用宗主国语文作为官方文字。

B. 辅助文字层:作为国内少数民族语言或方言的文字;作为国际交往应用的第二语言的文字。

C. 技术符号层:作为非拼音文字的注音和转写符号;作为国际信息交流的电脑传信符号。

2. 拼写法的国际标准化

拉丁字母作为国际信息交流的电脑传信符号,是信息化时代的新发展。国际标准化组织(ISO)给每一种非拉丁化文字制订一种拉丁化标准拼写法,便利国际信息交流。例如,中国的《汉语拼音方案》已经在1982年成为拼写汉语的国际标准(ISO7098)。不久将来,全世界各国的图书馆和资料库将由电脑联系成为一个世界网络,在任何地方都可以利用标准化的拉丁字母拼写法查到全世界的图书资料,真正做到"秀才不出门,能知天下事"。

尾声　三大符号系统

人是会讲话的动物。文明人是会使用符号的人。人类创造了许多种符号,其中音符、数码和字母三者,最为成功。最先进的音符是"五线谱音符",最先进的数码是"阿拉伯数码",最先进的字母是"罗马(拉丁)字母",它们被称为"三大符号系统"。

一　五线谱音符

悠扬婉转的音乐,如何用符号来写在纸上? 这在没有音符的时代是难以想象的。中国和外国的音乐家,在过去的 1000 年间,为了这件事不知道花了多少心血,设计了许多种记谱方法,都只能或多或少作为帮助记忆之用,不能使音乐家看了就一模一样地演奏和歌唱出来。这件事一直到 13 世纪才开始得到较大的进展。那就是"五线谱音符"的出现。这种音符,像五根电线上面站着一群小鸟,又像许多蝌蚪在水中游泳,现在成为学音乐的孩子们都看惯了的符号系统。

在中国有崇高地位的传统戏剧"昆曲",今天还用创始于隋唐时代的以汉字作为音符的记谱方法:

上(do),尺(re),工(mi),凡(fa),六(sol),五(la),乙(ti)

高八度,在"上尺工凡六五乙"几个字的左边加上"亻"旁。低八度,把"上尺工凡"的末笔带上一个向下的撇钩,把"六五乙"改为"合四一"。节奏用几个板眼记号。这样简单的乐谱照样能演唱出美妙的戏曲来,因为主要依靠"口授心传",不要求记谱十分精确。

民国初年,中国创办新式学校,起初采用阿拉伯数码的"简谱",现在仍旧广泛流行,而且有所改进。那是用 7 个阿拉伯数码作为音符:

图表　尾-01

工尺谱昆曲唱本样品

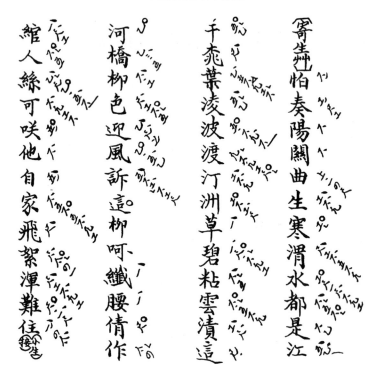

1(do),2(re),3(mi),4(fa),5(sol),6(la),7(ti)。

另外再加上各种附加符号,使它记录精确。这种"简谱"在16世纪中叶形成于欧洲,17~18世纪在法国逐步完善,后来传到日本,由日本传来中国。可是,若干年前,中国广播电台在广播汉语课本中印了"拼音字母歌"的"简谱",日本读者都说看不懂,不知道这是什么乐谱。后来改印了"五线谱音符",才解决日本读者的需要。这说明"简谱"在日本已经不流行了。

出现"五线谱音符"以前,中世纪的基督教圣歌记录中,用一种小方点子作为记音符号,据说是从古代希腊文字上的"重音"符号发展出来的。大约到10~11世纪出现用四条线的乐谱,12世纪提高了记音技术,13世纪后半叶形成有"时值"的音符,而"五线谱"到16世纪才真正确立。"五线谱音符"经过500年的发展和500年的完善化,现在成为能够惟妙惟肖地写下任何乐曲的符号系统。

图表 尾-02

五线谱和阿拉伯数码音符样品

二 阿拉伯数码

10个阿拉伯数码(0 1 2 3 4 5 6 7 8 9)是今天小孩都认识的符号系统。它跟"罗马(拉丁)字母"一样,是最平凡的东西,又是最有用的东西。如果一天没有了这10个数码,数学可能要倒退,全世界的商业簿记可能发生大混乱。

5000年前,古代埃及人用下面的方法记录243688这个数目(从右到左):

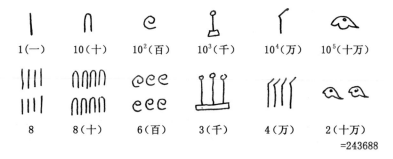

5000 年前,古代巴比伦人用下面的方法书写"34"和"47":

Ｙ 或者 ⊃ = 1. ＜ 或者 ● = 10.

＜＜＜ Ｙ Ｙ Ｙ Ｙ = 10 + 10 + 10 + 1 + 1 + 1 + 1 = 34.

Ｙ ＞(减去)。

＜＜＜ ＞ Ｙ Ｙ Ｙ 或者 ○○○＞ ⊂⊂⊂ = 50 - 3 = 47.

2000 年前,古代希腊用下面的方法书写 36756:

Γ(五)　　Δ(十)　　Η(百)　　Χ(千)　　Μ(万)

Γ^Δ(五十)　　Γ^Η(五百)　　Γ^Χ(五千)

ΜΜΜ　Γ^ΧΧ　Γ^ΗΗΗ　Γ^Δ　ΓΙ = 36756.
(三万)　(六千)　(七百)　(五十)　(六)

在 10 世纪以前,罗马的计数法在欧洲是最先进的,方法是用字母代表数位:

Ι(一),　Ｖ(五,手掌五指之形),　Χ(十,两个五字),

Ｌ(五十),　Ｃ(百),　Ｄ(五百),　Ｍ(千).

罗马计数法举例如下(2814 的写法):

ＭＭ　ＤＣＣＣ　Ｘ　ＩＩＩＩ = 2814
(二千)　(八百)　(十)　(四)

这样的钟表记时法到今天仍在使用(左大右小用加法,左小右大用减法,减法是后起的):

Ⅰ(1),　Ⅱ(2),　Ⅲ(3),　Ⅳ(4),　Ⅴ(5),　Ⅵ(6),

Ⅶ(7),　Ⅷ(8),　Ⅸ(9),　Ⅹ(10),　Ⅺ(11),　Ⅻ(12).

阿拉伯数码源出于印度,阿拉伯人叫它"印度数码";阿拉伯人把它传到欧洲,欧洲人叫它"阿拉伯数码"。欧洲拉丁文的文献中,最早在 976 年有阿拉伯数码的记载。今天的"阿拉伯数码"是经过欧洲人加工过的,依照大写罗马字母的形体,改成几何图形,不采用阿拉伯文手写体的笔画形式。所以阿拉伯文中的"数码"反而不是我们常见的"阿拉伯数码"形式。阿拉伯文是从右到左书写的,现代"阿拉伯数码"的国际书写习惯是从左到右书写的,这使阿拉伯文不便夹用。特别是阿拉伯文中不用"数码"的"○"字,而用一个点子代表"○"。这说明

"〇"是后来发明的,后来加进去的。

中国的《新华字典》1971 年修订第 4 版没有"〇",1979 年修订第 5 版加进了"〇",作为一个"汉字",解释为"数的空位,用于数字中"。《现代汉语词典》1979 年第一版也收了"〇",解释为"数的空位,同零,多用于数字中"。这是"〇"进入汉字行列的开始。

现代"阿拉伯数码"和阿拉伯文中的"数码"对照如下(阿拉伯文从右到左):

现代"阿拉伯数码": 1 2 3 4 5 6 7 8 9 0

阿拉伯文中的"数码": ١ ٢ ٣ ٤ ٥ ٦ ٧ ٨ ٩ ٠

"阿拉伯数码"传到东方可能在中国的明朝或者更早。在日本和中国的教科书中应用,大约开始于日本的"明治维新"(1868)和中国的"辛亥革命"(1911)。清末创办的中国第一个现代大学"京师大学堂"的数理化教科书中,还用"甲乙丙丁""子丑寅卯""一二三四",不用 ABCD 和 1234,而且是从上而下竖着写的。今天的孩子们看了会觉得奇怪。

中国有一种数码,叫做"苏州码子"。20 世纪 20 年代上海"南市"的门牌上还用"苏州码子",而"租界"的门牌都用"阿拉伯数码"。苏州人不知道"苏州码子"跟"苏州"有什么关系。据说这种数码起源于琉球,不知是否有人考证过。"苏州码子"现在几乎没有人用了。它的写法如下:

(1) (2) (3) (4) (5) (6) (7) (8) (9) (10)

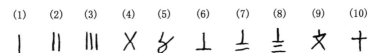

现在中国的报纸和杂志,对使用阿拉伯数码还有一定的限制,不可多用。

三 罗马(拉丁)字母

不少人认为,字母是西方(西欧)创造的。其实,字母不是"西方"创造的,而是"东方"创造的,它发源于被称为"近东"的"东方"(地中海东岸,"西亚")。不少人认为,字母的产生远远后于汉字。其实,字母是跟甲骨文同时期产生的,这一事实有些人不敢相信。

字母的最早起源现在还不清楚,要等考古学者进一步发掘和研究。字母的故事可以从"比拨罗字母"谈起。比拨罗(Byblos,在今黎巴嫩,今名 Jubayi)是地中海东岸一个古代城市。这里发掘出一块"阿希拉姆"(Ahiram)墓碑,碑铭中的 22 个字母已经考证明白,是公元前 11 世纪的"北方闪米特(Semitic)字母",按照发现地点称为"比拨罗字母"。它虽然不是"字母的始祖",肯定是"字母的高祖"。可信的字母历史从它讲起。在这以前,出土了残缺的字母碑铭,是公元前 17~前 15 世纪的遗物,还没有解读。"北方闪米特字母"大致创始于公元前 17~前 15 世纪,成熟于公元前 11 世纪(相当于中国商朝,约公元前 17~前 11 世纪)。

字母不是一下子创造出来的,而是经过了 2000 年的孕育然后诞生的。在字母诞生前 2000 年,两河流域的丁头字和埃及的圣书字都已成熟了。地中海东岸是这两大文化发源地之间的"文化走廊"。"比拨罗字母"就在这个"文化走廊"中诞生。

"比拨罗"是一个商业城市,它的所在地区古称"迦南"(Canaan),又称"腓尼基"(Phoenisia)。这里的商人们,没有时间学习繁难的丁头字和圣书字,也不需要写长篇大论的文章。他们需要简单的文字,给进出的货物和钱财作必要的记录。在丁头字和圣书字中的声符的启发下,他们借用和创造简单的符号,代表自己的口头语音,在长时期的实用中逐步改进,形成了"字母"。

"比拨罗"这个地方,古代埃及称它为 Kubna,古代巴比伦称它为 Gubla,古代希腊称它为 Byblos。埃及出产的"纸草"是从这里转运到古代希腊和爱琴海的各个岛屿去的。"纸草"(papyrus)的名称是从"比拨罗"(Byblos)地名得来。"圣经"(Bible)这个名词也是从"比拨罗"地名得来的,原意是"纸草的书"。"比拨罗"在古代文化中的地位可想而知。

字母为什么不是诞生在两河流域或者埃及呢? 这跟"假名字母"为什么不是诞生在中国的道理相同。文字的飞跃发展,都是在原产地以外出现的,好比鱼类有到异地去产卵的习性一样。地中海好比是一个内陆湖,跟大西洋相比,可说是风平浪静,气候宜人。在西欧还沉睡在蒙昧之中的时候,东地中海沿岸已经进入文明时代,发展了水上航行和国际贸易。公元前 1000 年以前的字母遗迹全部发现在这个地区。创造的字母不止一种,"比拨罗字母"是其中有代表性的。字母在这里创造出来,依靠两个条件。第一是商业的繁荣,记账的需要。"腓尼基"在古代希腊语中是"商人"的意思。第二是文化的背景,知识的提高。这里东北有丁头字文化,西南有圣书字文化,这两大古代文化是诞生字母的父母。

　　当时的文字记录主要是给自己看的,字母只要求能够代表"音节"的主要部分,那就是音节开头的辅音(声母):不要求完备地写出元音,更不必跟着元音变化而变化。这种字母被称为"辅音字母",它主要表示"辅音",实际是"音节"性质。(这跟中国的三十六字母只有声母、没有韵母,有相似之处。)记账人员模糊地感觉到音节的存在,不会分析辅音和元音,写下的"备忘"记录,不求完善、不求美观、更不求高贵。在当时的丁头字和圣书字的学者们眼里,当然是不登大雅之堂的。

　　字母后来传播四方,其中最重要的一条传播路线是,从腓尼基传到希腊,由希腊补充了元音字母,成为"音素字母"。经过古代意大利的埃特鲁斯坎(Etruscan),再传到罗马帝国,成为"罗马(拉丁)字母"。罗马字母起初只有 21 个,后来增加到 23 个,中世纪时候又经过分化而成为 26 个,这就是传到今天的"现代"罗马(拉丁)字母。

　　它的形体特点是,既有几何图形的楷书体,又有流线型的行书体;前者便于阅读,后者便于书写。它的应用特点是,利用字母组合(双字母、三字母等)和附加符号,可以完备地写出人类的一切语言。能把人类的一切语言写在纸上的 26 个"罗马(拉丁)字母",由于普遍使用,失去了人们对它的神秘感,成为平淡无奇的文字符号。

后　记

　　50 年代,我参加"汉语拼音方案"的制订工作。当时需要研究的问题之一是,拼音方案采取民族(汉字)形式的字母好呢,还是采取国际(拉丁)形式的字母好呢? 我写了一本小书《字母的故事》(1952 第一版)提供参考。这本小书不仅受到研究者的欢迎,也受到一般读者的欢迎,因此一版再版。

　　上海教育出版社胡惠贞女士建议我把"故事"修订,扩充成为"历史"。我遵照做了,在 1990 年出版《世界字母简史》。出版以后,得到《中国日报》和其他刊物的好评。一位台湾学者对我说,他在台湾也读了这本书,由此对字母的了解扩大了视野。

　　上海教育出版社徐川山先生又建议我再把"字母史"修订,扩大成为"文字史",重新出版。我又遵照他的建议,在不使卷帙过大的条件下,努力做到条理分明,体系完整。1996 年的 8 月,我看到了《世界文字发展史》的校样。

　　这本书,经过 40 多年一再修订和扩展,希望对文字史和文字学(包括字母史和字母学)的研究,能起到引路的作用。

　　世界文字史可以分为三个时期:原始文字时期,古典文字时期和字母文字时期。凡是不能按照语词顺序无遗漏地书写语言的文字,都是原始文字。这个长达五千年到一万年的时期,如何划分阶段,如何选择例证,是一大难题。在比较多种著作之后,我恍然大悟:不能盲从成说,必须独辟蹊径。

　　50 年代以来,我国调查研究少数民族历史,发现了多种民族语言和传统文字,它们组成一个古语文的化石宝库。从这里吸取精华,可以弥补国外著作之不足。文字史跟其他学术一样,也要从世界观察中国,以中国补充世界。

世界文字，资料纷繁，但是杂乱无章，容易使人坠入治丝益棼的陷阱。避开陷阱的方法是把握住历史发展的纲领。本书采取"少而精、简而明"的取材方法，尝试把佶屈聱牙的资料，写成平顺可读的文章。重视学术性，不失可读性，是本书努力的目标。

周有光

1996－08－23,北京

时年91岁

附录　几个文字学问题

周有光

名称更新和视野扩大

问：研究汉字的学问，为什么既称汉字学，又称文字学？

答：古代称小学，指小孩学习汉字的方法。清末改称文字学，从识字方法发展为文字理论。1950 年代改称汉字学，说明汉字学是文字学的一个部分。名称更改反映认识发展。

问：文字学包含哪些分支？

答：传统文字学主要研究古代汉字形音义的历史演变。清末掀起文字改革运动，开始注意现代汉字的研究，晚近形成现代汉字学，多所大学已经开设这门课程。把汉语和非汉语的汉字系统作为研究对象，形成广义汉字学。把人类文字总系统作为研究对象，形成人类文字学。文字学就是人类文字学，又称普通文字学，正像语言学就是人类语言学，又称普通语言学。

问：现代汉字学研究些什么？

答：现代汉字学研究汉字的现状和问题，注重汉字的当前应用，包括汉字在电脑上的处理技术。

问：广义汉字学有什么用处？

答：研究广义汉字学是汉族和少数民族的共同需要，对相互了解和发展共同文化有多方面的意义。它是汉字学的一个新领域，有 30 来种非汉语的汉字型民族文字，分为孳乳仿造、变异仿造和异源同型。

问：研究人类文字学是否就是引进国外文字考古学的成果？

答：研究人类文字学是扩大我们对文字学的视野；不仅引进国外

的研究成果,还要从中国的角度研究新的问题,例如研究汉字跟其他古典文字的共同规律和个别特点,探索汉字在人类文字中的历史地位。

文字分类和汉字类型

问:研究文字分类法有什么用处?

答:学术大都从分类开始,然后进入科学领域,例如语言学、生物学。文字学也是如此。分类法又称类型学,是文字学的基础课题。

问:你是如何研究分类法的?

答:中外文字学者提出的分类法,一人一套,各不相同。我把多种分类法排列比较,发现都是以文字的特征为依据。文字的特征有三个方面:1.语言段落(篇章、章节、语句;语词、音节、音素);2.表达方法(表形、表意、表音);3.符号形式(图符、字符、字母)。我把三个方面的各个层次排成一个三棱形序列,称为"三相分类法"。任何文字都能在这里找到它的位置。

问:汉字属于什么类型?

答:现代汉字体系,从语言段落看,是语词和音节文字,简称语素文字(成词语素和不成词语素);从表达方法看,是表意和表音文字,简称意音文字;从符号形式看,是字符文字。综合三个方面,现代汉字体系的类型是"语词和音节＋表意和表音＋字符"。

问:把汉字体系说成象形文字,错在哪里?

答:甲骨文中只有少数象形字。汉字从篆书变为隶书之后,象形字完全不象形了。把汉字体系说成象形文字,对古代,对现代,都不符合事实。这一错误来自国外。古埃及字有三种体式:1.图形体的圣书字,圣书字这个名称又作三体的统称;2.草书体的僧侣字;3.简化体的人民字。国外错误地把一切非字母文字统称为圣书字;中国又错误地翻译成为"象形文字"。

问:什么叫做汉字的性质?

答:汉字的性质就是汉字的特征。

问:关于汉字的性质,为什么各家说法不同?

答：文字分类法告诉我们，文字的特征有三个方面，各个方面又分几个层次。各家根据的方面和层次各不相同，未能综观全局，所以众说纷纭。我归纳30多家"两类九种"不同说法，其中不少是相互补充的，并不彼此矛盾。例如汉字的"语素文字说"根据语言段落，"意音文字说"根据表达方法，是相互补充的，如能兼顾两方，说法就完备了。

语言特点和文字类型

问：有人说：汉族没有采用拼音文字而采用方块字，是汉语的特点决定的。西方的多音节语决定用拼音，汉族的单音节语注定用方块字。又有人说：汉语音节分明，没有词尾变化，因此创造汉字；英语音节复杂，有词尾变化，因此采用字母。

答：比较文字学把这些说法叫做"语言特点决定文字类型"。可是，朝鲜和日本的语言特点跟汉语不同，他们都采用汉字，因为汉字随汉文化传播到他们国家。汉语和藏语的语言特点相同，同属汉藏语系，可是汉语用汉字，藏语用字母，因为印度字母随印度文化传播到西藏。汉语在古代是单音节语，后来变成多音节语，今天早已离开单音节语时代。采用罗马字母的国家有120多个，他们的语言特点各不相同，由于同样接受西欧文化，采用同样的罗马字母。事实证明"文化传播决定文字类型"，不是"语言特点决定文字类型"。

问：日本假名字母的产生，是日本语言特点所决定，跟中国文化无关。这不是"语言特点决定文字类型"吗？

答：日本采用汉字之后，从汉字中发展出假名，这是古典文字传到异国之后从表意向表音发展的共同现象。汉字没有退出日文，汉字和假名的混合文字仍旧属于汉字类型。

文字系统和发展规律

问：中国文字有中国的发展规律，外国文字有外国的发展规律，用外国的规律来硬套中国的文字，合适吗？

答：人类文字是一个总系统，只有一套共同的发展规律。系统观和发展观是人类文字学的两个基本观点。多个文字单位(例如各个汉字)组成文字体系(例如汉语的汉字体系);多个文字体系组成文字系统(例如汉语和非汉语的汉字型文字系统);多个文字系统组成人类文字总系统。比较多种文字系统,可以看到文字发展规律的世界共同性。

问:文字从"表形"到"表意"到"表音"的"形意音"发展规律,有人认为不能成立。汉字在中国用了三千年没有变成拼音文字。

答:丁头字在两河流域是表意兼表音的意音文字,只在书写人名时候完全用表音符号;传播到新埃兰和早期波斯演变成主要表音的音节文字,只保留极少几个表意词符;传播到乌加利特演变成完全表音的字母文字。汉字在中国是表意兼表音的意音文字,传播到日本产生表音的假名音节字母。彝文在云南是表意字和表音字结合的意音文字,到四川凉山变成纯粹表音的音节文字。东巴文是表形和表意的形意文字,使用中在本身内部演变出同时并用的音节字母;又另外演变出音节文字的哥巴文。比较多种文字的演变历史,看到"形意音"的演变规律符合客观历史事实。

人类文字的历史分期

问:中国有"古文字"说法,没有"古典文字"说法。"古典文字"说法是从哪里来的?"古文字"和"古典文字"的区别何在?

答:"古文字"是历史概念;人们把隶变以前的"甲、金、大小篆"称为"古文字"。"古典文字"是文字类型学概念,说法来自西方。起初把丁头字、圣书字和汉字称为"三大古典文字",后来加上马亚字、云南彝字。它们外形彼此不同,而内在结构基本一致,都是自源文字,有意符、音符和定符,都表"语词和音节",都是表意兼表音。在人类文字发展史中,它们是"原始文字"和"字母文字"之间的一个重要发展阶段。

问:你把汉字归入"古典文字"中,有人认为贬低了汉字的地位。

答:世界文字的历史分为三个时期:1. 原始文字,2. 古典文字,3. 字母文字。汉字不是原始文字,也不是字母文字;汉字的本质属于古典文字。不是谁把汉字归入古典文字之中,而是汉字本身属于古典文字。

两系并立和先后传承

问：不少学者认为，汉字和字母是两个并立系统，各自独立发展。字母的创造跟甲骨文的时代相近。怎么可能是一先一后彼此传承的两个阶段呢？请看：

王宁教授《汉字构形学讲座》中说：世界上的文字只能有两种体系：1. 表意体系，2. 表音体系。把世界上的文字体系分为两个大类，是从文字记录语言的本质出发的。口头语言有两个要素：音和义。记录语言的文字只能从中选择一个要素作为构形的依据。世界文字体系的两分法正是按照文字构形的依据来确定的。汉字是构意文字，汉字属于表意文字体系。我们主张"世界文字发展两种趋势论"。

聂鸿音教授《中国文字概说》中说：在古往今来的一切文字中，如果没有外力的干预，从来没有哪一套意符文字自行演变成音符文字。在象形文字进一步演化的过程中，不同的民族对它进行了不同的改进。侧重于"音"的民族把它发展成拼音字母，侧重于"义"的民族把它发展成方块表意字。世界上"音符"和"意符"两大文字类型便初步形成了。音符文字和意符文字是文字发展史上两个并列的阶段，其间并没有谁继承谁的问题。

答：世界文字发展史需要深入研究。文字考古学指出，字母脱胎于古典文字。丁头字和圣书字中有意音字，意音字由意符和音符结合而成；书写人名可以单用音符，由此演变出不用意符、只用音符的字母。字母在古典文字的母胎里孕育了两千年然后出世。从古典文字到字母文字是一线相承的，不是各自独立发展的两个系统。字母不可能没有母体而突然出现。字母出身于古典文字，是借源文字，不是自源文字。借源文字不能自立系统。汉字产生晚于丁头字和圣书字两千多年，但是发展规律相同；汉字传到日本产生音节假名字母；传到朝鲜产生音素结成音节的谚文字母；这符合古典文字向表音化逐渐发展的演变规律。

周有光著作单行本目录

1. 《新中国的金融问题》(新经济丛书第二种),香港经济导报社1949第1版。

2. 《中国拼音文字研究》,上海东方书店1952第1版,1953第6版。

3. 《字母的故事》,上海东方书店1954第1版;上海教育出版社1958修订版。

4. 《汉语拼音词汇》,周有光主编,文字改革出版社1958初稿本,1964增订版;语文出版社1989重编本。

5. 《拼音字母基础知识》,文字改革出版社1959第1版。

6. 《汉字改革概论》(北大讲稿),文字改革出版社1961第1版;1964修订第2版;1979第3版;香港尔雅社1978修订本;"日本罗马字社"1985日文翻译本,译者橘田广国。

7. 《电报拼音化》,文字改革出版社1965第1版。

8. 《汉语手指字母论集》,周有光等著,文字改革出版社1965第1版。

9. 《拼音化问题》,文字改革出版社1980第1版。

10. 《汉字声旁读音便查》,吉林人民出版社1980第1版。

11. 《语文风云》,文字改革出版社1981第1版。

12. 《中国语文的现代化》,上海教育出版社1986第1版。

13. 《世界字母简史》,上海教育出版社1990第1版。

14. 《新语文的建设》,语文出版社1992第1版。

15. 《中国语文纵横谈》,人民教育出版社1992第1版。

16. 《汉语拼音方案基础知识》,语文出版社1995第1版;香港三联书店1997第1版。

17. 《语文闲谈》"初编"上下两册,1995第1版,1997第2版;"续编"上下两册,1997第1版;"三编"上下两册,2000第1版,北京三联书店；"中国文库"2004第1版；"选编本"2008第1版。

18.《文化畅想曲》，中国青年出版社1997第1版。

19.《世界文字发展史》，上海教育出版社1997第1版；上海"世纪文库"2003修订再版；2011修订第3版。

20.《中国语文的时代演进》(清华讲稿)，"了解中国丛书"，清华大学出版社1997第1版；美国俄亥俄大学"Pathways丛书"2003中英文对照本第1版，英文译者美国张立青教授。

21.《比较文字学初探》，语文出版社1998第1版。

22.《多情人不老》，"双叶集丛书"，张允和、周有光合著，江苏文艺出版社1998第1版。

23.《新时代的新语文》(战后新兴国家的语文新发展)，北京三联书店1999第1版。

24.《汉字和文化问题》，费锦昌选编，"汉字与文化丛书"，辽宁人民出版社1999第1版。

25.《人类文字浅说》，"百种语文小丛书"，语文出版社2000第1版。

26.《现代文化的冲击波》，北京三联书店2000第1版。

27.《21世纪的华语和华文》(周有光耄耋文存)，北京三联书店2002第1版。

28.《周有光语文论集》，苏培成选编，共四册，2002上海文化出版社第1版。

29.《周有光语言学论文集》，苏培成选编，商务印书馆2004第1版。

30.《百岁新稿》，北京三联书店2005第1版。

31.《见闻随笔》，新世界出版社2006第1版。

32.《学思集》(周有光文化论稿)，徐川山选编，上海教育出版社2006第1版。

33.《语言文字学新探索》，语文出版社2006第1版。

34.《汉语拼音·文化津梁》，北京三联书店2007第1版。

35.《周有光百岁口述》，周有光口述，李怀宇撰写，广西师范大学出版社，2008第1版。

36.《朝闻道集》，世界图书出版公司，2010第1版。

37.《拾贝集》，世界图书出版公司，2011年第1版。

图书在版编目（CIP）数据

世界文字发展史 / 周有光著. —3 版. —上海：
上海教育出版社，2018.9
ISBN 978-7-5444-8426-8

Ⅰ. ①世… Ⅱ. ①周… Ⅲ. ①文字-历史-世界
Ⅳ. ①H02

中国版本图书馆 CIP 数据核字（2018）第 203682 号

责任编辑　徐川山
封面设计　陆　弦

世界文字发展史（第三版）
周有光　著

出版发行　上海教育出版社有限公司
官　　网　www.seph.com.cn
地　　址　上海永福路 123 号
邮　　编　200031
印　　刷　上海展强印刷有限公司
开　　本　965×635　1/16　印张 26.5　插页 12
字　　数　385 千字
版　　次　2018 年 11 月第 1 版
印　　次　2018 年 11 月第 1 次印刷
书　　号　ISBN 978-7-5444-8426-8/H·0283
定　　价　79.00 元
审 图 号　GS（2015）1540 号

如发现质量问题，读者可向本社调换　　电话：021－64377165

地图1 世界文字分布示意地图

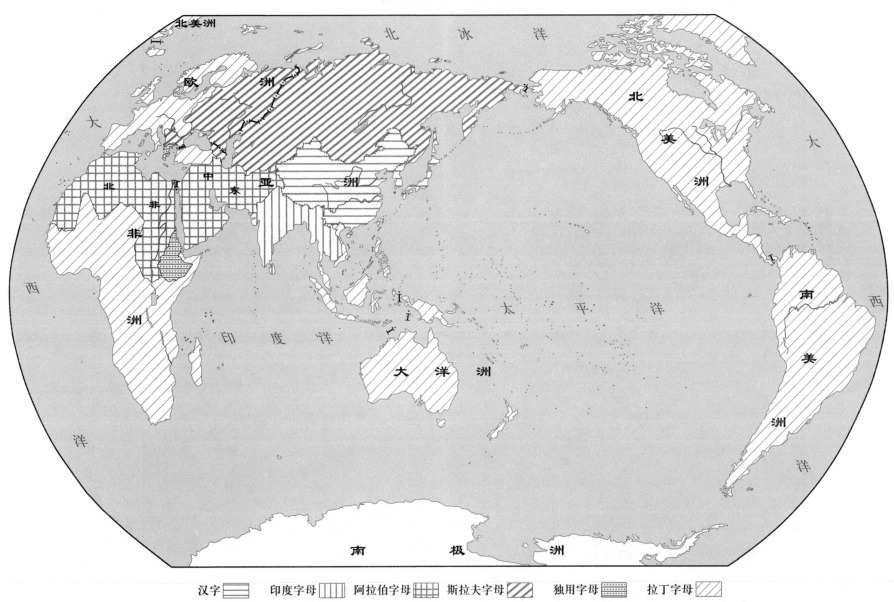

汉字 ▦　印度字母 ▥　阿拉伯字母 ▦　斯拉夫字母 ▨　独用字母 ▦　拉丁字母 ▨

地图2

印度各邦文字分布示意地图

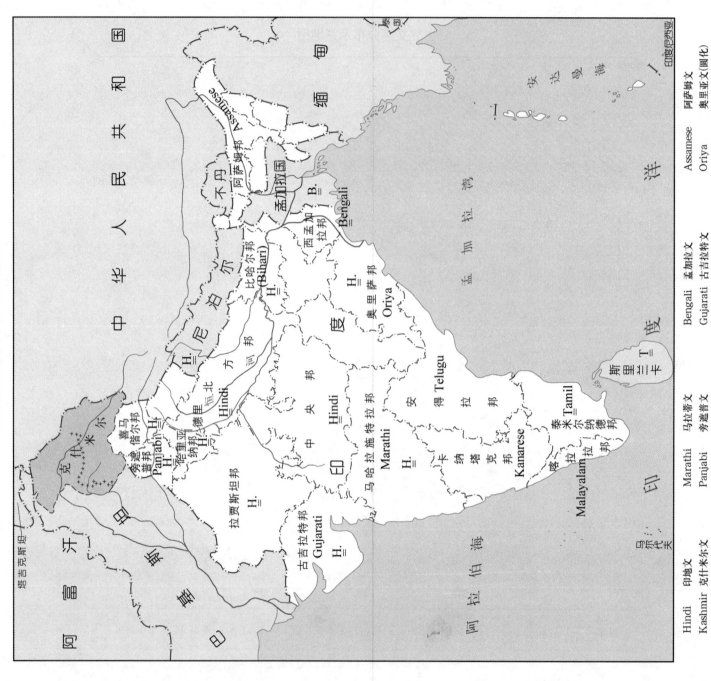

Hindi	印地文	Marathi	马拉蒂文	Bengali	孟加拉文	Assamese	阿萨姆文
Kashmir	克什米尔文	Panjabi	旁遮普文	Gujarati	古吉拉特文	Oriya	奥里亚文(圆化)
*Telugu	泰卢固文(圆化)	*Kannada	坎纳达文(圆化)	*Tamil	泰米尔文	*Malayalam	马拉亚拉姆文(圆化)
*达罗毗荼诸语言		+++++++ 军事分界线			

地图4

欧洲字母分界线示意地图

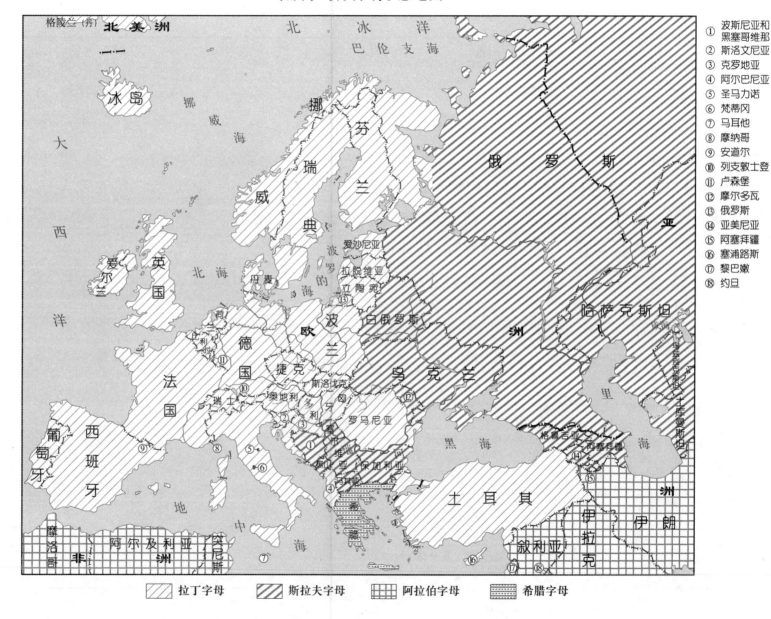

① 波斯尼亚和
   黑塞哥维那
② 斯洛文尼亚
③ 克罗地亚
④ 阿尔巴尼亚
⑤ 圣马力诺
⑥ 梵蒂冈
⑦ 马耳他
⑧ 摩纳哥
⑨ 安道尔
⑩ 列支敦士登
⑪ 卢森堡
⑫ 摩尔多瓦
⑬ 俄罗斯
⑭ 亚美尼亚
⑮ 阿塞拜疆
⑯ 塞浦路斯
⑰ 黎巴嫩
⑱ 约旦

拉丁字母　　斯拉夫字母　　阿拉伯字母　　希腊字母

地图3

印度字母在东南亚传播示意地图

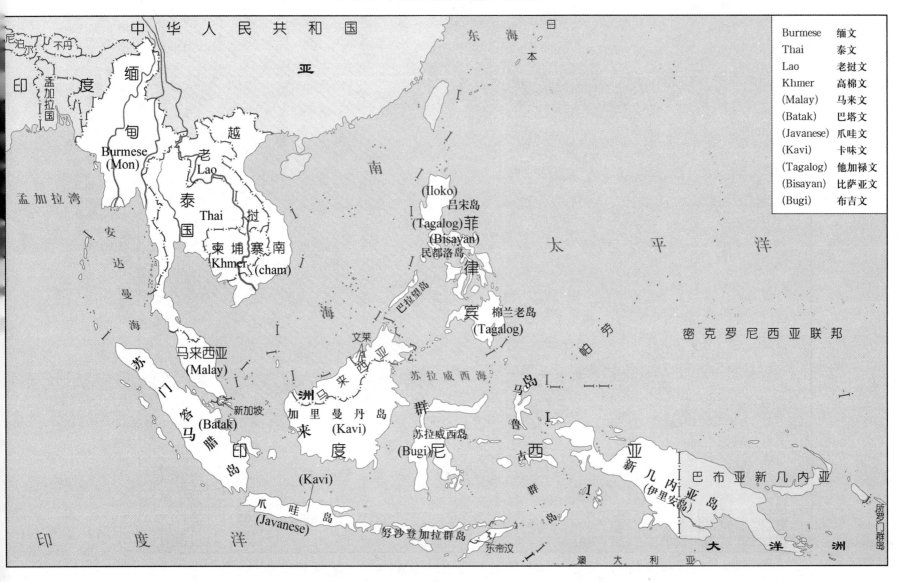

地图5

非洲字母分布示意图

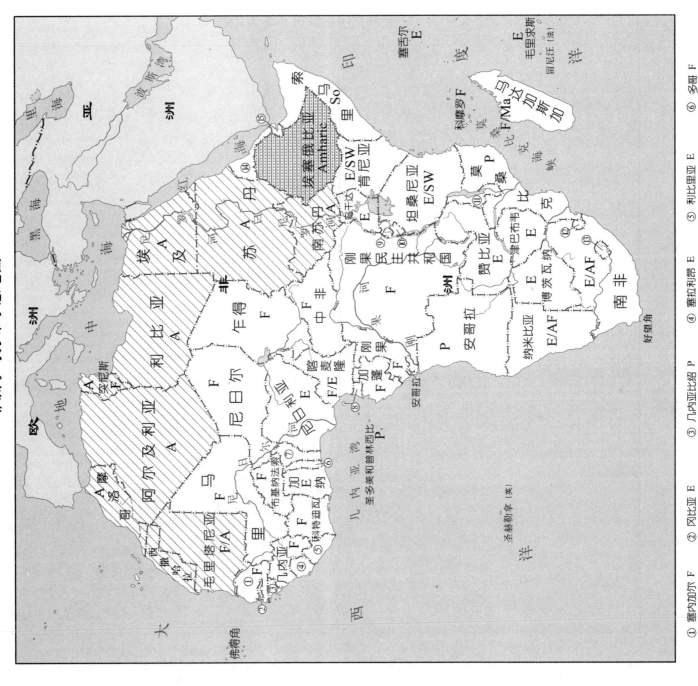

① 塞内加尔 F   ② 冈比亚 E   ③ 几内亚比绍 P   ④ 塞拉利昂 E   ⑤ 利比里亚 E   ⑥ 多哥 F
⑦ 贝宁 F   ⑧ 赤道几内亚 Sp   ⑨ 卢旺达 F/RW   ⑩ 布隆迪 F/Bur   ⑪ 马拉维 E/Ny   ⑫ 斯威士兰 E
⑬ 莱索托 E   ⑭ 厄立特里亚 E   ⑮ 吉布提 F

▨ 阿拉伯字母   ▨ 拉丁字母   ▨ 独用字母

地图6

亚洲文字类型分布示意地图

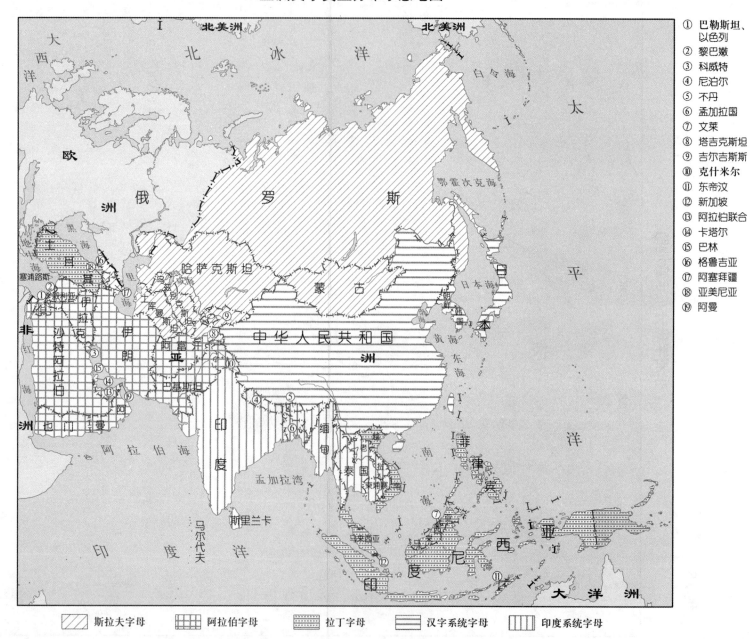

① 巴勒斯坦、
　以色列
② 黎巴嫩
③ 科威特
④ 尼泊尔
⑤ 不丹
⑥ 孟加拉国
⑦ 文莱
⑧ 塔吉克斯坦
⑨ 吉尔吉斯斯
⑩ 克什米尔
⑪ 东帝汶
⑫ 新加坡
⑬ 阿拉伯联合
⑭ 卡塔尔
⑮ 巴林
⑯ 格鲁吉亚
⑰ 阿塞拜疆
⑱ 亚美尼亚
⑲ 阿曼

斯拉夫字母　　　阿拉伯字母　　　拉丁字母　　　汉字系统字母　　　印度系统字母